Frauen in den Gewerkschaften 1945 – 1997

am Beispiel Hessen und Main-Kinzig-Kreis

HERAUSGEBER:
Archiv Frauenleben
im Main-Kinzig-Kreis

Das Archiv Frauenleben im Main-Kinzig-Kreis bedankt sich bei der
Hans-Böckler-Stiftung, Düsseldorf und dem
Hessischen Ministerium für Frauen, Arbeit und Sozialordnung
für die freundliche Unterstützung.

Die Deutsche Bibliothek - CIP-Einheitsaufnahme

Frauen in den Gewerkschaften 1945 - 1997 in Hessen und im Main-Kinzig-Kreis / Hrsg.: Archiv Frauenleben im Main-Kinzig-Kreis. [Red.: Ilse Werder ...]. - Hanau : CoCon-Verl., 1998
ISBN 3-928100-60-2

REDAKTION:
Ilse Werder, Antje Hagel, Regine Seipel

ERSCHIENEN IM:
CoCon-Verlag Hanau
In den Türkischen Gärten 13
63450 Hanau
Telefon: (0 61 81) 1 77 00
Telefax: (0 61 81) 18 13 33

GESTALTUNG, SATZ:
AGENTUR KOMMA / Fulda · Sibylle Gries

1998
ISBN 3-928100-60-2

AUTORINNEN:

Ilse Werder	(wr)
Antje Hagel	(ah)
Susanne Gries-Engel	(sge)
Ruth Dröse	(rd)
Doris Wege	(dw)
Martina Hofmann	(mh)
Rosi Bartel	(rb)
Rotraud Schäfer	(rs)
Monika Dietrich	(md)
Marita Eilrich	(me)

INHALTSVERZEICHNIS

■ VORWORT

Mut zur Macht 8

■ DANK FÜR SPENDEN

Wir danken ... 11

■ VORAB

Gewerkschafterinnen in Hessen 1945 bis 1997 12

■ DIE 40ER JAHRE

1945-50: Frauen sorgen für Kinder, Kohle und Kartoffeln 14
Nach dem Kriegsende: Die weibliche Ersatzarmee funktioniert 16

PORTRAITS

Das „Fräulein Leininger" galt als die Seele des Schulamts 28
Zum 75. Geburtstag von Anna Egold 29
„Die Frauen waren hart am Ball" (Wilhelm Kasper) 29
Elfriede Schmidt kümmert sich noch mit 88 Jahren um die Kaufhof-Pensionäre 30
Die Lehrerin Ella Conz und ihr Mann Wilhelm büßten im Examen für ihre Gewerkschaftsarbeit 31
Soziales und christliches Engagement prägten Herta Franks Leben 32

HINTERGRÜNDE

Else Mieth war die erste Ausschußvorsitzende 34

■ DIE 50ER JAHRE

Neuanfang in den 50ern 36
Aufbaujahre 37

PORTRAITS

Lucie Kurlbaum-Beyer, die erste Landesfrauensekretärin in Hessen 54
Gerda Kaufmann: „Nie eine Alibi-Frau" 57
Käthe Makko kämpfte gegen Lohndiskriminierung und eine zerstörende Krankheit 59
Die 71-jährige Susanne Greune über den ersten Streik nach dem Krieg 62
Lore Reifenberger ärgert sich über die Häme der „Herren" Funktionäre 64
Käthe Klösters blieb ihrer Überzeugung auch in der Gewerkschaftsarbeit treu 66
Irmgard Dobislav war die erste Schulrätin in Hanau 67
Tilly Hahn übernahm auch unangenehme Aufgaben 69
Ruth Krieger trotzte vielen Schikanen 70
Änne Schühle verbesserte die Situation der Reinemachefrauen 71
Anni Süß fühlte sich immer für andere mit verantwortlich 72

■ DIE 60ER JAHRE

Die 60er Jahre: „Bella Italia" und der Aufstand der Studenten 74
Ein schwieriges Kapitel gewerkschaftlicher Frauenarbeit 75

PORTRAITS

Annelie Tuchscheer – eine Gewerkschaftsfrau der ersten Stunde 79
Betriebsratsvorsitzende Rosi Bartel hat noch Träume 81

HINTERGRÜNDE

Rolle ausländischer Frauen in Gewerkschaften kaum erfaßt 83
Tina Piscitello kam mit 18 Jahren aus Sizilien 85

DIE 70ER JAHRE

Aufbruchstimmungen in den 70ern 88
Die 70er Jahre: Es geht wieder aufwärts 89

PORTRAITS

Gisela Schade klagt über gewaltigen „Rollback" 93
Sekretärin Irene Doll arbeitet seit 27 Jahren bei der IG-Metall 95
Karola Zilch hielt als Betriebsrätin durch und pflegt viele Hobbies 96
Isolde Reichert trat sogar im Kostüm der Sufragetten auf 97
Monika Ullmann über Erfolge jahrelanger Gewerkschaftsarbeit 99
Dora Reichardt sorgt sich um die politische Zukunft 101
Helga Seipel-Schneider, die erste Frau im Aufsichtsrat bei Schwab, bleibt bescheiden 103
Die Metallerin Sigi Knecht 105
Monika Sanner-Jakob über kürzere Kinderpausen und gewerkschaftliche Karriere 107
Pädagogin Elke Reitz organisiert im Hintergrund 109
Cornelia Strauch, in Hanau Verwaltungsleiterin 110
Monika Zumpe 110
Helga Vollack 111
Margret Reinhold hält an ihrem Traum einer humaneren und friedlicheren Welt fest 112
Elfriede Kraft denkt an die zukünftige Generation und die vielen arbeitslosen Menschen 114
Wie „Frauensekretär" Sepp Sigulla spontan eine Demo organisierte 115

HINTERGRÜNDE

1973: DGB unterstützte die Verbraucherberatung in Hanau 116
Hanauer Aktion für den Frieden in der Ära Brandt 116
Katholische Flugblätter gegen die Reformierung des § 218 117
Todesstrafe und Verfemung 118
„Im Moment ist der Dampf raus" 121

DIE 80ER JAHRE

Vom Aufbruch zum Sozialabbau 123
Frauen, Soziales und Frieden 124

PORTRAITS

Marita Eilrich 128
Wie sich Doris Wege Frauen wünscht, die Einfluß in den Gewerkschaften nehmen wollen 131
Conny Gramm will alles – und zwar sofort 133
Anni Roßmann verkörpert aussterbenden Frauentyp in den Hanauer Gewerkschaften 135
Erika Große 136
Die „Kapitalisten-Tochter" Käthe Saljo wechselte das Lager 137
Gewerkschafterin Monika Dietrich verließ Hanau und machte in Kiel Karriere 139

Helga Wilkening fühlt sich als Friedensfrau 141
Heute ist Elge Buchhold ruhiger 142
Jacqueline Rumpf 144
Ayhan Kiziltas 146
Anneli Hölzinger 148
Karin Roth über die Chancen der Frauenpolitik in den 90ern 148
Heidi Eppert setzt ihre Ziele als Amtsleiterin durch 150
Irene Metzler-Reich wagte den Sprung ins kalte Wasser und ist heute Gewerkschaftssekretärin 153
Birgit Leinweber 155

HINTERGRÜNDE

Hannelore Wichert setzt sich gegen die Beamten bei der Polizei durch 156
Die Frauen dominierten 157
Frauen im Kampf: Uns schüchtert keiner mehr ein 159
Vom Aufschwung des Frauentags in der Region Hanau 163
Feministinnen und Gewerkschaft 175
Noch immer kein Frieden 177
„Emanzipation mißbraucht" 178
Ökologie, Streik oder Kinder 180
Zwei Jahre DGB-Frauenstammtisch 180
Schuften für Hungerlöhne 181
Rote Raupen und Pyramiden 182
„Als Mama Elvis küßte oder der Sturz vom Nierentisch" 184
Teilzeitarbeit und sexuelle Belästigung 185

■ DIE 90ER JAHRE

Vom Aufbruch zum Sozialabbau 188
Der Wind weht wieder schärfer – „Rollback der Frauenpolitik" 188

PORTRAITS

Petra Platt pendelte im Dienste der Frauen zwischen DGB-Büros 191
Sybille Lange vertritt die Rechte von 1.800 Lehrerinnen 192

HINTERGRÜNDE

Personalrätin Monika Pauly erinnert sich an den großen ÖTV-Streik vor sechs Jahren 194
Betriebsratsvorsitzende Rosi Bartel zwischen Termin und Telefon 195
Die falsche Bescheidenheit vieler Gewerkschaftsfrauen 198

■ AUSBLICK

Aus der Sicht der Frauen im DGB-Hessen 200

■ ANHANG

Zeitungsausschnitte 203
Literaturverzeichnis, Fotonachweis, Personenregister 248

VORWORT

Mut zur Macht

Vor nunmehr 50 Jahren haben Frauen in Hessen begonnen, aus Trümmern und Schutt, Chaos und Mangel ein demokratisches Land mitaufzubauen und sich darüberhinaus im DGB und seinen Einzelgewerkschaften um die Rechte von Arbeitnehmerinnen und Arbeitnehmern zu kümmern. Unter heute unvorstellbar schweren Lebensverhältnissen und gegen große Widerstände haben sie zum Aufbau sozialer Bedingungen beigetragen, die, obwohl derzeit wieder gefährdet, menschenwürdigere Arbeits- und Lebensverhältnisse ermöglichten, als je zuvor. Auch wenn viele Forderungen bis heute unerfüllt blieben und ein scharfer Wind aus dem Arbeitgeberlager in Richtung des 19. Jahrhunderts weht, ist es an der Zeit, die Arbeit jener Frauen in den Gewerkschaften zu würdigen, die Außerordentliches geleistet und dafür auch persönliche Opfer gebracht haben.

Vielleicht kann dieses Buch den Frauen, die sich heute mitunter wieder einschüchtern lassen, mehr Mut im Sinne unserer Erfahrungen machen: „Wer nicht kämpft, hat schon verloren."

Zu bescheiden

Das Archiv „Frauenleben im Main-Kinzig-Kreis" versucht mit diesem Buch, die wichtigsten Phasen der Entwicklung in Hessen aufzuzeigen und beispielhaft an der Region Main-Kinzig (mit städtischen, kleinstädtischen und dörflichen Strukturen), Frauenarbeit in den Gewerkschaften zu dokumentieren.

Anhand einzelner Personen und Ereignissen soll exemplarisch versucht werden, Frauenarbeit aus Frauensicht zu würdigen. Mit Absicht haben wir viele Frauen mit ihrem persönlichen Hintergrund, ihren tatsächlichen Lebensverhältnissen vorgestellt. Als typisch erweist sich ihr meist sachbezogenes, konstruktives Engagement. Ihr persönliches Verhalten wirkt dagegen häufiger defensiv und bescheiden, auch gegenüber den Kollegen und der Gewerkschaftsspitze. Ehrgeiz oder Machtwille, um Grundlegendes verändern zu können, war den meisten unserer Gesprächspartnerinnen fremd.

Wir haben hier auch an einige verdiente Gewerkschafterinnen zu erinnern, die aus persönlichen Gründen nicht erwähnt werden wollen, das mußten wir respektieren.

Bei unseren Gesprächen haben wir immer wieder erlebt, daß Frauen den Kraftaufwand schilderten, den sie speziell als Frau für gewerkschaftliches Engagement brauchten: Schon in der eigenen Familie mußten viele um Duldung der zusätzlichen Belastung kämpfen, denn allzuviele Partner fürchteten um ihre persönliche Bequemlichkeit, selbst wenn sie selbst Gewerkschaftsmitglied waren. Im Betrieb brauchte es Kraft für die Auseinandersetzungen mit dem Arbeitgeber, mitunter aber auch mit den eigenen Kollegen, wenn es um Fraueninteressen ging. Schließlich mußte in manchen Fragen, beispielsweise beim Internationalen Frauentag, auch mit der DGB-Spitze in Düsseldorf gekämpft werden.

Anni Roßmann berichtet uns, daß sie in einer Tarifkommission für Arbeiter nach ihrem bestimmt vorgetragenen Diskussionsbeitrag von einem Kollegen erinnert wurde: „Holla, merk Dir mal eins, hier kräht immer noch der Hahn." Solche Bemerkungen dürften symptomatisch für viele Gewerkschaftskollegen sein, die durchaus interessiert an der praktischen Mitarbeit von Frauen waren, ihre Mühen mit freundlichem Interesse honorierten, aber eine bestimmte Grenze des Einflusses nicht überschritten sehen wollten. Das haben viele Frauen bestätigt.

Frauen blockieren sich

Eine Barriere besteht aber auch in den Frauen selbst: Frauen, die noch im alten Rollenbild erzogen waren, suchten immer nach konstruktiven Beiträgen für ihr Ziel, zu einer gerechteren Ordnung beizutragen. Es gab selten offene Konflikte. Ältere Gesprächspartnerinnen, die uns voller Zorn und Bitterkeit von ähnlichen Reaktionen berichteten, wie Anni Roßmann sie erlebt hat, baten uns ausdrücklich darum, darüber nicht zu schreiben. Einige strichen sie nachträglich aus ihrem Beitrag. Da fiel zum Beispiel auch unter Gewerkschaftskollegen im Betrieb mitunter das böse Wort von den „Doppelverdienerinnen", da wurden Wünsche auf Flexibilität von Arbeitszeiten ignoriert, Beförderungen unterlaufen.

Hinzu kamen die Konflikte, die Frauen in ihren Familien auszutragen hatten, die stumme Mißbilligung oder die harte Kritik ihrer Mütter und ihrer Männer, das schlechte Gewissen, wenn nur etwas „Schnelles" auf den Tisch kam oder keine Zeit für Hilfe bei Schulaufgaben blieb. Solche Probleme wurden mit jener tief eingeprägten „Haltung" bewältigt, die immer nach friedlichen Lösungen strebte, Lösungen, die nichts an wichtigen sozialen Beziehungen zerstören sollten. Das oft mißbrauchte Wort „Solidarität" wurde, sowohl gegenüber der Familie wie gegenüber ignoranten Kollegen, täglich neu zu leben versucht, auch wenn das die Quadratur des Kreises bedeutete. Dieser tägliche Seiltanz wurde dann von den Kollegen nicht selten als die Unfähigkeit der Frauen gewertet, konsequent auf ein Ziel zuzusteuern, dranzubleiben und auch Verantwortung zu übernehmen. Selbst bei diesem Vorwurf suchten die Frauen in der Regel bei sich selbst nach „Schuld".

Wenig Hilfe

Von den vielen gescheiten und notwenigen Anträgen auf Frauenkonferenzen blieben allzuviele nur Papier und drangen nie in höhere Gremien vor. „Manchmal waren die bei den ermüdenden Konferenzen gestrickten Schals und Pullover, das Produktivste, was am Ende blieb", sagte uns eine Hanauer ÖTV-Frau.

So fiel es den Männern leicht, ihre Dominanz bis heute abzusichern und die Probleme im Verhältnis der Geschlechter zu übergehen. Bei der Vorstellung unseres Buchprojekts erlebten wir neben vereinzelter Gleichgültigkeit und Ignoranz auch viel verbales Lob, fanden aber wenig konkrete Hilfestellung bei der Recherche.

Immerhin: 1993 wurde ein Buch über 50 Jahre Gewerkschaftsgeschichte im DGB-Kreis Hanau, Gelnhausen, Schlüchtern veröffentlicht, in dem wir einen bemerkenswerten Satz fanden: „Gewerkschaftsberichte und Gewerkschaftsgeschichte sind in erster Linie Männergeschichte, die weibliche Hälfte kommt darin nicht angemessen vor. Gewerkschaftsgeschichte aus Frauenhand muß auch im Main-Kinzig-Kreis noch geschrieben werden."

Nun, das „Archiv Frauenleben", ein 1990 gegründeter gemeinnütziger Verein, der aus der Initiative einiger weniger Frauen entstand, konnte auf privat seit 1968 gesammeltes Material und auf das gute Gedächtnis älterer Mitarbeiterinnen zurückgreifen. Sie hätten es als unerträglich empfunden, wenn 50 Jahre Arbeit der Frauen in den Gewerkschaften für immer verloren gegangen und niemals wenigstens schwerpunktmäßig dokumentiert werden würde. Nur deshalb, und aus Respekt vor den genannten Frauen, sind wir dies Wagnis eingegangen.

Wir betrachten unser Buch als Beitrag zur Gewerkschaftsgeschichte in Hessen und im Main-Kinzig-Kreis und denken, daß es möglich sein muß, aus der Geschichte zu lernen. Wir sind dafür hohe finanzielle Risiken eingegangen und haben viel ehrenamtliche Arbeit geleistet.

Lehren aus den 70ern und 80ern

In den folgenden Seiten spiegeln sich fünf Jahrzehnte großer Kraftanstrengungen von Frauen wieder, ihre und die Lage ihrer Kolleginnen und Kollegen zu verbessern. Die Geschichten veranschaulichen an vielen Stellen aber auch etwas, was aus Protokollen und Akten nicht ersichtlich ist: Nämlich ein Stück Leben in jenem Beitrag der Frauen, der praktischen Hilfe, Wärme und Zusammengehörigkeit unter Frauen beinhaltete.

Der große Frauenaufbruch in den 70er und 80er Jahren, der damals auch von fortschrittlicheren Männern unterstützt wurde, hat zwar Erfolge gebracht, aber ernsthaft nie die alleinige Macht der Männer in den hohen Führungspositionen in Frage gestellt. Er dient aber immerhin als Lehrstück, daß sich Menschen wehren können, wenn der Leidensdruck groß genug ist.

Gerade heute dürfte es für Frauen wieder genügend Gründe geben, auch auf Gewerkschaftsebene für gesellschaftliche Verbesserungen zu kämpfen. Das Ende des Sozialstaats steht bevor. Es ist wieder Mode geworden, Frauen auf Haushalt und Kinder, auf Heimarbeit, 620-Mark-Jobs und in die Arbeitslosigkeit zu drängen. Die Ursachen liegen in einer Politik, die nur den Interessen der Wirtschaft gehorcht und alle sozialen Skrupel auf den Müll wirft, die zu einer globalen Ellenbogen-Gesellschaft, Gewinnmaximierung und Naturzerstörung geführt hat. In einer Zeit, in der die Entmachtung der Gewerkschaften auf der Tagesordnung der Mächtigen steht, sind auch die Frauen gefordert. Sie müssen sich dem „Rollback" entgegenstellen; mit dem gleichen Engagement wie früher aber mit neuem Selbstbewußtsein. Grundlegende Veränderungen lassen sich nicht mit stiller Bescheidenheit erreichen. Die Frauen, so hat die Erfahrung der vergangenen 20 Jahre gelehrt, brauchen Mut zur Verantwortung und zur Macht.

Ilse Werder,
1. Vorsitzende des Vereins
„Archiv Frauenleben"

DANK FÜR SPENDEN

An dieser Stelle soll allen gedankt werden, die sich um die finanzielle Absicherung unseres Buchprojektes verdient gemacht haben.

An erster Stelle muß Doris Wege, Gewerkschaftssekretärin bei der IG-Metall Hanau, genannt werden, ohne deren Engagement dieses Buch nie erschienen wäre. Persönlich und durch „ermunternde Nötigung" bei Kollegen konnte sie den Grundstock für die Druckkosten organisieren. Sie erklärte aber unverblümt, daß sie zusammen mit den anderen Initiatorinnen vergeblich auf das Engagement der großen gewerkschaftlichen Organisationen gehofft hat. „Unsere Idee stieß nicht auf offenen Widerspruch, gelegentlich auch auf verbale moralische Unterstützung. Aber an den Stellen, an denen die Männer (verantwortliche Funktionäre) über eine Beteiligung an der Finanzierung zu entscheiden hatten, wurde den Initiatorinnen unter größtem Bedauern versichert, daß entweder kein Geld da sei oder zu wenig, was andere Sachzwänge ergäbe, und leider, leider kein Geld für das Frauenbuch."

Wir danken ...

- dem hessischen Ministerium für Frauen, Arbeit und Sozialordnung
- der Hans-Böckler-Stiftung
- der IG-Metall Ortsverwaltung für großzügige Abnahmezusagen
- dem Konzernbetriebsrat Honeywell (Aufsichtsratstantiemen-Kasse)
- der ÖTV-Ortsverwaltung Hanau
- den Spendern (in alphab. Reihenfolge):

Erwin Mergel,
VAC-Betriebsratsvorsitzender
und Aufsichtsratsmitglied VAC

Richard Pfaff,
2. Bevollmächtigter
der IG-Metall Hanau und
Aufsichtsratsmitglied der ACE

Michael Pilz,
Gewerkschaftssekretär der IG-Metall
und Aufsichtsratsmitglied Heraeus

Magdalene Runte-Krajnovic,
GEW-Mitglied

Doris Wege,
Gewerkschaftssekretärin
der IG-Metall und
Aufsichtsratsmitglied Honeywell

VORAB

Gewerkschafterinnen in Hessen 1945 bis 1997

Frauen in den Gewerkschaften – ein ungeschriebenes Kapitel hessischer Gewerkschaftsgeschichte

„Die Geschichte der gewerkschaftlichen Frauenarbeit nach 1945 ist nach wie vor wenig erforscht", schrieb Angela Pitschke 1987 in ihrer Vorbemerkung zur Broschüre „Gewerkschaftliche Frauenarbeit in Kassel 1945-1970" (1).

DGB-Sekretärinnen im Jahr 1959:
u. a. Annelie Tuchscheer, Liesel Winkelsträter, Rosel Marquard, Gerda Kaufmann, Lucie Beyer

Rund zehn Jahre später kann diese Feststellung noch immer so getroffen werden. Zwar gibt es unendlich viele Veröffentlichungen, die sich mit Frauenthemen beschäftigen, und auch die Geschichte der Gewerkschaften hat unzählige Autorinnen und Autoren umgetrieben. Die Historie der Frauen in den Gewerkschaften, ihre Leistungen, ihr Anteil an Aufbau und Aktivitäten der ArbeitnehmerInnen-Vertretung schlummert jedoch auch über 50 Jahre nach dem Neubeginn 1945 weitgehend in vergessenen Archiven - abgeheftet in Ordnern, die längst in den Kellern von Gewerkschaftsbüros vergilben oder verschwunden sind, die vielleicht bei der einen oder anderen aktiven Gewerkschafterin irgendwo auf dem Dachboden verstauben oder schon längst dem Altpapier übergeben worden sind.

Wie wenig die Arbeit der Frauen in den Gewerkschaften registriert wurde, sei hier nur an einem kleinen Beispiel aufgezeigt: Im Kapitel „Lebensläufe zur Geschichte der Arbeiterbewegung in Hessen" in Gerhard Beiers Buch „Arbeiterbewegung in Hessen. Zur Geschichte der hessischen Arbeiterbewegung durch einhundertfünfzig Jahre (1834-1984)" (2) werden insgesamt 945 Personen vorgestellt. Darunter finden sich lediglich 64 Frauen.

Bis zum heutigen Tag wird die Rolle der Gewerkschaftsfrauen bei der Aufarbeitung und Analyse von Gewerkschafsbewegungen kaum gewürdigt. Gewerkschaftsfrauen selbst haben sich der Aufgabe, ihren Part in den Gewerkschaften umfassend zu dokumentieren, bislang nicht gestellt. Hier und da sind „erste Versuche" (4) unternommen worden. Angeregt durch ein Seminar oder eine Veranstaltung sind Frauen den Spuren der Gewerkschafterinnen gefolgt, haben nach Vergangenem gefragt, haben frauenspezifische Aspekte der Gewerkschaftsarbeit aufgezeigt und Themenschwerpunkte benannt, um die Bedeutung der gewerkschaftlichen Frauenarbeit für die Gesamtorganisation deutlich zu machen. Auch in Hessen gibt es hierfür Beispiele: Angela Pitzschke und Brigitte Schöttner seien hier stellvertretend genannt mit ihrer aus der Seminarreihe „Geschichte der gewerkschaftlichen Frauenarbeit in Kassel von 1945-1965" resultierenden Arbeit. Und auch die Autorin Iris Bergmiller muß an dieser Stelle erwähnt werden, die im Auftrag des DGB-Landesbezirks Hessen, Abteilung Frauen ebenfalls im Jahr 1987 unter dem Thema „Ältere Kolleginnen erzählen" eine Dokumentation über die ersten Jahrzehnte der Gewerkschaftsarbeit aus der Sicht von Frauen vorlegte (verantwortlich: Gisela Schade, Stellvertretende Vorsitzende des DGB Hessen und Marita Eilrich, DGB-Landesfrauensekretärin Hessen). Bergmillers Arbeit ist das Ergebnis der Veranstaltung „80 Jahre hauptamtliche gewerkschaftliche Frauenarbeit", die im Oktober 1985 in Frankfurt stattgefunden hat. Grundlage dieser beiden, für die hessische Gewerkschafterinnenarbeit beispielhaften Veröffentlichungen, sind die Erinnerungen von Gewerkschaftsfrauen, die nach dem Zweiten Weltkrieg, in den 50er und 60er Jahren aktiv an der Entwicklung der Gewerkschaften mitgewirkt haben und ihre Themen in die gewerkschaftliche Arbeit eingebracht haben.

Diese niedergeschriebenen Erinnerungen von Zeitzeuginnen sind auch für das vorliegende Buch des Vereins Archiv Frauenleben im Main-Kinzig-Kreis die wichtigsten Quellen, um die Anfänge der Gewerkschaftsarbeit von Frauen in Hessen ab 1945 bis heute darzustellen. Daneben liegen dem Archiv Unterlagen des DGB-Landesverbands Hessen, Abteilung Frauen vor, die zurückreichen bis in die 70er Jahre. Sie dokumentieren in erster Linie die Vorbereitung und Durchführung der Landesfrauenkonferenzen.

Die Materiellage ermöglichte eine umfangreichere Schilderung der wichtigen frauengewerkschaftlichen Aufbaujahre nach Kriegsende und in den 50er Jahren, insbesondere durch persönliche Erinnerungen und Interwiews.

Die vorliegende Darstellung der Arbeit von Gewerkschafterinnen in Hessen ist nicht mehr - aber auch nicht weniger - als ein Streifzug durch ein halbes Jahrhundert hessischer Gewerkschaftsgeschichte aus Sicht der Frauen. Sie kann und und will keinem wissenschaftlichen Anspruch genügen; ja sie kann - gerade aufgrund des lückenhaft vorliegenden Materials - keinem Anspruch auf Vollständigkeit genügen. Sie will aber - das hoffen alle Frauen, die an diesem Buch mitgearbeitet haben - einen Anstoß geben, damit die Geschichte der Gewerkschaften in Hessen und darüber hinaus nicht länger mehr eine in weiten Teilen männliche bleibt.

(sge)

DIE 40ER JAHRE

1945-50: Frauen sorgen für Kinder, Kohle und Kartoffeln

Gleiches Recht im Grundgesetz mit heftigem Protest erkämpft

„Ehrendienst" auf dem Marktplatz in Hanau, 18.03.1946

Die ersten Nachkriegsjahre waren durch Hunger und Not in nahezu allen Teilen der Bevölkerung gekennzeichnet. Besonders der Kältewinter 1946/47 forderte viele Opfer. Millionen Menschen waren unterwegs, um Angehörige oder eine neue Heimat zu finden. Millionen, die ihre Habe, ihr soziales Umfeld, ihre Verwandten und ihren Arbeitsplatz verloren hatten. Die Stadt Hanau war durch den furchtbaren Bombenangriff vom 19. März 1945 von ihren zuvor 50.000 Einwohnern auf 10.000 geschrumpft. Viele waren umgekommen. Wer sich gerettet hatte und zu Fuß in die Nachbardörfer geflohen war, strebte so schnell wie möglich zurück.

Die Männer und Frauen, die sich in dieser Zeit um den Wiederaufbau von Versorgungsstrukturen, Wohnungen, Schulen, Verkehrsmitteln und vor allem Arbeitsplätzen kümmerten, kamen vielfach aus der Gewerkschafts- und Arbeiterbewegung, einige waren gerade aus dem KZ entlassen. Alle schworen, das Äußerste zu tun, damit es nie wieder Krieg gibt. Machtvolle Maidemostrationen mit tausenden von Teilnehmern weckten Hoffnungen auf eine gerechtere und humanere Ordnung. Frauen und Männer in den Betrieben und Familien ließen sich auf ungeheure Anstrengungen ein.

Währungsreform

Aber schon waren erste Vorzeichen des „Kalten Krieges" zwischen den Großmächten zu erkennen, die Spaltung Deutschlands in zwei Einflußbereiche bahnte sich an. Die Frauen packten beim Beseitigen der Trümmer, in den Betrieben und in den Familien zu, sorgten für Kohle und Kartoffeln, viele beteiligten sich auch am Wiederaufbau der Gewerkschaften. Es gab damals in Deutschland sieben Millionen mehr Frauen als Männer, daraus entstand allerdings keine gesellschaftliche Macht der Frauen.

Am Sonntag, 20. Juni 1948, trennte ein Ereignis das Leben der Menschen in eine Zeit vor und eine Zeit nach der „Währungsreform". Was mühsam erspart war, wurde abgewertet auf wenige Mark, jeder Bürger konnte sein Geld in vierzig neue deutsche Mark eintauschen und wurde darüber belehrt, daß jetzt alle Menschen im Lande in der gleichen Situation seien und die gleichen Chancen hätten. Die Politiker tönten, es sei die gerechteste Form der Umstellung gefunden worden.

Es dauerte Monate, bis wir begriffen, daß wir schon wieder betrogen worden waren: Wer große Sachwerte, Häuser, Fabriken oder Grundvermögen besaß, blieb reich, und wer früh genug von der bevorstehenden Währungsreform erfahren hatte, konnte vorsorgen.

Hanauer Protest-Briefe nach Bonn

Als ab 1947 ein „Parlamentarischer Rat" aus 66 Männern und vier Frauen das „Grundgesetz" des künftigen West-Staates diskutierte, brachte die Kasseler Rechtsanwältin Dr. Elisabeth Selbert als Artikel 3, Absatz 2, die Formulierung ein: „Männer und Frauen sind gleichberechtigt."

Nach erheblichen Widerständen in allen Fraktionen erhielt Elisabeth Selbert Schützenhilfe von den Frauen im Land, auch aus den Dunlop-Reifenwerken, vom Betriebsrat Heraeus-Hanau und den Verwaltungen der Städte Hanau und Dörnigheim. Allein 40.000 Gewerkschafterinnen schrieben nach Bonn und verlangten, daß die Formulierungen Elisabeth Selberts akzeptiert würden.

Elisabeth Selbert setzte sich durch. 1949 trat das neue Grundgesetz in Kraft. Die Adenauer-Ära begann, mit ihr eine betont westlich ausgerichtete Bündnispolitik und die Wiederaufrüstung des Landes.

(wr)

Ehrendienst in Hanau, 18. März 1946

Nach dem Kriegsende: Die weibliche „Ersatzarmee" funktioniert

Frankfurt a.M., 29. März 1947. In der Löwenbrauerei füllt sich langsam der Saal. Aus allen Teilen Hessens treffen Frauen ein, allesamt Mitglieder des Freien Gewerkschaftsbundes Hessen (FGB Hessen). 78 Delegierte vertreten insgesamt 30.000 im FGB-Landesverband organisierte Frauen aus 14 Bezirken. Es ist die erste Frauenkonferenz des FGB Hessen, der bereits 1946 gegründet worden war. Sie findet statt, weil es der FGB-Bundestag so beschlossen und organisatorisch festgelegt hat. Kollegin Frieda Walther begrüßt die Teilnehmerinnen und nach einigen Liedern der Freien Gewerkschaftsjugend überläßt sie das Rednerinnenpult zunächst einem Mann. Kollege Bock vom FGB-Bundesvorstand darf auf dieser ersten hessischen Gewerkschafterinnen-Tagung die Eröffnungsrede halten. In der „Stimme der Arbeit" können dann alle hessischen Gewerkschafterinnen nachlesen, wie sich der Kollege die künftige Rolle der Frau in einer „neuen Gesellschaft" vorstellt:

„Den organisierten Frauen (...) muß ein breiterer Rahmen eingeräumt werden. Bisher haben allein die Männer das Organisatorische behandelt, aber das Frauenproblem steht vor uns, da die Frau jedenfalls eine größere Rolle in Zukunft spielt als in der Vergangenheit. Die Frau hat heute eine ganz andere wirtschaftliche und gesellschaftliche Stellung." Bock weist auf den großen Männerverlust des letzten Krieges hin; „hier ergibt sich eine Verpflichtung für unsere Frauen. Viele von ihnen werden nicht Hausfrauen und Mütter werden können. Betrieb und Büro wird ihnen als Ersatz bleiben, sie werden sich deshalb in Zukunft mehr Geltung verschaffen müssen. Auch viele Männer werden sich umzustellen haben." Sehr packend schildert der Redner die Lohnpolitik für die weiblichen Beschäftigten, wobei die Unternehmer stark an willigen, billigen Arbeitskräften interessiert waren. Bei gleicher Leistung den gleichen Lohn, ist gewerkschaftliche Forderung. Nicht mehr soll die Frau Konkurrent des Mannes, sondern wie in der Politik gleichberechtigt sein. „Freilich müssen die Frauen auch ihre Lage erkennen, sich zusammenschließen, nicht mehr sollen sie Menschen zweiter Klasse sein. Schulter an Schulter mit den männlichen Kollegen müssen sie für die eigenen Interessen sorgen. Nur die Gewerkschaft vertritt diese Forderung. Nicht Individualismus, sondern Kollektivismus ist unsere Parole. Eine neue Gesellschaft soll aufgebaut werden. Ähnliches wie in den letzten Jahren darf nicht mehr vorkommen. Kollege Bock schildert die voraussichtliche wirtschaftliche Zukunft, die den Frauen große Aufgaben zuweist, um eine neue Gesellschaft zu formen." (Lebhafter Beifall.) *(Stimme der Arbeit, April 1947)*

Ja, die hessischen Gewerkschafterinnen des Jahres 1947 applaudierten ihrem Kollegen Bock. Knapp zwei Jahre nach Kriegsende hatten sie allen Grund davon auszugehen, daß sie künftig eine selbstbewußte, anerkannte und gleichwertige Stellung innerhalb von Wirtschaft, Politik und Gesellschaft eines neuen, demokratischen Deutschlands spielen würden. Ganz selbstverständlich glaubten sie an Bocks Worte, der die Bereitschaft der Männer signalisierte, die Kolleginnen als „vollwertige" Gewerkschafterinnen zu akzeptieren. Die Frauen damals hatten kaum Zweifel daran, daß dies auf Dauer funktionieren würde. Hatten sie nicht längst bewiesen, daß sie qualifizierte Arbeitskräfte waren, daß sie organisieren, planen und regeln konnten, daß sie sich einzurichten wußten, selbst unter schwierigsten Bedingungen und daß sie die Versorgung der Familie übernehmen konnten, wenn „Not am Mann" war – und auch sonst?

In den letzten Jahren des Naziregimes hatten Frauen vor allem in der Kriegsindustrie die Arbeitsplätze der Männer weitgehend übernehmen müssen. Und dann, nach Kriegsende, verrichteten Hunderttausende von Frauen in nahezu allen Wirtschaftszweigen Arbeiten, die bislang als „Männerdomäne" galten. Sie arbeiteten nicht nur als „Trümmerfrauen", sondern in der Eisen-, Metall- und Maschinenindustrie sowie im Bergbau. Frauen arbeiteten an Hochöfen, als

Löscherinnen in Walzwerken, als LKW- und Busfahrerinnen sowie als Straßenbahnschaffnerinnen. *(Ruhl, S. 40)*

Es blieb den Frauen nichts anderes übrig, als ihre Männer zu ersetzen: 3,6 Millionen Soldaten waren im Krieg gefallen, 11,6 Millionen befanden sich kurz nach Kriegsende in Kriegsgefangenschaft. 1946 waren immer noch zwei Millionen Männer nicht aus der Gefangenschaft zurückgekehrt. *(Ruhl, S. 40)*
1946 lag der Frauenüberschuß in Hessen bei 121 Frauen auf 100 Männer. Im Vergleich: 1939 kamen 105 Frauen auf 100 Männer; später dann – im Jahre 1954 – zählten die Statistiker 113 Frauen auf 100 Männer. *(Vgl. Wischermann / Schüller / Gerhard, S. 163)*

Doch standen die Frauen direkt nach dem Krieg nicht nur vor der Aufgabe, die Arbeitsplätze ihrer Männer selbst zu besetzen. Ihre hauptsächliche Aufgabe bestand zunächst darin, das Überleben zu sichern, für sich, ihre Kinder, die Alten und Kranken. In Städten wie Frankfurt, Hanau, Wetzlar, Gießen und Kassel, wo kaum noch ein Haus unbeschädigt auf seinen Fundamenten stand, wo Wohnungen mit einem Dach darüber Mangelware waren, wo es kaum Lebensmittel gab, ging es Tag für Tag um's nackte Überleben. Die Frau trug die Hauptlast bei der Überlebenssicherung der Familie. *(Vgl. Derichs-Kunstmann, S. 66)*

„Nahrungsbeschaffung über Lebensmittelkarten, Schwarzmarkt und Hamsterfahrten, Reparaturen an Wohnungen und Kleidung mit geringstem Mittelaufwand, Brennstoff-, Wasser- und Stromversorgungsprobleme in den zum größten Teil zerstörten und nur notdürftig hergerichteten Wohnungen bewirkten eine zeitlich und körperlich drastisch ansteigende Beanspruchung der Frauen durch Hausarbeit, die sie häufig an die Grenze ihrer Leistungsfähigkeit brachte." *(Kolbe, Nieves u. a. 1988, S. 4-5, In: ebd., S. 66)*

Vor diesem Hintergrund entwickelten die Frauen der direkten Nachkriegszeit ein spürbares Selbstbewußtsein. Daß sie nur die „Reservearmee" darstellten, die nur wenige Jahre später in dieser Größenordnung nicht mehr gebraucht wurde und den zurückgekehrten Männern wieder weichen mußte, ahnten sie damals nicht. Ganz selbstverständlich war für sie, daß sich ihre starke Rolle, die sie nicht erst 1945, sondern schon Jahre zuvor aufgrund des Männermangels in Wirtschaft und staatlichen Behörden übernommen hatten, auch niederschlagen würde beim Aufbau neuer gewerkschaftlicher Strukturen. Viele Frauen standen bereit, ihren Beitrag zu leisten. Und sie wollten dies gleichberechtigt mit ihren Kollegen tun. Ilse Bergmiller schreibt in ihrem Überblick „Aus der Arbeit in den Gewerkschaften": „Während der Aufbauphase der Gewerkschaften standen sich die Mitglieder näher. Man verbrachte auch seine Freizeit miteinander. Die Männer wurden als einsichtiger erlebt, da sie die Frauen ermunterten, in Gremien zu gehen. In die gewerkschaftliche Frauenarbeit ging die Vorstellung ein, daß die Arbeit mit den Frauen etwas Vorübergehendes sei. Sie würde nur so lange andauern, bis die Frauen in die gesamte Organisation integriert wären." *(S. 11)*

Annelie Tuchscheer, ab 1962 Landesfrauensekretärin des DGB-Hessen, erinnert sich an die Anfänge in Kassel 1945: „Die Betriebe waren (...) kaputt, also tiefster Niedergang – trotzdem Hoffnung für die Zukunft: sofort waren Männer und Frauen zur Stelle und dachten auch daran, die Gewerkschaften wieder neu zu gründen, und schon als die Militärregierung noch hier für die (...) Stadt zuständig war, kamen die alten Kollegen zusammen und besprachen die Neugründung der Gewerkschaften. Das hat gedauert von April bis zum Herbst, bis die Genehmigung für die Gründung von Gewerkschaften erfolgte (...). Es wurden Listen ausgelegt, es fing also ganz primitiv an, und da kamen die Männer und es kamen auch Frauen, und das hat mich eigentlich stark berührt, daß zum gleichen Zeitpunkt auch sehr viele Frauen kamen, und sich als Mitglieder in die Listen der Gewerkschaften eintrugen. Und so erfolgte ganz langsam (...) der Aufbau, aber da ging es nicht um Lohn, und da ging es nicht um Arbeitszeit, sondern da ging es um's Überleben." *(Pitzschke / Schöttner, S. 12)*

Doch, was waren das für Frauen, die sich trotz der Überbelastung in Haushalt, Familie und Beruf auch noch am Aufbau gewerkschaftlicher Organisationen beteiligten? Diese Frage fehlt in keinem der Interviews, die viele Jahre später mit Gewerkschafterinnen der ersten Stunde geführt wurden. In vielen Fällen knüpften besonders die Älteren unter den Befragten an die Tradition der Arbeiterinnensekretariate *(Bergmiller, S. 11)* an, die es bereits vor 1933 in Deutschland gab. Andere entstammten traditionellen Gewerkschafterfamilien und waren im Geiste der Arbeiterbewegung erzogen worden. *(Kunstmann, S. 72)*

Karin Derichs-Kunstmann resümiert: „Aber nicht nur, daß die Frauen sich ihrer Haut wehren konnten, war eine wichtige Eigenschaft, die sie für die gewerkschaftliche Arbeit geeignet machte. Wichtig war auch bei fast allen von uns befragten Frauen, die in der Nachkriegszeit in gewerkschaftliche Funktionen kamen, daß sie eine berufliche Ausbildung im Büro oder in der Verwaltung erworben hatten, die sie befähigte, die anfallende Verwaltungsarbeit in einem Gewerkschaftsbüro zu bewältigen." *(S. 73)* Tatsächlich trug dieser vordergründige berufliche Vorzug letztlich auch dazu bei, daß sich resultierend aus der typischen Rollenverteilung zwischen Männern und Frauen in der gewerkschaftlichen Aufbauarbeit unmittelbar nach dem Krieg ein dauerhaftes, jahrzehntelang gültiges Muster in der Aufgabenverteilung verfestigte: Frauen wurden mit Verwaltungs- und Hintergrundarbeiten beschäftigt, während sich die Männer der „großen Politik" widmeten. *(ebd., S. 74)*

Doch damals, in den Anfängen, fehlten solche kritischen Betrachtungen verständlicherweise. Dazu waren die Frauen viel zu sehr mit ganz grundlegenden Dingen beschäftigt. Zunächst waren die aktiven Gewerkschafterinnen erst einmal froh, daß sich Gleichgesinnte fanden, die auf örtlicher Ebene beim Aufbau der Gewerkschaftsstrukturen mitmachten. Angesichts der schlimmen Kriegsjahre genossen die Frauen auch ein klein wenig diese neue Aufgabe, die sie zusammenführte und die ihnen auch schöne gemeinsame Stunden bescherte. Annelie Tuchscheer: „Bei allen Gesprächen, Veranstaltungen, Diskussionen waren sie dabei. Sie halfen aufbauen, räumten den Schutt weg, sie mußten die Familien ernähren. Sie wußten, worauf es ankam in dieser Zeit, und sie waren bereit, mitzuhelfen und Verantwortung zu übernehmen. Ganz langsam und sukzessiv wuchsen wir zu einer Gruppe. 40-50 Frauen (und es kamen immer mehr) waren bereit, Funktionen zu übernehmen und mit den Kollegen gemeinsam in der Organisation zu arbeiten. Die Gewerkschaftsfrauen waren immer begehrt. Das waren Frauen, die aufgeräumt hatten, die wußten, worauf es ankam." *(Bergmiller, S. 124)*

Und Elfriede Stollberg, Annelie Tuchscheers Weggenossin aus den ersten Zeiten in Kassel, erinnert sich ebenfalls an die ersten Treffen dieser Frauen: „Ja, also zeitlich muß das so Ende '45 bis Beginn des Jahres 1946 gewesen sein. Das war eine Frauengruppe (...), das war also noch kein Kreisfrauenausschuß mit gewählten Vertretern aus verschiedenen Gewerkschaften, sondern es waren einfach Frauen, die in die Gewerkschaft dann eintraten (...), und die sich dann als ein Kreis der Frauen trafen. (...) Und da haben wir dann bei so Heißgetränken oder im Sommer Kaltgetränken – also fürchterlich bunt gefärbte Getränke, die uns also den Bauch wärmen sollten, weil's (...) mit der Raumtemperatur immer (...) schlimm bestellt war so im Winter (...) – haben wir uns dann da getroffen." *(Pitzschke / Schöttner, S. 12)*

Insgesamt hatten es die Gewerkschaften in der amerikanischen Zone, zu der auch Hessen gehörte, relativ einfach, ihre Organisation neu aufzubauen. Gute Bedingungen fanden in Hessen auch die Frauen vor: Bereits 1947 hatten sie mit Frieda Walther eine hauptamtliche Kollegin, die hessenweit die gewerkschaftliche Frauenarbeit mitorganisierte. Seit

1948 gab es einen Landesfrauenausschuß und bereits Ende 1950 ging der DGB-Landesbezirk davon aus, daß der Aufbau der Orts- und Kreisfrauenausschüsse abgeschlossen sei. *(Kunstmann, S. 76)*

Der beispielhafte organisatorische Aufbau der Gewerkschaften nach dem Krieg war das eine. Doch es blieb die Frage, inwieweit Frauen gleichberechtigt mitbestimmen konnten – bei der inhaltlichen Arbeit, beim Festklopfen politischer Eckpfeiler. In ihrer ersten Bezirksausschußsitzung am 17. Mai 1947 versuchten die hessischen Gewerkschafterinnen, sich und ihre Themen innerhalb der Gewerkschaften zu positionieren:

„Die erste Bezirksausschußsitzung hat noch einmal zur Frage der Organisierung und Heranziehung der Frauen innerhalb der Gewerkschaften Stellung genommen. Sie stellte folgende Forderung zur besonderen Berücksichtigung auf: Der Bundesvorstand hat darauf zu achten, daß bei allen gesetzgebenden Körperschaften und der Regierung, Fragen, die insbesondere Maßnahmen für Frauen betreffen, Beachtung finden und durchgeführt werden. Dazu ist es notwendig, daß leitende Stellen des Staates und der Wirtschaft auch mit Frauen besetzt werden, die die Fähigkeiten dazu besitzen. Vom Bundesvorstand erwarten wir, daß er das vorhandene Interesse der Frau mit allen Kräften fördert, aber auch für ihre gründliche Schulung Sorge trägt. Dazu ist es notwendig, daß Frauen zu Besprechungen über Ernährungsfragen, aber auch bei anderen politischen Fragen viel stärker herangezogen werden. Wir sind der Meinung, daß sich unter den Frauen, die heute bereits aktiv in der Gewerkschaft arbeiten, viele befinden, die durchaus fähig sind, mitzuarbeiten; es liegt oftmals an den männlichen Kollegen, sie heranzuziehen."
(Stimme der Arbeit, Mai 1947, S. 121)

Diese Forderung des ersten Bezirksfrauenausschusses führte nicht zur gewünschten gleichberechtigten Zulassung von Frauen in die Entscheidungsgremien von Politik und Gewerkschaften. Auch zwei Jahre nach diesem ersten gemeinsamen Papier hatte sich an der Situation – Männer treffen die wichtigen Entscheidungen, Frauen sorgen im Hintergrund dafür, daß organisatorisch in den Büros und Sekretariaten alles läuft – nichts geändert. Warum sonst übte die erste hauptamtliche hessische Frauensekretärin Frieda Walther in ihrem Papier zur „Frauenarbeit im FGB Hessen" vom 8. September 1949 erneut Kritik an der ungenügenden Berücksichtigung von Frauen besonders in den Entscheidungsgremien der Gewerkschaftsbewegung. Sie schreibt in ihrem Papier im Vorfeld des „Bundestages", dem Gründungskongress des Deutschen Gewerkschaftsbundes in München (10. bis 14. Oktober 1949): „Wir glauben, daß hier noch ein Fehler in der Organisation vorhanden ist, bei dem Aufbau des kommenden Bundes (damit ist der in München gegründete Deutsche Gewerkschaftsbund gemeint, Anm.) muß die Frauenarbeit stärker als bisher in den Gesamtapparat eingebaut werden. Wir wollen keine besondere Frauenorganisation, aber wir müssen die Frauen selbst stärker in die Organisation einbauen. Wenn wir einen größeren Prozentsatz von erwerbstätigen Frauen noch für die Gewerkschaftsbewegung interessieren wollen, und das wird bei der immer noch steigenden Zahl der erwerbstätigen Frauen auch notwendig sein, müssen wir auch Frauen an verantwortlichen Positionen herausstellen."

Die Appelle, Papiere und Entschließungen im Vorfeld des Gründungskongresses reichten schließlich nicht ganz. Zwar beschlossen die Delegierten die „Richtlinien für die Frauenarbeit im Deutschen Gewerkschaftsbund", in denen die „Interessen der Frauen in erhöhtem Maße" berücksichtigt wurden, doch wer genauer hinschaute, der bemerkte die nunmehr auch in den Statuten festgeschriebene eingeschränkte Rolle der Frauen innerhalb der Gewerkschaftsorganisation. Denn nicht nur, daß Frauenausschüssen und -sekretariaten als Aufgabe die „Mitarbeit" und „Unterstützung der Organe des Deutschen Gewerkschaftsbundes" zugewiesen wurde. Frauenausschüsse wurden als „ein Teil der Gesamtbewegung" gesehen und nicht als eigene Organisation innerhalb des DGB begriffen. Das lag damals auch nicht in der Absicht der Frauen, die ja eigentlich eine auf die Frauen konzentrierte Gewerkschaftsarbeit nur als anfänglich wichtig ansahen. Ihr Ziel war es ja, die geschlechterspezifische Rollenaufteilung innerhalb der Gewerkschaften aufzuheben und selbstverständlich auf allen Ebenen der Organisation mitzuarbeiten und mitzuentscheiden. Die Frauen vertrauten damals den männlichen Kollegen – fälschlicherweise, wie sich schon während des DGB-Gründungskongresses herausstellte. Welchen Status die in der Mehrzahl männlichen Entscheidungsträger im DGB den Frauen schließlich zuerkannten, läßt sich daran ablesen, daß sie den Frauenausschüssen, der DGB-Bundesfrauenkonferenz – als immerhin höchstem Gremium der gewerkschaftlichen Frauenarbeit in der Bundesrepublik – sowie dem Bundesfrauenausschuß kein Antragsrecht für den DGB-Bundeskongreß einräumten. So wurden beispielsweise die Beschlüsse der 1. DGB-Bundesfrauenkonferenz durch den DGB-Bundesvorstand, in dem mit Thea Harmuth nur eine Frau saß, an den DGB-Bundeskongreß weitergeleitet. Erst 1954, beim 3. ordentlichen DGB-Bundeskongreß, sollte der Bundes-Frauenausschuß ein eigenes Antragsrecht gewährt bekommen, das dann erst zum 4. DGB-Bundeskongreß 1956 wirksam werden konnte. *(Vgl. Kunstmann, S. 82)*

In ihrer kritischen Beleuchtung des Themas „Frauen in der Männergewerkschaft" führt Karin Derichs-Kunstmann noch ein weiteres Indiz für die bewußte Beschneidung der Frauenrolle im DGB an: „Die Frauen sollten die Aufgabe der 'Förderung und Weiterentwicklung einer guten Zusammenarbeit der Kolleginnen und Kollegen' übernehmen. Damit wurde ihnen die Rolle derjenigen zugewiesen, die für das innerbetriebliche bzw. innerorganisatorische Klima zuständig sind. Weder in der 'Richtlinie für die Angestelltenarbeit' noch in der 'Richtlinie für die Beamtenarbeit' des DGB, die beide auf dem Gründungskongreß 1949 verabschiedet wurden, wurden solche Aufgaben benannt. Eindeutig ist, daß hier an das soziale Gewissen der Frauen in den Gewerkschaften appelliert und ihnen die Rolle der 'Mutter der Organisation' zugeschoben wurde." *(ebd., S. 83)*

Daß die Frauen diese Rollenzuweisung akzeptiert hatten, bestätigt Annelie Tuchscheer im Nachhinein: „Die Frauen in den Gewerkschaften hatten es nicht leicht. Sie mußten ihren Männern schon einiges abringen. Nach draußen machten wir das nie in der Form deutlich. Das hätten wir vielleicht auch tun sollen. Das trauten wir uns nicht. Das muß ich sagen, für uns Frauen war der Zusammenhalt in der Organisation immer das Wichtigste. Wir hielten alles ab, was die Organisation unter Umständen nach draußen hätte schwächen können. Damit es von draußen so aussah, als wenn. Und nicht, daß es hieß: 'Guck mal, die machen auch was ganz anderes, als sie sagen.' An einzelnen Fällen kann ich dartun, daß es Frauen in den Gewerkschaften auch leicht hatten. Insgesamt gesehen hatten wir es aber wirklich nicht leicht. Es war schon ein Machtkampf. Denn in dem Maße, in dem Frauen Positionen eroberten, mußten Männer darauf verzichten. Das war nicht so leicht zu ertragen für die Männer. Oder, eine Frau war oben in einer Position. Sie da stehen zu sehen, das war nicht gut vorstellbar, daß das noch größere Formen annehmen würde. Wir mußten uns immer ganz stark dagegen wehren, damit wir auch zum Zuge kamen." *(Bergmiller, S. 130)*

Die beim DGB-Gründungskongreß 1949 beschlossenen Richtlinien für die Frauenarbeit:

„Die Industrialisierung und die Folgen zweier Weltkriege haben die Stellung der Frau in der Gesellschaft wesentlich verändert. Millionen von Frauen sind heute darauf angewiesen, den Lebensunterhalt für sich und ihre Angehörigen zu verdienen. Für den größten Teil dieser Frauen handelt es sich dabei nicht mehr um eine zeitlich begrenzte Erwerbstätigkeit. Hunderttausende von berufstätigen Frauen tragen als Hausfrau und Mutter doppelte Last. Diesen Tatsachen tragen die Gewerkschaften Rechnung, indem sie die Interessen der Frauen in erhöhtem Maße wahrnehmen.

Die Gewerkschaften begrüßen die Anerkennung ihrer seit Jahrzehnten erhobenen Forderung auf Gleichberechtigung von Mann und Frau durch das Grundgesetz der Bundesrepublik Deutschland. Sie betrachten es als eine ihrer vornehmsten Aufgaben, für die Verwirklichung dieses Grundsatzes auf sozialem und wirtschaftlichem Gebiet zu sorgen.

Die Gewerkschaften erheben insbesondere folgende Forderungen:

Sicherung des Rechts der Frau auf Arbeit durch Erschließung neuer Berufe, die der körperlichen Eignung der Frau entsprechen.

Förderung der beruflichen Ausbildung, Bereitstellung von Lehrstellen, gleiche Aufstiegsmöglichkeiten in Betrieben und Verwaltungen für Mann und Frau.

Gleicher Lohn bei gleichwertiger Arbeit und Leistung.

Ausbau des Arbeitsschutzes für die Frau.

Verbot aller Arbeiten, die der Konstitution der Frau unzuträglich sind, Ausbau der Arbeitsschutzbestimmungen und Durchführung des Arbeitsschutzes, ausreichender gesetzlicher Mutterschutz, Errichtung und Verbesserung sozialer Einrichtungen zur Entlastung der erwerbstätigen Frau und Mutter, Schutz der Heimarbeiterinnen und Hausgehilfinnen durch ausreichende Mindestarbeitsbedingungen, stärkere Heranziehung von Frauen für den Gewerbe-Aufsichtsdienst nach Vorschlägen der Gewerkschaften.

Die gewerkschaftliche Frauenarbeit umfaßt vornehmlich folgende Aufgaben:

Mitarbeit bei der Verwirklichung aller vom Gründungskongreß des Deutschen Gewerkschaftsbundes beschlossenen wirtschafts- und sozialpolitischen Grundsätze sowie der Forderung für die erwerbstätigen weiblichen Arbeitnehmer.

Bildung und Schulung der Frauen, um sie zu befähigen, an der Gestaltung des gewerkschaftlichen, wirtschaftlichen, sozialen, politischen und kulturellen Lebens aktiv teilzunehmen.

Förderung und Weiterentwicklung einer guten Zusammenarbeit der Kolleginnen und Kollegen.

Verbreitung des gewerkschaftlichen Gedankens in der Öffentlichkeit und Werbung neuer Mitglieder.

Zusammenarbeit mit demokratischen Frauenorganisationen, die die gewerkschaftlichen Forderungen anerkennen und unterstützen.

Besondere Pflege der internationalen Beziehungen, soweit sie die Frauenarbeit betreffen."

Zur Verwirklichung wurden Frauenausschüsse vorgesehen: auf Orts- bzw. Kreisebene, bei den Landesbezirken und schließlich der Bundesfrauenausschuß des DGB. Damit keine Mißverständnisse entstehen konnten, wurde die lediglich beratende Funktion dieser Ausschüsse, die den zuständigen Organen des DGB Empfehlungen vorlegen durften, ausdrücklich festgeschrieben. Auf der untersten Ebene sollten daran Vertreterinnen der Einzelgewerkschaften teilnehmen und die örtliche DGB-Frauensekretärin (Zitat: „Wo keine Frauensekretärin vorhanden ist, tritt an ihre Stelle der für die Frauenarbeit zuständige Sachbearbeiter"). Zum Landesbezirks-Ausschuß gehörten neben den Einzelgewerkschaftsvertreterinnen Frauen aus den Kreisfrauenausschüssen und natürlich die Landesbezirks-Frauensekretärin. Auf Bundesebene trafen sich die Landesbezirks-Frauensekretärinnen, Vertreterinnen der Einzelgewerkschaften und das für die Frauenarbeit verantwortliche Mitglied des geschäftsführenden Bundesvorstandes. Zudem wurde die regelmäßige Abhaltung von DGB-Landesbezirks- und Bundes-Frauenkonferenzen festgelegt.

Gleichheit vor dem Gesetz

Ausdrücklich haben die Delegierten des DGB-Gründungskongresses im Oktober 1949 die Tatsache begrüßt, daß die Gleichberechtigung von Mann und Frau als Grundrecht im Grundgesetz der Bundesrepublik Deutschland festgeschrieben worden war. Es war allein der Hartnäckigkeit der Kasseler Sozialdemokratin Elisabeth Selbert zu verdanken, daß in Artikel 3 „Gleichheit vor dem Gesetz", Absatz 2 Grundgesetz folgender Satz aufgenommen wurde: „Männer und Frauen sind gleichberechtigt."

Nicht einmal ihre drei weiblichen Kollegen im 65-köpfigen Parlamentarischen Rat, der am 1. September 1948 seine Arbeit an einer Verfassung für die Bundesrepublik Deutschland aufgenommen hatte, unterstützten Elisabeth Selbert uneingeschränkt in ihrer Forderung, den Gleichheitsgrundsatz in der einfachen, und deshalb so eindeutigen Formulierung in das Grundgesetz aufzunehmen. Ursprünglich wollte die Mehrheit im Parlamentarischen Rat die Formulierung aus der Verfassung der Weimarer Republik – „Männer und Frauen haben die gleichen staatsbürgerlichen Rechte und Pflichten" – ins neue Grundgesetz übernehmen. Dagegen wehrte sich Elisabeth Selbert: „In der Weimarer Verfassung war wohl die Rede von Gleichberechtigung. Staatsbürgerliche Gleichheit bedeutete der Mehrheit der Verfassungsrichter damals aber offenbar: staatsbürgerliche Betätigung im engsten Sinn, also: Frauen können wählen und gewählt werden. Mehr nicht. Sonst wäre es auch nicht möglich gewesen, daß sich im Bürgerlichen Gesetzbuch eine ganze Reihe von Vorschriften erhalten haben, die rein patriarchalisch sind, rein patriarchalisch!, die auch in der Zeit der 20er Jahre schon nicht mehr der tatsächlichen Stellung der Frau entsprachen. Auch war ja damals durchaus schon der Gedanke einer echten Partnerschaft aufgekommen, und infolgedessen hätte der Weimarer Reichstag die Verpflichtung gehabt, entsprechend dem Verfassungsauftrag an die Arbeit der Anpassung heranzugehen." *(Dertinger, S. 41)*

Elisabeth Selbert wollte im neuen Grundgesetz nicht unverbindlich bleiben, sondern eindeutig und verbindlich, ohne Einschränkungen und Katalogisierungen. Die Sozialdemokratin konnte es nicht fassen, daß sie zunächst allein dastand mit dieser Forderung. Sie ließ sich auch nicht entmutigen, als der SPD-Antrag „Männer und Frauen sind gleichberechtigt" am 5. Oktober 1948 zunächst abgelehnt wurde. Und auch beim zweiten Einbringen des Antrags scheiterte Elisabeth Selbert, obwohl sie den Zweiflern mit ihrem Vorschlag, eine Übergangsregelung zu beschließen, goldene Brücken gebaut hatte. Es half nichts: Auch bei der zweiten Abstimmung in der 17. Sitzung des Hauptausschusses des Parlamentarischen Rates fiel Selberts Antrag durch. Daraufhin begann eine beispiellose Unterstützungskampagne aus dem ganzen Land. Zahllose organisierte und nicht organisierte Frauen schickten Unterstützerbriefe und Papiere. Allein 40.000 gewerkschaftlich organisierte Metallarbeiterinnen schickten Briefe nach Bonn und forderten, Elisabeth Selberts Formulierung zu akzeptieren. So sandten beispielsweise die weiblichen Beschäftigten der Hanauer Stadtverwaltung eine gemeinsame Resolution nach Bonn, die folgenden Wortlaut hatte:

„Die bei der Stadt Hanau beschäftigten Frauen haben mit Bedauern davon Kenntnis genommen, daß die zivilrechtliche, gesellschaftliche und wirtschaftliche Gleichstellung der Frau in den Grundrechten nicht berücksichtigt werden soll. Sie sind davon überzeugt, daß dasjenige Volk am besten für sein Wohl sorgt, das die Frau auf allen Lebensgebieten dem Manne gleichgeordnet und weder ihrer geistigen noch wirtschaftlichen Entwicklung Grenzen zieht. Die Gleichberechtigung der Frau ist keine Angelegenheit dieser oder jener Partei, sondern aller Frauen und darüberhinaus aller fortschrittlich denkenden Männer. Alle Frauen der Stadtverwaltung Hanau ohne Unterschied ihrer Parteizugehörigkeit oder weltanschaulichen Richtung übersenden daher 1. dem Parlamentarischen Rat in Bonn, 2. allen Parteien (Fraktionen), 3. der Gewerkschaft, 4. dem überparteilichen Frauenverband Hessen ihren Protest und bitten sie, all ihren Einfluß dahingehend geltend zu machen, daß der in Bonn tagende Parlamentarische Rat die Grundlage für Gesetze schafft, die den Frauen die gleichen Rechte garantieren wie den Männern. Die Frau ist auf allen Gebieten des staatlichen, rechtlichen, wirtschaftlichen und gesellschaftlichen Lebens dem Manne gleichzustellen. Alle gesetzlichen Bestimmungen, die der Gleichberechtigung der Frau entgegenstehen, sind aufzuheben. Für gleiche Arbeit hat die Frau das Recht auf gleiche Entlohnung wie der Mann, die Frau genießt den besonderen Schutz und die Fürsorge des Staates, die außereheliche Mutter steht der ehelichen gleich."
Hanau, 10. Januar 1949,
gez. Käthe Leininger, Mitglied des Betriebsratesder Stadtverwaltung Hanau

Nachsatz:
„Der Betriebsrat der Stadtverwaltung Hanau hat vorstehende Resolution zur Kenntnis genommen, und schließt sich den Forderungen der Frauen an. Hanau, 18. Januar 1949, gez. Herm. Leipold, Vorsitzender des Betriebsrates der Stadtverwaltung Hanau."
(100 Jahre Frauenleben rund um das Kinzigtal 1888-1988, S. 99)

Der spätere Bundespräsident Theodor Heuss hatte die Reaktionen der Frauen als „Quasistürmelein" bezeichnet, allerdings zu einem Zeitpunkt, als in Bonn der Sinneswandel auch bei CDU und FDP eingetreten war. Elisabeth Selbert konterte: „Wir haben den Sturm, der draußen in der Öffentlichkeit durch die Abstimmung bei der ersten Lesung dieses Artikels im Hauptausschuß ausgelöst wurde, nicht verursacht. Er hätte erspart werden können, so sehr ich mich über den Widerhall und die Resonanz freue, die aus der Fülle der Eingaben spricht, die an den Rat gekommen sind und die auch uns direkt erreicht haben."
(Dertinger, S. 45)

Der Artikel 3 Grundgesetz „Gleichheit vor dem Gesetz" wurde somit am 18.01.1949 beschlossen:

1. Alle Menschen sind vor dem Gesetz gleich.
2. Männer und Frauen sind gleichberechtigt.
3. Niemand darf wegen seines Geschlechts, seiner Abstammung, seiner Rasse, seiner Sprache, seiner Heimat und Herkunft, seines Glaubens, seiner religiösen oder politischen Anschauungen benachteiligt oder bevorzugt werden.

Antje Dertinger resümiert: „Dieser Sieg für die Frauen ist Elisabeth Selbert zu danken, und nur ihr. Nichts schmälert ihr Verdienst – weder die zögerliche Arbeit des Gesetzgebers zur Anpassung aller Gesetze, entsprechend der Übergangsregelung nach Artikel 117 GG, noch die tatsächliche und alltägliche Benachteiligung von Frauen bis heute." *(S. 47)*

Verdrängung der Frauen

Während in Diskussionen um die uneingeschränkte Aufnahme des Gleichheitsgrundsatzes in das Grundgesetz und in Debatten um die „Richtlinien für die Frauenarbeit im Deutschen Gewerkschaftsbund" die Rolle der Frau neu bewertet wurde, galten in der Gesellschaft, in Wirtschaft und Politik dennoch ganz andere Grundsätze. Ohne sich darüber viel Gedanken zu machen, hatten sich die Frauen direkt nach Kriegsende – zwangsläufig – emanzipiert. Sie hatten, aus der Not heraus Berufe ergriffen, die bis dahin eigentlich Männersache gewesen waren. Doch mit der Rückkehr der Männer aus der Gefangenschaft mußten die Frauen rasch feststellen, daß sie nun das Terrain wieder zu räumen hatten: die „Reservearmee" mußte zurück ins Glied. Lucie Kurlbaum-Beyer, die Ende der 40er Jahre das DGB-Landesfrauensekretariat in Frankfurt a.M. übernahm, erinnert sich: „In den Betrieben aber war es sehr dringend, den Frauen Hilfestellung und Beratung anzubieten. Die Männer kamen aus der Kriegsgefangenschaft zurück und viele sahen in den Frauen wenigstens zum Teil Eindringlinge in ihre bisherigen Domänen." *(Lucie Kurlbaum-Beyer, „Erinnerungen", S. 53)*

Und auch Annelie Tuchscheer weiß von der „Verdrängung der Frauen" zu berichten: „In dieser Zeit gab es nur wenige Arbeitsplätze. Die Fabriken waren ja zerbombt. Wir hatten viele Arbeitslose, und in den Tarfverträgen gab es immer noch den Passus, daß Frauen den Arbeitsplatz räumen mußten, wenn sie heirateten, oder wenn der Mann wieder aus dem Krieg zurückgekommen war."

Mit der Währungsreform im Juni 1948 begann die deutlich sichtbare Verdrängung der Frauen aus der Erwerbsarbeit. In Hessen wurde wegen der steigenden Zahl von arbeitslosen Frauen die sogenannte „Frauenselbsthilfe" gegründet: zentrale Vermittlungsstellen für Flick- und Stopfarbeiten boten erwerbslosen Frauen und besonders denjenigen, die wegen ihrer Kinder oder pflegebedürftiger Familienmitglieder nicht von zu Hause fortkamen, eine Verdienstmöglichkeit an.

Bildungsarbeit

Viele Frauen, die nach 1945 den Weg in die neuen Gewerkschaftsorganisationen fanden, stellten zunächst einmal fest, daß sie wegen mangelnder Kenntnisse oft nicht mitreden konnten. Deshalb wurde die Bildungsarbeit – neben der intensiven Werbung von weiblichen Mitgliedern und dem organisatorischen Aufbau der Gewerkschaften – ein wichtiger Schwerpunkt in der jungen gewerkschaftlichen Frauenarbeit.

Annelie Tuchscheer: „Wir trafen uns jede Woche, weil wir feststellten, wieviel uns an Wissen um die Organisation fehlte. Wir kannten nicht die demokratischen Spielregeln. Wir konnten nicht mitreden. Als ich das erste Mal reden sollte, ach du lieber Gott, da bin ich bald gestorben vor Angst. Wir merkten auch, daß man nur mitreden konnte, wenn man was wußte von den Dingen und den Zusammenhängen. Da kamen also unsere ersten Wünsche und Vorstellungen nach Lehrgängen, in denen wir uns dieses Wissen erwerben wollten. Wir hatten relativ früh ein Schulungs- und Bildungsprogramm. Unsere Kollegen unterstützten uns sehr, und so zogen wir dann in das Naturfreundehaus auf dem Sensenstein, 35-40 Frauen. Bis Sonnabendmittag um eins wurde noch gearbeitet. Um drei, vier Uhr stand dann der Omnibus vor unserem Gildehaus in Kassel. In dem Naturfreundehaus gab es noch Zimmer mit sechs und acht Betten. Wir hatten Hunger. Unser Vorsitzender war auch Stadtrat in Kassel und zuständig für den Schlachthof. Wir durften uns Freibankfleisch holen und daraus dann

Frikadellen machen. Abends haben wir gegessen und Arbeiterlieder gesungen. Uns Mut angesungen." *(Bergmiller, S. 124)*

Frauen überhaupt zu ermutigen, sich aktiv in die Gewerkschaftsarbeit einzuklinken, war nicht einfach. Allzu sehr steckte in vielen Köpfen noch die Meinung fest: „Politik verdirbt den Charakter." – ein Ergebnis des Zusammenbruchs des Dritten Reiches. Hinzu kam, daß die meisten Frauen lediglich Volksschulbildung hatten und außerdem – vor allem die jüngeren unter ihnen – geprägt waren durch ihre Erfahrungen im Dritten Reich. Kaum eine war frei von Einflüssen des Faschismus, vom jahrelang geprägten nationalsozialistischen Frauenbild, von BDM-Ideologie und Kriegserlebnissen. Hier galt es zunächst, alte Zöpfe abzuschneiden, Hemmungen abzubauen und ein gutes Fundament an Kenntnissen über (gewerkschafts-)politische Grundsatzfragen einerseits und andererseits über grundlegende Sachfragen zu schaffen. In Kassel hatten sich die Frauen ein umfangreiches Bildungsprogramm vorgenommen: Hier gab es Vorträge über Sachprobleme wie Sozialversicherung, Arbeits- und Unfallschutz und Mutterschutz, sowie tarifpolitische Schulungen. In Kassel wurde darauf geachtet, daß auch verheiratete Frauen und Frauen mit Kindern an den Seminaren teilnehmen konnten. Es wurden besondere Seminarformen eingeführt, an denen auch Frauen mit wenig Zeit teilnehmen konnten: es gab Abendseminare und Tages- und Wochenendseminare in der Stadt. Dies galt jedoch nur für spezielle Frauenseminare. Veranstaltungen der Gesamtorganisation nahmen keine Rücksicht auf die besondere Situation zahlreicher Frauen. *(Pitzschke / Schöttner, S. 17 f)*

Lucie Kurlbaum-Beyer hat diese Problematik in ihren Lebenserinnerungen ebenfalls festgehalten: „Nur Witwen ohne Kinder, alleinstehende Frauen und Mädchen meldeten sich für einen solchen Lehrgang, das auch nur, wenn sie die Scheu überwunden hatten. Ich begann daher Wochenendseminare für Frauen und Mädchen zu organisieren, die am Samstagnachmittag begannen und Sonntagmittag nach dem Essen endeten. Eine Teilnahme war aber auch nur dann möglich, wenn keine Kinder da waren oder noch eine Großmutter lebte und zu erreichen war. Am Samstag bis in den Abend hinein war noch bei allen eine gewisse Müdigkeit und Abgespanntheit zu spüren. Aber alle genossen es, einmal 24 Stunden im Kreise von Gleichgesinnten zu sein und ein wenig umsorgt zu werden. (...) Das Wichtigste war für mich dabei, daß alle etwas entspannten und mehr über sich und ihre Probleme zu Hause und am Arbeitsplatz erzählten, was mir wertvolle Hinweise für meine Arbeit im gewerkschaftlichen und politischen Bereich gab; sie waren von großer Wichtigkeit in einer Zeit, in der das Selbstbewußtsein der arbeitenden Menschen noch so gering entwickelt war. Manche Anregung für eine Aktivität oder gar einen Antrag habe ich auf diese Weise erhalten."

Themenschwerpunkte gewerkschaftlicher Frauenarbeit in dieser Zeit

In den Nachkriegsjahren waren die Gewerkschaftsfrauen vor allem damit beschäftigt, eine feste Grundlage für ihre Arbeit in der Organisation herauszuarbeiten. Es gab unheimlich viel zu tun: angefangen von der Werbung weiblicher Mitglieder, über ihre Schulung bis hin zur Besetzung frauenspezifischer Themen. Es kristallisierte sich schnell heraus, welche Probleme Frauen aufgreifen mußten, wollten sie sich innerhalb der Männergewerkschaft und Männergesellschaft gleichberechtigt plazieren. Das „Recht auf Arbeit für Frauen" und das Recht „Gleicher Lohn für gleichwertige Arbeit" sollten auf Jahre hinaus die wichtigsten Themen gewerkschaftlicher Frauenarbeit sein. Hinzu kamen Folgeprobleme wie ausreichender Mutterschutz, Arbeitsschutz für Frauen, Mädchenausbildung, Vereinbarkeit von Familie und Beruf.

Annelie Tuchscheer und Maria Vater faßten die ersten Schwerpunkte der gewerkschaftlichen Frauenarbeit in den

40er Jahren so zusammen: „An erster Stelle (...) unseres Forderungskataloges stand das Recht auf Arbeit - denn das wurde den Frauen damals auch streitig gemacht. Viele waren doch in Kriegsgefangenschaft, die Frauen mußten einspringen, und als die Männer wiederkamen, mußten die Arbeitsplätze für die Männer freigemacht werden, und das stand sogar in den Tarifverträgen. Die Frauen mußten auch, wenn sie heirateten (...) auf den Arbeitsplatz verzichten. Und die Frauen hatten Löhne - da gab es ja den reinen Frauenlohn noch, der Abschläge hatte oft bis 50 und 60 Prozent, 30, 40 Prozent (...), das war üblich. Ja, es gab also Tarifverträge in '45, da hatten die Frauen 'n Stundenlohn von 35 Pfennig. Und der Mann (...) stand daneben am Arbeitsplatz und kriegte fast das Doppelte. (...) Da hat es dann doch noch langer Arbeit und harten Kampfes bedurft, um hier die ganze Problematik auch noch deutlich zu machen, die kam erst Mitte der fünfziger Jahre, als die ersten Grundsatzurteile zum Lohn kamen." *(Pitzschke / Schöttner, S. 20, Interview mit A. Tuchscheer und M. Vater, S. 10 f)*

Fazit der ersten Nachkriegsjahre: Aufbau ohne Belohnung

Wer die Bedeutung der gewerkschaftlichen Frauenarbeit, die direkt nach Kriegsende bereits begonnen wurde, beurteilen will, muß sie im Zusammenhang mit der riesigen Belastung sehen, die den Frauen damals aufgebürdet wurde. Die Frau war Ernährerin der Familie, Ersatzkraft für die noch in Kriegsgefangenschaft befindlichen Männer; sie war zuverlässige Stütze eines Staates, der völlig neu aufgebaut werden mußte. Von den Frauen wurde immense Kraft verlangt – ganz selbstverständlich. Wieviel sie davon hatten, zeugt ihr Engagement für die Gewerkschaftsbewegung, das sie sich trotz Mehrfachbelastung nicht nehmen ließen. Damals hatten sie wenig Zeit und Muße, über ihre Rolle ehrlich und kritisch nachzudenken. Aufräumen, Aufbauen, Mitgestalten – das wollten und konnten sie damals in den 40ern. Für sie waren der Artikel 3 Absatz 2 Grundgesetz sowie die Richtlinien für gewerkschaftliche Frauenarbeit im DGB erste Zeichen dafür, daß ihre Funktion in einem neuen Bundesstaat Deutschland eine selbstbewußtere und gleichwertigere sein würde.

Aus heutiger Sicht betrachtet, muß allerdings trotz aller Hochachtung vor der Aufbauleistung der Gewerkschafterinnen der ersten Stunde der Stellenwert der gewerkschaftlichen Frauenarbeit auch kritisch betrachtet werden. Karin Derichs-Kunstmann hat dies in ihrem Resümee mit Hochachtung, aber auch ungeschminkt getan: „Wenn wir eine zusammenfassende Einschätzung des Stellenwertes der gewerkschaftlichen Frauenarbeit in der Nachkriegszeit machen wollen, so müssen wir noch einmal die zwei Voraussetzungen festhalten, unter denen gewerkschaftliche Frauenpolitik stattfand:

Frauenprobleme waren 'Nebenwidersprüche', ihre Erledigung wurde als ein Automatismus bei Lösung des 'Hauptwiderspruchs', dem Gegensatz von Lohnarbeit und Kapital, angesehen. (...)

Da aber das programmatische Ziel der gewerkschaftlichen Politik die Beseitigung des 'Hauptwiderspruchs' war und es immer die Hoffnung gab, dieses Ziel realisieren zu können, wurden Frauenprobleme als eine vorübergehende Angelegenheit betrachtet, für die der erste Schritt zur Beseitigung bereits durch die Institutionalisierung der gewerkschaftlichen Frauenarbeit geleistet worden war. (...)

In der Rückschau vermitteln die Erfahrungen der Frauen den Eindruck eines Hindernisrennens. Immer wieder vollbrachten sie Anpassungsleistungen, überwanden neue Hürden, um dann erneut davor zu stehen, daß es immer noch nicht genug war, immer noch nicht genügend Frauen Mitglieder waren, um ihren Forderungen die nötige Stärke zu verleihen. Dabei merkten die Frauen oftmals nicht, wie sehr sie sich mit ihren Anpassungen von ihrem eigentlichen Ziel entfernten. Die 'Zähmung der Gewerkschafterinnen' hat im Grunde genommen bereits bei der Anerkennung der politisch-ideologischen Voraussetzungen der gewerkschaftlichen Frauenarbeit begonnen." *(Derichs-Kunstmann, S. 126 f)*

(sge)

PORTRAITS

„Ohne sie ging nichts"

Das „Fräulein Leininger" galt als die Seele des Schulamts

Als „das Fräulein Leininger" war sie in Hanau bekannt und geschätzt. Die 1899 geborene Gewerkschafterin der ÖTV galt als unentbehrlich für Kolleginnen und Kollegen im Schulamt, in der Stadtverwaltung, aber auch unter den Hanauer Lehrerinnen, Lehrern und Eltern, die sie geradezu freundschaftlich bei all den vielen Schwierigkeiten der Kriegs- und Nachkriegsjahre begleitete. Ganz besondere Verdienste aber hat sich Käthe Leininger erworben, als sie die Initiative zu einer Aktion ergriff, auf die alle Frauen in Hanau noch heute stolz sein dürfen.

Käthe Leininger, Leiterin des Schulamtes der Stadt Hanau bis 1957

Als 1949 die Beratungen um das neue Grundgesetz wegen eines Antrags der Kasseler Rechtsanwältin Elisabeth Selbert zum zweiten Mal ins Stocken geraten waren, weil die Männer des Parlamentarischen Rates und zunächst auch ihre drei weiblichen Kolleginnen Widerstand gegen den Selbert-Antrag auf Festschreibung der Gleichberechtigung von Mann und Frau leisteten, war Käthe Leininger alarmiert. Sie wandte sich als Betriebsratsmitglied an alle Kolleginnen in der Hanauer Stadtverwaltung, entwarf den Text einer Resolution (siehe Seiten 22/23), ließ ihn vom Betriebsratsvorsitzenden bestätigen und schickte ihn nach Bonn, wo man inzwischen in Waschkörben die Protestbriefe der deutschen Frauen sammeln mußte.

Intellektuelle Begabung

Käthe Leininger hatte selbst Benachteiligung erfahren. Als Tochter eines kleinen Polizeibeamten sollte es ihr trotz großer Begabung nicht zustehen, den ersehnten Beruf einer Gewerbelehrerin zu ergreifen, obwohl sie künstlerische und intellektuelle Begabungen hatte, wie ihre langjährige Mitarbeiterin Franziska Schnitzer berichtet. Sie wurde auf die Verwaltungslaufbahn verwiesen, konnte schließlich nach langer Dienstzeit Inspektorin, Oberinspektorin und Leiterin des Schulamtes werden. „Sie war die Seele dieser Dienststelle, wußte über alles Bescheid und war einfallsreich, wenn es immer wieder um Notlösungen für den zerstörten Schulraum ging. Sie konnte auch den zuständigen Schulrat beraten, der direkt aus dem Zuchthaus, in das ihn die Nazis gebracht hatten, in sein neues Amt wechselte. Ohne sie ging nichts", berichtet Franziska Schnitzer. „Sie hat sich immer für unsere Belange eingesetzt, auch die Verbundenheit zu den Hanauer Lehrern war stark, damals gab es noch so viel echte Hilfsbereitschaft."

Käthe Leininger starb bereits 1957 an Krebs. *(wr)*

Eine Pionierin der Arbeit

Zum 75. Geburtstag von Anna Egold

„Am 1. März feiert die in der Hanauer Arbeiterschaft bestens bekannte und bewährte Frau Anna Egold geb. Behl, z.Z. wohnhaft in Rückingen, Hauptstraße 35a, nicht nur ihren 75. Geburtstag, sondern gleichzeitig auch ihre 55-jährige Mitgliedschaft zur Gewerkschaft, der sie seit 1894 angehört. Damit ist sie das älteste weibliche Gewerkschaftsmitglied des hiesigen Bezirks.

In ihrem Leben verkörpert sich eine für die menschliche Gesellschaft entscheidende Epoche der wirtschaftlichen, politischen und sozialen Entwicklung. Insbesondere hat sie nicht nur die Gründung und die Entwicklung der gewerschaftlichen Organisation und die gewerkschaftlichen Erfolge erlebt, die den Stand unseres heutigen sozialen Niveaus bestimmen, sondern sie stand und steht noch mitten in diesen Auseinandersetzungen und hilft mit, unsere Verhältnisse zu gestalten. Damit gibt sie allen, insbesondere der Jugend, ein nachahmenswertes Beispiel."

(Hanauer Anzeiger, 27.02.1950)

Anna Egold, älteste Gewerkschafterin in Hanau, geehrt von Staatsminister Heinrich Fischer am 20.09.1952

„Die Frauen waren hart am Ball"

Wilhelm Kasper (88), langjähriger Gewerkschaftssekretär in Hanau und SPD-Stadtverordneter, bekannt als einer der „Männer der ersten Stunde" über die gewerkschaftlich organisierten Frauen in den ersten Nachkriegsjahren: „Die Frauen ganz unten an der Basis, die waren hart am Ball. Sie haben im Hintergrund viel Arbeit geleistet. Im Gegensatz zu den Männern waren sie nicht ständig mit ihren Aktivitäten in der Zeitung, das blieb einigen wenigen Kollegen vorbehalten. Der DGB war damals nicht sehr frauenfreundlich. Zum Beispiel unser Kreisvorsitzender Hermann Ernst: Er hatte eine Partnerin, der Name ist mir leider entfallen, die hat die Hauptarbeit gemacht, allerdings nicht offiziell nach außen hin. Sie war auch in einem Betrieb Betriebsratsvorsitzende und hat in den Nachkriegsjahren viel geleistet, aber wenig, zu wenig Anerkennung bekommen."

(wr)

Eine Frau mit Haltung

Elfriede Schmidt kümmert sich noch mit 88 Jahren um die Kaufhof-Pensionäre

Elfriede Schmidt (5. v. re.) und KollegInnen

Sie ist mit 88 Jahren die Älteste der HBV-Gewerkschafterinnen in der Region. Am 2. Mai 1926 trat Elfriede Schmidt in die Gewerkschaft ein und ist bis heute aktiv. Die große, noch immer stattliche und schöne Frau mit „Haltung" arbeitete jahrzehntelang als Abteilungsleiterin im Kaufhof Hanau. Noch immer leitet sie die monatlichen Seniorentreffen der ehemaligen Kaufhof-Angestellten und hält die inzwischen alt gewordenen ehemaligen Kolleginnen und Kollegen zusammen. Derzeit sind es 41. Elfriede Schmidt beläßt es nicht bei Kaffee und Kuchen oder einem gemeinsamen Abendessen und bei Erkundigungen nach den Abwesenden. „Ich war schon immer dagegen, daß Menschen nur so in den Tag hinein leben. Wenn man älter wird, darf man das erst recht nicht", sagt sie. In einem penibel geführten Ordner hat sie die Tagesordnungen der Zusammenkünfte abgeheftet, bei denen außer dem aktuellen Geschehen und dem unvermeidlichen „Gebabbel" auch jahreszeitlich passende Gedichte und Geschichten auf dem Programm stehen. Ihre Notizen sind in feinster klarer Schrift gemacht. Sie passen zu dieser auf Ordnung und Klarheit ausgerichteten Frau.

„Diese Haltung habe ich von meinem Vater gelernt." Er war in der Hanauer Waisenhaus-Druckerei Rotationsdrucker und schrieb eine Schrift „wie gestochen", berichtet sie. Er führte in Hanau die gewerkschaftliche „Buchdrucker-Jugend", war wie viele Druck-Gewerkschafter recht gebildet und machte vor allem seinen Kollegen immer wieder Mut zum Engagement. Deshalb war es für sie selbstverständlich, mit Beginn ihrer Lehrzeit in die Gewerkschaft einzutreten und bei der Gewerkschaftsjugend mitzuarbeiten. Mit ihrer Laufbahn verbinden sich die auch politisch bedingten Wandlungen im Kaufhof-Konzern. Ihre Lehre fing Elfriede Schmidt noch bei der Textilfirma Hermann in der Hanauer Hammerstraße an. Diese Firma wurde vom Kaufhaus Leonhard Tietz übernommen. Dieses jüdische Kaufhaus wurde 1934 von Nazis in die westdeutsche Kaufhof-AG „arisiert", die später in Kaufhof-AG umbenannt wurde. Gewerkschaftliche Arbeit hatte damit ein Ende.

Nachts zur Inventur

Elfriede Schmidt berichtet: „Zwölf Stunden Arbeitszeit waren normal. Inventur wurde nur nachts gemacht. Von uns wurde äußerste Disziplin, ständige Höflichkeit und Pünktlichkeit verlangt." Elfriede Schmidt heiratete einen Polizeibeamten, bekam eine Tochter, verlor ihren Mann nach nur achtjähriger Ehe im Krieg. „Ich habe auch die Hanauer Synagoge brennen sehen in der Nordstraße. Damals wurde mir klar, daß man die Würde jedes Menschen achten muß, daß dies ein Verbrechen war." Später wurde im Bombenkrieg die ganze Stadt Hanau, damit auch das Kaufhof-Gebäude, in Schutt und Asche gelegt.

Nach dem Krieg hat sich Elfriede Schmidt als Mitarbeiterin der Stadt Hanau zunächst um die Essensversorgung der verstörten und verarmten Menschen gekümmert, dann rief wieder der Kaufhof. Das in allen Obergeschossen völlig zerstörte Gebäude wurde im Erdgeschoß notdürftig hergerichtet. „Wir verkauften ein wenig Papier und Bleistifte, es gab so gut wie keine Ware."

Chefs hatten Respekt

Elfriede wurde als Einkäuferin nach Südhessen und ins Badische geschickt, erhaschte mal 500 Schürzen oder ein paar einfache Kleidungsstücke. Nach und nach entwickelte sie sich zur immer erfolgreicheren Einkäuferin. Bis zu ihrem Ausscheiden 1970 leitete sie die wieder groß gewordene Textilabteilung, war zeitweise auch Mitglied des Betriebsrates und verschaffte sich bei der Geschäftsleitung so viel Respekt, daß sich niemand getraute, etwas über ihren Kopf hinweg zu entscheiden.

Noch immer ist sie stolz darauf, daß bei ihr niemals ein Lehrling nach der Lehrzeit entlassen wurde. Mit der Kundschaft ging es familiär zu. „Wir kannten viele unserer Kunden namentlich." „Nebenbei", erzählt sie, „habe ich Handball gespielt und geturnt, habe 25 Jahre lang eine alte Tante betreut und ein Haus gebaut, das schuldenfrei ist. Ich freue mich an meinen Enkeln, bin immer zufrieden und klage nicht".

(wr)

Die Lehrerin Ella Conz und ihr Mann Wilhelm büßten im Examen für ihre Gewerkschaftsarbeit

Ein Besuch bei Ella und Wilhelm Conz in Birstein ist auch ein Stück Geschichtsunterricht. Ihre Biographien erhellen die heute unvorstellbaren Schwierigkeiten, die junge Lehrer im Kreis Gelnhausen auf sich nahmen, wenn sie sich in den ersten Nachkriegsjahren in der Gewerkschaft Erziehung und Wissenschaft organisierten. Die beiden Frankfurter kamen 1947 zum Referendariat in den Vogelsberg. Der 1919 gebürtige Wilhelm Conz, der vor seinem Ruhestand Rektor in Birstein war, trat zuerst in die GEW ein, seine Frau, die 1927 geboren ist, zehn Jahre später.

„Wir galten von Anfang an als Außenseiter. Es gab von Seiten der Schulräte großen Widerstand gegen uns, und wir haben, wie einige andere GEW-Kollegen, beim zweiten Examen dafür gebüßt. Wir sind regelrecht bestraft worden", berichtet Ella Conz. „Wir mußten fünf Jahre für die Mittelpunktschule in Schlierbach kämpfen, bis sie endlich gegen große Widerstände durchgesetzt werden konnte." Beide erinnern sich gern an viele gemeinsame GEW-Veranstaltungen zum 1. Mai in Lettgenbrunn, an die von ihnen in den 60er Jahren organisierte GEW-Bezirkskonferenz in Bad Orb und an den Zustrom vieler neuer Mitglieder in die GEW, als die 68er Generation aus den Universitäten in die Schulen kam. „Die Hälfte unserer dann rund 300 Mitglieder waren Frauen."

Angesichts mancher restaurativer Tendenzen in jüngster Zeit sagen beide übereinstimmend: „Wir haben ein ganzes Leben lang versucht, die Kinder zum selbständigen Denken zu erziehen, manchmal möchte man resignieren." Ella Conz, auch mit 71 Jahren noch überaus lebhaft an der Lehrerproblematik der schwierigen vier Nachkriegsjahrzehnte interessiert, verweist mit Wärme und Respekt auf die Kolleginnen Ruth Krieger und Ingeborg Bremer, die „viel mehr als ich" getan haben.

(wr)

Sie stiftete sogar eine Kirchturm-Glocke

Soziales und christliches Engagement prägten Herta Franks Leben

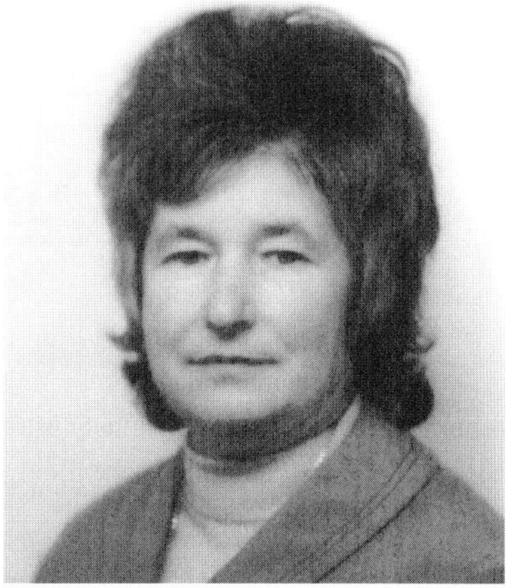

„Die Leute, die früher in Saus und Braus gelebt haben, tun das auch heute. Die Menschen, die ihre Aufgabe darin sehen, anderen zu helfen, wird es ebenso weiterhin geben." Herta Frank streicht über die Tischdecke und scheint zugleich jegliche Endzeitstimmung wegwischen zu wollen. „Optimismus und Ausgeglichenheit" prägen ihre Grundstimmung, beschreibt sich die 76-jährige, die seit 1945 in Langenselbold lebt. Wegen ihres sozialen Engagements erhielt sie 1989 die Verdienstmedaille der Bundesrepublik Deutschland.

Herta Frank wuchs in einem christlich und sozialdemokratisch geprägten Elternhaus auf. Am 11. Februar 1921 in Opelo, dem früheren Oppeln in Ostpreußen als Herta Fuchs geboren, hat sie in ihrem Leben beide Strömungen verbunden. Sie erzählt von ihrem Vater: „Er war ein hervorragender Redner, eine Persönlichkeit." Und er war es, der das Mädchen entscheidend prägte.

Eine Eins in allen Fächern

Der überzeugte Sozialdemokrat, Gewerkschafter und Vater von drei Kindern stand am 2. Mai 1933 vor den verschlossenen Toren des Ausbesserungswerkes der Reichsbahn. „Was der Fuchs, der Lump, der läuft noch frei 'rum," lauteten die gnadenlosen Kommentare mancher Kollegen. „Der Lump" hatte der NSDAP nicht das Geld aus der Gewerkschaftskasse übergeben und wurde deshalb kurzerhand vor die Tür gesetzt. „Mein Vater hat das Deutsche Reich verklagt." Ohne Erfolg, er durfte nie mehr in Oppeln arbeiten, erzählt Herta Frank. Zwei Jahre war er arbeitlos, die Familie hielt sich nur mit Mühe und Not über Wasser. Dann wurde Vater Fuchs zum Autobahn- und Luftschutzbunkerbau abkommandiert. „Er war kaum noch zu Hause, arbeitete in Magdeburg, war in zahlreichen Orten Ostpreußens eingeteilt." Die 14-jährige Herta beendete 1935 die Schule, stand nun vor der Wahl ein „Landjahr" für Mädchen oder das obligatorische „Haushaltsjahr" zu absolvieren. Gegen die Arbeit auf einem Bauernhof legte das Familienoberhaupt sein striktes Veto ein: „Mit solchen Noten gehst Du nicht Ställe ausmisten." Eine Eins in fast allen Fächern, „gibt es das heute überhaupt noch?", fragt sie zweifelnd. Also ging sie in ein Ausflugslokal zehn Kilometer von Dessau entfernt und servierte den Touristen. „Wald und Heide waren wunderschön", erinnert sie sich. Nach Hause zurückgekehrt, arbeitete sie als Sprechstundenhilfe bei einem Zahnarzt in Oppeln. Danach war Herta Frank bei der Stadtverwaltung tätig. Viele Posten, die bislang Männer besetzt hatten, waren frei geworden.

Flucht nach Langenselbold

Über Politik wurde in den eigenen vier Wänden fast gar nicht mehr gesprochen. In dem Mehrfamilienhaus lebten auch erklärte Nationalsozialisten. Als am 20. April aus Anlaß des Führergeburtstags die Fahnen gehißt wurden, benutzte der Vater nur noch den Hintereingang. Er wollte mit den Nazis nicht in Berührung kommen.

Am 18. Januar 1945, als der Krieg näher rückte, verließ die junge Frau und Mutter eines Jungen gemeinsam mit ihrer Mutter ihre Heimatstadt Oppeln. Auf Umwegen und nach zahlreichen Zwischenstationen gelangten die Frauen über Thüringen am 28. Januar nach

Hessen. „In der Nacht kamen wir in Hanau an und stiegen dann am frühen Morgen in den Zug nach Langenselbold."

Herta Frank arbeitete ab Oktober 1945 bei einem Suppenfabrikanten, den Oechsiwerken. 1946, der Vater ist noch nicht zurück, trat sie gemeinsam mit ihrer Mutter, die schon „ein Leben lang" Mitglied der Sozialdemokraten war, in die dortige SPD ein. Sie ist Betriebsrätin in den Oechsi-Werken, kann sich nicht damit abfinden, daß Männer für ihre Arbeit an denselben Maschinen 75 Pfennig, Frauen, 10 Pfennig erhalten. „Ich habe dabei nicht ignoriert, daß viele Männer Familien ernährten." Die Diskrepanz der Entlohnung erschien ihr dennoch zu groß.

Weniger Essen für Frauen

Eine weitere Diskriminierung: Frauen als „leichter" Arbeitende erhielten viel weniger Lebensmittelkarten. Mehr Nahrung blieb dem männlichen Geschlecht vorbehalten. Die Sozialdemokratin nutzte die Gunst der Stunde. Bei einem Besuch der Gewerbeaufsicht, drückte sie einem Beamten einen schweren Karton in die Hand: „Halten Sie das doch bitte mal. Ist das jetzt wirklich leichte Arbeit?" Damit war das Kriterium der „leichten Tätigkeit" hinfällig. „Ich dachte dabei natürlich auch an die Flüchtlingsfrauen, die von dieser Leistung abhängig waren, die zu Hause kein Vieh im Stall stehen hatten."

Von 1948 bis 1952 war Herta Frank Abgeordnete im Kreistag. Sie empfindet diese Zeit rückblickend als Phase des Aufbruchs und Aufbaus. Die Schulspeisung wird eingeführt: „ein Verdienst des damaligen Vorsitzenden der SPD, Müller und den Frauen von der Arbeiterwohlfahrt", der Herta Frank seit 1946 angehört. Ihre Arbeit in dieser, der Sozialdemokratie nahestehenden Organisation, hindert sie nicht daran, sich ab 1946 außerdem in der Caritas zu engagieren. Diese vertrat sie auch im Langenselbolder Frauenbeirat, dem sie viele Jahre angehörte.

40.000 Mark gesammelt

Mit ungebrochenem Elan leitet sie seit 1966 die Seniorennachmittage, die abwechselnd von der Arbeiterwohlfahrt, der Caritas, dem Roten Kreuz und der Evangelischen Frauenhilfe veranstaltet werden. Und sie findet immer wieder die Zeit, bei den Bürgern und Geschäftsleuten der Gemeinde vor den Türen zu stehen und für gute Zwecke Geld einzutreiben. „Weit über 40.000 Mark konnte ich für die AWO sammeln."

1981 erhält die Sozialdemokratin den Ehrenbrief des Landes Hessen. Acht Jahre später, am 16. Januar 1989, wird ihr im Stucksaal des Langenselbolder Schlosses die Verdienstmedaille der Bundesrepublik Deutschland verliehen. Und auch, daß in Langenselbold an der Maria-Königin-Kirche die Glocken ertönen, ist nicht zuletzt ein Verdienst von Herta Frank. Die kleinere der Glocken wurde von ihr gestiftet.

(mh)

HINTERGRÜNDE

Frauenarbeit ist im DGB seit 1945 fest verankert

Else Mieth war die erste Ausschußvorsitzende

Mit der Neugründung der Gewerkschaften nach 1945 erhielt auch die gewerkschaftliche Frauenarbeit einen institutionellen Rahmen. Sowohl die Einzelgewerkschaften, als auch der DGB richteten Frauenausschüsse ein. Der Kampf der gewerkschaftlich organisierten Frauen zielte bald auf die bis heute aktuelle Forderung „Gleicher Lohn für gleiche Arbeit" ab. Bereits am 17. Juni 1948 fand in der Dunlop in Hanau eine Frauenbetriebsversammlung zu diesem Thema statt. Dies war eine von fünf Frauenbetriebsversammlungen, die der FGB, der Freie Gewerkschaftsbund Hanau, im Jahr 1948 organisierte.

Teils nur noch Namen bekannt

Die erste Vorsitzende des neugegründeten DGB-Kreisfrauenausschusses war Else Mieth von der ÖTV. Das Gremium setzte sich aus Vertreterinnen fast aller Einzelgewerkschaften zusammen.

Im Geschäftsbericht 1951-1953 des DGB vom 18. April 1953 finden sich die Namen der Frauen:

Name	Gewerkschaft
Johanna Krück	*Chemie, Papier, Keramik*
Gertrud Proschky	*der Eisenbahner*
Anneliese Röthel	*Handel, Banken, Versicherungen*
Maria Hauck	*Holz*
Elisabeth Schmidt	*Holz*
Margarete Becker	*Metall*
Elli Böckler	*Metall*
Aenne Kohl	*Metall*
Marie Hauck	*Nahrung, Genuß, Gaststätten*
Paula Gadhof	*Post*
Else Mieth	*ÖTV*
Ingeborg Müller	*ÖTV*
Johanna Leidung	*ÖTV*

Von manchen Frauen wissen wir heute kaum mehr als den Namen. Johanna Krück war lange Jahre Betriebsrätin (von 1946 bis mindestens 1957, von 1953 an im Gesamtbetriebsrat) bei der Dunlop in Hanau und dort auch Mitglied des Werksausschusses. 1948 war sie bereits seit 17 Jahren in der Dunlop beschäftigt. Sie war ebenso wie Else Mieth Mitglied des 1. Hanauer Kreisausschusses des DGB. Gewählt worden waren die beiden Frauen auf der 1. Delegiertenkonferenz des DGB.

Sozialversicherungsfragen

Die Hanauerin Else Mieth war über ihr gewerkschaftliches Engagement hinaus Vorsitzende der SPD-Frauengruppe Hanau und Mitglied des Hanauer Stadtparlaments. Die 1909 geborene Importoberinspektorin wurde 1954 als Nachrückerin Stadtverordnete in Hanau. Sie starb im Februar 1973 in Hanau.

Zentrales Thema in der Arbeit des Kreisfrauenausschusses waren Sozialversicherungsfragen. „Immer wieder mußte man feststellen, daß Männer und Frauen auf Rechte verzichten, weil ihnen diese nicht bekannt waren. Ich erinnere an manche Fälle, für die die Arbeitslosenversicherung in irgendeiner Form oder das Muttersschutzgesetz in Frage käme", schrieb Else Mieth im DGB-Geschäftsbericht von 1953.

Als positive Erfahrung wurde eine Wochenendtagung hervorgehoben, die „mit Rücksicht auf die berufstätigen, verheirateten und verwitweten Kolleginnen an einem Samstag durchgeführt wurde". Zeit füreinander zu haben, wurde dabei begrüßt. Und ein nächstes Wochenendseminar sollte wieder stattfinden, diesmal in Wächtersbach, um den Frauen aus den Kreisen Gelnhausen und Schlüchtern Gelegenheit zur Teilnahme zu geben.

Schon damals gab es also das Problem, daß angesichts der Größe des DGB-Kreises jeweils nur ein Teil der Frauen zu den Veranstaltungen kommen konnte. Für die Frauen in ländlichen Gemeinden des DGB-Kreises war es besonders schwer, Fahrgelegenheiten zu finden, aber auch, sich von ihren familiären Verpflichtungen loszueisen. *(ah)*

Johanna Krück,
Mitglied des ersten DGB-Kreisfrauenausschusses 1951 und Mitglied des Betriebsrates der Dunlopwerke 1948

DIE 50ER JAHRE

Neuanfang in den 50ern

Die 50er Jahre begannen für die meisten Frauen mit der Hoffnung auf baldigen wirtschaftlichen Aufschwung. Zwar waren die Arbeitslosenzahlen noch hoch, die meisten Bombengeschädigten und die Flüchtlinge hatten jedoch nach außerordentlichen eigenen Anstrengungen wieder ein Dach über dem Kopf. Es wurden Wohnblocks mit minimalem Komfort hochgezogen und hier und da schon ein paar neue Möbel („spätes Hertie") angeschafft. Es gab endlich wieder Kohlen und Kartoffeln. Man konnte den Kindern wieder ein Paar Schuhe kaufen.

Die Männer, die aus dem Krieg physisch und psychisch geschlagen heimgekehrt waren, hatten sich wieder hochgerappelt. Viele Frauen räumten ihnen die Arbeitsplätze, weil sie nach den Belastungen und Katastrophen der Kriegs- und Nachkriegszeit jetzt auf ein „normales" Leben mit Kindern und bescheidenem Wohlstand hofften. Der Gedanke, daß es bald „aufwärts gehen wird", bezog sich für die Mehrheit nur auf die materielle Lage, was nur verstehen kann, wer die Not- und Hungerjahre zwischen 1939 und 1949 erlebt hat.

Erst die Freßwelle

Wen wundert es da, daß Anfang der 50er Jahre eine wahre Freßwelle einsetzte. Zwar war das Geld in den meisten Haushalten knapp, aber der Umstand, daß jetzt Fleisch und Butter, Obst und Gemüse, Schokolade und Wein zu haben waren, ließ viele kräftig zulangen. Die ersten Autos, meist „Käfer", kamen auf den Markt, die ersten Reisen, bis Ruhpolding oder in den Schwarzwald, wurden gewagt. Von der Politik wurde der kalte Krieg angeheizt, die Konfrontation von Ost- und West-Ideologien fand einen ersten Höhepunkt. Die wenigen Frauen, die sich in den verschiedensten Lagern in die Politik einmischten, die Lehren aus den erlebten Katastrophen zogen, wurden als fleißige Bienen mit hohem Verantwortungsgefühl gern gesehen, allerdings nicht immer ganz ernst genommen. Ihr Einfluß blieb mangels massenhafter Unterstützung durch die Frauen im Land begrenzt.

In den Betrieben und in den Gewerkschaften kämpften viele Frauen einen harten Kampf um gleichen Lohn für gleiche Arbeit, mitunter ohne die Kollegen im eigenen Betrieb. Zu Hause wurden sie vom Ehemann mit der Bewältigung des Haushalts und der Versorgung der Kinder allein gelassen. Gleichwohl versuchten sie unermüdlich, die nicht vermeidbaren Konflikte auf konstruktive und sanfte Weise zu lösen, wie es dem damaligen Frauenbild entsprach.

(wr)

Aufbaujahre

Nachdem sich der DGB als Bundesorganisation im Oktober 1949 in München gegründet hatte und in seiner Satzung auch die gewerkschaftliche Frauenarbeit definiert und organisatorisch festgeschrieben hatte, stellte sich für die Frauen in den Ländern nun als erstes die Aufgabe, diese Satzungsvorgaben umzusetzen. In allen DGB-Kreisen gründeten sich Kreisfrauenausschüsse und Ortsfrauenausschüsse in den Nebenstellen der DGB-Kreise.

Im DGB-Kreis Kassel beispielsweise, wo schon gleich nach Kriegsende mit dem Aufbau der Gewerkschaftsarbeit begonnen worden war und engagierte Frauen wie Annelie Tuchscheer, Maria Vater, Elfriede Stollberg, Inge Kallin und viele andere mit der Mobilisierung möglichst vieler Frauen für die aktive gewerkschaftliche Arbeit begonnen hatten, gründete sich nicht nur ein DGB-Kreisfrauenausschuß, sondern es formierten sich zugleich auch Ortsfrauenausschüsse in den Nebenstellen des DGB-Kreises. Dazu gehörten Melsungen, Homberg, Witzenhausen, Wolfhagen und Hofgeismar. Ebenso wie die Einzelgewerkschaften bestellten auch die Ortsfrauenausschüsse ihre Delegierten zum DGB-Kreisfrauenausschuß. Die Kasseler hatten bei folgenden Einzelgewerkschaften in den 50er Jahren Frauenausschüsse bzw. wiesen spezielle gewerkschaftliche Frauenarbeit vor: IG-Metall, Gewerkschaft Nahrung, Genuß, Gaststätten, Gewerkschaft Handel, Banken und Versicherungen, Gewerkschaft Textil und Bekleidung, IG Bergbau und Energie. Zur Vorsitzenden des Kreisfrauenausschusses Kassel wurde Maria Vater, Angestellte bei der IG Bergbau und Energie, gewählt. Minna Haldorn von der Gewerkschaft Textil und Bekleidung, Betriebsrätin bei der Firma Salzmann, wurde stellvertretende Vorsitzende. Die Frauen des DGB-Kreisfrauenausschusses trafen sich monatlich. *(Vgl. Pitzschke / Schöttner, S. 13)*

Die erste Landesfrauensekretärin

Den Vorschlag, wer die erste Landesfrauensekretärin im DGB Landesbezirk Hessen werden sollte, machte Willy Richter, langjähriger Vorsitzender des DGB zunächst in Hessen, nach Hans Böcklers Tod schließlich im Bund, gleichzeitig seit 1949 Abgeordneter des Ersten Deutschen Bundestages. Er kontaktierte die SPD-Politikerin Lucie Beyer, die ab 1947 den Vorsitz der Spruchkammer in Wetzlar für 19 Monate übernommen hatte. Richter fragte brieflich an, ob Lucie Beyer Interesse daran hätte, dieses landesweit für den Aufbau der gewerkschaftlichen Frauenarbeit so wichtige Amt zu übernehmen. Dies geschah bereits Ende der 40er Jahre. In ihren Lebenserinnerungen *(S. 47)* beschreibt Lucie Beyer ihre Reaktion: „Das war eine Aufgabe, die mich sofort reizte, denn die vielen arbeitenden Frauen litten zum größten Teil noch unter schrecklichen Minderwertigkeitskomplexen. Sie waren entweder im Krieg dienstverpflichtet worden oder hatten eine Arbeit nach dem Krieg aus häuslicher Not übernommen, als alle Zahlungen ausblieben und die Familie ernährt werden mußte. Sie waren fast ausschließlich unausgebildet und stellten das Heer der ungelernten Arbeiterinnen mit den zur damaligen Zeit erbärmlichen Löhnen, wurden sie doch alle nach der untersten Frauenlohngruppe bezahlt. Ein großer Teil von ihnen war völlig überfordert. Sie mußten meist weite Wege bei unzureichenden Verkehrsbedingungen zurücklegen. Dazu kamen der Haushalt – zur damaligen Zeit noch ohne jedes technische Hilfsmittel –, die Erziehung der Kinder und nicht selten noch die Sorge um alte und kranke Familienmitglieder. (...) Immer deutlicher wurde aber zu dieser Zeit, daß gerade die so schwer belasteten Frauen politisch wesentlich aufgeschlossener waren als diejenigen, die nur für ihren Haushalt und für ihre Kinder lebten und sorgten."

Seit 1952 arbeitete Lucie Beyer schließlich als hauptamtliche DGB-Frauensekretärin des Landesbezirks Hessen. Von ihrem Büro in Frankfurt aus koordinierte sie die Arbeit im Lande. Unterstützt wurde sie von zwei weiteren hauptamtlichen Frauenabteilungen: in

Nordhessen mit Sitz in Kassel übernahm Annelie Tuchscheer das Büro; in Südhessen mit Sitz in Wiesbaden wurde Marta Siegei verantwortlich. Mit der Einrichtung dieser Frauenabteilungen, der DGB-Kreisfrauenausschüsse und der DGB Ortsfrauenausschüsse war für die gewerkschaftliche Frauenarbeit in Hessen die organisatorische Grundlage gelegt. Annelie Tuchscheer erinnert sich *(persönliche Notizen, S. 3)*: „In Hessen entwickelte sich eine aktive gewerkschaftliche Frauenarbeit. Viele Kolleginnen engagierten sich nicht nur in der ehrenamtlichen Gewerkschaftsarbeit – sie übernahmen auch Ämter in den Betriebsräten, den Selbstverwaltungsgremien bei den Krankenkassen, der Arbeitsverwaltung, der Sozialversicherungen, sie wurden Arbeits- und Sozialrichter und wirkten auch in vielen örtlichen kommunalen Ausschüssen als Gewerkschaftsvertreterinnen mit."

Nachdem die organisatorischen Strukturen nun gefestigt waren, galt es, die bereits aufgenommene inhaltliche Arbeit zu vertiefen und die Aufgabenstellung zu definieren. Annelie Tuchscheer faßte in den handschriftlichen Notizen, die sie für das vorliegende Buch speziell anfertigte, diese ersten Schwerpunkte der DGB-Frauenarbeit zusammen:

Es ging nun darum, „die Lebens- und Arbeitsbedingungen der berufstätigen Frauen zu verbessern und die vielfältigen Vorurteile und Diskriminierungen von Frauen abzubauen und zu beseitigen. Dem trugen die DGB-Beschlüsse mit ihrem Grundsatzprogramm und den Richtlinien für die Frauenarbeit Rechnung."

Als Schwerpunktthemen nennt sie dann:

Qualifizierte Schulbildung, Ausbildung und Weiterbildung, Verbesserte Aufstiegsmöglichkeiten, die Lohnfrage (Leichtlohngruppen!), soziale Sicherung, insbesondere Rentenhöhe („für Frauen immer noch am wichtigsten"), Teilzeitarbeit, Arbeitsschutz und Mutterschutz und schließlich „Vereinbarkeit von Familie und Gesellschaft".

Arbeitsmarkt im „Wiederaufbau": Frauen zurück an den Herd ...

Die Gleichstellung von Mann und Frau war nun seit 1949 im Grundgesetz verankert, doch wie sah die Realität Anfang der 50er Jahre tatsächlich aus? Zum einen kam es zu einer Rückbesinnung auf die traditionelle Rolle der Frau als Ehefrau und Mutter. Adenauer und die Katholische Kirche formten mit Nachdruck ihr Frauenbild vom Heimchen am Herd, das sich um die „drei K – Küche, Kinder, Kirche" zu kümmern hatte. Der „harte" Erwerbsalltag sollte selbstverständlich den Männern überlassen werden, nun, da sie ja wieder präsent waren auf dem Arbeitsmarkt. Die Familie wurde in den Mittelpunkt des Interesses gerückt; man plädierte wieder ganz offen für hierarchische Strukturen in Ehe und Familie. Eine berufstätige Frau paßte nicht in das Bild konservativer Politiker und Kirchenvertreter, die sogar befürchteten, daß die wachsende Zahl von berufstätigen Frauen nachteilige Folgen für die „gesellschaftliche Funktion der Familie" habe. *(vgl. Ruhl, S. 107 f)*

Elisabeth Pfaff schildert die miserable Stellung berufstätiger Frauen in der damals konservativ-katholischen Grundeinstellung der noch jungen Bundesrepublik: „In den 50er Jahren wurde den Frauen schmackhaft gemacht, zuhause für die Familie zu leben. Ich fühlte mich nie davon betroffen. Aber ich weiß schon, daß andere Frauen, die arbeiteten, daß die das direkt als Diskriminierung empfanden. Die fühlten sich nicht so gleichgestellt, wie die Frauen, die zuhause waren. Die nur daheim waren, die hatten es nicht nötig, arbeiten zu gehen. Verstehst Du, nicht nötig haben! Und sie hatten es nötig, arbeiten zu gehen. Dies war eine gewisse Diskriminierung, die sie fühlten. Ich habe es sogar erlebt, daß Frauen es verheimlichten, daß sie arbeiten gingen. Also im Bekanntenkreis, ich will mal sagen, das war so kleinbürgerlicher Mittelstand, die empfanden das so, daß der Mann nicht genug verdiente und sie müßten dann arbeiten gehen, um dazuzuverdienen.

Ich sprach immer dagegen und sagte ihnen, daß sie wohl verrückt wären. Sie wären doch genauso gut wie die, im Gegenteil, sie wären doch viel mehr wert. Die anderen machten ja nur ihren Haushalt, und sie machten die Arbeit und den Haushalt zum größten Teil. Ich war immer dagegen angegangen. Es hatte sich ja nachher geändert. Die Frauen bekamen dann doch ein anderes Bewußtsein. Aber am Anfang betrachteten sie das gewissermaßen als Strafe, daß sie arbeiteten." *(Bergmiller, S. 47 f)*

Und wie sah es denn aus der Sicht der Männer aus, wenn ihre Frauen die Ernährung der Familie übernahmen? Autor Kurt Kuberzig schrieb sich seine Probleme mit diesem Tatbestand einmal so richtig von der Männerseele. Nachzulesen waren seine Betrachtungen am 30. August 1952 in der Frankfurter Rundschau:

„Im Grunde unseres Herzens sind wir alle konservativ – wir sprunghaften Männer ebenso wie die zu allerlei kleinen Überraschungen fähigen Frauen. Was einmal als sittliche Überzeugung in uns eingegangen ist, läßt sich auch dann nicht sobald austreiben, wenn uns der Wechsel der Anschauungen zu unserem eigenen Nutzen gereichen könnte. Oder meinen die Frauen im Ernst, wir wehrten uns gegen ihre vollkommene Gleichberechtigung, um unseren Vorteil zu wahren? Gerade den ritterlichsten Männern graut es bei dem Gedanken, die Frauen könnten eines Tages in jeder Hinsicht und auf allen Gebieten ihre restlose Gleichberechtigung errungen haben. (...)

Ich hoffe im Interesse der Frauen, daß ihnen dieses Vorhaben nicht gelingen möge. Denn so ganz wollen wir nicht darauf verzichten, unsere männliche Beschützerrolle zu spielen, von der wir immer noch glauben, daß sie uns gut zu Gesicht steht. Wir sind jahrhundertelang die Ernährer unserer Familien gewesen – wir möchten es gerne bleiben. Wir haben jahrhundertelang unsere Frauen gegen alle Unbill zu schützen versucht (ich weiß, der Erfolg war oft zweifelhaft), aber wir möchten es weiterhin versuchen. Und wir wünschen auf keinen Fall, daß sich dieses Verhältnis umzukehren beginnt: daß wir eines Tages mit dem Strickstrumpf dasitzen und aufpassen, daß die Suppe nicht anbrennt, während die Frau sich bemüht, für uns und unsere Kinder das tägliche Brot zu verdienen.

Eine solche Umkehrung ist auch in weniger drastischen Formen nicht möglich, ohne daß es zu erheblichen Störungen im Verhalten des Mannes kommen muß. Vor einigen Wochen klagte mir eine Frau, ihr Mann sei in seinem ganzen Wesen verändert, seitdem sie berufliche Erfolge habe und zu verdienen beginne. Sie hätten es vorher schwer gehabt, aber in ihrer Ehe sei trotz der langen Arbeitslosigkeit ihres Mannes alles gut gegangen. Nun aber, da sich ihre wirtschaftliche Lage zum Besten wende, beginne ihr Mann zu versagen. Er sei unverträglich, unritterlich, nörgele nicht nur an sich und der Welt, sondern auch mit Frau und Kindern herum. Auch um sein berufliches Fortkommen bemühe er sich kaum noch.

Die Frau empfand dieses Verhalten einfach als Undankbarkeit. Sie fühlte nicht, daß es sich um eine ganz verständliche, fast unvermeidbare Reaktion handelt. Tatsächlich sieht sich der Mann aus seiner Rolle gedrängt, seiner eigentlichen Aufgabe enthoben. Ihm kommt schmerzlich zum Bewußtsein, daß er es nicht mehr ist, der den Bestand der Familie gewährleistet. Statt aber seine Anstrengungen zu verdoppeln, um seine Aufgabe eines Tages wieder übernehmen zu können, steckt er – da er sich seiner Frau unterlegen fühlt – auch seine beruflichen Bemühungen auf. Er ist wirklich entmutigt und geschlagen. Die Erkenntnis, als Ernährer und Beschützer seiner Familie so uneingeschränkt ersetzbar zu sein, bricht ihm das Herz!

Ein anderer Fall mag mit gleicher Deutlichkeit zeigen, worum es geht. Ein junger Lehrer heiratet eine Dentistin. Es war eine Liebesehe. Als die Frau ihr erstes Kind erwartete, gab sie ihren Beruf auf. Das Gehalt des Mannes war gering, trotzdem blieb die Ehe glücklich: man richtete sich mit wenigem ein, vermied jede unnötige Ausgabe und freute sich der eigenen Zusammengehörigkeit. Erst als dringende Anschaffungen für eine größere Wohnung und für das Kind notwendig wurden, entschloß sich die Frau, wieder zu arbeiten. Sie fand eine gute Stellung, machte sich schließlich sogar selbständig und verdiente viel mehr als ihr Mann. Von dieser Zeit an war in ihrer Ehe der Teufel los. Der Mann konnte es einfach nicht ertragen, 'ausgehalten' zu werden; er konnte seine Frau nicht mehr lieben, weil sie, wie er sagte, die 'wirtschaftlich Stärkere' war. Heute steht die Frau vor der Entscheidung, entweder ihre Praxis aufzugeben oder sich von ihrem Mann zu trennen. (...) Damit soll natürlich nicht gesagt sein, daß jede Ehe, in der die Frau besser verdient als der Mann, notwendig mit einer Katastrophe enden muß. Namentlich reifere Ehepartner mögen im Einzelfall mit dieser Situation fertig werden. Aber es gehört sehr viel Liebe dazu, eine solche Ehe zu führen: Nachsicht und Liebe vor allem von seiten der Frau, die alles daransetzen sollte, dem Manne das demütigende Gefühl seiner Unterlegenheit zu nehmen."

Über den Umfang der Berufstätigkeit von Frauen zu Beginn der 50er Jahre gibt es unterschiedliche Auffassungen und Beschreibungen. So kommentierte beispielsweise die Frankfurter Neue Presse am 14. März 1953 in dem Artikel „Jede fünfte Ehefrau berufstätig – Was die Statistik zu einem Thema unserer Zeit zu sagen hat" das ihr zur Verfügungen stehende Zahlenmaterial positiv: „(...) daß die Frau heute in allen Bereichen unseres beruflichen Lebens zu finden und zu einem unentbehrlichen Faktor in unserem Wirtschaftsleben geworden ist." Begründet wurde diese Schlußfolgerung mit Zahlenmaterial des Statistischen Amts der Stadt Fankfurt a.M., das 1950 eine Berufszählung vorgenommen hatte, um sich ein Bild über Art und Umfang der Berufstätigkeit der Frankfurter Frauen machen zu können. Danach war mehr als ein Drittel (35,2 Prozent) aller Berufstätigen in Frankfurt Frauen – etwa 90.000 Frankfurterinnen. Von ihnen waren wiederum fast ein Drittel (31 Prozent) verheiratet. Gemessen an der Gesamtzahl der verheirateten Frauen in der Mainmetropole war somit jede fünfte Ehefrau berufstätig; 18 Prozent von ihnen waren über 50 Jahre alt.

Im Zahlenwerk des Statistischen Amtes von Frankfurt findet sich folgende Aufstellung über den Anteil der Frauen in bestimmten Berufsabteilungen:

Hauswirtschaftliche Berufe	99,7 %
Reinigungsberufe	81,1 %
Volkspflegeberufe	73,0 %
Textilhersteller und -verarbeiter	69,1 %
Papierhersteller und -verarbeiter	58,3 %
Verwaltungs-und Büroberufe	56,9 %
Gesundheitsdienst- und Körperpflegeberufe	55,1%
Erziehungs- und Lehrberufe	49,0 %
Lederhersteller und -verarbeiter	40,2 %
Gaststättenberufe	40,0 %
Kaufmännische Berufe	32,9 %
Nahrungs- und Genußmittelhersteller	30,7 %
Chemiewerker	28,6 %
Graphische Berufe	24,6 %
Glasmacher	19,9 %
Verkehrsberufe	14,3 %
Elektriker	10,8 %

(Peter / Wolf, S. 378 ff)

Unbeantwortet läßt diese Untersuchung allerdings, in welchen Positionen Frauen eingesetzt wurden.

In anderen Veröffentlichungen über die Frauenerwerbsarbeit nach dem Krieg wird die Entwicklung kritischer dargestellt. So lesen wir bei Ruhl, daß der Anteil der Frauen am Berufsleben seit 1946 kontinuierlich zurückging. Ein Jahr nach Kriegsende erreichte die Frauenquote ihren Nachkriegshöchststand. Damals waren 36,6 Prozent der Berufstätigen Frauen. Allmählich sank dieser Anteil auf 34,1 Prozent im Jahr der Währungsreform und auf 31, 3 Prozent im Jahre 1950. Damit waren zu Beginn dieses neuen Jahrzehnts bundesweit 8,48 Millionen Frauen berufstätig. *(Ruhl, S. 21)*

Mit dem Zustrom von Flüchtlingen und Vertriebenen aus den ehemaligen ostdeutschen Gebieten nach Westdeutschland wurde es gegen Ende der 40er auf dem bundesdeutschen Arbeitsmarkt immer enger. Frauen mußten zunehmend ihre Arbeitsplätze zugunsten der Männer räumen; die Tendenz, Frauen rauszudrängen, um männlichen Arbeitskräften Lohn und Brot zu geben, war unübersehbar. Selbst alleinstehende Frauen wurden Opfer dieser männerorientierten Arbeitsmarktpolitik. Die Arbeitsämter hatten Anweisung, auf sogenannte „Männerarbeitsplätze" – wie etwa Straßenbahnfahrer – nur noch Männer zu vermitteln. Mit Sorge beobachteten Behörden und Gewerkschaften diesen Verdrängungsprozeß, der zu einem überproportionalen Anstieg der Frauenarbeitslosigkeit führte.

Die Gewerkschafterinnen stellen Forderungen:

Kurzfristig konnten die Gewerkschafterinnen auf die Misere der Frauenerwerbsarbeit wenig erfolgreich gegensteuern. Ihre Forderung nach einer qualifizierten Berufsausbildung für Frauen war zwar richtig, doch konnte damit der hohe Prozentsatz an erwerbslosen Frauen nicht akut abgebaut werden. Dennoch galt den Frauen ohne Arbeit die besondere Aufmerksamkeit ihrer Vertreterinnen in den Gewerkschaften. Dabei hatten es die Kolleginnen innerhalb der Gewerkschaften ebenfalls nicht einfach, ihre Forderungen gegenüber den männlichen Kollegen durchzusetzen. Es mußten lange Diskussionen geführt werden, bis der DGB-Bundesvorstand am 24. Juli 1951 endlich die „Richtlinien für die Frauenarbeit im Deutschen Gewerkschaftsbund" billigte, die beim DGB-Gründungskongreß im Oktober 1949 bereits als grundlegende Entschließung verabschiedet worden war.

Die Schulungsarbeit: Kenntnisse gewinnen, und Selbstbewußtsein

Parallel zum organisatorischen Aufbau der gewerkschaftlichen Frauenarbeit wuchs die Erkenntnis bei den Aktiven, daß sie zunächst einen Schwerpunkt ihrer Arbeit auf die Schulungs- und Bildungsarbeit der Frauen legen mußten. Nur so, das war die Erkenntnis, konnten sie innerhalb der Gewerkschaften und auch nach außen hin frauenrelevante Themen besetzen und in die allgemeine Gewerkschaftsarbeit einbringen.

Annelie Tuchscheer in ihren persönlichen Notizen für das vorliegende Buch: „Die DGB-Frauenabteilungen setzten mit dem Landesfrauenausschuß eine große gewerkschaftliche Schulungs- und Bildungsarbeit in Gang, um die Voraussetzungen für eine sach- und fachgerechte Mitarbeit der Kolleginnen in den vielen Gremien zu garantieren. Alle Frauenausschüsse waren mit vielen Wochenend- und Tageslehrgängen daran beteiligt. Darüberhinaus fanden in den DGB-Bundesschulen jährlich mehrere Wochenlehrgänge zu den einschlägigen Themen aus unserer Arbeit statt. Auch die einzelnen Gewerkschaften betrieben diese Bildungsarbeit für ihre weiblichen Mitglieder."

Lilli Müller, Gewerkschafterin der Kasseler IGM hatte eine Betriebsräteschulung nicht vergessen: „Ich bin drei Wochen in Springe gewesen. Betriebsräteschulung. Da waren die beiden Jungens. Der Älteste war schon bei der Wehrmacht (Anm. d. Red.: soll heißen „Bundeswehr"), also neunzehn, glaub' ich. Der Andere war'n Jahr jünger. Das letzte Jahr in der Lehre. Und die beiden Mädels gingen ja noch in die Schule. Da hab' ich ihnen Geld dagelassen. Hab' gedacht, naja für drei Wochen, also ich wär ja mit 'rumgekommen, ne. Aber die haben ja volle Pulle gehaust eine Woche lang wie die Made im Speck (...), ne und dann war nix mehr da. Die haben mich in dem Glauben gelassen, zu Hause ist alles hundertprozentig in Ordnung. Da hat der Älteste von der Wehrmacht Brote und auch Essen mitgebracht. Nur daß sie über die Runden kamen. Im Haus haben sie sich zwanzig Mark geborgt. Und ich hab' dann beim Jungen angerufen, den konnt' ich ja nur telefonisch im Betrieb erreichen: 'Wie geht's denn zu Hause?' 'Ach Mutter, reg' dich nur nicht auf. Bestens! Alles in Ordnung.' Und was glaubst du, was sie heute noch sagen: Das war also die schönste Zeit, die sie je erlebt haben, so alleine. Und dann wirtschaften. Ne, aber da haben die von gelernt. Also das zweite Mal bin ich also da war das nit mehr. Die haben sich's eingeteilt." (Pitzschke / Schöttner, S.18)

Und Irene Martin erinnert sich noch an die für sie so wertvollen Gewerkschaftsschulungen:

„Zur Gewerkschaft kam ich, weil ich mir damals sagte: 'Das ist eigentlich eine Sache, die man unterstützen muß.' In Darmstadt war eine Sitzung und da lernte ich den Karl Küppers kennen. Es gab dann die Schulungen draußen in Oberursel. Das waren so die ersten Dinge, die ich von der Gewerkschaft mitbekam. Und da sagte ich mir, daß dies interessant wäre, da könnte man vielleicht etwas auftun. Da könnte man vielleicht für die Frauen etwas tun. Und dann kam die Liesel Winkelsträter. Wir waren nur für die Frauen da. Wir versuchten immer, den Frauen möglichst viel, abgesehen von den Grundlagen der Gewerkschaft, respektive den Betrieben, – was sie da verlangen könnten, aber was sie auch mitbringen müßten, versuchten wir natürlich auch einiges zu vermitteln an allgemeiner Bildung. Wir hatten mal einen, der brachte was über ein geographisches Thema. Wir sagten auch: 'Aja, machen wir mal dieses oder jenes, oder eine erzählt mal aus ihrem Betrieb, wie dies oder das gelaufen ist. So versuchten wir immer nach Möglichkeit den Frauen, die da in Oberursel waren, etwas mehr zu bringen, als wie nur die nüchternsten Tatsachen. So ein bißchen mehr noch an farbigen Dingen. Also, daß die Frauen nicht nur eine Seite, sondern auch mal anderes hörten und sahen. Wir fanden, das war mal netter, als wenn sie nur Paragraphen soundso hörten. Die Frauen erzählten vielfach von ihrem Arbeitsplatz, ob sie damit zufrieden waren. Ob sie mit ihrer Bezahlung zufrieden waren und ob sie es als ungerecht empfanden, wenn sie dasselbe taten wie die Männer und weniger dafür bekamen. Das war ja immer so. Wir konnten nicht allzuviel dagegen tun. Wir sagten immer: 'Ihr müßt versuchen zu sagen, daß ihr den gleichen Lohn wollt'. Aber das Problem 'Gleicher Lohn für gleiche Arbeit' war ein schwieriges Kapitel." *(Bergmiller, S. 119 f)*

Nicht nur in den größeren Städten des Landes wurden die Frauen aktiv. Trotz der Schwierigkeiten, überhaupt zu Versammlungen zu kommen aufgrund der schlechten Verkehrsbedingungen, bildeten sich auch außerhalb der Zentren, wenn vielleicht auch etwas später, aktive gewerkschaftliche Frauengruppen.

Gerda Kaufmann, die 1960 als erste Frau in Hessen die Leitung der DGB-Nebenstelle des DGB-Kreises Hanau in Schlüchtern übernommen hatte, schilderte in einem Zeitungsartikel unter dem Titel „44 Prozent der Arbeitnehmer organisiert" in der Jubiläumsausgabe „25 Jahre Volkszeitung" im Jahr 1970 die Anfänge und ersten vielseitigen Aktivitäten der DGB-Frauengruppe, die für den damaligen Kreis Schlüchtern 1955 gegründet worden war:

„Die Frauengruppe hatte sich zur Aufgabe gemacht, in monatlichen Abendveranstaltungen die Frauen zu schulen, um sie mit allen gesetzlichen Bestimmungen, die besonders die Frauen betreffen, vertraut zu machen und sie vor finanziellem Schaden zu bewahren. Obwohl das Interesse für die gewerkschaftliche Frauenarbeit sehr groß war (Durchschnittsteilnehmerzahl pro Veranstaltung lag bei 50 bis 55), war die Durchführung der einzelnen Abendversammlungen mit großen Schwierigkeiten verbunden.

Insbesondere machten sich hier, wie es wohl in ländlichen Gegenden allgemein der Fall sein wird, die schlechten Verkehrsmöglichkeiten bemerkbar.

Über die abendlichen Veranstaltungen hinaus wurden Tages- und Wochenendlehrgänge durchgeführt. Ferner Betriebsbesichtigungen in den Sarotti-Werken, Asbach-Uralt, Steingutfabrik, Konsumgenossenschaft in Mannheim u.a.m..

Um auch den Kolleginnen die Möglichkeit zu geben, einen preisgünstigen Urlaub im „sonnigen Süden" zu erleben, waren wir im Jahre 1957 dazu übergegangen, Ferienfahrten durchzuführen, die einen sehr großen Anklang fanden. Zum Teil waren diese Fahrten mehr als Studienfahrten zu betrachten, da persönliche Kontakte mit den Gewerkschaftskollegen in Lyon, Marseille, Pisa, Modena und Innsbruck geknüpft werden konnten. Die Empfänge, gute Bewirtung und der Gedankenaustausch mit den Kollegen der genannten Städte, sind den Teilnehmern noch heute in guter Erinnerung. Auch die gemeinsamen Kurzfahrten nach Holland, Schweiz, Wien, Bodensee fanden immer ein gutes Echo. In Verbindung mit der Briefschule Frankfurt wurden im Winterhalbjahr 1957/58 sechs Lehrgänge „Schnittzeichnen und Zuschneiden" mit ca. 100 Teilnehmerinnen insgesamt durchgeführt.

Erwähnenswert ist auch der Arbeitskampf in der Textilbranche in 1959, an dem zwei Betriebe aus dem Kreis Schlüchtern beteiligt waren."

Auch wenn die eigentliche Zielsetzung der Gewerkschaftsfrauen der ersten Stunde die irgendwann abgeschlossene Integration der frauenspezifischen Themen in den Gesamtkomplex gewerkschaftlicher Arbeit war, konzentrierte sie sich zunächst doch darauf, Frauenthemen extra zu behandeln, und zunächst die Frauen selbst sensibel für ihre eigenen gewerkschaftlichen Anliegen zu machen.

Irene Martin:
„Es war kein Problem, Frauenthemen in die Gewerkschaft einzubringen. Ich meine, gewiß, man merkte vielleicht manchmal, daß es unter Umständen etwas schwieriger war und die etwas zögerten. Aber das ging dann eigentlich auch. Es lag nicht nur an den Forderungen, sondern bei ihnen war wohl vieles überhaupt ein Novum. Das hatten sie ja früher nicht. Im Hauptvorstand z.B. hatten sie früher keine Frauen. Das kam ja auch erst mit jener Zeit, als die Frauen dann auch mehr für diese Arbeit herangezogen wurden. Wo man sagte, man brauchte eine Frauenarbeit und man benötigte da jemanden zur Vertretung und das könnten nicht nur die Männer alles entscheiden. Gewerkschaftliche Frauenarbeit war wichtig. Sollten das die Männer tun? Nein, nein, das sollten ruhig die Frauen tun. Eine Frau verstand doch eine Frau besser. Also konnte sie auch eher was für sie tun. Natürlich konnte das auch in gemischten Gruppen erledigt werden. Aber ich würde nie sagen, daß man nicht auch Frauenarbeit als solche alleine sehen kann. Durchaus, gemischte Gruppen waren sehr gut, aber das andere war genauso gut. Mindestens. Vielleicht sogar unter Umständen fast notwendiger. Man konnte den Frauen auf solchen Wochenendlehrgängen manches vermitteln, wozu sie sonst nicht kamen. Wo das Interesse geweckt wurde. Sie sollten sich nicht nur im Rahmen ihres Fließbandes bewegen. In den Frauenkursen konnten sie natürlich von gleich zu gleich sprechen. Das war einfacher, selbstverständlicher. Dagegen ist merkwürdigerweise auch heute noch immer eine gewisse Scheu, oder das Gefühl einer gewissen Minderwertigkeit

der Frau gegenüber dem Mann, daß sie nicht das sagt oder meint, nicht sagen zu können, was sie gerne möchte weil ein Mann dabei ist. Das ewige Untertansein einer Frau unterm Mann ist eine jahrhundertealte Sache. Es waren immer die Männer, die das Sagen hatten. Und das ist natürlich eine gewisse Prägung." *(Bergmiller, S. 120)*

Liselotte Pfannkuch versuchte damals auf ihre Weise, ihre männlichen Gewerkschaftskollegen an Frauenthemen und -aktivitäten näher heranzuführen:

„Ich nahm auch mal Männer zu unseren Frauenlehrgängen mit. Und da sagten die beide nachher: 'Wir hätten nie gedacht, daß bei euch Frauen so gearbeitet wird.' Die dachten immer, wenn wir zu Lehrgängen fuhren, daß dies ein Kaffeekränzchen wäre. Es war ja klar, wenn man weg war, da sah ich das nie so eng. Nach Feierabend konnte jede machen, was sie wollte. Ich nahm dann auch manchmal schwierige Leute von Conti mit. Ich sagte mir: 'Die müssen da mal raus, die müssen endlich anders werden.' Das war für mich schon immer eine Belastung. Und da befaßte ich mich meistens mit denen, weil die ewig am Meckern waren. Dann schimpften sie trotzdem mal bei unserem Geschäftsführer hier und erzählten Dinge. Das verstand ich nicht, daß die sich darüber aufregten, wenn die Mädchen mal im Raum Frankfurt waren und nach Feierabend mal nach Sachsenhausen gehen wollten. Da war doch nichts dabei. Hauptsache sie waren morgens wieder da und arbeiteten. Und das taten sie. Es mußte doch auch einmal ein bißchen Freude dabeisein." *(Bergmiller, S.154)*

„'Daß dein Mann dich immer fortläßt' mußte sich Emma Becker von ihren Kolleginnen sagen lassen, wenn sie in Sachen Gewerkschaftsarbeit unterwegs und auf Schulungen war. Doch Kollegin Becker konterte schlagfertig: 'Der läßt mich doch auch jeden Tag an die Arbeit.' Da waren sie ruhig. (...) Na, und was ein richtiger Mann war, der mußte sich ja auch sagen: 'Sie hat sich ja im Krieg alleine durchgeboxt, sie muß jeden Tag schaffen gehen, warum soll' er mir nicht mal ein paar Tage Ruhe geben.' Wer sich dagegen stellte, der hatte nichts übrig für seine Frau." *(Bergmiller, S. 116)*

Für so manche Gewerkschafterin bedeuteten die Schulungsaufenthalte nicht nur Weiterbildung und Komplettierung ihrer Sachkenntnisse, sondern auch Ausspannen vom täglichen Allerlei zwischen Familie und Beruf, Kennenlernen neuer Umgebungen und anderer Kolleginnen und Kollegen. Sie nutzten die Gewerkschaftskurse, um ihren lange Zeit zwangsläufig eingeschränkten Horizont zu erweitern, Selbstbewußtsein zu tanken.

Lucie Kurlbaum-Beyer als erste hessische DGB-Frauensekretärin erkannte sehr früh, daß gerade die gewerkschaftlich interessierten Frauen mit ihrer Doppel- und Dreifachbelastung in Beruf, Familie und gewerkschaftlichem Engagement kaum an den allgemeinen Lehrgängen des DGB teilnehmen konnten, gerade wenn sie noch Kinder hatten, die versorgt werden mußten. Männer, die sich an der Hausarbeit beteiligten, gab es damals nur sehr wenige. Damit auch diese Frauen in die Bildungsarbeit der Gewerkschaft einbezogen werden konnten, bot Lucie Kurlbaum-Beyer Wochenendseminare für Frauen und Mädchen an, die samstagnachmittags begannen und sonntags nach dem Mittagessen endeten. Auch dann, so erinnert sich die Gewerkschafterin, war es den Frauen oftmals nur möglich, daran teilzunehmen, wenn zu Hause eine Großmutter einspringen konnte.

Für die hauptamtliche DGB-Sekretärin war neben der inhaltlichen Arbeit ebenfalls eine für die Teilnehmerinnen entspannende Freizeitgestaltung am Samstagabend wichtig:

„Am Samstag bis in den Abend hinein war noch bei allen eine gewisse Müdigkeit und Abgespanntheit zu spüren. Alle aber genossen es, einmal 24 Stunden im Kreise von Gleichgesinnten zu sein und ein wenig umsorgt zu werden. Nicht immer fanden diese Wochenendlehrgänge in geschlossenen Räumen statt. Wir hatten teilweise auch Zelte, die uns die Amerikaner zur Verfügung stellten. Das waren aber für Frauen Ausnahmen; (...) Nicht immer stand uns die Gewerkschaftsschule zur Verfügung, denn sie gehörte allen Gewerkschaften, und der Wissensdurst war zu dieser Zeit so groß, daß bald auf die ja meist noch leerstehenden Hotels im Taunus zurückgegriffen wurde. (...) Der Aufenthalt in solchen Häusern wurde zu der damaligen Zeit noch als eine besondere Vergünstigung angesehen. Das hatten die meisten noch nie in ihrem Leben kennengelernt. Ich bemühte mich immer, den Samstagabend nach dem Abendbrot etwas locker zu gestalten. Ich besorgte mir dafür Bücher mit ernster aber auch heiterer Literatur und las daraus vor.(...) Für das Frauenbüro wurde auf meinen Antrag eine Ziehharmonika gekauft, und ich brachte es nach vielem Üben so weit, einige leichte Lieder zu begleiten, um so die Abende noch mehr aufzuheitern und die Teilnehmerinnen zum Mitsingen der vertrauten Klänge zu bewegen. Viele von ihnen hatten, wie sie mir erzählten, jahrelang nicht mehr gesungen." (*Kurlbaum-Beyer, S. 54 f*)

Sehr kritisch geht dagegen Karin Derichs-Kunstmann mit der Beschlußlage des DGB-Gründungskongresses zu folgender Aufgabe gewerkschaftlicher Frauenarbeit um:

„Bildung und Schulung der Frauen, um sie zu befähigen, an der Gestaltung des gewerkschaftlichen, sozialen, politischen und kulturellen Lebens aktiv teilzunehmen" *(DGB-Bundeskongreß 1949, S. 334 ff. In: DGB (Hrsg.) „Da haben wir uns alle schrecklich geirrt." S. 83).*

Die Autorin sieht in diesem Passus die Gewerkschaftsfrauen zu „Defizitwesen" degradiert und schreibt: „Hier finden wir ein Argument wieder, das noch Jahrzehnte angeführt werden wird, wenn es um die Repräsentation der Frauen in den gewerkschaftlichen Gremien geht: Die Frauen müssen erst einmal 'befähigt' werden. Damit sollte die gewerkschaftliche Frauenarbeit und damit die Funktionärinnen in den Gewerkschaften gegenüber den weiblichen Mitgliedern Nachhilfefunktion übernehmen. (...)

In vielen Formulierungen dieser Richtlinien kommen Auffassungen vom Stellenwert der gewerkschaftlichen Frauenarbeit und der Stellung der Frauen in der Organisation zum Ausdruck, deren Widerspruch zu den Prinzipien des Gleichberechtigungsartikels erst in der Praxis der kommenden Jahre deutlicher werden sollte." *(S. 83)*

Frauen als Betriebsrätinnen

In der Gewerkschaftszeitung vom 23. Juli 1949 konnte folgende „Betriebsordnung ab 1. Mai 1949" nachgelesen werden:

ARBEITSZEIT: 45-STUNDENWOCHE

MONTAG BIS FREITAG:

VORMITTAGS:	*07.50 bis 09.50 Uhr* *10.00 bis 12.00 Uhr* *10 Min. Pause*	*NACHMITTAGS:*	*12.50 bis 16.00 Uhr* *16.10 bis 18.00 Uhr* *10 Min. Pause*

MONTAG BIS FREITAG:

5 TAGE:	*à 8 Stunden*	*VORMITTAGS:*	*07.50 bis 09.50 Uhr*
SAMSTAG:	*5 Stunden*		*10.00 bis 13.00 Uhr*

Während der 10 Minuten Pause wird das mitgebrachte Vesper vom Gang geholt und am Platz eingenommen. Lautes Sprechen ist zu vermeiden. Das Handtuch auf dem Schoß behalten, damit die Hände sauber bleiben.

Das Verlassen der Werkstatt während der Pause ist auch den Lehrmädchen nicht erlaubt. Die Fenster können geöffnet werden und nachher wieder geschlossen. Unsere Hausordnung verlangt von uns ruhiges Benehmen.

Auf dem Treppenhaus darf nicht gesprochen werden. Um den Lehrmädchen die Bodenpflege der Werkstätte zu erleichtern, ziehen alle die schweren Straßenschuhe aus.

Für die Zeiteintragung auf die Karte ist gewissenhaft und pünktlich jede Mitarbeitende verantwortlich.

Der Werkstattmeisterin ist (in Abwesenheit der Inhaberin) der zur Förderung des Geschäfts nötigen Anordnungen zu folgen.

Jeder arbeite an seinem Werk mit freudigem Eifer zum schönen Gelingen!

Lore und Anne kommen um 8 Uhr, dafür räumen sie gründlich in der Mittagszeit auf. Legen ihre Handtücher auf den abgeräumten Zuschneidetisch, um dort zu essen.

Von einer anderen Werkstätte (so schreibt die Gewerkschaftszeitschrift) ist uns nachstehende Zuschrift auf den Tisch des Hauses geflogen:

„Sehr geehrte Kundin!
Heute kann ich Ihnen die freudige Mitteilung machen, daß ich meine Preise wesentlich erniedrigt habe. Durch Herabsetzung der überbezahlten Löhne und teilweise Entlassungen konnte ich dies bewerkstelligen, usw."
(Pitzschke / Schöttner, S. 32, aus: Arbeiterbewegung und Wiederaufbau Stuttgart 1945-49, DGB-Kreis Stuttgart (Hrsg.), 1982, S. 121)

Und Lucie Kurlbaum-Beyer, die vor allem auch die Samstagabende der Frauen-Wochenendseminare nutzte, um im lockeren Gespräch mit den Teilnehmerinnen möglichst vieles über ihre Arbeitssituationen zu erfahren, schildert in ihren Lebenserinnerungen ein Beispiel aus Wetzlar: „(...) daß in einem angesehenen Betrieb der Unterhaltungs-Industrie ein Autoradio am Fließband hergestellt wurde, wobei den Frauen für einen Arbeitsvorgang nur ganze zwei Minuten zur Verfügung standen. In dieser Zeit mußten die besonders kleinen Teilchen mit Pinzetten gegriffen und dann montiert werden. Eine Arbeit also, die nicht nur besondere Geschicklichkeit, sondern auch höchste Konzentration verlangte. Schon seit geraumer Zeit kam es an diesem Band zu Ohnmachts-

anfällen, die dazu geführt hatten, sogenannte 'Springer' einzusetzen. Diese hatten dann vorübergehend die Arbeit an diesem freien Platz zu übernehmen, damit es nicht zu längeren Stockungen und Ausfällen kam. Trotzdem mußten vorübergehend die anderen Arbeiterinnen noch mehr leisten, als der Takt vorgab, und die Folge davon waren weitere Ohnmachtsanfälle. Die Kolleginnen waren verzweifelt, befürchteten Entlassung, denn die Taktzeit war von 'Refa-Experten', die zu diesem Zweck von einer Spezialfirma in den Betrieb geholt worden waren, festgelegt. Zwar gab es schon Arbeitnehmervertreter, aber sie hatten trotz aller Schulungsmaßnahmen der Gewerkschaften noch wenig Erfahrung auf diesem Gebiet. Dazu kam, daß es sich bei den Vertretern fast ausschließlich um Männer handelte, die sich von der extremen nervlichen Belastung der Frauen an diesem Band keine Vorstellung machen konnten."
(Kurlbaum-Beyer, S. 55 f)

Frauen in den Betriebsräten waren Anfang der 50er Jahre selten. Sicher gab es couragierte Frauen wie in den nachfolgenden Darstellungen dokumentiert –, doch grundsätzlich galten Betriebsräte allgemein als Männerdomäne. Den Gewerkschaften und den männlichen Betriebsräten schrieb schon Ende der 40er die Autorin König-Georgi in einem Beitrag zum Thema „Die Frau in Betrieb und Gesellschaft – Erziehung zum gewerkschaftlichen Denken" eine Mitverantwortung zu, um den Frauen, die ungeachtet ihrer Nachkriegsleistungen kaum Selbstbewußtsein innerhalb der Arbeitswelt entwickelt hatten, ihre wichtige Rolle als Gewerkschafterin und Arbeitnehmerinnenvertreterin bewußt zu machen: „Die Gewerkschaften haben hier die größte Aufgabe, weil sie die größte Anzahl der berufstätigen Frauen erfassen, durch die Betriebsräte ist ihnen ein Zugang zu einer persönlichen Verbindung mit ihnen gegeben. So gäbe es eine Möglichkeit eben durch die Betriebsräte dafür Sorge zu tragen, daß neben Männern gerade auch politisch und wirtschaftlich geschulte Betreuerinnen in den Betrieben den berufstätigen Frauen einen Einblick in die Fragen des öffentlichen großen Lebens schaffen."
(Derichs-Kunstmann, S. 116)

Tatsächlich waren es zum einen männliche Kollegen, die Mitarbeiterinnen aufforderten, doch in den Betriebsrat zu kommen; zum anderen waren es eigene, persönliche Erfahrungen, die Frauen dazu veranlaßten, sich in den Betriebsrat wählen zu lassen. Willi Leimbach, Betriebsratsvorsitzender der Stadt Kassel, beispielsweise legte 1950 für die junge Anneliese Wolf den Grundstein für ihre langjährige Arbeit im Betriebsrat, in dem er sie als Schreibkraft zu sich ins Betriebsratsbüro holte. Anneliese Wolf wurde schließlich 1968 (bis 1972) Mitglied im ÖTV-Hauptvorstand.

Eine andere Kollegin, Frieda Schäfer, vom einfachen Betriebsratsmitglied zur BR-Vorsitzenden der Firma Salzmann in Kassel und Arbeitnehmer-Vertreterin bei der Betriebskrankenkasse „aufgestiegen", schildert sehr anschaulich, wie sie als „einfache Näherein" bei der Fa. Salzmann zur Mitgliedschaft im Betriebsrat kam, nachdem sie zunächst einige Schwierigkeiten hatte, von den Kolleginnen anerkannt zu werden:

„Und da hab' ich gedacht: 'Da bleibst du keine 8 Tage. (...) Jo, ich bin 16 Jahre hingewetzt. Warum? Weil ich mir Respekt verschafft habe. Im ersten Zeitpunkt, da hab' ich immer für meine Kolleginnen gesorgt, erst mir mal'n bißchen Sympathie erworben. (...) Ich hatte keine Feindinnen nachher mehr. Jedenfalls, es war gar nicht lange, und ich war auch im Betriebsrat Mitglied. Nun muß man da ja eigentlich 2 Jahre im Betrieb sein, also nehme ich an, daß ich so lange drinne war, aber in dieser kurzen Zeit mir auch die Sympathien erworben habe. (...) Jedenfalls, ich hatte meinen Freundinnen-Kreis, und die sind mit allem zu mir gekommen, und dann geschah bei uns immer Furchtbares, die Toiletten waren nicht sauber, und da war schon eine Frau im Betriebsrat, drin, (...) Frl. H. hieß sie, und dann kam auf einmal 'n Anschlag, unterschrieben mit der Frl. H., die hatte die Vertretung von den Frauen, und hatte für uns alle unterschrieben, daß alle 8 Tage im Wechsel (...) die Toiletten sauber gemacht werden mußten, und immer 'ne andere drankam. Und da stand auch so'n Rudel Frauen da und schimpften und wetterten. Ich spreche: 'Was regen Sie sich denn so auf.' 'Ja, die kann doch das nicht, das machen wir nicht. Wir sind doch nicht Putzfrauen' und so weiter. 'Ja', sprech ich, 'da müßt ihr nich untereinander schimpfen, da müßt ihr euch zusammen tun und hingehen.' Es wollte keine. 'Naja', sprech ich, 'ich bin eine der jüngsten hier' (...) und da hab' ich sie mir vorgenommen, nicht so im großen Saale, und habe gesprochen: 'Frl. H., ich möchte mal mit Ihnen sprechen. (...) Sie haben in aller Namen, also auch in meinem Namen unterschrieben, daß jeder mal drankommt, wenn die Toiletten geputzt werden müssen. Ich sage Ihnen heute schon: Ich werde mich bei Ihnen melden, sobald ich Bescheid kriege, daß ich zur Putzfrau gemacht worden bin, und daß ich die Toilette sauber mache. Das machen Sie dann für mich.' 'Och, was ich mir einbildete.' (...) 'Ich bilde mir gar nichts ein. Ich meine nur, man hätte vorher fragen müssen. Wir sind erwachsene Menschen, und hätte unser Urteil hören müssen.' (...) Ich spreche: 'Dann hätt' ich bei die Stadt gehen können, da hätt' ich Schmutzzulage gekriegt.' (...) Und da waren natürlich die Frauen alle hinter mir. (...) Und dann sind sie auch geschlossen hin und haben natürlich Sturm gemacht. Und da dauerte's gar nicht lange, da stand ich auf der (...) Vorschlagsliste." *(Pitzschke/Schöttner, S. 29)*

Irene Martin war eine, die schon ziemlich bald nach dem 2. Weltkrieg mit der Arbeit im Betriebsrat begann. Ihre Erinnerung ist noch geprägt von dem Gemeinschaftsgefühl in der Aufbauphase, als die Frauen noch als wichtiger Bestandteil des Wirtschaftslebens galten, die ganz selbstverständlich auch in der Arbeitnehmervertretung ihren Platz hatten:

„Als wir mit dem Betriebsrat nach dem 2. Weltkrieg begannen, hatten wir uns selbst gebildet. Die Belegschaft kam ja erst tropfenweise zurück. Als wir mit der Betriebsratsarbeit anfingen, ging es zuerst darum, wen stellte man ein. Dann war im Betriebsrat nun doch sehr vieles, wo es hieß: 'Ja, was können wir nun helfen, was können wir da nun helfen. Und hier ist noch etwas zu machen. Hier sind die Räume nicht gut. Und hier fehlt noch dies und das.' (...) Nachher lief da alles wieder. Aber das primitivste war zuerst, daß man den Leuten etwas zu essen gab und wie wir die Ziegel wieder zusammensetzen konnten. Ich saß auf dem Dach und warf die Ziegel von oben runter in den Hof. Und dann bekamen wir mittags eine sehr gute, dicke Suppe. Das war uns sehr wertvoll. (...) Für mich war es kein Problem, als einzige Frau im Betriebsrat zu sein. Denn über die Probleme, die da auftauchten, die insbesondere nach dem 2. Weltkrieg ziemlich erheblich waren, setzten wir uns eigentlich immer zusammen und berieten gemeinsam, ohne daß man gesagt hätte: 'Diese macht jenes und dieser macht das.'" *(Bergmiller, S. 92, 94)*

Als dann zu Beginn der 50er Jahren die schlimmsten Kriegsschäden behoben waren, die staatliche Ordnung wiederhergestellt und der Wirtschaftsaufschwung erkennbar war und die Gewerkschaften organisatorisch in den Tritt kamen, veränderte sich die Stellung der Frau auch in den Betrieben. Die (männliche) Hierarchie hatte wieder Fuß gefaßt, Frauen mußten sich 'dareinfinden'. Ihre Rolle in den Betriebsräten entsprach immer mehr derjenigen, die sie laut der „Richtlinien für die Frauenarbeit im Deutschen Gewerkschaftsbund" schon innergewerkschaftlich zu übernehmen hatten, nämlich die „gute Zusammenarbeit der Kolleginnen und Kollegen" zu fördern und weiterzuentwickeln.
(Geschäftsbericht des Bundesvorstands des DGB, 1950-1951, aus: Derichs-Kunstmann, S. 80)

Da sprach beispielsweise Elisabeth Pfaff in ihrem Rückblick davon, daß sie „wirklich der Mülleimer für alle möglichen Dinge war. Gerade die Frauen, die brachten häusliche Dinge ein. Da war dann das persönliche Engagement sehr wichtig, daß du dir Zeit nahmst, um mit den Leuten zu reden. Da gab es ja auch junge Mädchen, die gerade konfirmiert waren. Als sie in den Betrieb kamen, hatten sie Heimweh. Mittags weinten sie nach ihrer Mutter. Da mußtest du die trösten." *(Bergmiller, S. 88)*

Entgegen ihren eigentlichen Zielen als Gewerkschafterinnen, spezifische Frauenthemen beziehungsweise Angelegenheiten nur zu Beginn als besondere gewerkschaftliche Aufgabe zu sehen, die jedoch Stück für Stück integriert werden sollten in die allgemeine Gewerkschaftsarbeit, blieb den Aktiven das Frauenressort mit seinen Themen und Problemen erhalten. Sie wurden von ihren männlichen Kollegen damit beschäftigt, sich „ihren Aufgaben" zu widmen. Die Männer wußten, wie sie gezielt ihr Terrain abstecken mußten. Denn welche Gewerkschafterin oder Betriebsrätin konnte sich verweigern, wenn gerade die überbelasteten berufstätigen Frauen ihre privaten Probleme nicht am Fabriktor abgeben konnten. Hier gab es Gespräche über den Alkoholismus oder die Arbeitslosigkeit des Mannes, über Haushaltsprobleme, über Schwierigkeiten mit den Kindern oder bei Schwangerschaften. Nur zu verständlich ist es auch aus heutiger Sicht, daß die Arbeitnehmerinnen solche Themen nicht gern mit einem Betriebsrat besprachen, das Angebot zum Gespräch von einer Betriebsrätin aber nur zu gern annahmen.

Wenn wir rund 50 Jahre nach den Anfängen der Arbeit von Betriebsrätinnen auf diese Zeit damals zurückschauen, besonders wenn wir die Schilderungen der damals aktiven Frauen heute nachlesen, dann laufen wir schnell Gefahr, die unkritische Haltung der GewerkschafterInnen gegenüber ihren männlichen Kollegen zu kritisieren. Sehr leicht kommt uns heute der Vorwurf über die Lippen: „Ihr habt euch doch sehr unterbuttern lassen; Ihr habt Euch nicht genug gegen die männliche Übermacht zu Wehr gesetzt." Doch wer die Arbeit der Betriebsrätinnen und Gewerkschafterinnen Anfang der 50er Jahre verstehen will, muß diese Zeit und ihre gesellschaftlichen Umstände begreifen. Nur so kann die Arbeit dieser Frauen richtig bewertet werden. Hält man sich vor Augen, daß alles erst im Begriff war sich zu entwickeln, beispielsweise die Durchsetzung von Arbeitnehmerrechten oder die Umsetzung des Betriebsverfassungsgesetzes –, daß viele Arbeitgeber gerade ihren weiblichen Beschäftigten gegenüber keine Skrupel vor Ausbeutung und Mißbrauch ihrer Arbeitskraft hatten, dann rückt das Engagement dieser Frauen erst in das richtige Licht.

Das Recht der Frauen auf Arbeit und gleichen Lohn für gleiche Arbeit

„Männer und Frauen sind gleichberechtigt" – als es Elisabeth Selbert nach heftigem Widerstand gelang, diesen Satz im Grundgesetz der Bundesrepublik zu verankern, waren viele Frauen voller Hoffnung, daß damit die nun auch rechtsverbindliche Gleichstellung von Mann und Frau in Familie und Berufsleben realisiert würde. Das Recht der Frau auf Arbeit und die Forderung „Gleicher Lohn für gleiche Arbeit" bestimmten die Forderungskataloge der Gewerkschaftsfrauen nicht nur in den ersten Jahren nach Inkrafttreten des Grundgesetzes. In den „Sozialpolitischen Grundsätzen" des Grundsatzprogramms des DGB heißt es unter dem Titel „Gerechte Bewertung der Arbeit und Leistung": „Die Persönlichkeit des Arbeitnehmers und seine Menschenwürde sind auch am Arbeitsplatz zu achten. Seine Arbeitskraft darf nicht als Ware gewertet werden. Die Arbeit des einzelnen ist auch eine persönliche Leistung für die Gesellschaft. Mann und Frau müssen die gleichen Beschäftigungs- und Aufstiegsmöglichkeiten haben. Für gleichwertige Tätigkeit ist gleiches Arbeitsentgelt ohne Unterschied des Alters oder Geschlechts zu zahlen." Die Wirklichkeit sah für die Frauen allerdings ganz anders aus. So schreibt Hanna Hausmann von „Frauenlöhne(n) – Männerlöhne(n): Ich sprach mit einem Vorgesetzten über die Ungerechtigkeit der Bezahlung der Beschäftigten. Der ging dann zur Geschäftsleitung und erzählte mir hinterher freudestrahlend: 'Ja, Frau Hausmann, ich habe das jetzt durchgesetzt, die Männer kommen alle in die Lohngruppe 5 und die Frauen in die Lohngruppe 4.' Ich sagte: 'Das gibt es doch nicht. Die beiden Schichtführerinnen, die sind doch verantwortlich für die jungen Leute, die draußen am Ofen sind. Die sollen die Lohngruppe 4 bekommen, obwohl sie für die jungen Leute mit der Lohngruppe 5 als Schichtführerinnen verantwortlich sind. Wenn die Vorgesetzte sind, dann müssen die die gleiche Lohngruppe haben, wenn nicht eine höher.' Der hätte die Frauen, die Vorgesetzte und 10 Jahre älter waren, in eine niedrigere Lohngruppe gesetzt." *(Bergmiller, S. 100)*

Und Irene Martin fragte: „Frauenlöhne, wie lange noch!": „Man mußte den Arbeitgebern erstmal klarmachen, daß wenn die Frau dasselbe machte wie der Mann, daß sie das Recht hatte, dasselbe zu verdienen wie der Mann. Die behaupteten dann aber, die Frauen würden öfters als der Mann fehlen, und ein Mann könnte doch mehr. Dagegen mußten wir sehr Front machen. Prozesse machten wir dagegen nicht. Aber wir versuchten es immer wieder. Die Liesel Winkelsträter von der IG-Chemie, die ging sehr viel in die Betriebe, um dort darüber zu sprechen. Sie hat sehr viel durchgesetzt. Sie setzte sich sehr dafür ein, daß die Frauen, wenn sie die gleiche Arbeit verrichteten, auch den gleichen Lohn bekamen, und nicht in die unteren Lohngruppen absackten. In die berühmten Frauenlöhne. Wenn die Arbeit gleich war, mußte sie auch gleich bezahlt werden. (...)" *(Bergmiller, S. 104)*

Mitte der 50er Jahren scheuten sich die Frauen schließlich nicht mehr, auch vor das Arbeitsgericht zu ziehen, um einen gerechten Lohn einzuklagen.

Annelie Tuchscheer: „Sie haben bis heute nicht aufgehört, weil die Lohnungerechtigkeit noch nicht beseitigt ist. Die Gewerkschaften nahmen diese Urteile zwar auch zur Grundlage von Tarifverhandlungen. Aber vieles war da nur halbherzig. In den Tarifkommissionen fehlten die Frauen, und die Männer waren nicht bereit, den Kampf um die ungleiche Frauenentlohnung stärker aufzunehmen. Ich sagte immer, daß wir eine Männerorganisation waren. Die Gleichberechtigung stand zwar seit Jahrhunderten auf der Fahne, aber im Herzen waren das Männer. Die trauten es sich natürlich auch nicht, wenn sie darum gekämpft hatten ihre Löhne zu verändern, nochmals anzufangen und für die Frauen zu kämpfen. So blieben wir für lange Jahre hängen. In der Diskussion ging es nicht nur um 'gleicher Lohn für gleiche Arbeit', sondern auch um 'gleicher Lohn für gleichwertige Arbeit.' Die Technisierung brachte es mit sich, daß Intensität, Monotonie etc. entsprechend zu bewerten war und nicht nur die Muskelkraft." *(Bergmiller, S. 105)*

Schon 1955, auf der 2. Bundesfrauenkonferenz, hatte Liesel Winkelsträter das Thema „Leichtlohngruppen" für Frauen angesprochen und davor gewarnt, neben den vier Lohngruppen, nach denen bis dahin die Männer entlohnt worden waren, weitere Lohngruppen sechs, sieben oder acht zu schaffen, in denen dann die Frauen eingruppiert werden sollten. Diese Leichtlohngruppen sollten schließlich bis Mitte der 70er Jahre Realität sein. *(Vgl. Kopel, S. 54)*

Liesel Winkelsträter war es auch, die sich 1985 auf einer Arbeitstagung des DGB-Landesbezirks Hessen eindeutig zur Geschichte der Lohngleichheitsforderung äußerte: „Wie stark Tradition, Erziehung und Weltanschauung Vorurteile schaffen und am Leben erhalten, läßt sich an der Entwicklung der Entlohnung von Frauen trefflich verfolgen. Nicht nur, daß die Erwerbstätigkeit von Anfang an als unnatürlich – und deshalb minderwertig – im Verhältnis zur Männerarbeit angesehen wurde. Auch waren Frauen schon zu Beginn der industriellen Produktionsweise gegenüber den zu Verfügung stehenden Arbeitsplätzen in einer Überzahl vorhanden. Diese Tatsachen führten dazu, daß den Frauen die schlechtesten und niedrigsten Arbeiten zugeteilt wurden und sie dafür nicht einmal die Hälfte der Löhne der Männer erhielten, die eine vergleichbare Arbeit leisteten" *(Winkelsträter, Liesel, 1985, S.4., In: Kopel, ebd.)*

„Unterstützt" wurde diese Lohndiskriminierung nicht zuletzt durch ein Urteil des Bundesarbeitsgerichtes (BAG) aus dem Jahre 1955. Darin hoben die Richter zwar die Frauenlohngruppen und -abschläge auf (bis dahin gab es 50 bis 60 Prozent Abschläge, üblich waren 30 bis 40 Prozent), stuften allerdings Frauenarbeit als „leichte Arbeit" ein und verbannten die Frauen auf diese Weise in die unteren Lohngruppen. *(vgl. Pitzschke/ Schöttner, S. 10)*

Die Zölibatsklausel

Eine aus heutiger Sicht kaum nachvollziehbare Regelung gegen berufstätige Frauen war die sogenannte „Zölibatsklausel im Deutschen Beamtengesetz § 63". Darin heißt es laut Bundesgesetzblatt Nr. 30 vom 11. Juli 1950:

„1. Ein weiblicher Beamter kann, wenn er sich verehelicht, entlassen werden. Er ist zu entlassen, wenn er es beantragt. Er darf ohne Antrag nur entlassen werden, wenn seine wirtschaftlichen Versorgungen nach der Höhe des Familieneinkommens dauernd gesichert erscheint; die wirtschaftliche Versorgung gilt als dauernd gesichert, wenn der Ehemann in einem Beamtenverhältnis steht, mit dem Anspruch auf Ruhegeld verbunden ist.

2. Die oberste Dienstbehörde entscheidet darüber, ob die wirtschaftliche Versorgung dauernd gesichert (ist oder) erscheint.

3. Im Einzelfalle kann die oberste Dienstbehörde im Einvernehmen mit dem Bundesminister des Innern Ausnahmen von Abs. 1, Satz 3, Halbsatz 2 zulassen.

4. Die Entlassung tritt mit Ende des Monats ein, der auf den Monat folgt, in welchem dem Beamten die Entlassungsverfügung mitgeteilt worden ist.

§ 64 DGB:

1. Die auf Grund des § 63 ausscheidenden weiblichen Beamten erhalten eine Abfindung nach Abs. 2, auch wenn sie Beamte auf Widerruf sind. Durch die Abfindung werden alle Versorgungsbezüge abgegolten. (...)"

Hier hatte sich der Gesetzgeber offenbar große Mühe gegeben, den Beamtinnen auf seine Weise zu sagen „Wer heiratet, wird entlassen!" Erst am 10. Mai 1957 entschied das Bundesarbeitsgericht, daß solche Zölibatsklauseln im Arbeitsvertrag unwirksam sind. *(vgl. Pitzschke/ Schöttner, S. 8 f)*

Die Zölibatsklausel war nicht die einzige aus heutiger Sicht unbegreifliche Diskriminierung von Frauen in den ersten Jahren der jungen Bundesrepublik. Berufstätige Frauen wurden konfrontiert mit vielen Vorwürfen und Vorurteilen. Besonders Mütter, die arbeiten gingen, mußten sich entgegenhalten lassen, sie würden ihre Kinder vernachlässigen und zu „Schlüsselkindern" machen.

Hanna Hausmann regte dieser Vorwurf noch im Rückblick erkennbar auf: „Schlüsselkinder – Bei diesem Wort, da kann ich ganz schön hochgehen. Dieses furchtbare Wort, daß wir berufstätigen Frauen unsere Kinder als Schlüsselkinder herumlaufen lassen würden. Meine Tochter sagte mir immer, daß sie von mir nie den Satz 'Ich habe keine Zeit' gehört hätte." *(Bergmiller, S. 60)*

Hinzu kam der Neid auf die angeblichen „Doppelverdiener". Dazu hatte Elisabeth Pfaff ihre eigene Meinung: „Ja, das will ich mal sagen, diese ganze Sache mit den Doppelverdienern, die wurde immer in den Vordergrund geschoben. Wenn z.B. im Betrieb irgendetwas knapp war, oder daß jemand entlassen werden sollte, oder sonstwas. Dann sagten sie: 'Das sind die Frauen, die arbeiten ja zusätzlich.' Ich sagte dann immer: 'Nein, die arbeiten nicht zusätzlich, die arbeiten genau wie die anderen für ihren Lebensunterhalt. Dafür arbeiten die.' " *(Bergmiller, S. 62)*

Über die Doppelbelastung der Frauen, die weder über unterstützende Haushaltsgeräte wie etwa eine Waschmaschine verfügten, machten sich dagegen nur wenige Gedanken. Eine typische Schilderung ihres Alltages hat Hanna Hausmann gegeben, die über „Beruf und Familie" und die Vereinbarkeit dieser beiden Aufgaben folgende Schilderung abgab: „Wenn ich von zuhause zur Arbeit fuhr, mußte ich mein Fahrrad den Berg hinaufschieben. War ich dann oben an der Kuppe angelangt, war dies das längste, daß ich an zuhause dachte. Wenn ich dann unten auf das Firmengelände fuhr, dachte ich schon: 'Was mußt du heute machen, was liegt an im Labor.' Da hatte ich dann vollkommen von zuhause abgeschaltet. Nach der Arbeit war es gerade umgekehrt. Bis zur Kuppe ging mir die Arbeit noch im Kopf herum, aber beim abwärts fahren ging mir bereits das Lebensmittelgeschäft 'Hanke' durch den Kopf. (...) Ich überlegte: 'Was mußt du einkaufen, was willst du kochen.' Am Abend ging es dann weiter. Zusätzlich zu meinem Haushalt nähte ich auch unsere Kleider selbst. Meine Tochter hatte ihren ersten Mantel erst mit 10 Jahren gekauft bekommen. Die anderen nähte ich alle noch selbst. Mein Mann machte den Garten und trocknete auch mal das Geschirr ab. Das nahm ich alles nicht so tragisch mit dieser Arbeit. Bei der Hausarbeit half mir ja auch meine Bekannte. Sie war froh darüber, weil sie nicht aus dem Haus gehen konnte. Sie konnte dann mit dem Geld auch wieder ein Loch zustopfen. Von daher war das Putzen schon weg. Das bißchen Abwasch und Kochen für drei Personen machte mir nichts aus. Ich war keine, die jeden Tag mit dem Staubtuch rumlief und schaute, ob es da was abzuwischen gab." *(Bergmiller, S. 72)*

Sternfahrt nach Wiesbaden: Frauen gehen auf die Straße

Selbstbewußtsein und der Wille zum eigenständigen Handeln und Eintreten für Rechte waren die Grundvoraussetzung für die Frauen, aus dem traditionellen Frauenbild herauszutreten und nicht in der Rolle als Hausfrau, Ehefrau und Mutter zu verharren. Ein erstes Mal, daß sich Frauen für den Kampf um ihre Rechte auf die Straße wagten, war gegen Ende der 50er Jahre, am 5. Oktober 1958. An diesem Tag versammelten sich rund 2.000 Gewerkschafterinnen – und auch Nicht-Organisierte – in Wiesbaden, um auf dieser ersten DGB-Großkundgebung in Hessen ihrer Forderung nach Gleichbehandlung bei der Entlohnung und Verbesserung des Arbeitsschutzes vor einer breiten Öffentlichkeit Nachdruck zu verleihen. Die Gewerkschaften und deren Frauenausschüsse hatten diese Aktion organisiert und zogen eine durchweg positive Bilanz:

„Zusammenfassend kann wohl gesagt werden, daß die Veranstaltung nicht nur ein vorübergehender Erfolg war, sondern daß sie auch eine nachhaltige Wirkung hinterlassen hat." *(Bergmiller, S.137)* Als Indiz für das große Engagement der Gewerkschafterinnen und die erfolgreiche Planung dieses ersten großen landesweiten DGB-Ereignisses wertete der Landesbezirk im Nachgang unter anderem die Meldung eines Sekretärs „einer kleinen Nebenstelle", der nicht – wie zunächst vorgesehen – nur einen, sondern gleich zwei Omnibusse ordern mußte, um alle Frauen zur Sternfahrt in die Landeshauptstadt mitnehmen zu können. Schließlich berichtete eine Postgewerkschafterin, „daß unser Aufruf zur Fahrt so einen Eindruck auf Unorganisierte und Mitglieder anderer Organisationen gemacht hat, daß fünf Frauen der Postgewerkschaft beigetreten sind". „Es kamen weit mehr Kolleginnen als erwartet" überschrieb damals der DGB-Landesbezirk Hessen seinen Beitrag zu dieser ersten landesweiten Frauenkundgebung, der sich jedoch nur wenig zum eigentlichen Anlaß äußerte, sondern vielmehr einen Stimmungsbericht abgab. So heißt es unter anderem:

„Die Gewerkschaften und Frauenausschüsse hatten die Anfahrten nach Wiesbaden so organisiert, daß gleichzeitig eine schöne Ausflugsfahrt durch den Taunus damit verbunden war. Der Wettergott hatte ein Einsehen und bescherte uns einen der letzten schönen Herbsttage. So wie vorgesehen, bildete das Referat über gleiche Entlohnung und Verbesserung des Arbeitsschutzes den Höhepunkt des Tages. Die ausgezeichneten Ausführungen der Referentin fanden den uneingeschränkten Beifall aller Teilnehmerinnen. Anwesende Vertreterinnen anderer Organisationen sprachen nach ihrem Referat spontan ihre Glückwünsche zum Erfolg der Veranstaltung aus. Presseberichte und ein wenige Tage später über den Hessischen Rundfunk gesendetes Rundfunkgespräch sorgten für Öffentlichkeitswirkung, so daß auch in dieser Richtung von einer guten Auswertung gesprochen werden kann.

Die Aufführung 'Der Biberpelz', die sich an das Referat anschloß, paßte so recht in den Rahmen der Veranstaltung, und die Kolleginnen registrierten durch lebhaften Beifall so manche Nuance der Komödie von Gerhart Hauptmann, die – wie der Leiter des Ensembles äußerte – bei einem anderen Publikum einfach unterging."*(Bergmiller, S. 137)*

(sgc)

PORTRAITS

„Die Diskussion ist noch nicht abgeschlossen."

Lucie Kurlbaum-Beyer, die erste DGB-Landesfrauensekretärin in Hessen

Schon mit fünf Jahren, so erzählte ihr später der Vater, war Lucie Kurlbaum-Beyer, die 1952 die erste DGB-Landesfrauensekretärin in Hessen werden sollte, „politisch aktiv". Die Tochter eines Grubenarbeiters aus der kleinen Gemeinde Herdorf im Siegerland kassierte die Mitgliedsbeiträge für den SPD-Ortsverein, den der Vater zusammen mit Gleichgesinnten 1918 gegründet hatte. Aufgrund der katastrophalen Arbeitsbedingungen in der Grube und in der Hütte entstand gleichzeitig eine Gewerkschaftsgruppe, deren Wortführer ebenfalls Lucie Kurlbaum-Beyers Vater war. Viele politische Diskussionen fanden in ihrem Elternhaus statt. Lucie Kurlbaum-Beyer in ihrem Buch „Erinnerungen aus meinem Leben": „Das Wohnzimmer, in dem die Diskussionen stattfanden, lag neben dem Raum, in dem mein Bruder und ich schliefen. Oft lag ich wach und lauschte den leidenschaftlichen Gesprächen und Klagen der Männer über die Not in ihren Familien und die schlechten Arbeitsbedingungen in den Eisenerzgruben, vor allem nach einem neuen Arbeitsunfall tief unter der Erde."

Auf diese Weise früh sensibilisiert für politische und gewerkschaftliche Fragen, war es für das junge Mädchen nur konsequent, schon mit 16 Jahren Mitglied im Bergarbeiterverband zu werden und dort aktiv mitzuarbeiten.

Aufgrund eines Leistungsstipendiums konnte die Schülerin die Realschule besuchen; für ihre Eltern eine schwere Zeit, da der Vater als Wortführer der Arbeitnehmer viele Jahre arbeitslos wurde und kaum das Geld für Bücher und Hefte übrig war. Ihr Berufsleben startete die Siegerländerin als Sachbearbeiterin für die Unterstützungsabteilung im Bergarbeiterverband. Mit der Machtübernahme der Nazis 1933 mußte sie diese Tätigkeit aufgeben. Von 1935 bis 1945 arbeitete sie als Angestellte und

Buchhalterin in Köln und Berlin, schließlich selbständig als Helferin in Steuerangelegenheiten und als Steuerberaterin. 1939 heiratete sie einen ehemaligen Schulkameraden aus ihrer Heimatgemeinde. Zwei Kinder wurden in der schweren Zeit der letzten Kriegsjahre bzw. zu Kriegsende geboren.

1945 landete die junge Familie nach zahlreichen Stationen im zerstörten Deutschland schließlich in Wetzlar. Lucie Kurlbaum-Beyer nahm schon bald nach der Entbindung ihres zweiten Kindes eine Beschäftigung in der Sozialabteilung des Landratsamtes auf, eine Arbeit, die ihr große Freude bereitete, „war sie doch in erster Linie ein Dienst am Menschen". Bereits 1946 erhielt die junge Mutter ihr erstes politisches Mandat: sie wurde SPD-Kreisvorsitzende, bald darauf Mitglied des Bezirks- und Landesvorstands, und auf dem Parteitag in Düsseldorf noch vor der Währungsreform wurde sie in den Parteiausschuß – den heutigen Parteirat – gewählt. Lucie Kurlbaum-Beyer im Rückblick: „Aktive Frauen hatten damals – und ich möchte sagen auch noch heute – eine größere Chance, in führende Positionen der Partei zu kommen als Männer."

Im Jahre 1947 übernahm die Sozialdemokratin für knapp zwei Jahre den Vorsitz der Spruchkammer in Wetzlar. Zugleich war sie stellvertretende Betriebsratsvorsitzende und betätigte sich ehrenamtlich in der Flüchtlingsbetreuung. Willy Richter suchte schließlich 1948 den Kontakt zu Lucie Kurlbaum-Beyer und bat sie, die gewerkschaftliche Frauenarbeit in Hessen federführend von Frankfurt aus aufbauen zu helfen. Ein Ruf, dem die von Kind auf gewerkschaftlich geprägte Frau gerne folgte, da sie diese Aufgabe sogleich reizte (siehe auch: Die 40er Jahre). Ab 1952 war sie als erste DGB-Landesfrauensekretärin mit dem organisatorischen Aufbau der gewerkschaftlichen Frauenarbeit in Hessen verantwortlich befaßt; 1953 wurde sie schließlich im Wahlkreis Fulda als Bundestagskandidatin einstimmig gewählt und gelangte als einzige Frau aus Hessen über die Landesliste in den Bundestag. Genossenschaftsbewegung und Verbraucherpolitik wurden Schwerpunktthemen ihrer politischen Arbeit. Auf vielen Auslandsreisen informierte sich die SPD-Politikerin und brachte Ideen mit in die junge bundesdeutsche Republik.

Bis 1962 verknüpfte Lucie Kurlbaum-Beyer Gewerkschaftsarbeit und das Mandat im deutschen Bundestag: „Meiner politischen Arbeit kamen in diesen Jahren Betriebsbesuche und Vorträge in Betriebsversammlungen sehr zugute. Ich lernte hier die Probleme der arbeitenden Menschen am besten kennen." Unter anderem wurde sie mit der weitverbreiteten Auffassung vieler männlicher Kollegen konfrontiert, daß Frauen in den Haushalt und zu den Kindern gehörten. „Teilweise befürchteten sie auch die Konkurrenz, zumal die Frauen nach wie vor niedriger bezahlt wurden als die Männer. Mein Hinweis, daß das mit ihrer Unterstützung geändert werden könnte, wurde mit dem Argument abgetan, daß Frauen keine schwere Arbeit verrichten könnten. Die stärkere nervliche Belastung durch die von den Frauen verrichteten Arbeiten mochten sie nicht einsehen. Es blieb die überwiegende Meinung, daß schwere körperliche Arbeit höher bewertet werden müsse. Hier half auch der Hinweis auf den Art. 3 Abs. 2 des Grundgesetzes nur wenig. So trafen sich die Argumente der Unternehmer mit denen eines Teils der Arbeitnehmer, die sagten, von gleicher Arbeit könne meist nicht gesprochen werden. Ich war daher sehr glücklich, als wir uns nach einigen Jahren darauf einigen konnten, nicht mehr von gleicher, sondern von gleichwertiger Arbeit zu sprechen und hierfür einen Katalog von Beispielen aufzustellen."

1957 übernahm die hessische Bundestagsabgeordnete den Wahlkreis Friedberg / Büdingen, den sie bis zu ihrem Umzug nach Nürnberg im Deutschen Bundestag vertrat. In Franken übernahm die Politikerin die Frauenarbeit von Käte Strobel. „Der Umzug von Hessen nach Franken ist mir dadurch leichter geworden, denn es war mir mit 55 Jahren doch sehr wichtig, in der Parteiarbeit aktiv zu bleiben." Zwar boten ihr die fränkischen Parteifreunde nochmals ein Bundestagsmandat an, doch – bedingt durch eine Krankheit ihres Mannes – sagte Lucie Kurlbaum-Beyer ab. 1969 nahm sie endgültig Abschied vom Deutschen Bundestag.

Auf die Frage, wie sie aus heutiger Sicht das bisher Erreichte für den Status der Frauen einschätzt, welche Schwerpunkte Gewerkschafterinnen heute setzen sollten und wie sie für die Zukunft die Anerkennung der Frau in Politik und Gesellschaft einschätzt, schreibt die Politikerin und Gewerkschafterin: „Der Status der Frauen hat sich sowohl in den Gewerkschaften als auch in Wirtschaft und Gesellschaft wesentlich verbessert. Der partnerschaftliche Gedanke, wie er in Politik und Wirtschaft immer vorgeschwebt hat, wird doch heute weitgehend akzeptiert. Es sei denn, Mütter machen bei der Erziehung große Fehler bzw. setzen sich gegenüber ihren Männern nicht durch. Hier ist, das ist mir gerade an einem Fall deutlich geworden, ein Unterschied zwischen Stadt und Land zu Lasten der auf dem Land lebenden Frauen zu erkennen. Frauen müssen heute fähiger gemacht werden, eine Lebensplanung aufzustellen und dabei stärker ihre persönlichen Fähigkeiten, Wünsche und Bedürfnisse berücksichtigen. Dazu gehört eine berufliche Tätigkeit, schon zur Erlangung eines größeren Selbstbewußtseins. Für mich gilt heute mehr denn je, daß die Ehe keine Lebensversicherung ist. Es bleibt aber auch die von mir immer vertretene „Dreiphasen-Theorie", in der ich mir übrigens mit Elisabeth Selbert immer einig war. Das bedeutet natürlich auch, ein Lebenlang interessiert zu sein an Weiterbildung im Beruf und an öffentlichen Anliegen. Die gesamte technische und elektronische Entwicklung beweist die Richtigkeit unserer Thesen heute mehr denn je.

Die allgemeinen Veränderungen in der Produktion aber auch in Teilen des Dienstleistungsbereiches machen es zunehmend unmöglich, auf die besonderen Fertigkeiten von Frauen zu verzichten. Unsere langjährigen Bemühungen, gleiches Geld für gleichwertige Arbeit zu erhalten, hat sich in weiten Bereichen verwirklicht. Wenn es im Durchschnitt noch sichtbare Unterschiede gibt, liegt dies an den sogenannten typischen Frauenberufen, und ich bin mir sicher, daß es da immer Unterschiede geben wird. Hier wäre es die Aufgabe, das Ansehen der Berufe zu verbessern, die menschliche, die gesellschaftliche Anerkennung deutlicher zu machen. Das „Dienstmädchendenken" muß beseitigt werden. Ich habe immer von meiner Hilfe gesprochen, ohne die ich meine eigene Arbeit nie hätte verrichten können.

Elisabeth Selbert und ich waren uns nie sicher, in welcher Zeit wir die wirklichen Fortschritte erreichten. Sie würde, wie ich, sagen, wir können mit dem in diesen Jahren Erreichten zufrieden sein. Nun müssen alle aufpassen, daß sie nicht durch falsch verstandene Emanzipation in schwieriger werdenden Zeiten dies wieder verspielen. Ich halte auch eine Quotierung nur für einen bestimmten Zeitabschnitt vertretbar, um das Selbstverständnis zu erreichen. Ich sehe noch zu viele, die die Quotierung nicht dazu nutzen, das Erreichte durch Leistung und immer weitere Fortbildung im öffentlichen Ansehen zu stärken. Das kann ins Gegenteil umschlagen. Aus dem Fachbereich Politikwissenschaften wird beispielsweise berichtet, daß sich Professoren schwer tun, Arbeiten zu vergeben, die sich mit dem Bild des Mannes, was man von ihm erwartet, ja wie er auszusehen hat usw. beschäftigen. Das beweist doch, daß die Diskussion noch nicht abgeschlossen ist."

(sge)

Gerda Kaufmann: „Nie eine Alibifrau"

Zum 25-jährigen Dienstjubiläum als Leiterin des DGB-Zweigbüros Schlüchtern versicherte ihr 1986 der damalige DGB-Vorsitzende des Main-Kinzig-Kreises, Sepp Sigulla: „Gerda Kaufmann ist und war nie eine Alibifrau. Sie hat sich in unermüdlicher Kleinarbeit das Vertrauen der Kolleginnen und Kollegen im Raum Schlüchtern, des DGB-Kreises und des DGB-Landesbezirkes erworben, und sie hat sich geradezu in die Position in Schlüchtern hineingearbeitet."

Tatsächlich gehört Gerda Kaufmann zu den wenigen Frauen ihrer Generation, die kurz nach dem Krieg selbstbewußt und unerschrocken in Männerdomänen einbrach, sich für sozial schwächer gestellte Arbeitnehmerinnen und Arbeitnehmer einsetzte und sich für eine Emanzipation der Frauen in unserer Gesellschaft stark machte. Die vielen Ämter, die sie seit Jahrzehnten bekleidete, zeugen von ihren unzähligen Aktivitäten, durch die sich wie ein roter Faden ihr sozialpolitisches Engagement zieht.

Daß die junge Gewerkschafterin in dieser sehr „männlichen" Arbeitswelt anerkannt wurde, lag in erster Linie daran, daß sie sich von Beginn an mit Haut und Haaren ihrer Arbeit verschrieben hatte. Gleichbehandelt wie ihre männlichen Kollegen wurde sie irgendwann schon – allerdings, so erinnert sie sich heute: „Als Frau mußte man Leistung zeigen, die vergleichsweise weit größer war als die der Männer. Nur dann wurde man als Kollegin auch zur damaligen Zeit anerkannt und gleichberechtigt behandelt."

1927 wurde Gerda Kaufmann in Breslau geboren, hatte dort die Handelsschule besucht und eine Ausbildung als Bürokauffrau begonnen. Die Flucht in den Westen machte ihre Ausbildungspläne zunichte. Zunächst in Thüringen gelandet, arbeitete sie als Hilfsarbeiterin in einer Möbelfabrik. Dort lernte sie während eines Jahres alle Seiten eines Arbeiterinnendaseins in einer Fabrik kennen: vom Toilettenputzen bis zum Akkordarbeiten. Später war sie froh über dieses Jahr, denn als Gewerkschaftsfrau konnte sie auf ihre eigene Erfahrungen „an der Basis" zurückgreifen. Und in diesem Jahr wuchs bei ihr auch die Erkenntnis heran, daß gerade die Schwächsten innerhalb des Arbeitsprozesses, die Arbeiterinnen und Arbeiter, jemanden bräuchten, der ihre Interessen gegenüber den Arbeitgebern vertritt. Denn eine institutionalisierte Arbeitnehmer-Vertretung gab es kurz nach dem Krieg in den Unternehmen und Betrieben noch nicht.

Im Jahre 1946 kam Gerda Kaufmann nach Elm. Sie arbeitete ein Jahr in der Spruchkammer und ein Jahr im Hochbauamt, bevor sie am 17. Juni 1948 als Verwaltungsangestellte zum Freien Gewerkschaftsbund Hessen ging. 1955 gründete sie mit viel Erfolg die DGB-Frauengruppe im Kreis Schlüchtern. Anlaß war für Gerda Kaufmann die Erkenntnis, daß bei den Frauen ein großer Nachholbedarf bestand, um sich in der Gesellschaft behaupten zu können. Mit Schulungen beispielsweise im Betriebs-, Arbeits- und Sozialrecht schuf sie in der Frauengruppe Grundlage dafür, daß sich Frauen an ihrem Arbeitsplatz zur Wehr setzen konnten. Dieses Anliegen vertrat Gerda Kaufmann als Mitglied der Gewerkschaft Holz und Kunststoff (GHK) auch im DGB-Landesfrauenausschuß und rund 10 Jahre im Bundesfrauenausschuß der GHK.

Ein Experiment war es, als die Ehefrau und Mutter von zwei Söhnen 1960 die Leitung der DGB-Zweigstelle Schlüchtern übernahm. Sie war die erste Frau in Hessen und die dritte bundesweit, der eine solche Aufgabe übergeben wurde. Es galt, der Männerwelt zu beweisen, daß Frauen gleichwertige Arbeit leisten können und das trotz dreifacher Belastung durch Beruf, Haushalt und Kinder. Insgesamt 39 Jahre, bis zum 30. Juni 1987, bekleidete Gerda Kaufmann diese Stelle. 1966 gründete sie die Arbeitsgemeinschaft „Arbeit und Leben", die sich bis heute aktueller Themen annimmt und für jeden offen ist.

Trotz eines hohen Organisationsgrades von 45 Prozent gestaltete sich die Arbeit im Kreis Schlüchtern schwieriger als in Ballungsräumen. Die ländliche Struktur zwang die Gewerkschafterin, zu den Menschen zu gehen. Es gründeten sich Ortskartelle. Auf Wochenendseminaren schulte Gerda Kaufmann Gewerkschafter und Gewerkschafterinnen. Bis zum Jahre 1987, als Gerda Kaufmann in den Ruhestand ging, waren die von ihr mitinitiierten Studienfahrten eine feste Einrichtung der Schlüchterner DGB-Stelle. Bis heute findet – seit nunmehr 13 Jahren – noch immer einmal pro Jahr die DGB-Seniorenfahrt statt. Dieses Angebot an die älteren Mitbürgerinnen und Mitbürger hatte sich Gerda Kaufmann während ihrer aktiven DGB-Zeit ebenfalls einfallen lassen.

Freizeit war für Gerda Kaufmann über Jahrzehnte beinahe ein Fremdwort; 90-Stundenwochen waren besonders in den Wintermonaten keine Seltenheit – nicht verwunderlich bei der immensen Anzahl von Ämtern:

Von 1956 bis 1988 Arbeitsrichterin in Hanau; seit über 20 Jahren Richterin beim Hessischen Finanzgericht; Betriebsratstätigkeit beim DGB-Hessen 1953 bis 1987, dort 1974 bis 1979 Vorsitzende; acht Jahre Gesamtbetriebsrat und Mitglied der Tarifkommission; seit 1950 Mitglied des Vorstandes der GHK, 1967 bis 1987 Vorsitzende der Verwaltungsstelle der GHK, Kreis Schlüchtern, GHK-Bundesfrauenausschußmitglied in Düsseldorf; Beamten-, Angestellten- und Seniorenarbeit in der Gewerkschaft seit Übernahme der DGB-Zweigstelle; 1954 bis 1958 Mitglied der Vertreterversammlung der AOK Schlüchtern, 1962 Mitglied der Vertreterversammlung des AOK-Landesverbandes Hessen, 1958 bis 1960 Vorstandsmitglied der AOK Gelnhausen, seit 1962 alternierende Vorstandsvorsitzende der AOK Schlüchtern, seit 1979 AOK Main-Kinzig; Mitglied im Verwaltungsrat der Kreissparkasse Schlüchtern seit 1970, feierte dort Ende 1995 als erste Frau bundesweit 25-jähriges Jubiläum.

1957 trat Gerda Kaufmann in die SPD ein; 1968 wurde sie Kreistagsabgeordnete mit Schwerpunkt Sozial- und Bildungspolitik, zunächst im Kreis Schlüchtern, seit 1974/75 im Main-Kinzig-Kreis; 1974 Staatsbeauftragte für die Übergangszeit (Gebietsreform). Von 1988 bis zu ihrem Ausscheiden aus der aktiven Politik im Jahre 1993 gehörte sie dem Kreisausschuß an. Seit September 1994 überbringt sie im Namen des Landrates Jubilarinnen und Jubilaren im Kreisteil Schlüchtern die Glückwünsche des Main-Kinzig-Kreises. Sie gratuliert zum 90. und 95. Geburtstag und zu Goldenen Hochzeiten. Auch in Vertretung der Hessischen Landesregierung ist Gerda Kaufmann so manches Mal unterwegs: Sie überreicht engagierten Menschen als Auszeichnung die Urkunde des Ministerpräsidenten und spricht in dessen Namen die Glückwünsche des Landes Hessen aus.

(sge)

Auszeichnungen:
Bundesverdienstkreuz 1. Klasse
Hans-Böckler-Medaille des DGB
Verdienstmedaille der GHK
1. Ehrenmedaille d. Main-Kinzig-Kreises
Eberle-Medaille der Kreissparkasse
Verdienstkreuz am Bande
Ehrenbrief des Landes Hessen

Aufstieg einer Trümmerfrau:

Käthe Makko kämpfte gegen Lohndiskriminierung und eine zerstörende Krankheit

„Warum heiratest Du nicht?" ist Käthe Makko oft gefragt worden. „Weil ich schon mit meiner Gewerkschaft verheiratet bin," hat sie geantwortet und ergänzt heute: „Es gab Zeiten, da war ich kein Wochenende zuhause." Konferenzen, Seminare, Fortbildungen – „Ich bin viel herumgekommen, aber gesehen habe ich nichts von den Städten, in denen ich war." Dreh- und Angelpunkt ihres Engagements ist der Kampf um gleichen Lohn für gleiche Arbeit. Als sie sich 1955 in diese Auseinandersetzung stürzt, geht es um die Abschaffung der Frauenlohngruppen. Sie arbeitete damals in der Steinschleiferei der Vacuumschmelze (VAC), polierte Ziehsteine maschinell und manuell. Eine sehr diffizile Arbeit, die viel Geschick verlangte. Mit einem Stundenlohn von 34 Pfennig fing sie 1939 an, das war mehr als die „acht Mark und etwas", die sie vorher in der Leihbücherei Becker als Wochenlohn bekam (ein Stundenlohn von etwa 20 Pfennigen bei einer 42-Stundenwoche). Um Pfennigbeträge unterschieden sich damals auch Männer und Frauenlöhne. Doch bei der geringen Entlohnung in den schlechten Zeiten kam es auf jeden Pfennig an, und außerdem ging es um das Prinzip.

Kindheit in Armut

Aus der eigenen Kindheit weiß sie, wie schwer es Frauen haben. 1921 nichtehelich geboren („ich hab deshalb lange Zeit Komplexe gehabt"), sorgen Mutter und Großmutter gemeinsam für den Unterhalt. Die Mama arbeitet zunächst in der Folien- und Flitterfabrik Spatz. „Sie hat manchmal Reste mitgebracht und für mich aufgefädelt, damit habe ich gespielt", erinnert sich Käthe Makko. In der Wirtschaftskrise Ende der 20er Jahre wird sie arbeitslos. Die beiden Frauen schlagen sich mit Waschen und Putzen durch. Die Kleinfamilie aus drei Frauen-Generationen lebt in der Hanauer Innenstadt, in der Rosenstraße 13. 1928 kommt die kleine Käthe in die Bezirksschule 3, die inzwischen Brüder-Grimm-Schule heißt, muß aufgrund geänderter Zuständigkeiten in die Bezirksschule 2 wechseln, die heutige Pestalozzi-Schule. Bei der Umschulung gab es Tränen. „Ich war so schüchtern, wollte lieber in meiner alten Umgebung und bei meinen Freundinnen bleiben, aber nach einer Weile habe ich mich doch eingewöhnt."

Vor dem Eintritt in den BDM hat sie sich lange gedrückt. Die Verlockung, daß die „Jungmädel" samstags schulfrei haben, läßt das Häufchen der Aufrechten immer kleiner werden. Nach den Sommerferien 1935 ist sie in ihrer Klasse die einzige, die übrig bleibt. Da gibt es keine Alternative mehr, erzählt sie. Das Pflichtjahr absolviert Käthe bei Verwandten in der Nähe von Weilburg. Zurück bei Mutter und Großmutter stellt sich dann die Frage: Was macht man beruflich, wenn kein Geld für eine Ausbildung da ist? Eine Cousine vermittelt ihr die Stelle in der privaten Leihbücherei. Davon gab es drei in der Stadt, „ihre" war am Marktplatz, im heutigen Tchibo-Geschäft. Der Laden hatte regen Zulauf „Es gab ja kaum Radio und kein Fernsehen, da haben die Leute noch viel gelesen. Vor den Feiertagen waren unsere Regale fast leer." Spontan kann Käthe Makko noch zehn Titel der damaligen Unterhaltungsliteratur nennen.

Mutter und Oma starben

Die Arbeit machte ihr Spaß, doch wegen des höheren Stundenlohns wechselt sie 1939 zur VAC, „da konnte ich mehr zuhause abgeben und damit zum gemeinsamen Leben beitragen." Am 12. Dezember 1944 wird die Firma bei einem Fliegerangriff schwer getroffen, 57 Kolleginnen und Kollegen kommen dabei in den Luftschutzräumen um. Käthe Makko hat Glück gehabt, alle die nur fünf Minuten vom Arbeitsplatz entfernt wohnen, dürfen bei Alarm die privaten Luftschutzkeller aufsuchen. So flitzt sie auch an diesem Tag in die Rosenstraße hinüber und überlebt.

Weil sie schneller ist als Mutter und Großmutter, übersteht sie auch den Angriff am 19. März 1945, als Hanau in Schutt und Asche gelegt wird. Ihre Angehörigen werden auf dem Weg in die Keller getötet. Tage später kann die Tochter und Enkelin „das bißchen, das von ihnen übrig ist" – dabei streckt sie die Arme einen halben Meter weit – bergen. Die junge Frau kommt bei Verwandten in der Burgallee unter und nimmt bei der VAC die Arbeit wieder auf. Der Weg dorthin führt sie quer durch die Ruinenstadt. Sie merkt, „daß ich an den Trümmern nicht mehr vorbeigehen kann", und flüchtet vor den traumatischen Erinnerungen zu den Verwandten bei Weilburg.

Druck vom Arbeitgeber

Nach einem Jahr kehrt sie zurück, weil sie dort keine Beschäftigung findet. Seit 1947 arbeitet sie wieder in der Steinschleiferei und tritt im selben Jahr in die IG-Metall ein. „In den Vertreterversammlungen habe ich dann das Laufen gelernt" sagt sie rückblickend und meint damit öffentliches Auftreten und Reden. Sie beginnt sich gewerkschaftlich weiterzubilden und wird schließlich gefragt, ob sie nicht für den Betriebsrat kandidieren will. „Aber da bin ich ganz schön abgekanzelt worden". Neben den Männern war auch Gretel Becker ihre Gegnerin, die schon im Betriebsrat saß. „Ich wollte doch keine Konkurrenz sein", setzt sie dagegen, „warum sollten nicht zwei Frauen im Betriebsrat vertreten sein?" Doch die Rechnung geht nicht auf. Käthe Makko rückt erst nach, als ihre Vorgängerin nicht mehr antritt. Seitdem wird sie immer wieder in das Gremium gewählt, oft sogar mit den meisten Stimmen.

„Und dann kam der große Knatsch", denkt sie an das Jahr 1955 zurück, in dem es um die Abschaffung der diskriminierenden Frauenlohngruppen geht. Käthe Makko arbeitet in einer Werkstatt mit Männern und Frauen, erledigt die gleiche Arbeit wie ihre Kollegen und bekommt einiges weniger an Lohn. Das sieht sie nicht ein und beginnt vehement darum zu streiten, daß der Tarifvertrag eingelöst wird.

Auf ihre Proteste hin wird sie von der Bezirksleitung der IG-Metall aufgefordert, eine exakte Arbeitsbeschreibung anzufertigen, gleiches sollen ihre Kolleginnen und Kollegen leisten. Sie findet niemanden, der ihre Aktivitäten unterstützt. Stattdessen wird ihr signalisiert, „daß Du kurz vor der Entlassung stehst."

Empört wendet sie sich an den Personalleiter, „der windet sich" und bietet ihr schließlich ein Angestelltenverhältnis in einer anderen Abteilung an. Ab 1. März 1956 ist sie Werkstattschreiberin im Glühbetrieb mit einem Monatsgehalt von 313 Mark und 30 Mark freiwilliger Zulage. Später wird sie Schreibkraft im Betriebsratsbüro und Sozialberaterin.

SPD-Stadtverordnete

Diese letzte Stelle, die sie bis zu ihrer Pensionierung innehat, macht ihr sehr viel Freude. Sie füllt Notlagen-Anträge aus, organisiert Kurplätze, macht Krankenbesuche, hört sich private Probleme von Mitarbeitern an und versucht bei deren Lösung zu helfen. Was sie dagegen kränkt und in den vorzeitigen Ruhestand gehen läßt, ist, daß sie von der Firmenleitung „nicht anerkannt wird." Seit die VAC zu 100 Prozent Siemens gehört, wird sie nicht mehr zum Informationsaustausch mit anderen Sozialberaterinnen des Konzerns geladen. Den Grund dafür vermutet sie in ihrer mangelnden Ausbildung für diesen Beruf, den fortan studierte Sozialarbeiter ausüben. Ihre langjährige Erfahrung in Betrieb, Gewerkschaft und Kommunalpolitik schien nicht zu zählen.

Käthe Makko war inzwischen SPD-Stadtverordnete, Sozialrichterin, Vorsitzende des IG-Metall-Frauenausschusses und des DGB-Kreisfrauenausschusses. Sie saß im IG-Metall-Bezirksfrauenausschuß und im DGB-Landesfrauenausschuß. Überall war ihr die Gleichstellung wichtigstes Thema. Wie schlecht es damals um dieses Thema bestellt war, veranschaulicht sie an einem Kuriosum: Ein Mann, Adolf Philippi, war jahrelang Vorsitzende(r) des Bezirksfrauenausschusses. „Im hauptamtlichen Apparat der Gewerkschaft spiegelt sich die Struktur der Gesellschaft wieder", kommentiert Conny Gramm, die als Nachfolgerin heute manche frühere Position von Käthe Makko besetzt, „in wichtigen Positionen sitzen meist erstmal Männer." Käthe Makko fügt hinzu. „Obwohl es immer heißt, daß die Frauen gefördert werden müssen."

Mut trotz schwerem Leiden

Wie es scheint, haben die vielen Funktionen sie ganz schön aufgerieben, ein Vierteljahr nach ihrem Rückzug aus dem Berufsleben erkrankt Käthe Makko an Krebs, auf die Brust-Amputation folgen Bestrahlungen und Chemotherapie. Als sich ihr beim Arzttermin jedesmal der Magen umdreht, schaut sie sich nach anderen medizinischen Möglichkeiten um. Sie beginnt eine Behandlung mit Mistelpräparaten bei Dr. Brucker, ernährt sich vollwertig-vegetarisch, später makrobiotisch. Sie verliert stark an Gewicht, aber ihr gesundheitlicher Zustand bessert sich, und sie fühlt sich wohler. Dieser Erfolg weckt Neugier an der Esoterik. Sie beginnt, wieder auf Seminare zu reisen, wo sie in netter Umgebung neue Menschen und Ideen kennenlernte. Inzwischen ist das Interesse wieder etwas erlahmt, sie hat ihr eigenes Maß gefunden. So haben Herzprobleme und das Einsetzen eines Herzschrittmachers 1995 zwar wieder „einen Einbruch" mit sehr unangenehmen Folgebeschwerden bedeutet, aber Käthe Makko läßt sich nicht unterkriegen. „Das bekomme ich in den Griff", sagt die zarte Frau und deutet auf den Yogateppich, auf dem sie täglich ihre Übungen macht. Dabei blitzen ihre dunkelblauen Augen zuversichtlich auf.

(rd)

Erinnerungen mit einer Gänsehaut:

Die 71-jährige Susanne Greune über den ersten Streik nach dem Krieg

„Wenn ich an den Dunlop-Streik 1967 zurückdenke, kriege ich heute noch eine Gänsehaut", erzählt Susanne Greune und streicht sich über die Oberarme. Am 13. November 1967 um vier Uhr morgens brachte ein Taxi die Büro-Angestellte der IG-Chemie-Verwaltungsstelle Hanau mit einer Kollegin vor das Betriebstor der Dunlop. Die Frauen trafen sich mit anderen Gewerkschaftern, verteilten Flugblätter und erwarteten mit Spannung die Reaktionen der Arbeiter. „Wir wußten ja nicht, wie sowas läuft. Es war der erste Streik in Hanau nach dem Krieg." In den nächsten zwei Wochen hielt er Susanne Greune auf Trab. Mit ehrenamtlichen Kolleginnen und Kollegen stand sie Streikposten, rechnete und zahlte Streikgelder aus und erledigte die alltägliche Büroarbeit. Nebenbei machte die energiegeladene Frau auch noch ihren Führerschein. Susanne Greune erinnert sich: „Überwiegend Frauen und ausländische Kollegen beteiligten sich am Streik. Vielleicht hatten die deutschen Männer mehr Angst um ihren Arbeitsplatz."

Die 1925 geborene Bruchköbelerin stammt aus einer sozialdemokratischen Arbeiterfamilie. Der Vater durchschaut das nationalsozialistische System von Anfang an. Als sie älter wird, wächst bei der Tochter die Furcht, daß der Vater „abgeholt" wird. Das prägt, trotz Staatsjugendtag der Hitlerjugend und Kriegsverpflichtung bei der AOK in Hanau. Im Sommer 1946 kommt Kurt Schumacher zum ersten Mal nach Hanau ins Schloß Phillipsruhe. Susanne Greune ist nicht mehr zu halten. „Wir waren die ersten, die da waren, um uns einen Platz, einen Stehplatz, zu sichern!"

Seit 1946 Mitglied

Nach der Befreiung durch die Amerikaner arbeitet sie weiter bei der AOK und wird 1946 als Mitglied des „Allgemeinen deutschen Gewerkschaftsbund" gemeinsam mit Hans Mattes in den Betriebsrat gewählt. Ein Jahr später, Susanne Greune ist bereits seit 1944 verheiratet, wird sie schwanger und unterbricht ihre Berufstätigkeit. 1954 bietet ihr die Verwaltungsstelle Hanau der IG-Chemie eine Aushilfsstelle an. Glücklicherweise sind ihre Zwillingstöchter bereits schulpflichtig. Susanne Greunes Schwester übernimmt die Betreuung der Kinder und erhält dafür 50 Mark monatlich von den 306 Mark brutto, die als Anfangsgehalt gezahlt werden.

Die Arbeit macht ihr Spaß. "Von Monat zu Monat hat sie mich mehr interessiert", erzählt die heute 71-jährige. „Ein paar Monate dauerte es, bis ich meinen Mann überredet hatte, daß ich auf Wochenendlehrgänge fahren kann", denkt Susanne Greune zurück. Doch er sieht ein, daß er seiner Frau das berufliche Engagement nicht verbieten kann, mit dem sie schließlich auch einen wichtigen Teil des Geldes nach Hause bringt.

Berufstätigkeit bei der IG-Chemie bedeutet auch Mitgliedschaft in der Gewerkschaft, und so übernahm Susanne Greune recht bald Ämter und Funktionen: Frauenausschuß der IG-Chemie Hanau von 1959 bis 1979, während der gleichen Zeit Mitglied des Bezirksfrauenausschusses für Hessen. Drei Jahre saß sie im DGB-Landesbezirks-Frauenausschuß und 12 Jahre war sie Betriebsratsmitglied der IG-Chemie Hessen. Besonders in Erinnerung geblieben ist Susanne Greune eine Flugblattaktion auf dem Freiheitsplatz in Hanau. Da hatten die Frauen vom DGB-Kreisfrauenausschuß in der Vorweihnachtszeit 1971 gegen Kriegsspielzeug protestiert.

Und sie erzählt von den DGB-Bundesfrauenkonferenzen. „Nach Berlin mußten wir 1965 fliegen, das war ja nach dem Mauerbau, und ich saß zum ersten Mal in einem Flugzeug." Auch an einen Gewerkschaftstag der IG-Chemie im September 1976 denkt sie machmal zurück. Es gab damals ein Restmandat, das mit einer Frau besetzt werden sollte. „Da hab ich gesagt, 'ich mach' hier schon so lange Frauenarbeit im Landesbezirk und im Kreis, ich werde darum kämpfen, das Mandat zu erhalten' und letztendlich hat es geklappt. Ich bin dann auch richtig stolz ans Rednerpult gegangen und habe zweimal geredet: einmal über die flexible Altersgrenze und die zusätzliche Arbeit nach der Verrentung und einmal über den Paragraphen 218. Das mit dem Reden ist anfangs schwer, aber man kann alles lernen", sagt sie.

Gelernt hat die Verwaltungsangestellte der IG-Chemie Hanau das Reden auch auf den Wochenendlehrgängen, die sie oft selbst leitete. „Es war aber immer ein Gewerkschaftssekretär dabei." Dennoch übernahm sie häufig die Diskussionsleitung und lud auch Referenten ein. Am Anfang waren die Wochenendlehrgänge nur für Frauen zur Weiterbildung von Betriebsrätinnen und Vertrauensfrauen. Später nahmen auch Männer teil, was oft zu spannenden Auseinandersetzungen führte. „Manchmal war ich jedoch auch enttäuscht und wütend über Kollegen, die glaubten, Frauen sollten am besten zuhause bleiben und für Ehemann und Kinder sorgen".

Neben dem gewerkschaftlichen Engagement war Susanne Greune auch noch Stadtverordnete für die SPD in Bruchköbel und eine längere Zeit auch stell vertretende Stadtverordnetenvorsteherin. Und nicht erst als sie selbst aufgrund ihrer 25-jährigen Arbeit im Gemeinde- und Stadtparlament geehrt werden soll, wendet sie sich gegen den Ehrentitel „Ratsherrin". „Da stehen mir die Haare zu Berge", sagt sie, „die 'Ratsfrau' konnte ich aber leider nicht durchsetzen".

Die Gewerkschaftsfrau der ersten Stunde hat in ihrem Leben viele politische Ehrenämter ausgefüllt, als Jugendschöffin, später auch als Schöffin, als Mitglied der Arbeiterwohlfahrt und eben als Gewerkschafts- und Parteimitglied. Der Rat, den Susanne Greune jungen Frauen gibt, darf deshalb auch als ihr Motto gelten: „Zeitung lesen, und sich um Politik kümmern. Und wenn sie im Berufsleben stehen, möglichst auch in der Gewerkschaft mitarbeiten, da lernt man was für's Leben." Und daß das Leben von Susanne Greune mit dem Ende der Berufsarbeit nicht aufgehört hat, merke ich bereits, als wir einen Gesprächstermin vereinbaren wollen. „Ich muß erstmal meinen Terminkalender holen, den habe ich nämlich immer noch", sagt die 71-jährige voller Stolz, die beispielsweise auch beim Seniorennachmittag im Alten- und Pflegeheim der Arbeiterwohlfahrt/Bruchköbel immer noch aktiv mithilft.

(ah)

Rückblick mit gemischten Gefühlen:

Lore Reifenberger ärgert sich über die Häme der „Herren" Funktonäre

„Wir haben gekämpft, manchmal haben wir verloren, manchmal wurden wir von den Männern ausgelacht und manche Ideale sind vergessen worden", lautet das Resümee von Lore Reifenberger. Was sie nach über 40 Jahren Engagement für die Gewerkschaft bis heute ärgert, ist die Häme der „Herren" Funktionäre, was sie freut, sind auch einige Triumphe. Als Beispiel nennt sie das Sorgerecht von Männern für Kinder, das Recht männlicher Kollegen auf Sonderurlaub (im Krankheitsfall von Ehefrau oder Kindern) und das Recht auf Vaterschaftsurlaub. Die Wunden sitzen tief bei Lore Reifenberger. Die Tatsache, daß ihr alleinerziehender Sohn und sie als miterziehende Groß- und Tagesmutter von dem einstmal Erkämpften heute profitieren müssen, treibt der 62-jährigen Tränen der Wut in die Augen.

Rädelsführerin im Schulstreik

Mit dem Satz „Ich kann ziemlich garstig werden!" umschreibt sie das Motiv für ihre Aktivitäten. Am 14. September 1934 wurde sie als achtes Kind in die Rückinger Familie Adam geboren. Da lag ein Erlebnis, das den familiären Geist und ihre Erziehung prägte, bereits zwei Jahre zurück. 1932 nämlich wurde im Ort die Synagoge in Brand gesteckt, ihr Vater geriet in den Kreis der Verdächtigen und wurde inhaftiert. Zu Unrecht, wie wohl auch die Juden im Dorf wußten, die während der Abwesenheit des Familienoberhauptes der notleidenden Familie heimlich Lebensmittel zukommen ließen. Diese Erfahrung bestimmte fortan das Leben der Adams. Lore Reifenberger formuliert sie so: „Wir wurden erzogen, die Menschen so zu akzeptieren wie sie sind, egal welchen Glauben oder welche politische Überzeugung jemand hatte. Das war, bis auf Papas Unduldsamkeit den Nationalsozialisten gegenüber, bei uns kein Thema. Es ging darum, die Menschen so zu nehmen, wie sie sind."

Das Erziehungsgebot zur Toleranz und Liberalität ergänzt Lore Reifenberger, ihrem Temperament gemäß, mit Garstigkeit. Ein erstes Exempel statuiert sie 1946, als sie 12-jährig spontan einen „Schulstreik" organisiert, damit der allseits verehrte und beliebte Lehrer Engelhard nicht von Rückingen nach Großauheim versetzt wird. Aus Protest gegen dessen Abordnung veranlaßt sie, daß alle Kinder ihrer Klasse an einem bestimmten Vormittag dem Unterricht fernbleiben und sich stattdessen unter der nahegelegenen Kinzigbrücke verstecken. Der Rektor, der die „Rädelsführerin" zurecht in der Familie Adam vermutet, marschiert zur Mutter und droht: „Das wird Folgen haben." Hat es nicht, Schülerin Lore wird nicht gemaßregelt, aber der verehrte Pädagoge verschwindet von der Bildfläche.

Familiengründung

Nach dem Abschluß der Volksschule beginnt Lore am 1. Oktober 1948 eine Lehre in der Töpferei Sailer in Rückingen. Ihr Wunsch, das Handwerk zu erlernen, scheitert an ihrer Gesundheit: weil der Arbeitsplatz so kalt ist, erkrankt sie ein halbes Jahr nach Ausbildungsbeginn. Es folgen Monate der Querelen mit dem Arbeitsamt und mühevoller Jobsuche, in denen sie täglich von ihrem Heimatort nach Hanau radelt und dort die gängigen Industriebetriebe abklappert.

Schließlich landet sie für sechs Jahre bei Sperrholz-Traxel als Hilfsarbeiterin. Durch Vermittlung einer Bekannten wechselt sie 1954 in die Kantine der Vacuumschmelze, wo sie als Küchenhilfe und Bedienung für 98 Pfennige Stundenlohn arbeitet. Hier ist sie bis 1955 beschäftigt, dem Jahr ihrer Heirat mit Rudi Reifenberger, in dem Sohn Bernhard geboren wird. Da sie als Stillende keine schwere körperliche Arbeit mehr verrichten darf, wechselt sie ins Prüflabor.

Internationale Frauenkonferenz

Zu dieser Zeit animiert Gretel Becker sie zur Gewerkschaftsarbeit. Zunächst vertritt Lore die Kollegin, während diese an Sitzungen und Lehrgängen teilnimmt, am Arbeitsplatz. Später kommen Funktionen hinzu, wie das Kassieren von Beiträgen, das Verteilen von Info-Material oder die Teilnahme an Sitzungen des IG-Metall-Frauenausschusses. Auf diesem Weg lernte Lore fortschrittliche Menschen kennen, orientierte sich an ihnen und wurde schließlich selbst aktiv. Zehn Jahre lang war sie Vorsitzende des IG-Metall-Frauenausschusses, drei Legislaturperioden arbeitete sie in der Ortsverwaltung der IG-Metall mit, war schließlich noch 1969 bis 1992 Betriebsrätin.

Als Höhepunkt ihrer gesellschaftspolitischen Karriere wertet sie die Auseinandersetzungen um die Teilnahme an der Internationalen Frauenkonferenz in Ostberlin auf dem Mühlheimer Gewerkschaftstag 1985. Damals tritt Lore Reifenberger als Gegenrednerin gegen Antje Fuchs auf und vertritt vehement den Antrag, zu dem globalen Meeting eine offizielle Delegation zu schicken. Ihr Argument: BRD-Funktionäre aller Couleur pflegen fleißig Kontakte zur DDR, warum sollten da die Frauen bei einer so wichtigen Zusammenkunft aus ideologischen Gründen zurückstehen? Zwei Tage nach ihrem Auftritt erhält Lore Reifenberger den Anruf einer Pastorin aus Gießen mit der Aufforderung, an der Internationalen Frauenkonferenz teilzunehmen.

Den internen Protesten zum Trotz reist sie mit vier Mitstreiterinnen ins sozialistische Deutschland und wird sogar als West- und Arbeiter-Repräsentantin ins Führungsgremium der Konferenz gewählt. Fünf Tage lang nimmt sie am Gedankenaustausch von Frauen aus 136 Ländern teil und ist fasziniert von der Nonchalance und der Power ihrer Geschlechtsgenossinen. Die Erfahrung, mit welch wenigen und unkonventionellen Mitteln ihre Schwestern aus Südamerika, Afrika und Asien kämpfen, imponiert Lore Reifenberger. Sie mag den Ausschlag gegeben haben, daß sie ihr Amt als IG-Metall-Frauenausschußvorsitzende niederlegt. „Verschwenderisch" findet sie den Umgang der Organisation mit dem Geld der Mitglieder, „unverantwortlich", daß einerseits mit vollen Händen finanzielle Mittel fließen, andererseits ohne Rücksichtnahme auf das Budget der Basis Beiträge erhöht werden.

Einzelproteste

Ihr Rückzug hält sie jedoch nicht von Einzelaktionen zurück. Lächelnd erzählt sie vom Metallarbeiterstreik 1984 folgende Begebenheit:

In die Phase der Aussperrung fiel das Jubiläum ihrer 30-jährigen Betriebszugehörigkeit. An dem entsprechenden Datum hängt sie sich ein Schild mit der Aufschrift „30 Jahre im Betrieb und jetzt ausgesperrt!" um den Hals und bereitet vor dem Werkstor eine Feier vor. Ziemlich konsterniert kommt daraufhin Geschäftsführer Hans Ruschhaupt auf sie zu und sagt: „Das können Sie doch nicht machen!" „Das kann ich sehr wohl", erwidert sie und setzt ihre Festvorbereitungen fort. „Eine halbe Stunde später hat der mir einen Blumenstrauß gebracht", berichtet sie stolz.

Parallel zu den kleinen Siegen gibt es in der Folge viele Nackenschläge: zehn Jahre lang hilft Lore Reifenberger ihrer Schwiegermutter, deren kranken Gatten zu versorgen. 1994, in dem Jahr, als sie selbst nach schwerer Krankheit in den Ruhestand tritt, stirbt ihr Ehemann Rudi

Reifenberger. Ein Jahr später bekommt Sohn Bernhard nach seiner Scheidung das Sorgerecht für die Zwillingstöchter Eva und Lisa. Da er voll berufstätig ist, fungiert Lore Reifenberger seitdem von montags bis freitags als Erzieherin der neunjährigen Mädchen, von denen sie liebevoll-verschmitzt als „meine Weiber" spricht. Daß ihr Sohn Uwe sehr krank ist, bereitet ihr zusätzlich große Sorgen. Entlastung erfährt sie lediglich durch Selbsterkämpftes: einem operativen Eingriff an ihren Knien konnte sie vergangenes Jahr nur deshalb relativ gelassen entgegen sehen, weil sie einen Antrag auf Sonderurlaub für ihren alleinerziehenden Sohn gestellt hatte.

(rd)

Als Kommunistin angefeindet

Käthe Klösters blieb ihrer Überzeugung auch in der Gewerkschaftsarbeit treu

Seit einer halben Ewigkeit wohnt Käthe Klösters im Stadtteil Freigericht in Hanau, einem der traditionellen Arbeiterviertel der Stadt. Ebensolang ist die 75-jährige als aktive Kommunistin in Hanau bekannt.

Als gelernte Verkäuferin arbeitete sie beim Kaufhof und engagierte sich in den 50er Jahren als Betriebsrätin für die meist weiblichen Kolleginnen. Themen waren hier sowohl die Arbeitszeiten, Gehaltsfragen, die Diskussion um Teilzeit und geringfügige Beschäftigung, die Verkaufsstände außerhalb des Kaufhauses als auch persönliche Probleme der Kolleginnen. Gemeinsam mit dem Gesamtbetriebsrat konnte sie durchsetzen, daß keine Verkäuferin unterhalb der Sozialversicherungspflicht eingestellt wurde.

Zu ihrer Zeit als Betriebsrätin, 1951 bis 1958, gab es in Hanau keine eigene HBV-Geschäftsstelle. Der Kontakt zur Gewerkschaft beschränkte sich auf die monatlichen Besuche des Gewerkschaftssekretärs. Erst mit Alwin Nachtweh wurde in Hanau eine Geschäftsstelle eingerichtet. Damit begann auch eine „aktive Frauenpolitik der HBV". „Viele

Frauen, die heute noch im Berufsleben stehen und aktiv sind, haben damals angefangen", erzählt Käthe Klösters. Sie selbst ist inzwischen Mitglied der IG-Chemie, da sie von 1965 bis 1968 in der Kantine der Dunlop arbeitete und sich dort zwar gewerkschaftlich engagierte aber keine Funktion übernahm.

KPD-Stadtverordnete

Als Kommunistin tat sie sich früh hervor. Käthe Klösters war eine der jüngsten Stadtverordneten in Hanau, als sie 1948 für die KPD gewählt wurde. Zwei Legislaturperioden vertrat sie ihre Partei im Hanauer Stadtparlament bis das KPD-Verbot 1956 dem Amt ein Ende bereitete. Auswirkungen auf ihre Tätigkeit als Betriebsrätin und Gewerkschaftsmitglied hatte das allerdings nur wenig.

Denn die Ausgrenzung der Kommunisten, die auch in den Gewerkschaften vollzogen wurde, traf eher Betriebsratsvorsitzende, Gewerkschaftssekretäre und die, die im inneren Bereich in den Vorständen mitgearbeitet hatten, erzählt sie. „Alle großen Betriebe in Hanau hatten damals kommunistische Betriebsratsvorsitzende", denkt sie zurück. Doch auch Käthe Klösters wird von Zivilbeamten der Polizei beschattet. Ihr Haus wird durchsucht, als sie zum 19. März 1965, dem 20. Jahrestag der Zerstörung Hanaus, ein Flugblatt herausgibt mit dem Motto „Nie wieder Krieg"

Gegen § 218

„Eine Kommunistin kann zwar ohne Partei sein, aber niemals ohne Organisation", glaubt Käthe Klösters. Die vielseitige Frau bleibt nach dem KPD-Verbot politisch aktiv, engagiert sich in Bündnissen und Initiativen gegen die Remilitarisierung, gegen „Atomtod", Notstandsgesetze, Vietnamkrieg, gegen den Paragraphen 218, für die Befreiung der Frau und für Frieden.

Noch heute ist Käthe Klösters bei den meisten Gewerkschafts-Aktionen dabei. Zu ihren politischen Erfahrungen gehörten auch immer wieder Beschimpfungen als Kommunistin. „Das muß man an sich abgleiten lassen. Wir haben doch einen Weg und ein Ziel im Auge", sagt sie. „Auch wenn ich nicht mehr soviel erleben werde: wir KommunistInnen müssen immer unsere Meinung sagen, besonders in der heutigen Zeit des massiven Sozialabbaus, der Ruinierung unseres Gesundheitswesens und des Rentensystems."

Auch im Hanauer Frauenverband, dem Frauen unterschiedlicher politischer Richtungen angehörten, hatte Käthe Klösters 1949/50 mitgearbeitet. Als dann 1950 überall in Hessen die Kommunistinnen aus den Frauenverbänden ausgeschlossen wurden, zögerte der Hanauer Frauenverband den Ausschluß hinaus. „Doch meine Genossinnen haben von mir verlangt, aus dem Verband auszutreten," erzählt Käthe Klösters, „damit waren kaum noch Arbeitervertreterinnen in dem Verband, der sich dann mehr und mehr auf die Themen Hausfrauen, Haushalt und Kochrezepte beschränkte".

(ah)

Mit diplomatischem Geschick durch die bewegten 68er:

Irmgard Dobislav war die erste Schulrätin in Hanau

Sie gehört zu den „Frauen der ersten Stunde", die mit dem Eintritt in die Gewerkschaft 1948 sofort auch Funktionen übernahmen: Irmgard Dobislav, Jahrgang 1915, Lehrerin, Rektorin, seit 1968 Schulrätin in Stadt und Kreis Hanau. Ihr Wohnsitz blieb Bad Vilbel.

Bereits von 1938 bis 1942 arbeitete sie als Lehrerin. Dann wurde ihre Tochter geboren, zwei Jahre später der Sohn. Ihr Mann starb im Krieg. Wie viele Frauen in dieser Zeit mußte Irmgard Dobislav ihre Kinder allein ernähren und versorgen.

1948 begann sie, wieder in ihrem Beruf zu arbeiten und trat in die Gewerkschaft Erziehung und Wissenschaft ein. Nach Funktionen auf Orts- und Kreisebene in Frankfurt wurde sie 1963 stellvertretende Landesvorsitzende der GEW. Sie leitete von 1961 bis 1969 den „Landeslehrerinnen-Ausschuß", war Mitglied im DGB-Kreisfrauenausschuß Frankfurt und „Vertreterin der Frauen" im GEW-Bundesvorstand. Seit ihrer Pensionierung leitet sie den „Ausschuß für Ruhelehrer" in ihrem Kreisverband Friedberg, eine Aufgabe, die mit viel persönlichem Einsatz und Zuwendung für die pensionierten Kolleginnen und Kollegen verbunden ist.

Widerstreitende Interessen

Als Irmgard Dobislav erste Schulrätin in Hanau wurde, waren viele Hoffnungen aber auch Widerstände auf sie gerichtet. In der politisch bewegten Zeit nach 1968 kamen junge Lehrkräfte von den damals „revolutionären" Universitäten. In der Pädagogik, bei Eltern und bei Schülern wurden bisherige Regeln in Frage gestellt. Neue Schulen wurden gebaut und mit Lehrkräften ausgestattet. Irmgard Dobislav versuchte mit Geschick und Diplomatie, mit Standvermögen und in Abwägung der oft widerstreitenden Interessen, Schulaufsicht und Schulen, Lehrern und Kindern gerecht zu werden. Es war eine schwere Aufgabe. Die Arbeit in der GEW mußte damals zurücktreten. In der GEW im Kreisverband Hanau drückte sich besonders in den 70er Jahren die große Spannung zwischen altem und neuem Selbstverständnis in heftigen Auseinandersetzungen aus.

In der GEW gab es seit Anfang der fünfziger Jahre eigene Lehrerinnen-Tagungen. Hier ging es nach Irmgard Dobislav vor allem um die Überlastung von Frauen, den zu kurzen Mutterschaftsurlaub und die lang umstrittene „halbe Beamtin". Wenn sich die Frauen in ihren Ausschüssen auch einig waren, in den großen Versammlungen und in den Vorständen „drangen wir mit unseren Anliegen nicht durch", berichtet sie.

Halbe Stellen für Beamtinnen

Der Frauenausschuß beschäftigte sich mit pädagogischen, besonders aber auch schulpolitischen und schulrechtlichen Fragen. Es ging auch um Beförderung, Teilzeitarbeit, Beurlaubungen. „Am Anfang haben sich die Männer wenig um unsere Arbeit gekümmert. Später wurden sie dann aufmerksam. Wir Frauen mußten immer besonders gut sein, und wir haben oft festgestellt, daß es viele unfähige Männer gibt."

Aus ihrer Zeit im Hauptvorstand erinnert sie: „Wir hatten begrenzte Möglichkeiten, aber die nahmen wir wahr, bis wir herauskatapultiert wurden. Im Landesvorstand waren die Frauen dagegen effektiver. Sehr anregend für uns waren die Bundesfrauentagungen, weil wir da Erfahrungen austauschen konnten. So wurde zum Beispiel auf einer Tagung in Goslar die Schaffung halber Stellen für Beamtinnen diskutiert und von der Mehrheit bejaht. Das hatte Folgen auf verschiedenen Ebenen in der GEW."

Auch wenn Irmgard Dobislav nach ihrer Berufung in die Schulaufsicht Hanau ihr GEW-Engagement zurückstellte, hat sie doch immer ihre Position als Schulrätin genutzt, „um mich um Frauenarbeit und Mädchenausbildung zu kümmern", wie sie versichert.

(wr)

Eine Frau der ersten Stunde

Tilly Hahn übernahm auch unangenehme Aufgaben

Tilly Hahn (Flugblätter verteilend) während des Umzugs zum 1. Mai 1985 in Hanau

Treppauf, treppab ist die kleine Frau gelaufen, um die Zeitungen zu verteilen und Mitgliedsbeiträge zu kassieren. Deshalb erinnert sich Tilly Hahn besser an die Straßenzüge und an die Menschen, die dort gelebt haben, als an die Straßennamen. Die heute 85-jährige gehört zu einer Generation von Frauen, die sich nie zu schade war, auch die unangenehmen Aufgaben zu erledigen.

Tilly Hahn stammt aus einer kinderreichen Arbeiterfamilie. Ihr Vater, Peter Hahn, hat dafür gesorgt, daß die 12-jährige Tilly die von Sozialdemokraten und Kommunisten neugegründete "Freie Schule" in Großauheim besuchen konnte. Dennoch mußte sie nach der Schule sofort anfangen, eigenes Geld zu verdienen. Mädchen in den Arbeiterfamilien, auch in den kommunistischen, machten keine Berufsausbildungen, „da kam kein Gedanke drauf, nur da, wo weniger Kinder waren, durften Mädchen was lernen", erzählt sie rückblickend.

Nur wenige Frauen

Nach Kriegsende findet sie dann zunächst Arbeit bei der Dunlop und trifft auf Johanna Krück, die sich als einzige Frau im Betriebsrat engagiert. Tilly Hahn, Mitglied der KPD, wird die Vertreterin der Hanauer SPD-Frau und engagiert sich unter anderem auch für Frauen. "Wir waren nicht viele Frauen, die meisten älteren Frauen haben sich immer gegen Politik gewehrt. Bei den jüngeren ist das heute ein bißchen anders", meint Tilly Hahn. Damals gab es Frauen-Versammlungen in den Betrieben, und so zeichnet sie einmal mit Frau Jäger und Frau Kreß verantwortlich für eine Versammlung des FGB-Hanau in der Dunlop am 17. Juni 1948.

Häufige Arbeitsplatzwechsel führen zu ständigem Wechseln der Gewerkschaft, von der IG-Chemie zur IG-Metall und wieder zurück. Zuletzt war Tilly Hahn Mitglied der IG-Chemie, vor der Rente hat sie sieben Jahre als Reinigungsfrau in der Degussa in der Spätschicht gearbeitet.

In der langen Zeit ihrer politischen Arbeit wurde sie Mitglied vieler Organisationen, so zum Beispiel der Vereinigung der Verfolgten des Naziregimes (VVN), Verein Frauen Helfen Frauen Hanau e.V. oder Pro Familia. Außerdem war sie Mitgründerin der „Grauen Panther" Hanau. Und noch heute liest Tilly Hahn regelmäßig die UZ und die Hanau Post. Sie lebt in einem Pflegeheim in Hanau.

(ah)

Viele Gewerkschafterinnen schlossen sich Ende der 50er Jahre der Aktion „Kampf dem Atomtod" an. Unser Foto zeigt einen Ausschnitt von der Maifeier des DGB-Hanau 1958.

Die Schulräte verlangten Auskunft über Verdienst des Ehemanns:

Ruth Krieger trotzte vielen Schikanen

Bittere Stunden und erlittenes Unrecht, das sie wegen ihrer GEW-Mitgliedschaft ertragen mußte, haben die 75-jährige Ruth Krieger nicht entmutigt. Mit sicherer Stimme erklärt die 1922 in Dalbach in der Rhön geborene Lehrerin: „Ich bleibe bis zuletzt in meiner Gewerkschaft." Ihr Engagement seit dem Eintritt in die GEW 1952 hat ihr Silberne und Goldene Ehrennadeln und einen Zeitungsbericht über ihre Auszeichnung zum 40-jährigen Gewerkschafts-Jubiläum eingebracht. Und sie erinnert sich gern an die Freuden des Lehrerberufs und pädagogische Erfolge.

Ruth Krieger stammt aus einer richtigen Lehrer-Dynastie mit dem entsprechenden Bildungsanspruch: Eltern, Onkel, Vettern wie auch die eigene Tochter wählten wie selbstverständlich den Lehrerberuf, sahen ihn als Berufung.

Weil Ruth Krieger über Jahrzehnte die Rechte der Frauen im GEW-Kreisverband Gelnhausen vertrat und deshalb auch als einzige Frau dem Kreisvorstand angehörte, hat sie „viele unangenehme Erfahrungen" machen müssen. So wurde sie zum Beispiel von einem Vorgesetzten nur in abwertiger Weise als „Frau Gewerkschaft" tituliert. „Es hat Jahrzehnte gedauert, bis mehr Lehrerkolleginnen in die Gewerkschaft eintraten. Erst Anfang der 70er Jahre wagten mehr junge Kolleginnen diesen Schritt", erzählt die Pensionärin.

Mit Versetzung gedroht

Sie erinnert sich an den Druck, der von den vorgesetzten Schulräten ausgeübt wurde, um sie wegen ihrer Gewerkschaftszugehörigkeit einzuschüchtern und zu benachteiligen. „Die Männer, die sich ganz im Sinne der Obrigkeit verhielten, haben Karriere gemacht. Mir wurden immer neue Steine in den Weg gelegt. Man drohte mir immer mit Versetzung in den hinteren Vogelsberg, damit mir allein schon wegen der großen Entfernung eine Versorgung von Mann und Kind nicht mehr möglich sein sollte. Schikanen gab es viele. Mir wurde vorgeworfen, daß ich verheiratet war und damit 'versorgt' wäre, also eine Planstelle für einen Mann frei machen könnte. Alle drei Monate mußte ich in den 50er Jahren eine Verdienstbescheinigung meines Mannes vorlegen, um nachzuweisen, daß von seinem Einkommen allein die Familie nicht zu ernähren war. Die Schikane wurde schließlich so stark, daß ich für einige Jahre auf eine halbe Stelle gegangen bin. Ich erhielt eine mündliche Zusage, später wieder eine volle Stelle zu bekommen. Daran wollte sich dann niemand erinnern. Erst mit Hilfe meiner Gewerkschaft konnte ich meinen Anspruch durchsetzen."

In schöner Erinnerung hat Ruth Krieger die Wochenend-Treffen der GEW-Frauenbeauftragten in Friedberg und die Treffen in Frankfurt. Der kollegiale Austausch und der freundschaftliche Umgang haben sie immer wieder ermutigt.

(wr)

Pragmatisch und warmherzig

Änne Schühle verbesserte die Situation der Reinemachefrauen

„Sehr direkt, sehr kompetent, sehr warmherzig", so schildern die früheren KollegInnen die Personalratsvorsitzende der Inneren Verwaltung bei der Stadt Hanau, die von Juni 1945 bis April 1978 auf vielfältige und engagierte Weise im Hanauer Rathaus gewirkt hat.

Änne Schühle, Jahrgang 1914, ist ein echtes Hanauer Kind und der Typ einer Gewerkschafterin, wie es ihn nie wieder geben wird. Die Fähigkeit, immer sofort zuzugreifen, wo es brennt, hat sie in Kriegs- und Notzeiten erlernen müssen. Mitgefühl und Handlungsbereitschaft, dazu persönliche Bescheidenheit machten ihr Wesen aus. Ihre Kolleginnen schildern sie außerdem als „pragmatisch handelnde Frau", die „zuverlässig, aufrichtig, zielgerichtet" ist. Alle, die sie gekannt haben, bestätigen dies. „Von Theorien hielt sie nicht viel, sie wollte nur handfeste Sachen anfangen, sie war eine wirkliche Praktikerin."

Änne Schühle mit Heidi Eppert 1991

Klassenbeste

Änne Schühle bestand in Hanau als Klassenbeste die Mittlere Reife, besuchte danach die Höhere Handelsschule und zahlreiche Weiterbildungslehrgänge. Sie war im Sekretariat der Firma Dunlop, ab Juni 1945 bei der Stadt Hanau beschäftigt. Zeitweise arbeitete sie bei der Polizei, zeitweise beim Jugend und Sportamt. 1971 wurde sie zur Personalratsvorsitzenden gewählt, nachdem sie bereits ab 1946 in der ÖTV mitgearbeitet und auf vielen Ebenen für die Interessen der Kolleginnen und Kollegen eingetreten war. Selbst Mutter von zwei Söhnen, hatte sie viel Einfühlungsvermögen für die berufstätigen Mütter. Ihr Ziel war, trotz hoher Hürden gerechtere Verhältnisse zu schaffen, einen Kurs, den sie mal zäh, mal sanft verfolgte.

„Ihr besonderes Anliegen galt den Interessen der Reinemachefrauen", berichtet Heidi Eppert. Die Frauen, die in den Verwaltungsbüros, in den Schulen und Kindergärten schafften, sollten menschenwürdige Bedingungen vorfinden. Änne Schühle setzte maßgeblich die Übernahme dieser Frauen in die Zusatzversorgungskasse des Öffentlichen Dienstes durch. Damals war ein Anspruch auf diese Versicherung nur mit mindestens der Hälfte der tariflichen Arbeitszeit sicherzustellen, tatsächlich hatten viele Frauen aber Arbeitsverträge, die knapp unter dieser Stundenzahl lagen.

Höhere Renten

Durch den Einsatz von Änne Schühle konnten rund 200 Frauen ihre Arbeitsbedingungen, vor allem aber ihre Rentenansprüche erheblich verbessern. Ab 1976 wurden dann in der Hanauer Stadtverwaltung nur noch Arbeitsverträge mit der neuen Mindeststundenzahl abgeschlossen. „Es darf keine Frauen mehr mit geringfügiger Beschäftigung geben", erklärte Änne Schühle.

Änne Schühle, die schon Anfang der 50er Jahre im ÖTV-Hauptvorstand, im Kreisvorstand, im Kreisfrauenausschuß und im Bezirksfrauenausschuß Frankfurt der ÖTV mitarbeitete, schied 1978 aus ihren Ämtern aus, sie lebt heute krank in einem Hanauer Pflegeheim.

(wr)

Sie läßt auch als Rentnerin keine Maikundgebung aus

Anni Süß fühlte sich immer für andere mit verantwortlich

„Ich verstehe nicht, daß die Leute nicht schlauer werden", sagt die Rentnerin Anni Süß (Jahrgang 1929). „Sie lassen sich die Butter vom Brot nehmen und-wählen dieselben Leute wieder." Den Abbau von lang und schwer erkämpften Arbeitnehmerrechten im Herbst 1996 findet sie „unverschämt", die Reaktionen der Betroffenen schwach. 30 Jahre lang fuhr sie vom Vogelsbergdorf Wittgenborn in die Fürstliche Keramikfabrik in Brachtal-Schlierbach. 10 Jahre engagierte sie sich im Betriebsrat und gestaltete die Frauenpolitik in der IG Papier-Chemie-Keramik mit. „Es macht mir Sorgen, daß sich alles, was wir erreicht haben, nach und nach auflöst. Ich mache mir viele Gedanken darüber, aber wie sollen wir uns als Rentner wehren?", fragt sich Anni Süß.

30 Jahre im Akkord

1949 fing die Gewerkschafterin in der Gießerei an, die inzwischen nach Spanien verlegt wurde. Über 30 Jahre bearbeitete sie im Akkord die aus der Gipsform gestürzten, angetrockneten Rohlinge, verwusch und glättete sie, bevor sie gebrannt werden konnten. Anfänglich erledigten diese Arbeiten auch Männer, später nur noch Frauen. 1952/53 gab es im traditionsreichen Werk einen wirtschaftlichen Einbruch. Mit vielen anderen wurde auch Anni Süß als „Doppelverdienerin" entlassen, nach zwei Jahren aber wieder eingestellt.

Weil der Umgang zwischen Betriebsrat und Geschäftsleitung in dem Unternehmen relativ moderat war und nach der größeren Flaute 1952 immer nur einzelne Entlassungen und kleine Probleme zu beraten waren, hat sie ihre Betriebsratsarbeit als eine gute, konstruktive Zeit in Erinnerung. Sie setzte sich gern für die Probleme der Kolleginnen und Kollegen ein.

Verantwortung zu übernehmen, sich über private und persönliche Interessen hinaus auch für andere zu engagieren und dabei auch Widerstände in Kauf zu nehmen, hat Anni Süß im Elternhaus gelernt. „Ich komme aus einer kommunistisch orientierten Familie, da weiß man, daß jeder Mensch auch Pflichten gegenüber der Allgemeinheit hat." Deshalb war für sie Arbeit in der Gewerkschaft selbstverständlich.

Abends zu Sitzungen

„Ich denke, daß ich eine gute Gewerkschafterin geworden bin", sagt sie, die viele Jahre alle vier bis sechs Wochen nach einem langen Arbeitstag noch 40

Kilometer nach Hanau fuhr, um im regionalen Frauenausschuß ihrer Gewerkschaft die speziellen Probleme der Frauen in der Arbeitswelt aber auch innerhalb der Gewerkschaft anzugehen. Da gab es mitunter in den Betrieben Anfeindungen und Sprüche wie „die Frauen nehmen den Männern die Arbeitsplätze weg, die sollen lieber nach Hause gehen und Strümpfe stopfen". Es wurden aber auch Versuche beklagt, die große Überlegenheit der Männer herauszukehren. „Jede brachte ihre Erlebnisse im Frauenausschuß vor, und wir haben Strategien zu konstruktiven Veränderungen entwickelt." An den Kundgebungen zum 1. Mai teilzunehmen, war für sie immer eine „Ehrensache". Noch heute, als Rentnerin, fährt sie mit ihrem Mann zu Maikundgebungen nach Gelnhausen, Langenselbold oder Hanau und meint, daß alle Arbeitnehmer an diesem Tag dort hingehören. „Besonders in einer Zeit, in der alle schwer errungenen Rechte der arbeitenden Menschen so sehr gefährdet sind." Anni Süß über ihre Motivation zum Engagement: „Wir haben uns immer mitverantwortlich gefühlt, mehr war es nicht."

(wr)

DIE 60ER JAHRE

Die 60er Jahre: „Bella Italia" und der Aufstand der Studenten

Die 60er Jahre galten als „Wirtschaftswunderzeiten". Erstmals konnten sich mehr Arbeitnehmer als je zuvor bei einem 40- bis 45-Stunden-Tag „Anschaffungen leisten" (häufig auf Ratenzahlung) und in Urlaub fahren.

Italien war das Traumziel. Für „bella Italia" und einen Platz am Strand von Jesolo wurden gewaltige Anstrengungen in Kauf genommen. Trotz des überwiegend dumpfen gesellschaftlichen Klimas trug frau einen für jene Jahre gewagten Bikini, wurde modischer und selbstbewußter.

In den Betrieben verschärfte sich der Kampf um bessere Arbeitsbedingungen. Der große Streik in den Chemiebetrieben 1967 brachte Teilerfolge. Die konservative Regierung in Bonn, vom bundesweiten Widerstand gegen den Vietnam-Krieg und einer zunehmenden Politisierung der Jugend erschreckt, erließ „Notstandsgesetze", die eine erste starke Widerstandswelle im Land auslösten.

Alle linken Gruppierungen, Gewerkschaften, Sozialdemokraten und Studentengruppen beteiligten sich bei vorher nie gekannten gemeinsamen Aktionen.

„Muff von tausend Jahren"

Die studentische Jugend war das selbstgerechte Geschwätz der Alten über ihre Aufbauleistungen und den erreichten materiellen Wohlstand leid, fragte nach inhaltlichen Konzepten für die Zukunft, nach Lebenssinn und nach den politischen Zielen der Zukunft. Den „Muff von tausend Jahren" wollten sie aus den Universitäten vertreiben, die Sexualfeindlichkeit der alten Normen überwinden, die Spekulanten aus den Frankfurter Bürgervierteln jagen.

Sie traten für antiautoritäre Erziehung der Kinder ein und wollten die Arbeiterschaft kämpfen lehren. Demonstrationen, Hausbesetzungen, Straßenkämpfe und unendliche Theoriediskussionen bestimmten besonders in Frankfurt das öffentliche Leben. Die Frauen wurden (wie schon durch die Väter dieser Generation) überwiegend nur als nützliche Zuarbeiterinnen und leicht verfügbare Bettgenossinnen geschätzt. Aus dem Zorn dieser jungen Frauen und dem vielfach reaktionären Klima im Land erwuchs die neue Frauenbewegung.

(wr)

Ein schwieriges Kapitel gewerkschaftlicher Frauenarbeit

Zu Beginn der 60er Jahre erkannte auch die politische Seite, daß sie eine Verantwortung für die stetig steigende Zahl berufstätiger Frauen zu tragen hatte. Die Hessische Landesregierung faßte den Beschluß, ein „Frauenreferat" als „zentrale Stelle" einzurichten, das dem Ministerium für Arbeit, Volkswohlfahrt und Gesundheit angegliedert wurde. Am 1. Februar 1961 begann es zu arbeiten und beschäftigte sich insbesondere mit dem „Schutz der arbeitenden Frau". Eine Aufgabe, die bis dato alleine den Gewerbeaufsichtsämtern übertragen worden war. Das Frauenreferat sollte sich „aufklärend, beratend und koordinierend mit den Problemen der Frauenarbeit" befassen. Dazu zählten vor allem auch gesundheitserhaltende und gesundheitsfördernde Maßnahmen. *(vgl. Bergmiller, S. 145)*

An die Spitze der hessischen DGB-Frauen trat ein Jahr später Annelie Tuchscheer, Nachfolgerin der ersten hessischen DGB-Frauensekretärin Lucie Beyer.

Die 1921 in Kassel geborene Tochter aus einer alten sozialdemokratischen Familie war bereits vor 1933 politisch aktiv gewesen und arbeitete gleich nach Kriegsende verantwortlich beim Aufbau der Kasseler Gewerkschaftsbewegung mit. Von Beruf war sie eigentlich Rechtsanwalts- und Notariatsgehilfin und arbeitete als Bürovorsteherin von 1938 bis 1945; 1952 wurde sie hauptamtliche DGB-Frauensekretärin für den Bezirk Nordhessen und vertrat den DGB in unterschiedlichen Gremien, so unter anderem in der Verbraucherberatung.

Die Arbeit wandelt sich

Im Übergang von den 50er zu den 60er Jahren änderten sich allmählich die Inhalte gewerkschaftlicher Frauenarbeit. Während in den Anfangsjahren der Aufbau organisatorischer Strukturen, die Werbung weiblicher Mitglieder und die Überzeugungsarbeit, daß nur durch solidarisches Handeln Frauen zu ihrem Recht kommen können, im Vordergrund standen, begann nach dieser ersten Phase die mehr problembezogene Gewerkschaftsarbeit. Doch auch hier änderte sich nichts an der Tatsache, daß Gewerkschaftsfrauen ihre eigenen Themen zu behandeln hatten – die Hoffnung, frauenspezifische Probleme als gesamtgewerkschaftliche Themen zu behandeln, hatte sich nicht erfüllt. Gewerkschaftliche Frauenarbeit wurde bestimmt durch Fragen der Kinderbetreuung bei berufstätigen Frauen, Fragen der Doppelbelastung, Mutterschutz, berufliche Förderung der Frauen (z.B. Eingruppierungsfragen oder Fragen der Bewertung des Arbeitsplatzes). Anstelle des persönlichen Gesprächs mit einzelnen Kolleginnen traten häufiger Arbeiten am Schreibtisch oder in Ausschüssen. *(Vgl. Bergmiller, S. 147)*

Arbeits- und Mutterschutz

Die Themen Arbeitsschutz und Mutterschutz wurden für die hessischen Gewerkschafterinnen in den 60er Jahren neben der weiterhin nicht gelösten Aufgabe, für gleiche Arbeit die Zahlung gleichen Lohns durchzusetzen, eines der Hauptthemen. Im Geschäftsbericht der 8. ÖTV-Bezirksdelegiertenkonferenz 1964 kommentiert die Protokollantin (unbekannt): „Gerade der Frauenarbeitsschutz und der Mutterschutz verdienen unsere ganze Aufmerksamkeit. Die Vorschläge des DGB hinsichtlich der Verlängerung der Schonfristen vor und nach der Geburt und die Möglichkeit eines sogenannten Karenzurlaubes, wie er bereits in Österreich durchgeführt wird, werden von unserer Organisation voll unterstützt. Mit dem Karenzurlaub (unbezahlter Urlaub bis zu einem halben Jahr) wird der Arbeitnehmerin der Arbeitsplatz erhalten und die Möglichkeit gegeben, gerade in den ersten Lebensmonaten bei ihrem Kind zu bleiben." *(Bergmiller, S. 152)*

Werbung neuer Mitglieder

Dennoch durfte für die aktiven Gewerkschafterinnen die Werbung für die gewerkschaftliche Arbeit nicht zurück-

stehen. Ganz im Gegenteil sollte Frauenarbeit „noch mehr als bisher auf eine gute, geplante Funktionärsschulung ausgerichtet sein". Dabei wollte man jedoch über neue Methoden nachdenken, wie auch in Zeiten der Vollbeschäftigung die gewerkschaftlichen Ideen gerade den neu ins Erwerbsleben eintretenden Frauen nahegebracht werden könnten. Diese Überlegung stellte man im Geschäftsbericht des Bezirks-Frauensekretariats der ÖTV Hessen vom 14.01.1964 an. Mit informativen Bezirkswochenendlehrgängen sollten die Frauen unter anderem für ein gewerkschaftliches wie betriebliches Engagement interessiert werden. Von Ende 1961 bis Ende 1962 nahmen beispielsweise 136 Frauen diese Gelegenheit zur Weiterbildung wahr. Dabei war der Themenkatalog durchaus weitgespannt: „Selbstverwaltung in der Sozialversicherung. Die Aufgaben der Versicherungsvertreter", „Der richtige Gewerkschaftsbeitrag", „Die gewerkschaftliche Aufgabe der Vertrauensleute, ihre Zusammenarbeit mit den Personalräten" (28./29.01.1961, „Haus Königstein/Ts.", 32 Teilnehmerinnen);
„Die Frau in der Wirtschaft und als Verbraucher", „Was erwartet die ÖTV von ihren weiblichen Mitgliedern?", „Die Wahlen zur Selbstverwaltung in der Sozialversicherung", „Die Wahlen zum Hessischen Personalvertretungsgesetz" (20./21.01.1962, „Haus Königstein/Ts., 30 Teilnehmerinnen);
„Der Verbraucher und die EWG", „Die Aufgaben der Frau im öffentlichen Leben" „Gespräch über einen Beitrag des Schriftstellers Enzensberger" (02./03.03.1963, „Fritz-Tarnow-Schule" Oberursel/Ts., 30 Teilnehmerinnen). *(Vgl. Bergmiller, S. 148 f)*

In ihrer Schlußbemerkung zu diesem Geschäftsbericht des Bezirks-Frauensekretariats der ÖTV Hessen formulierte die Verfasserin schließlich ein Ziel ihrer Gewerkschaftsarbeit, das gebetmühlengleich die unendlich vielen Positionspapiere von Gewerkschaftsfrauen durchzieht: „Besonders wichtig ist es – und wird auch vom DGB und den Gewerkschaften versucht –, die Öffentlichkeit auf die Benachteiligung der weiblichen Beschäftigten hinzuweisen, die diese hinsichtlich ihrer Berufsausbildung oder Fortbildung erfahren.

Die Mehrzahl der erwerbstätigen Frauen ist in untergeordneten Positionen beschäftigt. Gleiche schulische und geeignete berufliche Ausbildung und Fortbildung für das Mädchen genau wie für den Jungen sind die Voraussetzungen für ein berufliches Vorwärtskommen." *(ebd.)*

„Was brauchst Du einen Beruf?" Qualifizierte Mädchenausbildung

„Was brauchst Du einen Beruf, Du heiratest ja doch!" Vielen Frauen, die in den 40er, 50er und 60er Jahren ihren Volksschulabschluß in der Tasche hatten, klingelt dieser Satz ihrer Eltern heute noch in den Ohren. In den Familien galt es meist als selbstverständlich, daß die Töchter nach der Schule eine Arbeitsstelle suchten, in der sie „ihr Geld" verdienen konnten, für die aber eine gute, über Jahre dauernde Ausbildung nicht notwendig war. Ganz selbstverständlich gingen unzählige Väter und Mütter dieser Zeit davon aus, daß ihre Töchter in nicht allzu ferner Zukunft heirateten, eine Familie gründeten und vom Ehemann und Familienvater ausreichend versorgt würden. Wozu dann also erst noch in eine teure Ausbildung investieren.

Allzu bekannt sind die Ergebnisse dieser Auffassung und Handlungsweise: Frauen blieben in der Regel in den untersten Lohngruppen stecken. Die Gewerkschafterinnen setzten sich daher schon früh für eine qualifizierte Mädchenausbildung ein. Sie befanden sich damit im Einklang mit den Forderungen des Hessischen Bildungsplanes für das 9. Volksschuljahr (Erlaß vom 28. Dezember 1962), in dem es unter anderem heißt: „Durch unterrichtliches und erziehendes Bemühen soll das reifende Mädchen seinen künftigen Standort im Beruf, in der Ehe und im politischen Leben erkennen und finden (...) Durch Themen, bei denen sich die Mädchen u.a. mit der Rolle der Frau in der früheren und jetzigen Gesellschaft, mit der Gleichberechtigung, mit speziellen Frauenberufen (...) auseinandersetzen, soll die innere und äußere Sicherheit des einzelnen Mädchens gestärkt werden."

Ganz im Sinne dieser bildungspolitischen Zielvorgaben veranstaltete der DGB-Landesbezirk Hessen zu Beginn des Jahres 1964 ein Mädchenbildungsseminar für 9. Volksschulklassen im Rahmen von „Arbeit und Leben" – mit großem Erfolg, wie DGB-Landesfrauensekretärin Annelie Tuchscheer später berichtete. Eine Woche lang lernten und diskutierten die Schülerinnen unter dem Hauptthema „Politik und Parteien – nichts für Frauen?" Fragen zur Frauenbewegung, zur Gleichberechtigung, zur Stellung der (berufstätigen) Frau in der heutigen Gesellschaft, zur Weiterbildung, zur kritischen Auseinandersetzung mit den Informationsmitteln und vieles mehr. Hinzu kamen Betriebsbesichtigungen und Gespräche unter anderem mit Betriebsrätinnen. In einem langen Bericht lobte die damalige Klassenlehrerin Käthe Ostermann diese Art der politischen Bildung der Mädchen und schrieb: „Es zeigte sich, daß die Diskussionsgruppen gegen Ende der Seminarwoche zunahmen, so daß das Radiohören und Plattenspielen in den Hintergrund traten. So bahnte sich langsam eine sinnvolle Gestaltung der Freizeit an, in der die selbsttätige Weiterbildung hervortrat."

Angespornt durch diesen Erfolg plante der DGB allein für das Winterhalbjahr 1964/65 weitere vier bis sechs solcher Mädchenbildungsseminare. *(Vgl. Bergmiller, S. 134f)*

1966 – Ein schwarzes Jahr für die gewerkschaftliche Frauenarbeit

„Nicht zuletzt ist es aber auch eine Aufgabe der gewerkschaftlichen Frauenarbeit, unsere Kollegen davon zu überzeugen, daß wir das gleiche Ziel haben wie sie: an der Umgestaltung unserer Gesellschaft, an der die Gewerkschaften in tausend undramatischen Einzelaktionen wirken, möglichst viele Frauen aktiv zu beteiligen." Diese Feststellung des Ziels gewerkschaftlicher Frauenarbeit, die R.G. (Name unbekannt) in ihrem Artikel „Ist gewerkschaftliche Frauenarbeit noch zeitgemäß?" *(Frauen und Arbeit 9/66; aus: Bergmiller, S. 131)* könnte aus den ersten Jahren der organisierten Arbeit von Gewerkschafterinnen stammen. Denn damals, Ende der 40er, Anfang der 50er Jahre war ja genau dieses die grundlegende Absicht der ersten Gewerkschafterinnengeneration nach dem Krieg: die selbstverständliche Integration von Frauenfragen in das gesamtgewerkschaftliche Engagement.

Zunächst hatten die Frauen Vertrauen in ihre Kollegen, daß dies nach einer Übergangsfrist auch erreicht würde. Sie hatten sich mächtig getäuscht: in den 60ern wurde endgültig klar, daß sie sich in einer „Männerorganisation" befanden. Diese Kollegengeneration „würgte (...) die Frauen bei der Besetzung von Gremien ab. Posten und Mittel waren knapper geworden. Die Frauenarbeit wurde abgewertet und als 'Kaffeekränzchen' diffamiert. Man konnte sich vorstellen, daß die Männer ohne weiteres in der Organisation auf die Abteilung Frauen verzichtet hätten." *(Bergmiller, S. 11)*

Und das taten sie ja beinahe auch. Der DGB-Bundesvorstand kappte den Frauen – aber auch den Jugendlichen und Angestellten – die organisatorische Verbindung zur Basis. Finanzielle Gründe wurden angeführt, um die Frauen-, Jugend- und Angestelltensekretäre auf Kreisebene abzuschaffen. Geblieben waren die Sekretäre auf Landesebene, die fortan ohne direkten Kontakt zu Kolleginnen und Kollegen vor Ort arbeiten mußten. Annelie Tuchscheer als hessische DGB-Landesfrauensekretärin beschreibt die direkten Folgen dieses Beschlusses:

„Das machte sich ganz stark nach unten bemerkbar. In einer Zeit, als andere Organisationen auf- und ausbauten, die also schon erkannten, was notwendig war, gerade in Bezug auf das veränderte Bewußtsein der Frauen, da bauten die Gewerkschaften ab. Diese Entscheidung hatte schon ihre Auswirkungen, besonders auch im Hinblick auf rückläufige Mitgliederzahlen bei den Frauen, und allgemeiner rückläufiger Tendenz der Kolleginnen." *(Bergmiller, S. 130)*

Verunsichert und enttäuscht diskutierten die Gewerkschaftsfrauen die Grundsatzfrage: Sollen wir überhaupt weitermachen, was bringt unsere Arbeit? Diese Diskussionen hatten Auswirkungen auf die gesamte Struktur gewerkschaftlicher Frauenarbeit. Überall im Lande lösten sich Kreisfrauenausschüsse auf, aktive Gewerkschafterinnen warfen das Handtuch. Höhepunkt dieser negativen Entwicklung war der Gewerkschaftstag der hessischen Gewerkschafterinnen in Hanau 1968. Annelie Tuchscheer erinnert sich, daß sich dort in „harten Auseinandersetzungen" unter dem Thema „Gleichberechtigung in der Sackgasse" (referiert hatte Helga Timm), offen die Frage gestellt wurde, ob „wir die Frauenarbeit aufgeben sollten oder nicht". *(ebd.)*

Dieser vermeintliche Endpunkt einer über 20-jährigen gewerkschaftlichen Frauenarbeit im DGB wurde am Ende jedoch zum Neuanfang. Im Bericht über ein Treffen des ÖTV-Frauenausschusses am 19./20.01.1972 heißt es dazu erleichtert gleich zu Beginn des Protokolls: „Der Gewerkschaftstag 1968 brachte eine für die Frauen bedeutsame Entscheidung. Die Diskussion um die Arbeit der Frauenausschüsse wurde mit der Feststellung, sie sei auch weiterhin notwendig, eingestellt, besser gesagt, wesentlich vermindert. Die Delegierten des Gewerkschaftstages waren der Auffassung, daß das Ziel der Frauenausschüsse, durch Versammlungen und Schulungen die Frauen für die Mitarbeit in den verschiedenen Organisationsgremien vorzubereiten, noch nicht erreicht und die Arbeit darum fortzuführen sei. Diese Entscheidung war zweifellos richtig." *(aus: Bergmiller, S. 153)*

(sge)

PORTRAITS

Annelie Tuchscheer – eine Gewerkschaftsfrau der ersten Stunde

Als 1945 die Stadt Kassel in Schutt und Asche lag, die Infrastruktur in Wirtschaft und Gesellschaft völlig zusammengebrochen war und die politischen Verhältnisse im Land bestimmt waren von den Weisungen der Besatzungsmacht, trafen sich in der nordhessischen Stadt mutige Frauen, die den Zusammenbruch in Deutschland als große Chance begriffen, einen demokratischen Neuanfang zu wagen. Eine der Frauen war die damals 24 Jahre alte Annelie Tuchscheer, in Kassel geboren und aufgewachsen, gelernte Rechtsanwalts- und Notariatsgehilfin. Die Rechtsanwaltskanzlei, in der sie von 1938 bis 1945 als Büroleiterin beschäftigt war, gab es nicht mehr. In einem von den Autorinnen Angela Pitzschke und Brigitte Schöttner geführten Interview erinnert sich die spätere langjährige DGB-Landesfrauensekretärin (von 1962 bis 1983) an diese ersten Schritte: „Im August '45 haben wir in Kassel schon angefangen, (...) die Gewerkschaften zu gründen. Ich bin zu den Gewerkschaften zu dieser Zeit gekommen, weil mein Vater zu den Alten gehörte, die schon die ersten Vorgespräche geführt haben. (...) ich hatte bis dahin in einem Rechtsanwaltsbüro gearbeitet, das lag alles am Boden, (...) ich war also frei und hab' also alle möglichen Arbeiten gemacht, Vieh gezählt und bei der Arbeitsverwaltung ausgeholfen, und es ergab sich dann die Situation, daß ich mit zu den Gewerkschaften ging, um zunächst einmal da zu helfen, zu organisieren. (...) Und da kamen die Männer, und es kamen auch Frauen, und das hat mich eigentlich stark berührt, daß zum gleichen Zeitpunkt auch sehr viele Frauen kamen und sich als Mitglieder in die Listen der Gewerkschaften eintrugen. (...) Das war gleich so nach '45, '46, als die ersten Frauen (...) aus den Betrieben kamen und sich interessierten, und da haben wir uns schon umgeguckt nach einigen Frauen, mit denen wir etwas anfangen konnten, und wir waren also immerhin eine Gruppe von zunächst 15-20 Frauen. (...) es war also (ein) richtiger Aufbruch und die Frauen waren dabei, das war ganz etwas wunderbares und für mich war das ja ganz etwas Neues, ganz großes Erlebnis." *(Pitzschke/ Schöttner, S. 38)*

Annelie Tuchscheer hätte zu dieser Zeit beruflich zur Arbeitsverwaltung gehen können, doch sie entschied sich anders: „(...) als ich dann die Gewerkschaften erlebt habe, die Menschen und die Probleme und die Ideen und die Sache, (...) da hat mich, muß ich sagen, alles gehalten in der Organisation." Damit blieb sie „auf der Fährte", wie sie die sozialdemokratische und gewerkschaftliche Prägung ihres Elternhauses nennt.

Wie ihre Vorgängerin als DGB-Landesfrauensekretärin, Lucie Kurlbaum-Beyer, wurde auch Annelie Tuchscheer sehr vom politischen und gewerkschaftlichen Engagement ihres Vaters beeinflußt: „Ich komme aus einer alten sozialdemokratischen Familie, ich war also schon vor '33 politisch organisiert, wenn ich das mal so ein bißchen überheblich sagen (darf). (...) Ich war in '33 (...) 12 Jahre alt, da war ich schon 3 Jahre bei den 'Roten Falken' (...), ich hab' also noch das blaue Falkenkleid getragen mit'm roten Falken, und (wir) sind noch vor den Hitlerjungen weggelaufen, und Fräulein Beate hat uns im Konsum am Rothenberg immer versteckt, wenn (...) die Hitlerjungen kamen (...) und wollten uns verhauen. (...) Unser Vater (...) hat (die) Partei gegründet, unsern Ortsverein in Rothenditmold und hat (die) Gewerkschaft mitbegründet (...) auch nach '45 sofort wieder. (...) *(ebd. S. 37)*

Nachdem die junge Kasseler Gewerkschafterin engagiert die ersten Jahren des organisatorischen und programmlichen Aufbaus der Gewerkschaften und der gewerkschaftlichen Frauenarbeit in ihrer Heimatstadt mitgestaltete, wurde Annelie Tuchscheer 1952 die Verantwortung über die hauptamtliche DGB-Frauenabteilung Nordhessen mit Sitz in Kassel übertragen. „Unsere Hauptaufgabe in der Frauenarbeit war es, die Lebens- und Arbeitsbedingungen der berufstätigen Frauen zu verbessern und die vielfältigen Vorurteile und Diskriminierungen von Frauen abzubauen und zu beseitigen. Dem trugen die DGB-Beschlüsse mit ihrem Grundsatzprogramm und den Richtlinien für die Frauenarbeit Rechnung."

Zehn Jahre später übernahm die Nordhessin von Lucie Kurlbaum-Beyer die Position der DGB-Landesfrauensekretärin. Es war eine Zeit, in der die gewerkschaftliche Frauenarbeit einem Tiefpunkt innerhalb der männerdominierten Gewerkschaftsstrukturen entgegen ging, der mit den „66er Beschlüssen des DGB", alle hauptamtlichen Frauensekretariate auf Kreisebene „aus Kostengründen" abzuschaffen, erreicht war. Doch der Kampfgeist der hessischen Gewerkschafterinnen, angeführt von der Landesfrauensekretärin, war erwacht, so daß dieser Tiefpunkt zum Start eines neu entwickelten Selbstbewußtseins der Frauen führte. Noch bis 1983 begleitete Annelie Tuchscheer diesen Neubeginn der Frauenarbeit innerhalb des DGB und der Einzelgewerkschaften als verantwortliche in der DGB-Frauenabteilung in Frankfurt a. M.. Besondere Bedeutung hatte – und hat – für sie der gesamte Bereich Öffentlichkeitsarbeit: „Es war wichtig, die Öffentlichkeit immer wieder von den Vorstellungen gewerkschaftlichen Wollens zu unterrichten, um zu einer Bewußtseinsänderung gegenüber den vielen Benachteiligungen und Vorurteilen von Frauen (berufstätigen insbesondere!) beizutragen."

Viel Arbeit investierte Annelie Tuchscheer in die monatlichen Pressekonferenzen des DGB-Landesbezirks, an denen sich ihre Frauenabteilung beteiligte; regelmäßige Presseberichte über Veranstaltungen informierten die Öffentlichkeit über die Aktivitäten hessischer Gewerkschafterinnen, und es entstanden Sendereihen im Hessischen Rundfunk (Stimme der Arbeit, Sozialpolitisches Forum), die Annelie Tuchscheer als „sehr wirksam und viel gehört" bezeichnet.

Wenn heute die langjährige „erste Frau" der hessischen Gewerkschafterinnen im Rückblick das bislang Erreichte für die Frauen in Wirtschaft und Gesellschaft einschätzt, dann fällt ihr Urteil ziemlich schonungslos aus: „Wir müssen feststellen, daß sich nicht allzuviel in Sachen Emanzipation geändert hat. Fortschritte gab es immer nur dann, wenn Frauen gehandelt und aktiv für die Durchsetzung ihrer Rechte gestritten haben. Das haben wir in der gewerkschaftlichen Frauenarbeit leidvoll erfahren.

Heute bestimmen große technische, wirtschaftliche und gesellschaftliche Veränderungen unsere Zeit, durch die sich auch das Leben der Frauen verändert hat. Besonders in den jetzigen Krisenzeiten mit über 4,5 Millionen Arbeitslosen, dem Abbau sozialer Sicherheit, wirtschaftlicher Not und Armut sind es immer noch die Frauen, die am meisten darunter zu leiden haben.

Gewerkschaften müssen sich weiterhin an die Spitze des Kampfes stellen – Aufgaben gibt es genug und nutzlose Appelle bringen nichts! Aus der Geschichte wissen wir, daß gesellschaftliche Vorurteile und Meinungen sehr langlebig sind. Deshalb: Nicht aufgeben!!"

(sge)

Organisationstalent mit psychologischem Feingefühl

Betriebsratsvorsitzende Rosi Bartel hat noch Träume

„Wenn ich 70 Jahre alt wäre, würde ich vielleicht ganz anders erzählen." Aber bis dahin hat Rosi Bartel noch viele Jahre Zeit. Die vielbeschäftigte Betriebsratsvorsitzende der Veritas AG stammt aus Gelnhausen. Ihre Eltern dagegen kamen in der Nachkriegszeit als Flüchtlinge nach Gelnhausen. Armut kam als Makel hinzu, weil der Vater als Heizer bei den Amerikanern sehr wenig verdiente und die Mutter zwar gelernte Sekretärin war, aber lange Zeit wegen der Kinder zuhause blieb. „Ich wollte nicht zur Veritas. Ich wollte überhaupt nicht arbeiten. Ich wollte auf das Aufbaugymnasium in Schlüchtern. Das Grimmelshausen-Gymnasium nahm damals keine Quereinstieger von der Mittelschule auf, aber meine Eltern hatten noch nicht einmal das Fahrgeld."

32 Jahre Engagement

Rosi Bartel ist 16 Jahre alt, als sie am 1. April 1964 in der Veritas als Stenotypistin beginnt. Am gleichen Tag begegnet ihr Gretel Wandinger, Betriebsrätin und IG-Chemie-Funktionärin. „Sie war eine der wenigen Frauen in dieser Zeit, die eine Anstellung in kleinerer Leitungsfunktion hatte. Sie nahm mich überall mit hin. Ich hatte ja noch nie was von Gewerkschaften gehört." Gretel Wandinger wirbt sie für die Gewerkschaft und lädt sie zu den Frauenausschußsitzungen ein. Kurze Zeit später kandidiert Rosi Bartel als Jugendvertreterin und erhält damit ihren ersten Gewerkschaftsposten.

Die vielen Positionen, die in 32 Jahren Engagement noch dazukommen, klingen nach Karriere: Betriebsrätin, stellvertretende Vorsitzende, Vorsitzende des Betriebsrats, Arbeitnehmervertreterin im Aufsichtsrat der Veritas AG, Mitglied der Tarifkommission und noch viele mehr. „Aber ich habe das nie gewollt. Man hat mich immer wieder angesprochen, 'du kannst das, mach' das doch'. Eigentlich bin ich faul. Deshalb organisiere und plane ich alle Arbeit bis ins kleinste Detail, selbst beim Kartoffelschälen. Auch meine Reden schreibe ich dreimal um und kopiere sie dann so groß, daß ich sie selbst dann noch lesen könnte, wenn meine Brille kaputtgehen würde." Ob die Terminplanung im Haushalt oder als Betriebsratsvorsitzende, alles muß klappen, und niemand soll ihr nachsagen können, sie sei keine gute Hausfrau. Nur mit ihrem Organisationstalent gelingt es Rosi Bartel, noch freie Zeit für sich zu haben. „Die nutze ich, um Krimis zu lesen, schwimmen zu gehen oder einfach mal in der Sonne zu liegen." Während sie davon erzählt schwingt die bunte Frauenfigur von Niki de Saint Phalle am Ohr hin und her.

Rosi Bartel spürt den Streß der insgesamt 32 Jahre engagierter Gewerkschaftsarbeit. Migräneanfälle und schwere Bandscheibenprobleme sind keine Seltenheit. Auch am Tag des Interviews mußte sie eine Akupunktur-Behandlung über sich ergehen lassen. Kein Wunder also, daß in den Gewerkschaften das gesellschaftlich veraltete „Drei-Phasen-Modell" zum Tragen kommt. „Die Frauen sind entweder jung und dynamisch oder geschieden. Kaum eine Frau in meinem Alter und in meiner Stellung ist noch gesund," erzählt die Gewerkschaftsfrau. Und die Erfolge? „Es sind immer noch die gleichen Themen, um die wir uns kümmern müssen: die persönlichen Probleme, die kleinen Ungerechtigkeiten im Betrieb und dann in den Gremien die Lohngestaltung und Verbesserung von Arbeitsbedingungen. Und immer wieder mußt du Rückschritte hinnehmen. Es dauerte auch bei mir lange, bis ich begriff, daß tarifvertragliche und gesetzliche Errungenschaften wieder zurückgenommen werden können. Und das muß ich dann den Mitgliedern vermitteln."

Keine Politik-Karriere

Vermittlungsarbeit ist für Rosi Bartel immer mehr zur zentralen Aufgabe einer Betriebsrätin geworden: „Ein Großteil meiner Arbeit ist, vor Ort mit den Leuten zu sprechen. Ich nehme ein dickes Buch und meinen Piepser mit, mit dem ich ans Telefon gerufen werden kann. Damit gehe ich durch die Abteilungen, weil ich da die meisten Anregungen bekomme. Es ist ganz wichtig, daß die Arbeitnehmer merken, es ist jemand da, und wenn ich ein Problem habe, dann gibt es eine Anlaufstelle. Nicht selten ist dann auch psychologisches Feingefühl gefordert. Außerdem gibt es in der Chemie-Branche viele ausländische Arbeitnehmer und Arbeitnehmerinnen, die (aber nicht nur die) oft die komplizierten Neuregelungen nicht verstehen." Die Arbeit im Betrieb ist es auch, die Rosi Bartel davon abhält, als SPD-Frau für den Landtag zu kandidieren. Sie ist davon überzeugt, daß Abgeordnete sehr schnell den Kontakt zu den „einfachen" Leuten und damit zur Realität verlieren. Nichts ist ihr mehr ein Greuel, als ein Abgeordneter oder ein Gewerkschaftsfunktionär, der nicht mehr weiß, wie niedrig das Durchschnittsgehalt eines Chemiearbeiters oder gar einer Chemiearbeiterin ist. Denn eins ist sicher: Gleiche Arbeit und damit gleichen Lohn für beide Geschlechter gibt es heute immer noch nicht. „Es werden zwar neue Arbeitsplätze geschaffen, oft genug auf Kosten anderer, aber auf die Idee, eine Frau einzustellen, kommt die Geschäftsführung selten allein". Und immer noch ist die Gebärfähigkeit von Frauen ein Hindernis bei Einstellungen, egal ob es sich um eine Betriebswirtin handelt oder um eine Arbeiterin im Produktionsbereich. „Deshalb wünsche ich mir, daß wir die Arbeitszeit noch weiter abbauen könnten, um den Frauen die Chance zu geben, trotz Mutterschaft einen qualifizierten Beruf auszuüben. Das Ziel muß sein, daß Männer und Frauen sich gleichberechtigt um die Kindererziehung kümmern. Dann hätten wir die Gleichberechtigung. Aber das geht nur in einer veränderten Gesellschaft." So ist die Lieblingsfarbe von Rosi Bartel vielleicht doch nicht zufällig rot.

„Manchmal träume ich davon, daß die Menschen 250 Jahre alt werden, damit sie sowohl den Kapitalismus in seiner harten Form als auch den Kommunismus in seiner sowjetischen Ausprägung kennenlernen und dann geläutert einen Sozialismus neuer Prägung aufbauen könnten."

(ah)

HINTERGRÜNDE

„Kämpferische Kolleginnen"

Rolle ausländischer Frauen in Gewerkschaften kaum erfaßt

Iranische und deutsche Frauen bei der Maikundgebung 1992 vor dem Goldschmiedehaus Hanau

Als die „Gastarbeiter" Ende der 50er, Anfang der 60er Jahre in die Bundesrepublik kamen, gab es sowohl in der Bundesrepublik als auch im heutigen Main-Kinzig-Kreis „Vollbeschäftigung". So berichtet der Hanauer Anzeiger vom 8. Oktober 1960: "Die Arbeitslosenquote, das bedeutet das Verhältnis zu den in Arbeit stehenden Personen, betrug Ende Juli 0,5 Prozent, und zwar bei den Männern 0,6 und bei den Frauen 0,4 Prozent." Als Lohndrücker galten „die Gastarbeiter" kurze Zeit später, als das deutsche Wirtschaftswunder eine erste Krise zu verzeichnen hatte.

Daß diese Menschen meist in Barracken oder provisorischen Gemeinschaftsunterkünften ein ausgesprochen eingeschränktes Dasein fristeten, wurde mit der Annahme entschuldigt, sie wären ja nur für eine begrenzte Zeit zum Arbeiten hierher gekommen. Sie hatten sogenannte Arbeitsnachweise: gültig für ein Jahr und an einen festen Arbeitsplatz gebunden.

Nicht nur Männer kamen

„Gastarbeiter" waren in der Vorstellung der einheimischen Bevölkerung Männer, Männer, die ihre „Heimat" verlassen hatten, Abenteurer und Arbeitstiere, Fremde eben. Kein Mensch sprach über die unwürdige Prozedur des Anwerbeverfahrens, kaum jemand dachte daran, daß die Arbeitsmigranten zuhause Familien hatten, ob Eltern oder Ehegatten und Kinder.

Was bei diesen Vorstellungen vor allem nicht auftauchte und häufig bis heute übersehen wird, ist die Tatsache, daß auch Frauen kamen, Alleinstehende und Verheiratete mit ihren Ehemännern oder ohne. Dabei stellten ab Mitte der 60er

Jahre Frauen einen Anteil von 20 Prozent aller Angeworbenen. Und bereits 1960 lag die Beschäftigungsquote der Migrantinnen in der BRD bei 50 Prozent und 1970 war sie bereits auf 71,6 Prozent gestiegen. Diese Quote lag für die einheimischen Frauen wesentlich niedriger: 1960 bei 41,0 Prozent und 1970 bei 37,7 Prozent. *(vgl. Manuela Westphal)* (1)

Eigene Arbeitserlaubnis

Auch die Statistiken von 1965 geben einen Hinweis auf die Anwesenheit von Frauen: 1965 waren von 12.202 Ausländern im Main-Kinzig-Kreis 3.333 weiblich. Dies entspricht einem Anteil von 27,3 Prozent. Für Hessen gelten ähnliche Zahlen für das Jahr 1965: von 216.817 Ausländern sind 65.634 Frauen (30,3 Prozent). Und bereits 1961 hatte man für die Bundesrepublik bei 690.000 Ausländern einen Anteil von 31 Prozent Frauen gezählt. (2)

Bei der Interpretation dieser Zahlen wird immer davon ausgegangen, daß die Frauen nachgezogene Migrantinnen waren, in sozialer und wirtschaftlicher Abhängigkeit von ihren Ehemännern. Aber die beiden Frauen, mit denen wir Interviews führten, haben darauf hingewiesen, daß sie selbst oder ihre Mutter „Pionierwanderinnen" *(Westphal)* waren. Die eine hatte, obwohl verheiratet, ein eigenständiges Anwerbeverfahren durchlaufen und war damit auch von Anfang an im Besitz einer Arbeitserlaubnis. Die andere berichtet von ihrer Mutter, die, obwohl ebenfalls verheiratet, als erste der Familie 1969 in die Bundesrepublik aufbrach. Der Vater, sie selbst und ihr Bruder kamen nach.

Interessant ist auch die Tatsache, daß die Hanauer Gummischuhfabrik bereits 1961 eine Gemeinschaftsunterkunft für Frauen in einem alten Kino in Langenselbold eingerichtet hatte (siehe Porträt über Tina Piscitello in diesem Buch). Dies ist ein weiterer Hinweis auf die Anwesenheit einer größeren Zahl von ausländischen Frauen im Main-Kinzig-Kreis. Wenige alleinstehende Frauen wären anders unterzubringen gewesen. Und all diese Frauen hatten einen eigenständigen ausländerrechtlichem Status und damit eine Arbeitserlaubnis. Ihre Präsenz in den Betrieben des Main-Kinzig-Kreis war damit gegeben.

Bei Streiks immer dabei

Die ersten „Gastarbeiter" kamen aus Italien nach Hanau und damit in den Main-Kinzig-Kreis. Viele von ihnen stammen aus dem zu jener Zeit überwiegend agrarisch geprägten Sizilien, trotzdem werden sie aber als kämpferisch beschrieben. Bei Streiks waren sie immer dabei und auch sonst nicht auf den Mund gefallen, so lautet ihr Ruf bis heute. „Das gesellschaftliche Bewußtsein der ausländischen Kolleginnen geht oft über die passive Mitgliedschaft hinaus. Das zeigt ihre Beteiligung an gewerkschaftlichen Aktionen und Kämpfen der letzten Jahre und Jahrzehnte." Was hinter diesem Bild steckt, ist schwer zu fassen. Tina Piscitello war schon als junge Frau in ihrer Heimat politisch engagiert, ebenso ihr Mann. Mit den deutschen Gewerkschaften hatten beide jedoch fast zehn Jahre lang nichts zu tun. Erst 1970 wurde ein Betriebsrat in der Gummischuh gegründet, in dem dann auch von Anfang an ausländische Gewerkschafter vertreten waren. Wie es in der Dunlop, dem größten Arbeitgeber ausländischer Arbeiter und Arbeiterinnen in Hanau aussah, läßt sich nicht mehr sagen. Ältere Unterlagen des Betriebsrates sind nicht mehr aufzufinden.

Im Frauen-Info-Brief des DGB von April 1995 ist zu lesen: „In den Statistiken der Gewerkschaften tauchen ausländische Arbeitnehmerinnen ebenfalls kaum als solche auf. Angaben darüber, wieviele Frauen in den Gewerkschaften organisiert sind, fehlen. Lediglich eine Untersuchung im Bereich der IG-Metall aus dem Jahr 1987 kommt zu dem Ergebnis, daß der Organisationsgrad von türkischen Arbeitnehmerinnen bei 53 Prozent liegt und damit höher ist, als bei den deutschen Kolleginnen (49 Prozent). Auch über die Präsenz von ausländischen Frauen in den betrieblichen

Mitbestimmungs- sowie den Entscheidungsgremien der gewerkschaftlichen Organisationen liegen bisher keine Zahlen vor. Bekannt ist lediglich, daß der Anteil ausländischer Kolleginnen und Kollegen bei einem Beschäftigungsanteil von insgesamt 7,9 Prozent unter den gewählten Betriebsräten 1990 lediglich 4,6 Prozent betrug."

Wenig Beschreibungen

Zahlen für den Main-Kinzig-Kreis liegen ebenfalls nicht vor. Weder die Einzelgewerkschaften noch der DGB führen Mitgliederstatistiken, die solche Daten erfassen. Bei der IG-Chemie argumentiert man beispielsweise damit, die Förderung von ausländischen Betriebsräten, seien sie männlich oder weiblich, laufe auf Betriebsebene und die Gewerkschaft habe von daher keine Einflußmöglichkeiten. Erfassungskriterium für den Bereich der Betriebsräte sei die Betriebszugehörigkeit und nicht das Geschlecht oder die Staatsangehörigkeit.

So kommt es, daß die besonderen Erfahrungen ausländischer Betriebsrätinnen und Gewerkschaftsmitglieder kaum zu beschreiben und erst recht nicht beurteilt werden können. Dabei betonen die beiden von uns porträtierten Frauen, daß sie sich für "das Land interessieren, in dem sie leben" *(Tina Piscitello)*. Und gerade dies scheint der Schlüssel zum Engagement ausländischer ArbeitnehmerInnen zu sein. Denn inzwischen ist für viele klar, daß sie nicht mehr in das Land zurückkehren werden, aus dem sie kamen und das ihnen über die Jahre fremd geworden ist. „Gastarbeiter" sind sie schon lange nicht mehr, und von daher müßte auch ein Interesse von Seiten der Gewerkschaften an ausländischen ArbeitnehmerInnen und deren spezifische Lebens- und Arbeitsbedingungen bestehen.

(ah)

---

(1) Angeworbene sind diejenigen, die über Außenstellen der Arbeitsämter in ihren Heimatländern Arbeitsverträge mit deutschen Arbeitgebern geschlossen haben und den sog. Arbeitsnachweis erhielten. Dieser Arbeitsnachweis galt als Ausweispapier und Einreisegenehmigung (Visum).

(2) Die Quellen sind im Literaturnachweis ausgewiesen.

Der Priester wollte die Kommunistin nicht trauen

Tina Piscitello kam mit 18 Jahren aus Sizilien

Bei der Ortsfrauenkonferenz der IG-Metall im Frühjahr 1997 in Hanau haben wir uns zum ersten Mal getroffen. Tina Piscitello ist eine kleine quirlige Frau mit lustigen Augen. Sie hätte gerne mehr Zeit für ihre Kinder gehabt, als diese klein waren, so ihr Beitrag zur Diskussion um die Zukunft der Frauenerwerbsarbeit. Und sie fügt hinzu: „Kinder brauchen ihre Mütter." Sie mußte sich die Zeit für ihre Kinder „stehlen". Inzwischen sind ihre Kinder groß, und Tina Piscitello ist im Vorruhestand. Bei der Gummischuh hat sie gearbeitet, die dann von Schöps & Co. übernommen wurde. Nachdem die Firma ebenfalls schließen mußte, kam sie zur Vacuumschmelze (VAC).

Keine Arbeit in Italien

Die Geschichte, die sie erzählt, beginnt viel früher. Aus Sizilien kommend war Tina Piscitello bereits als Jugendliche Mitglied der Kommunistischen Partei Italiens (PCI). Und das brachte im konservativen Sizilien Probleme. Als sie ihren Mann heiraten wollte, weigerte sich der Priester, die beiden zu trauen. Auch die Überredungskünste ihres Vaters, wie Braut und Bräutigam ebenfalls Mitglied der PCI, halfen nicht. Das Zugeständnis des Priesters, die Trauung in der Sakristei zu vollziehen, lehnten sie ab. Ihre Haltung lautete: entweder ganz oder gar nicht. Das brachte eine Lawine ins Rollen. Acht weitere Paare, alle Genossen, wurden in der Folgezeit ebenfalls nur standesamtlich getraut. Die Kinder wurden nicht mehr getauft. Und irgendwann wurde der Priester versetzt.

Ende der 50er Jahre gab es in ihrer Heimat keine Arbeit für Menschen, die sich auch noch politisch betätigten. Von einem Bekannten erfährt Franco Piscitello von der Möglichkeit, nach Deutschland zu gehen, in das Land, das nicht nur unter Kommunisten immer noch mit Nationalsozialismus gleichgesetzt wurde. Keiner der Genossen kann verstehen, daß sich Franco Piscitello auf dieses Abenteuer einläßt, erzählt Tina. Aber sie entschließt sich schnell, ihrem Mann zu folgen und muß sich ebenfalls dem Anwerbeverfahren unterziehen. Die erste Tauglichkeitsuntersuchung findet in Messina/Sizilien statt. Dort sind die notwendigen Papiere leicht zu bekommen, insbesondere für unliebsame Kommunisten.

In Verona, so erinnert sich Tina Piscitello, bricht für viele ihrer Landsleute eine Welt zusammen. Bei manchen, die schon längst ihre Haushalte aufgelöst und sich von ihren Familien verabschiedet haben, finden die Ärzte noch gesundheitliche Hindernisse. Die Mediziner führten sich auf „wie auf dem Pferdemarkt", erinnert sich Tina Piscitello. Wer den Test nicht besteht, darf nicht weiterreisen. Für viele ist Verona Endstation. Nur die jungen, gesunden Interessenten will die deutsche Wirtschaft aufnehmen, kommentiert sie das Anwerbeverfahren von damals.

Nur mehlige Soßen

Tina ist jung und gesund und darf am 23. November 1961 nach Hanau weiterreisen. Ein Dolmetscher erwartet sie und weitere „Gastarbeiter" am Hauptbahnhof. Auf Familien und Paare ist man in Hanau (noch) nicht eingestellt. Deshalb muß die junge Frau die erste Nacht in einer Gemeinschaftsunterkunft für Frauen in einem alten Kino in Langenselbold verbringen. Die 18-jährige merkt bald, daß dort nicht nur Frauen schlafen, sondern auch Männer über Nacht bleiben. Sie macht kein Auge zu in dieser ersten Nacht in einem fremden Land, in dem es nur Essen mit mehligen Soßen gibt und alle eine schwer zu lernende Sprache sprechen.

Dennoch sorgt sie schon am nächsten Tag dafür, daß sie eine andere Unterkunft erhält. Der Arbeitgeber ihres Mannes stellt eine leerstehende Barracke zur Verfügung. Und so geht es dann immer weiter aufwärts. Nie gibt sich die junge Frau mit dem Bißchen zufrieden, das man ihr zugesteht. Da sie sich auch für andere einsetzt, erntet sie schnell Anerkennung von KollegInnen und Nachbarn. Sie lernt jeden Tag ein neues Wort Deutsch und macht sich so unabhängig von dem Dolmetscher.

Familie gegründet

Als die Bewohner Stühle brauchen, geht sie zum Vorgesetzten und spricht ihn aus Versehen mit „du" an, aber sie bekommt, was gebraucht wird. Nachdem sie schwanger wird, weist ihr die Firma Gummischuh ein Zimmer mit Toilette und Küche auf dem Gang zu. Kurze Zeit später können die Piscitellos eine Wohnung im selben Haus beziehen. Drei Zimmer stehen der Familie zur Verfügung, die sich weiter vergrößert: die Kinder werden im Abstand von 14 Monaten geboren. Tina erreicht, daß sie ihre Arbeit zuhause erledigen kann. Morgens geht sie in die nahegelegene Fabrik, bringt die kontrollierten Gummiteile wieder zurück und nimmt neue mit. Erst als die Gummischuh Arbeiter entlassen muß, beginnt sie, wieder täglich in der Fabrik zu arbeiten. Im Schichtwechsel mit ihrem Mann schafft sie es, daß die Kinder nicht den ganzen Tag alleine sind. Auch die Nachbarn oder der Pförtner passen auf den Nachwuchs auf. „Ich habe immer Glück gehabt", meint Tina Piscitello, „mich haben die Leute wohl gemocht. Mir hat niemand Knüppel zwischen die Beine geschmissen."

Im letzten Jahr bei Schöps & Co., 1971, gründet die Belegschaft einen Betriebsrat, in dem Franco Piscitello von Anfang an aktiv ist. Tina hingegen wird einfaches IG-Chemie Mitglied. Als dann kurz darauf auch diese Firma Pleite geht, sorgt ein Sozialplan dafür, daß die Mitarbeiter von anderen Firmen übernommen werden. Die Vaccuumschmelze wird neuer Arbeitgeber von Tina und Franco Piscitello. Ab diesem Zeitpunkt ist Tina Piscitello Mitglied der IG-Metall. 1997 ist sie insgesamt 25 Jahre Gewerkschaftsmitglied.

Vertrauensfrau bei der VAC

In der VAC begann ein neuer Abschnitt politischen Engagements. Tina wurde Vertrauensfrau im Betrieb. Sie erinnert sich, daß „meistens die Frauen kamen. Die italienischen Männer gingen zu meinem Mann. Wenn Streiks waren, sind wir immer auf die Straße gegangen, aber ich habe mich immer gewundert, wie wenig hier in Deutschland gestreikt wird". Ganz besonders ist ihr der Streik 1984 um die 35-Stundenwoche in Erinnerung. „Das war ein ganz besonderes Ereignis." Damals war Tina mit vielen anderen KollegInnen ausgesperrt. Und da haben sie sich was einfallen lassen: Nach einem Ausflug mit einem italienischen Priester wurde die ganze Reisegruppe eingeladen, vor die VAC-Betriebstore zu kommen. „Wir haben die Nonnen und die Priester und die ganzen Italiener vor die VAC gebracht. Jeder hat gespendet. Das war sehr schön, obwohl wir nichts mit der katholischen Kirche zu tun haben."

Lange hat Tina Piscitello auf den Internationalen Frauentag gewartet, den sie schon aus Italien kannte und aus den sozialistischen Ländern. Sie findet, daß sich noch immer zu wenig Frauen dieses Kampftages bewußt sind. Als Kommunistin „interessierst du dich für das Land, in dem du lebst", meint Tina Piscitello. Was in Italien passiert, weiß sie überwiegend von ihrer Tochter, die inzwischen in Italien lebt. Tina selbst kann sich nicht vorstellen, wieder ganz nach Italien zurückzukehren, für drei oder vier Monate im Jahr, das schon. Aber nach so einer langen Zeit ist sie doch in Deutschland heimisch geworden.

(ah)

DIE 70ER JAHRE

Aufbruchstimmungen in den 70ern

Die 70er Jahre waren geprägt von starken politischen Aufbrüchen als Folge der 68er Studentenaufstände sowie von zunehmendem Politikinteresse der jungen Generation und der Frauen. Unter dem Willy-Brandt-Slogan „Mehr Demokratie wagen" und durch das Entstehen der neuen Frauenbewegung keimten große Hoffnungen, mehr Einfluß auf das verknöcherte konservative System nehmen zu können.

Frauen gründen Initiativen

Im neugebildeten Main-Kinzig-Kreis, zu dem die ehemaligen Landkreise Hanau, Gelnhausen und Schlüchtern im Rahmen der „Gebietsreform" zusammengeschlossen wurden, gründeten sich neue Frauengruppen. Die Frauen in den Gewerkschaften und in der SPD fühlten sich durch den bundesweit spürbaren Aufbruch ermutigt, erstmals lautstark ihre Interessen und Forderungen zu formulieren. Energisch wurden die Themen „Kampf gegen den Paragraphen 218", „Gewalt gegen Frauen", „indirekter und direkter Sexismus", „gleiche Chancen am Arbeitsplatz" in zahllosen Aktionen, Demonstrationen und Diskussionsabenden vor allem in Hanau ins öffentliche Interesse gerückt. Frauen, darunter viele Gewerkschafterinnen, wagten in Eigeninitiative die Gründung von Vereinen und öffentlichen Einrichtungen wie Verbraucherberatung, Verein „Frauen helfen Frauen", „Pro Familia" und kämpften auch um politische Mandate in den Parteien. Plötzlich ging es auch um die Einführung eines Sechsstundenarbeitstages und die Beteiligung von Männern an der Erziehung der Kinder und bei der Hausarbeit. Die Männer in Parteien, Gewerkschaften, Verwaltungen reagierten teilweise erschrocken oder feindselig, wenige machten sich die Forderungen der Frauen zu eigen und unterstützten sie.

Viele Neuerungen

Weitere fortschrittliche Veränderungen folgten. Erstmals wurden in den 70er Jahren die zunehmenden Belastungen der natürlichen Umwelt durch rücksichtslosen Verbrauch, durch Beschädigung und Vergiftung deutlich. Behörden und Parteien reagierten zunächst hilflos bis ignorant. Dann gab es eine Aufbruchstimmung in den Gemeinden, die schlagartig an den Bau von Kläranlagen, neuen Straßen, Sportplätzen, Kindergärten und Gemeinschaftshäusern gingen, sich dabei oft auch hoch verschuldeten. Zum ersten Mal zogen einige Frauen in die Kommunalparlamente im Main-Kinzig-Kreis ein. Es wurde an bessere Bildungs- und Freizeitmöglichkeiten für die Jugend in den Landgemeinden gedacht. Allein im Landkreis Hanau entstanden innerhalb weniger Jahre acht neue Gesamtschulen, mehrere Mittelpunkthallenbäder und

Jugendräume. Der Landkreis Hanau baute neben der Ronneburg ein prächtiges Jugendzentrum, um die Jugendbildung und sportliche Freizeitangebote zu fördern.

Frauen aus den Gewerkschaften und der SPD organisierten gemeinsame Aktionen und öffentliche Veranstaltungen gegen den Paragraphen 218. Die sozialliberale Bundesregierung schaffte es, durch eine grundlegende Eherechtsreform die Benachteiligung für geschiedene Frauen zu beseitigen und damit Geboten des Grundgesetzes Folge zu leisten.

Gegen große Widerstände der CDU/CSU bemüht sich die sozialliberale Bundesregierung, die verhärteten Fronten zur DDR aufzuweichen und erste, bescheidene Sachkontakte aufzubauen. Im ganzen Land herrscht nahezu Vollbeschäftigung, die Arbeitslosenquoten liegen bei etwa 4 Prozent.

(wr)

Die 70er Jahre: Es geht wieder aufwärts

Als am 6. November 1971 die 80 Delegierten zur 7. DGB-Landesfrauenkonferenz in Gießen zusammentrafen, war die Aufbruchstimmung deutlich zu spüren. Daß es aufwärts ging mit der gewerkschaftlichen Frauenarbeit, dokumentierten zum einen die Mitgliederzahlen: Die Zahl der weiblichen Mitglieder war von 89.937 am 31. Dezember 1968 auf 96.948 am 31. Dezember 1970 gestiegen; rund 7.000 Frauen waren in die Gewerkschaften neu „eingestiegen". (Ende 1976 waren insgesamt bereits 130.084 Frauen in Hessen organisiert und stellten damit erstmals einen Mitgliederanteil von 22 Prozent)

Und auch bei den Kreisfrauenausschüssen konnte die DGB-Landesfrauensekretärin Annelie Tuchscheer Positives berichten: u.a. hatten sich in Gießen, Wetzlar, Frankfurt (Main), Hanau, Fulda und Limburg neue Frauenausschüsse gegründet. (Nach der DGB-Kreisreform 1976 wurden im Landesbezirk Hessen 4 neue Kreisfrauenausschüsse gegründet: Werra-Meißner, Schwalm-Eder, Vogelsberg-Kreis, Wetterau-Kreis mit 18 Kreisfrauenausschüssen und einem Ortsfrauenausschuß in Schlüchtern, in denen 242 Kolleginnen mitarbeiteten). Besonders erfreulich: viele junge Kolleginnen engagierten sich nun in der Organisation.

Die Landesfrauenkonferenzen Spiegelbilder gewerkschaftlicher Frauenarbeit

Die Anträge und Entschließungen, die auf den alle drei Jahre stattfindenden Landesfrauenkonferenzen eingebracht werden, spiegeln die Schwerpunkte wieder, die die Gewerkschaftsfrauen in ihrer Arbeit setzen. Die drei Landesfrauenkonferenzen in den 70er Jahren beschäftigten sich im großen Rahmen mit den Themen „Soziale Sicherung der Frau" (1971, Gießen), „Frauen '74 – Partner in Beruf, Familie und Gesellschaft" (1974, Kassel) sowie „Bildung für Frauen – Chance oder Ausrede?" (1977, Darmstadt) – wobei diese Konferenz schon stark unter dem Eindruck wachsender Arbeitslosigkeit stand.

Selbstbewußt thematisiert: Die soziale Gerechtigkeit

Hinzu kam, daß man nun selbstbewußter als in den 20 Jahren zuvor das Thema „Soziale Gerechtigkeit" in den Vordergrund stellte, was schon das Motto dieser ersten DGB-Landesfrauenkonferenz der 70er Jahre erkennen läßt: „Soziale Sicherung der Frau" – ein Thema, das bis zum heutigen Tag ein zentrales Thema gewerkschaftlicher Frauenarbeit ist. Annelie Tuchscheer faßte die Zielsetzung des DGB zur sozialen Sicherung der Frau folgendermaßen zusammen: „(...) eine Reform der sozialen Sicherung der Frau in der Renten- und Krankenversicherung, die eine eigenständige, unabhängige Lebensstandardsicherung darstellen muß. Die Verwirklichung der sozialen Gerechtigkeit in unserer Gesellschaft, das zeigte die Konferenz, ist die große Aufgabe, die für uns ansteht: soziale Sicherung für Krankheit und Alter, soziale Daseinsvorsorge vom Kindergarten bis zum Altenheim, von der Sport- und Freizeitstätte bis zum Krankenhaus." *(aus: Bergmiller, S. 129)* In den Anträgen wurde dazu u.a. gefordert: Ausbau der eigenständigen sozialen Sicherung der Frau; Besetzung der Selbstverwaltungsorgane in der Sozialversicherung durch die Versicherten; Novellierung Mutterschutzgesetz; lohnsteuerliche Berücksichtigung der Kosten für die Unterbringung von Kindern in Kindergärten, Tagesstätten oder Pflegestellen.

Die besonderen Probleme berufstätiger Frauen

Auf der 77er Landesfrauenkonferenz beschrieb Annelie Tuchscheer die besonderen Probleme, die gerade berufstätige Frauen hätten: unsicherere Arbeitsplätze als die der Männer, weniger Lohn, Rentenbezug am Rande des Sozialhilfesatzes, mangelnde Bildung, Ausbildung und Weiterbildung. Besonders die berufliche Bildung der Mädchen liege immer noch im Argen: „Auch für Frauen lohnt sich eine qualifizierte Berufsausbildung. Man muß nur endlich ernst machen und den Teufelskreis durchbrechen, der Mädchen und Frauen immer nur auf die typischen Frauenberufe verweist. Deshalb wird auch in einem Antrag vorgeschlagen, eine Ausbildungspflicht für alle Jugendlichen einzuführen und die Berufsfelder zu erweitern." *(A. Tuchscheer, 9. LFK, 1977)*

Teilzeitarbeit umstritten

Die Teilzeitarbeit wurde im DGB lange kontrovers diskutiert. Auf der 8. Landesfrauenkonferenz in Kassel verlangte der Frauenausschuß der ÖTV, daß „keine Teilzeitbeschäftigungen mehr abgeschlossen werden, die unter der Sozialversicherungspflichtgrenze liegen"; mit der Begründung, daß diese Frauen benachteiligt würden, da sie keinen Anspruch auf Leistungen aus der Sozialversicherung (Kranken- und Rentenversicherung) hätten. Dennoch wurde Teilzeitarbeit nicht völlig verdammt, da die Gewerkschafterinnen durchaus die Nöte der Frauen anerkannten, Beruf und Familie unter einen Hut zu bringen. Unterm Strich sagte man nicht strikt „Nein" zur Teilzeit, sondern forderte eine arbeits- und sozialrechtlich abgesicherte Beschäftigungsform.

Reformen: § 218: Ehe- und Familienrecht

Am Ende der 70er Jahre war die Stimmung unter den Gewerkschafterinnen völlig anders als zehn Jahre zuvor. Im Rückblick konnte man auf einige Erfolge zurückschauen, die nur aufgrund aktiver gewerkschaftlicher Frauenarbeit Eingang gefunden hatten in die Bundesgesetzgebung und die Stellung der Frau verbesserten. So wurde erreicht, daß der § 218 StGB reformiert und die Drei-Monats-Fristen-Regelung gesetzlich festgeschrieben wurde. Auch die Existenz der beiden kurz vor dem Aus stehenden Beratungsstellen in Hanau und Fulda konnte aufgrund massiver Proteste von Gewerkschafterinnen gesichert werden. Zum anderen erreichte man eine Reform des Ehe- und Familienrechts, nach der die rechtliche Stellung von Mann und Frau in Ehe und Familie endlich gleichgesetzt wurde. Insgesamt, so resümierte Annelie Tuchscheer 1977, seien „fast alle die Frauen direkt oder indirekt diskriminierenden Gesetze (...) inzwischen im Sinne des Art. 3 GG geändert worden." *(ebd.)*

„Frauen und Männer sind gleichberechtigt"?

Breite öffentliche Aktionen sorgten in den 70ern dafür, daß das Thema Gleichstellung von Mann und Frau nicht mehr länger in stillen Hinterstuben von Organisationen diskutiert wurde, sondern auch von denjenigen im Lande zumindest registriert wurde, die sich grundsätzlich nicht damit befassen wollten.

So erklärte man beispielsweise das Jahr 1972 zum „Jahr der Arbeitnehmerinnen" und warb in vielen Veranstaltungen um Engagement und Mitarbeit. Allein in Hessen kamen 11.423 Frauen neu hinzu – eine Zunahme von 10,5 Prozent gegenüber 1971. Am 31.12.1972, so teilte die DGB-Landesfrauensekretärin mit, waren 108.396 weibliche Mitglieder im DGB-Landesbezirk Hessen organisiert. *(Vgl. Bergmiller, S. 129)*

Und auch international erfuhr die Problematik Gleichstellung der Frau in den 70er Jahren eine Aufwertung. Das Jahr 1975 proklamierten die Vereinten Nationen zum „Jahr der Frau – gegen Diskriminierung". Im Vorfeld, auf ihrer 8. Landesfrauenkonferenz 1974 in Kassel, forderten die Gewerkschafterinnen, „Maßnahmen und Aktionen gegen die Diskriminierung der Frau zu planen und zu unterstützen" und den 1. Mai 1975 dazu zu nutzen, „Probleme der erwerbstätigen Frauen und deren Lösungsmöglichkeiten vorrangig in die Öffentlichkeit zu tragen". *(8. LFK, Antrag 1)*

Was schließlich auch sehr umfangreich geschah. Im DGB-Landesbezirk Hessen hatten sich die Frauen für dieses Jahr neben dem offiziellen internationalen Motto „Gleichheit-Entwicklung-Frieden" noch das eigene Motto „Weltweit: Frauen wollen freier werden" gegeben *(Geschäftsbericht 1974-76, DGB-Landesbezirk Hessen, Abteilung Frauen, S. 37 f).* Landesweit gab es 106 Veranstaltungen zu den Themenschwerpunkten Arbeitschancen der Frauen – Beschäftigungspolitik, Abbau von Vorurteilen gegenüber erwerbstätigen Frauen, gleicher Lohn für gleichwertige Arbeit, eigenständige soziale Sicherung der Frau, menschengerechte Arbeitsstrukturen, Arbeitnehmer organisieren sich in den DGB-Gewerkschaften, mehr Frauen in die Betriebsräte, gemeinsam erreichen wir mehr – Frauen und Männer im DGB. Neben Tagungen, Treffen, Diskussionsrunden, Ausstellungen, einer Frauenfilmwoche in Frankfurt a.M. sowie Seminaren und sogar einem Kindermalwettbewerb in Wetzlar „Kinder malen ihre Muttis", war sicherlich die Großveranstaltung des DGB-Landesbezirks Hessen am 04.10.75 in der Stadthalle in Marburg einer der großen Höhepunkte dieses hessischen „Internationalen Frauenjahres". Sie stand unter dem Motto „'75 aktuell: Recht auf Arbeit – auch für Frauen!" Insgesamt kamen aus allen Landesteilen 600 Kolleginnen und Kollegen zu diesem Großereignis der hessischen Gewerkschaftsfrauen.

Am Ende der 70er

Arbeitslosigkeit besonders der Frauen kennzeichnete die Situation auf dem Arbeitsmarkt auch in Hessen Ende der 70er. Die Forderungen der Gewerkschafterinnen lauteten neben der verbesserten Ausbildung der Mädchen und Frauen, Arbeitsbeschaffungsmaßnahmen und eine bessere Integration der Frauen in das Erwerbsleben. Auch die Vermehrung der – umstrittenen – Teilzeitarbeitsplätze gehörte zum Forderungskatalog. Die Frauen sprachen sich für eine vorausschauende Personalplanung als Chance zur höher qualifizierten Beschäftigung von Arbeitnehmerinnen aus. *(Entschließung A, 9. LFK)* Hinzu kam die Not vieler berufstätiger Mütter, keine geeigneten Plätze in Kindertagesstätten mit ausreichenden Öffnungszeiten zu finden. Hier wurden angepaßte Zeiten gefordert.

Als positiv wurde die Entwicklung bei der Lohngleichheit angesehen. Annelie Tuchscheer berichtet im Oktober 1981: „Gerade in diesem Punkt hat sich gezeigt, was Solidarität und gewerkschaftlicher Druck bewirken können. Durch die Arbeitsgerichtsklagen vieler Kolleginnen sind wir ein Stück vorangekommen (s. Kabelspulerinnen, Heinze-Frauen, Karstadt-Frauen u.a.m.)." *(vgl. DGB-Landesfrauenkonferenz Hessen, 24.10.1981, Ffm.)*

Weitere Bereiche, die Ende der 70er noch nicht positiv verändert worden waren, sind das Freistellungsgesetz zur Pflege erkrankter Kinder, der Ausbau der Gewerbeaufsicht (Frauenarbeitsschutz, Mutterschutz etc.) sowie eine stärkere Beteiligung der Frauen in den Organen von Funk und Fernsehen.

Politische Einmischung erwünscht

Trotz der erkennbaren Soziallastigkeit der gewerkschaftlichen Frauenarbeit fehlte es den Frauen der 70er keineswegs an dem Wunsch, sich auch allgemein-politisch zu Wort zu melden. So protestierten sie auf ihrer 8. Landesfrauenkonferenz massiv gegen die Situation in Chile und forderten die Bundesregierung auf, darauf hinzuwirken, daß die Menschenrechte wiederhergestellt würden, die freien Gewerkschaften arbeiten könnten, die politischen Parteien wieder zugelassen würden und auf „verlogene politische Prozesse" verzichtet werde. Die Gewerkschafterinnen setzten auf den Druck der Weltöffentlichkeit gegen das Militärregime und forderten alle Institutionen der BRD auf, angemessene Arbeits-, Ausbildungs- und Fortbildungsmöglichkeiten zur Verfügung zu stellen.

Sie wehrten sich gegen die Stationierung der Neutronenbombe in der BRD und meldeten sich regelmäßig zu Fragen der Umweltpolitik zu Wort.

Gewerkschaftliche Frauenarbeit: unermüdliche Kleinarbeit

In ihrem Geschäftsbericht von 1974 bis 1976 beschreibt Annelie Tuchscheer als Landesfrauensekretärin, daß gewerkschaftliche Frauenarbeit eine unermüdliche, sich häufig wiederholende Kleinarbeit sei: „Sie ist deshalb nicht einfach, weil die Hemmnisse, Benachteiligungen und Diskriminierungen, von denen Frauen betroffen sind, in den verschiedensten Lebensbereichen liegen und sie ihre Ursachen und Verfestigungen der Sitten, Gebräuchen, Verhaltensweisen, in der Infrastruktur, in den traditionellen Arbeitsabläufen und in Rechtsnormen haben. (...) Gewerkschaftliche Frauenarbeit ist eine der treibenden Kräfte in der Gewerkschaftsbewegung (...). (Sie) ist somit ein wichtiges Instrument zur Förderung der innergewerkschaftlichen wie der allgemein-gesellschaftlichen Demokratie". *(Geschäftsbericht 1974-76, DGB-Landesbezirk Hessen, Abt. Frauen, S. 3 f)*

(sge)

PORTRAITS

Vom großen Aufbruch der Frauen in den 80ern blieb wenig

Gisela Schade klagt über gewaltigen „Rollback"

Gisela Pettersson, die in der Zeit ihres Engagements beim DGB-Hessen Gisela Schade hieß, ist Redakteurin und Autorin. Zum DGB kam die ehrenamtliche Bildungsreferentin der damaligen IG Druck und Papier, heute IG Medien, direkt aus einer Zeitungs-Redaktion, weil sie neugierig auf das damals in Hessen neu gegründete DGB-Bildungswerk war. Eigentlich wollte sie nur für einen befristeten Zeitraum konzeptionell in der gewerkschaftlichen Bildungsarbeit tätig sein, blieb dann aber „hängen".

Sie wechselte zum DGB-Landesbezirk in die Abteilung des Vorsitzenden, war für die Öffentlichkeitsarbeit zuständig, wurde schließlich zur Landesfrauen-Sekretärin und zur stellvertretenden DGB-Landesbezirksvorsitzenden gewählt. Unter anderem kümmerte sie sich um Arbeitsmarkt-, Sozial- und Kulturpolitik. Die Reihe der Gremien, in denen sie gewerkschaftliche Interessen vertrat, ist lang: Vom DGB-Bundesfrauenausschuß über den Verwaltungsrat der Bundesanstalt für Arbeit, dem alternierenden Vorsitz bei LVA und Landesarbeitsamt bis zu den Hessischen Frauenverbänden, dem Beirat der Frauenhaftanstalt Preungesheim oder auch Pro Familia. 1987 verlegte sie ihren Lebens- und Arbeitsmittelpunkt nach Schweden, war Skandinavien-Korrespondentin der taz (Tageszeitung, Berlin), Mitarbeiterin bei Radio Sweden, dem deutschen Programm am Schwedischen Rundfunk und veröffentlichte ihre ersten beiden Bücher.

Intellektuelle Kraft

Seit 1991 lebt und arbeitet die Redakteurin und Autorin in Hamburg. Sie ist unter anderem für überregionale Print-

Medien und Verlage tätig. Außerdem macht sie Öffentlichkeitsarbeit für EU-Projekte und Seminare. Sie referiert und moderiert zu den Schwerpunkten Arbeitsmarkt, Arbeitszeit, Sozial- und Familienpolitik, dies auch im deutsch-skandinavischen Vergleich. Zu diesem Thema hat sie auch mehrere Bücher veröffentlicht. Aktuell arbeitet sie als Co-Autorin an dem Buch „Umbau statt Abbau – Sozialstaatsvergleich Schweden, Österreich, Deutschland" mit. Ein Buch über Arbeitszeitmodelle in Deutschland ist in Vorbereitung.

Der DGB Hessen, besonders aber die Frauen, haben 1975 bis 1987 von der intellektuellen Kraft von Gisela Pettersson (Schade) ebenso profitiert wie von ihren politischen und lebensnahen Ideen. Sie kam unmittelbar in die Aufbruchphase der gewerkschaftlich und politisch organisierten Frauen. „Damals gab es eine ungewöhnliche Fülle von Aktivitäten und konkreten Umsetzungen. Was die Frauen anpackten, gelang ihnen", erinnert sie sich. Das gesellschaftliche Klima ermutigte die Frauen. „Selbst die CDU verabschiedete frauenpolitische Grundsätze", sagt sie. „Klar, daß auch die Gewerkschaftsmänner 'in' sein wollten. Keiner konnte es sich leisten, als Bremser frauenpolitischer Aktivitäten geoutet zu werden".

Kaum Bewußtseinsänderung

In dieser Zeit tat sich bei Frauen und Männern hinsichtlich Aufgeschlossenheit und Sichtweise viel, urteilt Gisela Pettersson (Schade) mit dem Abstand der Jahre, „eine tatsächliche Bewußtseinsänderung, die über den reinen Kopfansatz hinausgeht, ist aber offensichtlich nicht passiert". Denn sonst wäre der gewaltige „Rollback" vor allem nach der Wende und sogar innerhalb der Gewerkschaften nicht passiert. Im Vergleich zu „damals" staunt sie auch über die verhaltenen Reaktionen der Frauen. Einen Vorgeschmack auf „den sich drehenden Wind" sah sie bereits Anfang der 80er Jahre, als DGB-Vorstandsmänner versuchten, dem Internationalen Frauentag den Hahn abzudrehen.

Die Aktivitäten der hessischen Gewerkschaftsfrauen hatten in diesen Jahren bundesweit Resonanz in den Medien, die Aktionen unter dem Titel „Her mit unserer Hälfte" durchschlagende Resonanz. Als der DGB-Landesbezirksvorstand Hessen am 25. Februar 1985 das „Programm des DGB-Hessen zur beruflichen Förderung von Frauen für den haupt- und nebenamtlichen Bereich" verabschiedete, gab es bundesweit nichts Vergleichbares.

„Her mit unserer Hälfte" war auch der Titel einer großen zentralen Veranstaltung der DGB- und der ÖTV-Frauen Hessen, mit der GEW wurde das Frauenbild im Schulbuch, mit der Gewerkschaft Bau, Steine Erden die Situation der Frauen in der Gebäudereinigung angegangen. Aktionen wie „Keine Frauen in die Bundeswehr" (viele Postsäcke voller Karten wurden vor dem Bundeskanzleramt abgeladen) stellten Öffentlichkeit her und trugen zur Bewußtseinsbildung bei. Die schlechte Kindergartenversorgung wurde in einer landsweiten Konferenz aufgearbeitet. Gisela Pettersson (Schade) ging in die einzelnen DGB-Kreise und stärkte den Frauen an der Basis den Rücken.

Machtfrage weiter ungelöst

„Damals wurden überall die ausländischen Kolleginnen und Kollegen in die Arbeit integriert", berichtet Gisela Pettersson (Schade). Vor allem hat sie die Kreativität und die Durchsetzungskraft der Frauen aus den hessischen DGB-Kreisfrauenausschüssen gefördert. „Die Gremienarbeit ließ teilweise zu wünschen übrig, aber wenn es um die Umsetzung ging, war das Engagement da." Dauerbrenner war schon damals das Thema „Geringfügige Beschäftigung".

1981 war das Jahr des erfolgreichen Kampfes der Kasseler „Heinze-Frauen" um Lohngerechtigkeit. 1983 kamen erstmals in der Nachkriegsgeschichte bundesweite Frauendemonstrationen mit 30.000 Teilnehmerinnen zustande.

1984 gab es die große Muttertags-Demo in Bonn mit über 30.000 Frauen unter dem Motto „Wir machen Putz in Bonn". Damals wurden erstmals die lange bestehenden Berührungsängste mit bestimmten Parteien und Gruppierungen (Grüne, Autonome) durchbrochen. „Die Frauen wollten sich von ihren männerdominierten Vorständen nicht mehr sagen lassen, mit wem sie zusammen aktiv werden dürfen. Zumindest dieser Durchbruch hat gehalten".

Für Gisela bleibt allerdings die eigentliche Machtfrage noch immer ungelöst. „Obwohl mehr Frauen in den Vorständen arbeiten, sind Gewerkschaften nach wie vor Männerbünde". Sie stellt die Prognose: „Obwohl Frauenabteilungen im günstigsten Fall auf ihr eigenes Überflüssigsein hinarbeiten sollten, wird ihnen angesichts des realen Machtaspekts noch ein langes Leben beschert sein." Im Main-Kinzig-Kreis erinnern die Gewerkschafterinnen die Jahre mit Gisela Pettersson (Schade) an der Spitze in Hessen als motivierend und produktiv.

(wr)

„Kaffee kochten die Männer nie"

Sekretärin Irene Dohn arbeitet seit 27 Jahren bei der IG-Metall

Irene Dohn ist derzeit die Dienstälteste in der IG-Metall-Verwaltungsstelle im DGB-Haus am Freiheitsplatz. Seit 27 Jahren ist die gelernte Großhandelskauffrau Sekretärin des Ersten Bevollmächtigten. Konrad Schied holte sie 1970 von der Degussa. Dort hatte sie in der Buchhaltung gearbeitet und war als Jugendvertreterin und Vertrauensfrau aktiv. Nach Schieds Pensionierung wurde sie von seinem Nachfolger Michael Pilz übernommen.

Den Wechsel von der freien Wirtschaft in die Administration „ihrer" Gewerkschaft beschreibt Irene Dohn ironisch so: „Von da an war ich Hauptamtliche." Sie will damit sagen, daß sie einerseits ihre obengenannten Ehrenämter aufgeben mußte, andererseits trotzdem weiter in den entsprechenden Gremien saß. Nach dem Motto, „Irene, du machst das schon", nahm sie nach Feierabend an Sitzungen des IG-Metallfrauenausschusses, des Ortsjugendausschusses oder an den Vertrauensleuteversammlungen teil, schrieb Protokolle und verschickte sie.

Ab 1981 übernahm sie auch „offiziell" wieder gewerkschaftliche Funktionen, wurde Obfrau und war bis 1990 im Gesamtbetriebsrat der IG-Metall.

Wie schätzt sie ihr Arbeitsverhältnis ein? Wurde traditionelles Rollenverhalten erwartet? Hat sie sich in das Sekretärinnen-Klischee gefügt? „Die Männer haben immer gesagt, Kaffeekochen könnten sie auch, aber sie haben's nicht gemacht", sagt sie. In vorauseilendem Gehorsam hat sie das obligatorische Bürogetränk stets parat gehabt. Umgekehrt gab es einen Aufstand der Mitarbeiterinnen, als Konrad Schied Anfang der 70er Jahre mit dem Ansinnen zur Arbeit kam, „einen Putztag einzulegen, damit es hier mal wieder ordentlich sauber wird". Den Staubsauger hatte er – in der Absicht selbst mit Hand anzulegen – gleich von zu Hause mitgebracht. Sein leuchtendes Beispiel konnte den Widerstand der Mitarbeiterinnen jedoch nicht brechen.

Insgesamt, glaubt Irene Dohn, habe sie sich nicht so „abstrampeln" müssen, wie ihre Arbeitskolleginnen in der Industrie. „Das Verhältnis hier war kollegialer, die Grenzen zwischen Vorgesetzten und Untergebenen verliefen eher fließend. Durch meine Mitarbeit in den Ausschüssen und Gremien habe ich oft mehr gewußt als der Bevolllmächtigte. So konnte ich Probleme im Vorfeld klären oder Dinge eher auf den Weg bringen. Ich wurde um Rat gefragt und in Diskussionen einbezogen." Ein wenig änderte sich das Klima, als sie in der eigenen Organisation Betriebsrätin wurde. „Da ist der Vorgesetzte mehr auf Distanz gegangen."

Was war zu dieser Zeit ihr Arbeitsschwerpunkt? „Ewig und drei Tage habe ich um die richtige Eingruppierung der IG-Metall-Beschäftigten der Hanauer Verwaltungsstelle gekämpft, und ich glaube, jetzt ist keine(r) mehr irgendwie benachteiligt." Und wie sieht es mit der Verteilung der Posten aus? „Naja", lacht sie, „bis auf Doris Wege sind alle hauptamtlichen Sekretäre männlich, alle Verwaltungsangestellten weiblich". Aus Anstand verschweigt sie, daß sie sich selbst einmal für einen Posten als Hauptamtliche beworben hat, und, wie eine Kennerin der damaligen Situation kritisch äußert, „übel abgebügelt wurde, weil sie halt 'bloß' eine Bürokraft war".

(rd)

Zäh und zuverlässig:

Karola Zilch hielt als Betriebsrätin durch und pflegt viele Hobbies

Sie gehört zu den vielen Frauen, die in den Gewerkschaften mit unerschütterlicher Sicherheit ihre Arbeit machen, zuverlässig und gewissenhaft, aber auch eher leise als spektakulär. Karola Zilch ist in der IG-Druck und Papier/IG Medien seit Jahrzehnten unentbehrlich. Fast genau so lang ist sie in den Druck-Betrieben Illert in Hanau-Steinheim im graphischen Atelier beschäftigt. Geboren 1942, hat sie ihr Leben lang gelernt und gearbeitet.

Nach einer dreijährigen Lehre als graphische Zeichnerin konnte Karola Zilch nebenbei die Werkkunstschule Offenbach besuchen. Sie erlebte bei der Übernahme als technische Angestellte erstmals hautnah den Unterschied bei den Aufstiegschancen von Männern und Frauen, mußte um ihre Rechte kämpfen. Ihr Status als technische Angestellte wurde anerkannt. „Ich war zäh und ging bis vor den Landesvorstand. Dort habe ich erreicht, daß ein entsprechender Passus an den Tarifvertrag angehängt wurde", berichtet sie.

Danach habe sie sich allerdings auch verpflichtet gefühlt, sich zu engagieren. Sie besuchte Lehrgänge und wurde Anfang der 70er Jahre als Vertrauensfrau gewählt. Damals erneuerte sich der Betriebsrat. Junge Leute wie Klaus Bretthauer und Manfred Haas kamen in den Betriebsrat. Es begann eine kämpferische Zeit mit ständigen Auseinandersetzungen. Die Geschäftsleitung vertrat noch althergebrachte Standpunkte. Mit Druck aus der Belegschaft (Maschinen abstellen) oder des Arbeitsgerichts Hanau mußte sie zur Einhaltung tariflicher und gesetzlicher Bestimmungen gezwungen werden. Besonders schwer tat sich die Firmenleitung, wenn es um die Fortbildung der Betriebsratsmitglieder ging. Die mußte meist per Gerichtsbeschluß durchgesetzt werden.

Vorwürfe und Drohungen

„Als ich als Delegierte zum Gewerkschaftstag nach Hamburg fahren wollte, drohte man mir wegen meiner gewerkschaftlichen Aktivitäten mit Kündigung. Als Vertrauensfrau hatte ich nur einen 'halben' Kündigungsschutz." Der Landesvorstand (damals noch IG-Druck und Papier) erwirkte auf Landesebene beim Arbeitgeberverband eine Rücknahme der Kündigung. Im Jahr darauf wurde Karola Zilch in den Betriebsrat gewählt und war damit auch rechtlich abgesichert. Die Versuche, sie als Frau mit Vorwürfen („Sie nehmen Familienvätern einen Arbeitsplatz weg") und Drohungen („Auch Betriebsräte kann man loswerden") unter Druck zu setzen, hörten dennoch nicht auf.

In Zeiten, in denen das Unternehmen rund 700 Leute beschäftigte, gehörten dem Betriebsrat drei Frauen an. Heute, bei knapp 200 Leuten, ist Karola Zilch die einzige. Die vielen Konflikte zwischen Betriebsrat, Geschäftsleitung und auch Belegschaft bedeuteten für die Frauen im Betriebsrat eine starke zusätzliche Belastung, die viele dazu brachte, das Handtuch zu werfen.

Karola Zilch hielt durch. Sie war in den 70er Jahren Landesfrauenvorsitzende ihrer Gewerkschaft, war Mitglied im DGB-Landes-Frauenausschuß, im Bezirksvorstand und im DGB-Kreisvorstand. Nach wie vor gehört sie dem Landesvorstand an.

Liebe zur Gartenarbeit

Standfest zu bleiben trotz mancher Anfeindungen hatte sie bereits als evangelisch getauftes Kind im durchweg katholischen Steinheim gelernt. Fast nebenbei erwarb sie auch noch in einem mehrjährigen Kurs auf dem „Dritten Bildungsweg" die Zulassung zum Hochschulstudium. Darüber hinaus pflegt Karola Zilch künstlerische Hobbys wie Porträt- und Aquarellmalerei oder Fotografieren. Ihrem kulturell und bildungspolitisch tätigen Ehemann, dem Lehrer Hubert Zilch, ist sie eine engagierte Gefährtin. In den vergangenen Jahren hat die vielseitige Frau noch ein weiteres schönes Hobby entdeckt: die Gartenarbeit. Auf dem Gelände hinter ihrem Haus kann Karola ihr ganz eigenes Werk schaffen und erleben, wie es ohne Widersprüche blüht und gedeiht.

(wr)

Respektsperson, die viele Initativen ins Leben rief:

Isolde Reichert trat sogar im Kostüm der Sufragette auf

Sie war vor allem in den 70er und 80er Jahren eine herausragende Persönlichkeit in Stadt und Kreis Hanau, die in vielen Bereichen des öffentlichen Lebens die Initiative ergriff und der man Respekt und Anerkennung zollte. Als Isolde Reichert 1974 eine neue Aufgabe übernahm, sie wurde Leiterin der Verbraucherberatung Hanau, war es zu erwarten, daß sie sich auch gewerkschaftlich engagierte.

Die Liste ihrer Ämter ist lang: Sie war viele Jahre SPD-Kreistagsabgeordnete, arbeitete als Gemeindevertreterin, Elternbeirätin, Beisitzerin im Ausschuß für Kriegsdienstverweigerer und ehrenamtliche Richterin beim Verwaltungsgerichtshof in Kassel. Isolde Reichert wirkte bei der Gründung von Pro Familia und der Verbraucherberatung mit. Engagiert auch in Kulturpolitik, Altenarbeit und als Mutter dreier Kinder hatte sie genügend Lebenserfahrung gesammelt, um nicht auch an diesem Platz konsequent auf der Seite der Schwächeren zu stehen.

Der Eintritt in die ÖTV nach langer Berufspause brachte sofort eine Fülle

neuer Anforderungen. Sie wurde bald in den Betriebsrat der Verbraucherzentrale Hessen gewählt, von 1976 bis 1984 war sie Betriebsratvorsitzende für alle Verbraucherberatungsstellen in Hessen. Neben den umfangreichen Aufgaben als Leiterin der Hanauer Beratungsstelle mußte sie sich jetzt mit Tarifverträgen, Betriebsvereinbarungen, Höhergruppierungen, Arbeitszeit-Regelungen und Stellenausschreibungen beschäftigen. Sie vertiefte sich in die gesetzlichen Grundlagen, nahm an Vorstandssitzungen und Betriebsräte-Treffen teil, verabredete bundesweit Absprachen mit Betriebsratsvorsitzenden von Verbraucherzentralen anderer Bundesländer und ging auch auf viele Einzelschicksale der Kolleginnen und Kollegen ein.

Die zunehmende Diskrepanz zwischen der Nachfrage nach Beratung und finanziellen Möglichkeiten bei der Einstellung von Fachpersonal führte zu energischen Stellungnahmen der Betriebsratsvorsitzenden, die sich immer wieder für gleiche Bezahlung der Beschäftigten bei gleicher Arbeit und die Aufstockung des Stellenplans einsetzte.

Bundesverdienstkreuz

1986 schied sie mit 56 Jahren aus familiären Gründen aus, blieb aber weiterhin beim DGB-Ortskartell in ihrem Wohnort Langenselbold aktiv. Sie gehörte dem Vorstand an, bereitete die in Langenselbold immer außergewöhnlichen Maifeiern (bei denen sie auch selbst als Rednerin auftrat) mit vor. Im Festzug anläßlich der 875-Jahrfeier in Langenselbold trat sie zusammen mit Nora Adamo im Gewerkschaftsblock als Sufragette auf.

Auf Antrag einiger Frauen wurde ihr das Bundesverdienstkreuz verliehen. Die Fülle an ehrenamtlichem Engagement, an umsichtigem und kenntnisreichem Wirken, später noch als Vorsitzende im parlamentarischen Frauenbeirat und im Sprecherkreis für Asylbewerber von Langenselbold, ihr Eintreten für mehr Gerechtigkeit in allen Lebensbereichen, ist damit nur unzureichend gewürdigt. Aber solche Überlegungen sind Isolde Reichert ohnehin wesensfremd.

(wr)

„Frauen sind stärker geworden"

Monika Ullmann über Erfolge jahrelanger Gewerkschaftsarbeit

Von Gewerkschaftsarbeit hat Monika Ullmann in ihrem Berufsleben erst relativ spät erfahren, nach zehn Jahren Berufserfahrung und in ihrer dritten Arbeitsstelle. 1947 in Gelnhausen geboren, absolvierte sie nach Abschluß der Hauptschule 1962 eine Lehre als Industriekaufmann in einer Gummiwarenfabrik in Mühlheim am Main. Von 1966 bis 1970 arbeitete sie in der Verwaltung der Gemeinde Meerholz (heute Gelnhausen) sozusagen als „Mädchen für alles".

Zur Bundesbahn kam sie 1970 aufgrund einer Plakatwerbung, die damals noch eine „Fangprämie" von 50 Mark pro neuem Mitarbeiter auslobte. Zu diesem Zeitpunkt war sie bereits fünf Jahre verheiratet und hatte einen vierjährigen Sohn, der zunächst während ihrer Arbeitszeit von ihrer Mutter betreut wurde. Später hat sie ihn morgens in den Kindergarten gebracht, in der Mittagspause abgeholt, zurückgebracht und nach der Arbeit wieder mit nach Hause genommen. Ein Fahrrad und die günstige Lage von Arbeitsstelle und Kindergarten machten dies möglich.

Erst 1972, zwei Jahre nach ihrem Wechsel zur Bundesbahn, als sie bei der Lohnstelle anfing, „da ging's los mit den Gewerkschaften". Zunächst war es „reine Neugier, ich hab's halt mal probiert". Probiert hat sie es bei der GdED, es hätte genausogut die GDBA sein können, denn Information über Gewerkschaftsarbeit kam erst mit der neuen Aufgabe und zuerst über die GdED.

In Hanau gab es damals eine Frauenleitung mit immerhin 200 bis 250 Frauen nur in der Ortsverwaltung Hanau. Die Ortsverwaltung hatte eine Jugendgruppe, eine Seniorengruppe und eine Frauengruppe mit einer Ortsfrauenleiterin. Die Ortsverwaltung Hanau zählte 4.000 bis 4.500 Mitglieder. Die Frauen kamen meist vom Reinigungs- und Küchenpersonal. Frauen waren hoch organisiert, „kaum eine war nicht in der Gewerkschaft". Die Ortsfrauenleiterin sei dann schon automatisch in die Bezirksfrauenleitung übernommen worden und danach eventuell in den Betriebsrat, überlegt Monika auf meine Frage nach der innergewerkschaftlichen Karriere dieser Frauen. Sie wechselte 1975 zum Gleisbauhof, und 1979 rät ihr der örtliche Personalrat anläßlich der Wahl, sich aufstellen zu lassen. Sie kommt aus dem Stand auf den fünften Platz.

„Man kann viel durchsetzen"

Ihr Interesse allerdings, versichert sie, war nicht die Karriere. Vielmehr wollte sie „den Mitarbeitern helfen und irgendetwas machen". Von dem Zeitpunkt an war sie im örtlichen Personalrat, übernahm die Ortsfrauenleitung, kam danach in die Bezirksleitung und ist heute Betriebsrätin. „Es kam immer ein Stück mehr dazu". Schwierigkeiten in der von Männern dominierten Bundesbahn? „Ne, hat ich keine (...) nie, nie Schwierigkeiten". Eine Frau im örtlichen Personalrat jedoch, das „war ein Novum. Im Bauhof gab es drei Frauen und eine davon im Personalrat, ja, und das war ich".

Ob es denn gelang, etwas für „ihre Leute" zu erkämpfen, als Frau etwas durchzusetzen? Man kann, versichert sie, auch als Frau für die Mitarbeiter viel erreichen. Ein Erfolg: „Wir haben zum Beispiel über die Bezirksfrauenleitung durchgesetzt, daß die Arbeitsplätze geschlechtsneutral ausgeschrieben werden, und wir sind jetzt dabei, in den Bewerbungsbögen die Frage nach Familienstand und Anzahl der Kinder nicht mehr zu stellen, um diesbezügliche Diskriminierungen auszuschalten. Schon kleine Dinge können Frauen helfen in dieser Männerwelt Bahn, und sei es nur eine Sackkarre, damit Frauen in der Kantine nicht Kisten und Kasten schleppen müssen. Da machen sich Männer keine Gedanken drüber", meint Monika.

Gibt es insgesamt Fortschritte? Es sei schon besser geworden, urteilt sie, nicht zuletzt durch die Wiedervereinigung, mit der ein Schub „Powerfrauen" aus dem Osten kam. 80 Prozent Frauen gab es da, alle gut ausgebildet, meist mit Studium, dort war die Bahn eine Frauendomäne. Die haben andere Vorstellungen, und da tut sich schon etwas. Da gab es beispielsweise einen Hausfrauentag und einen Hort. Hortplätze gibt es heute auch in Frankfurt und Hamburg für Kinder von Mitarbeiterinnen – auch etwas, das Frauen durchgesetzt haben.

Partner muß mitspielen

Die Erfolge halten sich in Grenzen, wie Monika zugibt. Von 400 Betriebsräten sind acht oder neun Frauen, eine Betriebsratsvorsitzende und zwei stellvertretende Betriebsratsvorsitzende, eine davon ist sie. Obwohl die Abwehr der Männer da ist, und obwohl es nicht leicht ist, sich in Lehrgängen und Veranstaltungen mit 90 Prozent Männerbeteiligung zu behaupten, hat sich Monika nicht entmutigen lassen. Sie ist zu der Überzeugung gekommen, daß es auch an den Frauen liegt, wenn sie sich „unterbuttern" lassen und zu schnell die Flinte ins Korn werfen. Frauen scheuen nach ihrer Erfahrung Arbeitsplätze, an denen „von allen Seiten getreten wird". Das liegt, sagt sie, noch immer an der Erziehung von Mädchen, die „es nie anders gelernt haben, als nachzugeben und still zu sein".

Frau muß also nur wollen, dann steht ihr in der GdED jede Karriere offen? Familie, Haushalt, Arbeit und Gewerkschaftstätigkeit sind vereinbar? Ja, meint sie, Lehrgänge werden heute mit Kinderbetreuung angeboten, und Frauen haben heute den Mut, dem Ehemann klarzumachen, daß er einmal auf sein Abendessen verzichten muß. Allerdings, gibt sie zu, der Partner muß mitspielen, auf seine Zustimmung sind Frauen auch heute noch stärker angewiesen als Männer.

Ihr Partner hat nicht „mitgespielt", ihre Ehe wurde 1984 geschieden, der Sohn war zu der Zeit schon 18, fast erwachsen. Einen Teil hat die Gewerkschaftsarbeit nach Feierabend schon zum Scheitern der Ehe beigetragen, obwohl ihre Mutter vieles ermöglicht hat und immer für den Enkel da war.

Haben Frauen durch die verbesserten Bedingungen heute Chancen, bei der Bahn in die Spitzen von Beruf und Gewerkschaft aufzusteigen? Ganz oben hat sich wenig bis nichts verändert, Männer seien allenfalls toleranter und trauten Frauen eher einmal etwas zu. Frauen sind nicht in der Spitze vertreten, noch nicht einmal als Stellvertreterinnen. Sogar die Frauenbeauftragte in Frankfurt hatte man gestrichen. Nur durch den Druck der Frauen gelang es, diese Stelle wieder einzurichten, wenn auch mit Einbußen. Die Zuständigkeit umfaßt heute Frauen und Jugend.

Wie könnte man Veränderungen der 70er und 80er Jahre hinsichtlich der Stellung der Frau bei der Bahn und in der GdED zusammenfassen? Frauen in der Bezirksfrauenleitung sind heute im Durchschnitt jünger, sie haben höhere Schulabschlüsse und seien insgesamt höher qualifiziert. Das hat den Konkurrenzkampf auf eine andere Ebene als früher verlagert. Frauen sind im allgemeinen heute stärker in der Gewerkschaft, da sie eher akzeptiert werden als vor 20 Jahren. Der allgemeinen Klage, Frauen blase der Wind wieder ins Gesicht, kann Monika nicht zustimmen.

(rs)

„Es macht mir angst, wie sich die Kollegen heute ducken"

Dora Reichardt sorgt sich um die politische Zukunft

Daß diese eher zierliche und zarte Frau so zielsicher ihren Weg gegangen ist, verwundert nur auf den ersten Blick. Dora Reichardt genießt noch heute, 16 Jahre nach ihrer Verabschiedung als Verkäuferin und Betriebsratsvorsitzende bei der Kaufhof AG in Hanau, großen Respekt und Freundschaft.

Die 1920 geborene herzliche Frau strahlt Vertrauenswürdigkeit und Sicherheit aus, wirkt wie eine Person, an der alles stimmt und alles echt ist.

„Ich war noch nicht einmal ein Jahr im Kaufhof, da wurde ich schon in den Betriebsrat gewählt." Das war 1968. „Ich habe allerdings auch schon von Anfang an Gewerkschaftsarbeit gemacht", berichtet sie. Drei Jahre später wählten die Kollegen sie zur Betriebsratsvorsitzenden. Damals hatte das Haus noch über 400 Angestellte und 40 Lehrlinge. „Wir waren zu 90 Prozent in der HBV organisiert. Ich habe dem Personalchef von Anfang an klargemacht: 'wenn Sie sich an das Betriebsverfassungsgesetz halten, kommen wir gut miteinander aus. '" Die Zusammenarbeit funktionierte. Kein Arbeitsgerichtsprozeß mußte geführt werden. „Wir haben uns immer zusammengerauft", sagte auch der Direktor bei Dora Reichardts Verabschiedung 1981.

„Wehrt Euch doch!"

„Es macht mir angst, wie die Leute sich heute ducken, selbst der Betriebsrat wehrt sich kaum noch. Die Kollegen werden von den Chefs ohne Einfühlung, nur nach technokratischen Kriterien, behandelt. Das ist doch so kurzsichtig." Angesichts solcher Zustände kann sie auch heute nicht still sein. „Wehrt Euch doch, haltet zusammen", fordert sie ihre ehemaligen Mitarbeiterinnen auf. Schlimm findet sie, daß ihre Kolleginnen fast eine ganze Etage allein bedienen sollen, und „dann müssen die auch noch lächeln und freundlich sein".

„Wir haben immer alles mit Herz gemacht, mit Mut und dem Betriebsverfassungsgesetz", berichtet sie. „Mich hat keiner untergebuttert. Ich habe einen Vertrauensleutekörper aufgebaut, in dem jede Abteilung vertreten war. Als Frau muß Du doppelt so gut sein wie ein Mann. Ich habe eher erlebt, daß die Männer abseits standen."

Einfühlsam im Gespräch

Wenn wichtige Probleme anstanden, rief sie eine Betriebsversammlung ein, erinnert sie sich. Einmal ging es um den Kantinenzuschuß. „Die Firma wollte ein Geschäft daraus machen. Ich habe das abgelehnt und es hat geklappt." Leider geht auch immer mehr die Kunst der Menschenführung verloren, glaubt sie.

„Ich habe mich um alles persönlich gekümmert und aufgepaßt, daß keine Intrigen und keine Klüngeleien entstanden".

Dora Reichardt löste viele betriebliche und auch manche persönlichen Probleme von Kolleginnen und Kollegen in einem Gespräch. Sie konnte zuhören, sich einfühlen, Interessen abwägen, bescheinigen ihr ehemalige Kolleginnen, mit denen sie sich nach wie vor trifft. Bis heute arbeitet sie auch im Seniorenausschuß der HBV mit.

Am Ende der Lohnskala

Als Ende der 70er bis Anfang der 80er Jahre die Einkommen der Verkäuferinnen im Handel immer weiter hinter die der übrigen Wirtschaft zurückfielen, war der Kampf angesagt. Dora Reichardt: „Wir waren am untersten Ende der Lohnskala." Das Durchschnittsbruttoeinkommen betrug 2.000 Mark monatlich.

Die Gewerkschaft Handel, Banken und Versicherungen Hanau/Offenbach mit Peter Lickfeld als zuständigem Sekretär forderte 6,5 Prozent mehr Lohn, mindestens jedoch 100 Mark mehr in der monatlichen Lohntüte und 50 Mark mehr für Auszubildende. Vor allem sollte eine volle soziale Absicherung auch für die vorhandenen Teilzeitarbeitsplätze erfolgen. Was damals ansatzweise gelang, ist heute längst durch die unverbindlichen 620-Mark-Arbeitsplätze unterhöhlt. Das empört die älteren Gewerkschafterinnen, weil wieder einmal Frauen, vor allem Mütter, betroffen sind.

Familienfeindliche Gesetze

Damals wurde auch gestreikt. „Ich habe Flugblätter verteilt. Wir hatten Lautsprecher, und wir haben aus voller Kehle gesungen: `Keiner schiebt uns weg'. Wenn wir den Leuten auf der Straße erzählt haben, wie wenig wir verdienen, wollte das keiner glauben", berichtet Dora.

„Wir konnten noch Versuche zu Änderungen der Ladenschlußzeiten abbremsen. Inzwischen haben wir diese unnötigen, familienfeindlichen Gesetze. Wieder sind die Frauen, die Kinder und Partner die Leidtragenden. Die Kinder sehen ihre Mütter doch kaum noch. Sie kommen so spät nach Hause, daß alle in Streß geraten."

Dora wird auch heute noch beim Besuch im Kaufhof auf aktuelle Probleme angesprochen. Daß sie dann frei heraus ihre Meinung sagt, ist nicht immer zur Freude der Geschäftsleitung.

Ihr Kampfgeist hat nicht nachgelassen. „Meine Mutter hat schon in den 20er Jahren in Frankfurt demonstriert und einmal sogar einem Polizisten ihr Transparent über den Tschako gehauen". Ihr Mann, lange Betriebsrat in einem großen Kraftwerk, hat ihr immer den Rücken gestärkt. Ihr Sohn und ihre Tochter sind „gelungen", haben hochqualifizierte Berufe. Sorgen macht sich Dora um die politische Zukunft. „Alle menschlichen Werte drohen, verloren zu gehen. Es zählen nur noch wirtschaftliche Interessen, die machen uns die ganze Welt kaputt und unsere Natur."

(wr)

Eine Institution in Hanau:

Helga Seipel-Schneider, die erste Frau im Aufsichtsrat bei Schwab, bleibt bescheiden

Sie ist eigentlich schon eine Institution, die für Engagement, Integrität und Zuverlässigkeit steht: Helga Seipel-Schneider, freigestellte Betriebsrätin im Hanauer Versandhaus Schwab, in dem 80 Prozent der Mitarbeiter Frauen sind. In der Gewerkschaft Handel, Banken und Versicherungen (HBV) ist sie außerdem Vorsitzende der Ortsverwaltung Hanau und Mitglied der Tarifkommission beim Einzelhandel in Hessen. Weiter ist sie Richterin beim Landesarbeitsgericht, stellvertretende Vorsitzende des DGB-Kreisfrauenausschusses und seit 1992 die erste Frau im Aufsichtsrat des Konzerns. Sie vertritt „den sozialen Part" innerhalb des großen Versandhauses und genießt das Vertauen ihrer Kolleginnen und Kollegen.

„Ich bin nicht der Mensch, der herausgestellt werden will", wehrt sie den ersten Gesprächsversuch ab und nennt sofort ein halbes Dutzend Frauen, die sich wie sie seit Jahren für die Interessen ihrer Kolleginnen und Kollegen engagieren. Und weil sie sich nicht als typische Funktionärin versteht, will sie lieber weiter auf ihre Weise, das heißt ohne Lautstärke aber mit Einfühlungsvermögen und Konsequenz, wirken.

Im „aufrechten Gang"

Leise, bescheiden, sensibel, warmherzig, gelassen und humorvoll: so ist „die Helga", wie sie jeder nennt, bekannt. Ihre gelassene Bescheidenheit wird aber auch als Ausdruck ihrer Sicherheit gewertet, denn sie hat aus ihrem eigenen Schicksal gelernt und Konsequenzen gezogen. Bereits mit 23 Jahren stand sie plötzlich mit zwei kleinen Kindern allein da. Sie hatte weder Berufsausbildung noch Versorgung und schätzte sich daher glücklich, daß sie als ungelernte Hilfskraft im Versandhaus Schwab angenommen wurde. Stolz trug sie ihren ersten Wochenlohn von 45 Mark nach Hause. Sie lernte alle Belastungen alleinerziehender Mütter mit niedrigen Einkommen und auch die Schicksale ihrer Kolleginnen kennen, begann nachzudenken und sich weiterzubilden.

Fazit Nummer eins war für sie: Allein erreicht man nichts. Wer persönliche und politische Verhältnisse, die bedrückend und ungerecht sind, ändern will, muß sich mit anderen zusammenschließen. Für Helga Seipel war der Beitritt zur Gewerkschaft HBV die einzige Schlußfolgerung. Seitdem hat sich ihr Leben entscheidend verändert. Über zahlreiche Seminare, Bücher und vor allem durch tägliche Praxis lernte sie Sachfragen in ihrem unmittelbaren, menschlichen Zusammenhang zu sehen. So entwickelte sie ihre ganz spezielle Fähigkeit, offen und direkt auf Menschen zuzugehen, sowie glaubhaft Vertrauen herzustellen.

„Das große Wort vom 'aufrechten Gang' war immer meine Richtschnur", sagt Helga, „und ich bin auch ein bißchen stolz, daß ich immer Kraft genug aufbringen konnte, diese Linie durchzuhalten". Ansonsten ist Stolz für sie ein Fremdwort, obwohl sie heute, an der Schwelle zum Rentenalter, und nach Jahrzehnten engagierter Arbeit für ihre Kolleginnen im Betrieb, in den Kaufhäusern und Einzelhandelsgeschäften mit Recht auf ein Leben voll sinnvoller Arbeit zurückblicken kann, das ihr die Achtung vieler Menschen einbrachte.

Persönliche Hilfe

„Ich halte überall die Frauenfahne hoch", sagt sie lächelnd, und „man hat mich damit in unserem Betrieb und in der Gewerkschaft immer ernst genommen". Sie erklärt das aus der Tatsache, daß Frauen besser mitfühlen und sich einfühlen können. „Und ich hatte dann im richtigen Moment auch die richtigen Antworten parat." Sie konnte viele Erfolge ihrer Arbeit registrieren. Dazu zählt sie auch Hilfe, die sie Frauen im Betrieb in persönlichen Notsituationen geben konnte.

Voller Zorn spricht sie vom jüngsten „Sparpaket" der Bundesregierung, das Frauen, allen Arbeitnehmern und den Arbeitslosen lang erkämpfte Fortschritte wieder nehme und auch die Arbeit der Betriebsräte beeinträchtigte. „In unserem Betrieb ist es noch gut. Unser Verhältnis zur Geschäftsleitung ist von gegenseitiger Achtung geprägt." Sie spricht von einem 'guten Geist' in ihrer Firma.

Auch ein Privatleben

Zornig ist sie auf das neue Ladenschlußgesetz, das vielen Frauen aus dem Umland, die von Busfahrzeiten abhängig sind, die Arbeitplätze nimmt. „Ich befürchte, daß fast alle Arbeitsplätze in 610-Mark-Jobs umgewandelt werden und dann 'heuern und feuern' angesagt ist."

Dennoch werden viel zu wenig Frauen gewerkschaftlich aktiv, sagt Helga. Als Gründe nennt sie die Mehrfachbelastung mit Familie, Haushalt und Beruf, der Mangel an Krippen, Kindergarten- und Hortplätzen und die zeitraubenden Entfernungen zwischen Arbeitplatz und Wohnort. 50 Frauen in ihrem Betrieb nehmen täglich 300 Kilometer Anfahrt von Eisenach auf sich. Sie fehlen meist auch bei den Feiern zum 1. Mai, einer jahrzentelangen Tradition in Hanau und im Main-Kinzig-Kreis, bei denen Helga stets in der ersten Reihe marschiert. Nach der Kundgebung übernimmt sie dann eine ganz andere Rolle: Wenn die Kollegen feiern, steht Helga am Waffeleisen und backt 500 Waffeln.

Neben ihrem Engagement in Betrieb, Gewerkschaft, Tarifkommission, Landesarbeitsgericht, DGB-Frauenausschuß und bei der Vorbereitung des Internationalen Frauentages gestattet sich Helga, die keiner Partei angehört,auch ein Privatleben. Mit Freude pflegt sie den guten Kontakt zu ihren Kindern.Sie fährt gern Auto, geht in die Sauna und leistet sich gesunde Kost. Als 1994, nach wenigen Jahren Ehe, ihr zweiter Mann, der Journalist Rudolf Schneider, starb, war das für sie ein schwerer Schlag. Gleichwohl hat sie ihr seelisches Gleichgewicht wieder gefunden. Ihr zweiter Wahlspruch nach dem „aufrechten Gang" heißt nämlich „nicht immer alles im täglichen Leben so tierisch ernst nehmen, man sollte auch wieder lachen können".

(wr)

Streitbar und unduldsam, mit ausgeprägtem Hang zur Perfektion und Disziplin

Die Metallerin Sigi Knecht

Sigi Knecht erweckt den Eindruck einer Perfektionistin: ihre Frisur ist nie aus der Facon, ihr Outfit immer wie aus dem Ei gepellt. Bei genauerem Hinsehen ist von der Jeans und dem aufgestellten Kragen bis zu den manikürten Händen mit dem Glitzer auf den lackierten Nägeln alles makellos. Dennoch wirkt die Mittfünfzigerin sportlich und unternehmungslustig, ein Typ zum Pferde stehlen. Der flottklingende Name – in den fünfziger Jahren als Abkürzung der eher treudeutschen Siglinde entstanden – paßt dazu. Er hat das Flair der keck aufbrechenden Wirtschaftswunderkinder. Es schwingt aber auch die Anstrengung derer mit, denen die Leichtigkeit des Seins nicht mit in die Wiege gelegt worden ist.

Fünftes von acht Kindern

Und Sigi hat sich ganz schön anstrengen und abstrampeln müssen, um das zu werden, was sie heute ist: eine streitbare Frau. 1940 wird sie als fünftes von acht Kinder in eine wie sie sagt „einfache Arbeiterfamilie" hineingeboren. Der Mutter habe man nur eine Hose ans Bett hängen müssen, schon sei sie schwanger gewesen, erläutert sie den Kinderreichtum. Die Familie lebt in Großen-Buseck bei Gießen, wo Sigi auch die Volksschule besucht. Nach dem Abschluß entscheidet der Vater: „Du bleibst zuhause und machst den Haushalt," als eine von drei Schwestern und fünf Brüdern sei das am praktischsten.

„Fast wie ein Dienstmädchen in der eigenen Familie", hat Sigi es nicht lange ausgehalten, zumal es massive Konflikte mit den Brüdern gab. Der Zwist wird mit einem Kompromiß gelöst: Die Berufswahl bleibt, der Einsatzplatz wechselt. Im Nachbarort arbeitet sie etwa zwei Jahre als Haushaltsgehilfin. Danach

Siglinde Knecht

Die 57jährige aus Hanau ist neue Vorsitzende der Frauenausschüsse im DGB Main-Kinzig-Offenbach. Einstimmig kürten die Gewerkschaftsfrauen am Samstag Siglinde Knecht zu ihrer ersten gemeinsamen Sprecherin seit der Zusammenlegung der Kreise. Insgesamt sind dort mehr als 23000 Kolleginnen organisiert.

Ihre Aufgabe sieht die 57jährige vor allem darin, „Probleme, die im Alltag anstehen, in die Öffentlichkeit zu tragen". Dazu gehört das Kooperationsbündnis zur bundesweiten Aktion „Mittendrin und trotzdem draußen — 620-Mark-Jobs sozialversichern", das mehrere Frauenbüros und die Gewerkschafterinnen im Main-Kinzig-Kreis aus der Taufe gehoben haben.

Zur Arbeit der Ausschüsse gehört die Mitsprache in der Gleichstellungskommission der Kommunen oder das Organisieren von Veranstaltungen. ole

Frankfurter Rundschau, 08.02.1998

wechselt sie auf eigene Initiative in den ortsansässigen Textilbetrieb, um eine Lehre als Konfektionsschneiderin zu machen.

Mit 32 Jahren Witwe

In die Lehrzeit fällt die Geburt von Sohn Michael. Sigi ist 18 Jahre alt, der Kindsvater anderweitig verheiratet, was in den Augen des eigenen Vaters eine Schande ist. Er sieht seinen Enkel das erste Lebensjahr nicht an. Sigis Mutter zieht das Kind auf, während die junge Frau in der Kleiderfabrik im Akkord zu arbeiten beginnt. Während der folgenden 16 Jahre bricht sie mehrmals am Arbeitsplatz zusammen, weil sie den schweren Belastungen nicht gewachsen ist.

1963 lernt sie Gottfried Hofmann kennen, die gemeinsame Tochter Sibylle kommt 1964 auf die Welt. Der Kleinfamilie sind nicht einmal zehn gemeinsame Jahre beschieden. Gerade 32 Jahre alt, wird Sigi Witwe, steht mit zwei Kindern alleine da.

Fünf Jahre nach dem Tod ihres Mannes verschlägt die Liebe sie nach Hanau. Nach einer „Probezeit" sieht sie sich in der Region nach Arbeit um und landet bei der Firma Honeywell in Maintal-Dörnigheim. „Damit fängt mein politisches Leben an", sagt sie rückblickend, denn: „Der Betrieb hat gewerkschaftlich einen hohen Stand". Spiritus rector ist ihr späterer Mann, der Kommunist Rolf Knecht, der nicht nur im Dörnigheimer Werk den Ton angibt, sondern Vorsitzender des Gesamtbetriebsrates des Konzerns ist. Sigi wird als Montiererin und Löterin angelernt und zieht durch Informationsfragen die Aufmerksamkeit der Gewerkschafter auf sich.

Im Betriebsrat von Honeywell

Schon im ersten Jahr ihrer Betriebszugehörigkeit kandidiert sie 1978 für den Betriebsrat. Woher der Antrieb dazu kommt? „Daß ich politisch tätig wurde, liegt in der Kindheit, in den Schwierigkeiten, die meine Familie hatte, besonders meine Mutter." Aber auch die harten Jahre, in denen sie sich als jugendliche Alleinerziehende in Großen-Buseck durchschlagen mußte, haben Spuren hinterlassen und ihr Engagement gerade in der Frauenfrage geprägt. Hinzu kommt der überdurchschnittliche Organisationsgrad der IG-Metall in der Firma. „Hier haben Betriebsrat und Vertrauensleute immer eng zusammengearbeitet, einmal monatlich gab und gibt es einen Informationsaustausch zwischen den Gremien, der sofort in die Abteilungen weiterfließt. Als leuchtendes Beispiel schildert sie den Metallarbeiterstreik von 1984, in dem die Beschäftigten sechseinhalb Wochen lang mit phantasievollen Aktionen und enormer Ausdauer das Haupttor belagerten. Damals gehörte Sigi zu den Aktivistinnen, die im zum Streikbüro umfunktionierten Wohnwagen vor dem Betrieb campierten, im Bauwagen nebenan Teeküche und Kantine mitbesorgten und mit der Trillerpfeife Streikbrechern den Gang zur Arbeit akustisch vergällten. Damals fuhr ein ganzer Bus, vollbesetzt mit Honeywell-Kolleginnen, zur IG-Metall-Frauenkonferenz, und Sigi sprach als Delegationsleiterin der Hanauer Region über ihre Streikerfahrungen.

Politischer Aufbruch

Diese Wochen des politischen Aufbruchs haben sie tief beeindruckt. In ihre gefühlsbetonten Erinnerungen mischt sich Stolz: mit großer Diszipin waren die Honeyweller bei der Sache, hielten sich an Schichtpläne für Streikposten gingen ohne Tätlichkeiten mit Andersdenkenden um und nahmen nicht zuletzt nach der Urabstimmung so engagiert die Arbeit wieder auf, daß die Unternehmensleitung ihnen allen eine Streikprämie zahlte.

Engagement und Selbstdisziplin nimmt Sigi nicht nur für sich selbst in Anspruch, sie fordert beides auch von anderen. Als Betriebsrätin oder gewählte Nachrückerin agitiert sie gern in ihrem Umfeld. „Ich lege mich mit den Leuten an und errege mich dabei leicht, werde dann auch laut und grolle, wenn ich dumme Ausreden zur Antwort bekomme." Mit ihrer Unduldsamkeit eckt sie immer wieder an, gerade bei den Frauen, um deren Interessen es ihr eigentlich geht. So hat sie wenig Verständnis dafür, daß bei den Wahlen zur Vertreterversammlung 1996 gemäß der Quotierung vier Frauen aufgestellt waren, aber letztlich nur eine gewählt wurde. Und es klingt verhaltener Zorn in ihrer Stimme, wenn sie feststellen muß, „daß in der Regel selbst von 'unseren' Frauen eher Männer gewählt werden".

Warum sie dennoch weitermacht, seit den 80er Jahren auch als zweite Vorsitzende im IG-Metall-Frauenausschuß und im DGB-Kreisfrauenausschuß? „Ich setze mich für Sachen ein, die ich früher nicht haben konnte, die ich aber wichtig finde und mir für alle anderen wünsche."

Ganz nebenbei hat sie für sich noch eine persönliche, politische und sehr produktive Überlebensstrategie entwickelt: in den meisten Sitzungen hat sie ihr Strick- oder Häkelzeug dabei und nadelt an wärmenden Textilien. So entstehen Pullover mit davon flatternden Friedenstauben oder der aufgehenden Sonne über dem 35-Stunden-Emblem. So ist sie, ob soziale Eiszeit oder politisches Tauwetter angesagt ist, immer modisch und top-aktuell angezogen.

(rd)

„Die Jüngeren bleiben dran"

Monika Sanner-Jakob über kürzere Kinderpausen und gewerkschaftliche Karrieren

Monika Sanner-Jakob ist eine der Frauen, die bereits beim Eintritt in das Berufsleben auch Mitglied der Gewerkschaft wurde. Gewerkschaftsmitglied zu sein, war – wie sie lachend versichert – „so selbstverständlich, wie bei anderen Leuten, sich taufen zu lassen". Die Notwendigkeit der Solidarität unter Arbeitnehmern hat die 1953 im Ruhrpott geborene IG-Metallerin schon früh aus den Erfahrungen im Elternhaus gelernt. Ihr Vater hat Conti-Schicht bei Hösch geschoben. Schon der Umstand, daß sie als Arbeiterkind Abitur machte und studierte, war für ihre Umgebung etwas Besonderes.

Nach ihrem Abschluß als Diplompädagogin mit Schwerpunkt Erwachsenenbildung arbeitete sie von 1977 bis 1979 freiberuflich in einer Bildungsstätte der IG-Metall in Dortmund. In die IG-Metall war sie bereits 1974 mit 21 Jahren eingetreten. 1979 wurde sie als Gewerkschaftssekretärin zunächst für die Bildungsarbeit, später für eine Vorstandsabteilung der IG-Metall eingestellt.

Niedriger Organisationsgrad

Über 20 Prozent der IG-Metall-Mitglieder waren zu diesem Zeitpunkt weiblich, unter den Funktionären, Betriebsratsmitgliedern und Vertrauensleuten waren Frauen jedoch Exoten. Bei Seminaren waren dementsprechend höchstens zwei oder drei von 24 Teilnehmern weiblich. Die Frauenanteile in den Betrieben waren und sind sehr unterschiedlich. Insgesamt, schätzt Monika Sanner-Jakob, sind „knapp 40 Prozent der Beschäftigten weiblich". Daß nur die Hälfte davon gewerkschaftlich organisiert ist, kommt, so meint sie, auch davon, daß viele Frauen, die Teilzeit arbeiten, „meinen, sie bräuchten nicht in der Gewerkschaft sein". Auch der

Spruch: „ich brauch' nicht in die Gewerkschaft, mein Mann ist schon drin", klingt ihr noch in den Ohren.

Der niedrige Organisationsgrad der Frauen hat natürlich Auswirkungen auf die „Machtstrukturen der Gewerkschaften selbst". Auf meine Frage nach Qualifikationsunterschieden zwischen den Geschlechtern differenziert sie zwischen der Produktion und dem Angestelltenbereich. Fachausbildung in der Produktion hatten die Männer, Frauen waren fast immer nur Angelernte. Bei den Angestellten ist die formale Qualifikation die gleiche – nur die Karriere ist unterschiedlich.

Auf die Frauenbewegung in den 70er Jahren angesprochen, sagt die Gewerkschafterin, da habe sich „ganz viel bewegt in der Zeit". Spontan fällt ihr dazu eine der zentralen Forderungen von nicht-gewerkschaftlichen Frauengruppen ein, mit der sie 1978 konfrontiert wurde: „Entlohnung der Hausarbeit!" Diese Forderung wurde von den Gewerkschaften als „eine große Gefährdung der Tarifstrukturen insgesamt betrachtet". Auch ihr schienen damals die Konsequenzen einer solchen Forderung „absurd, eine Riesen-Umverteilung des Volkseinkommens". Nachdenklich sei sie dennoch geworden, und sie habe erkannt, gibt sie freimütig zu, „daß Frauen einen erheblichen Anteil gesellschaftlich notwendiger Arbeit leisten, dafür aber weder entlohnt werden, noch eine soziale Absicherung erfahren". Anfang bis Mitte der 80er Jahre haben allerdings nach ihrer Meinung Annäherungsprozesse stattgefunden, und inzwischen können beide Seiten auch „politisch miteinander arbeiten".

Für ganz wichtig bezüglich der Frauenpolitik in den Gewerkschaften hält sie die Etablierung des Internationalen Frauentages als Kampftag im Kalender gewerkschaftlicher Feiertage, der gegen großen Widerstand durchgesetzt wurde.

Gerade dieser Kampf habe die Gewerkschaftsfrauen „zusammengeschweißt" und „radikalisiert in Richtung feministischer Positionen". Inzwischen wird der Internationale Frauentag sogar mit Kirchenfrauen und CDU-Frauen in großen Bündnissen gefeiert. Die Einbeziehung des Anteils „weiblichen Daseins", der nicht die Erwerbsarbeit betrifft, in die gewerkschaftliche Frauenarbeit ist dem Einfluß der autonomen Frauenarbeit zu verdanken. Der „allumfassende Arbeitsbegriff" auch der Gewerkschaftsfrauen beinhaltet heute außer dem Erwerbsbegriff „auch die Arbeit zu Hause, die Reproduktionsarbeit und die Arbeit mit Kindern". Diesen Aspekt kann man heute nicht mehr so ignorieren, „wie man das vielleicht vor 20 Jahren noch konnte".

Von 1990 bis 1993 hat Monika Sanner-Jakob das DGB-Zweigbüro in Schlüchtern geleitet. Gab es Unterschiede in puncto Frauenarbeit zwischen IG-Metall und DGB? Die Frauen der IG-Metall seien frauenpolitisch immer etwas weiter vorn gewesen, hätten sich ein „bißchen als Avantgarde" gefühlt. Die Frauenabteilung des DGB hätte noch viel stärkeren Widerstand aus den Reihen der männlichen Vorstandsmitglieder erfahren. Dies liege auch daran, daß der DGB als Dachverband die unterschiedlichsten Interessen „unter einen Hut" bringen müsse.

Die innergewerkschaftlichen Karrierechancen sieht Monika Sanner-Jakob noch immer stark reduziert durch die männlich geprägten Strukturen. „Frauen sind noch immer vor die Wahl gestellt, entweder Kinder oder Karriere. Angesichts dieser Alternative entscheiden sich viele Frauen gegen die Karriere."

Auch innerhalb der Gewerkschaften, nicht nur in den Betrieben, sei es sehr schwierig. Die Möglichkeit, weitab von zuhause zwei Wochen auf Lehrgang zu sein, fehlt Frauen häufig – aber „ohne Lehrgänge keine Karriere". Das Problem für Frauen mit Kindern ist inzwischen erkannt und wenigstens „eine der drei Bildungsstätten der IG-Metall bietet Kinderbetreuung an".

Dreifach-Belastung

Die Vertretung von Frauen an den Stellen, wo es um Macht geht, ist nach ihrer Meinung wie überall sehr schwach. Frauen sind da „nur als Spurenelemente" vorhanden. Wo dagegen die „Kärnerarbeit" geleistet wird, dürfen Frauen verantwortlich sein. An der Dreifachbelastung der Frauen „Arbeit, Familie, Gewerkschaft" hat sich, so ist sie überzeugt, überhaupt nichts geändert, weil sich an der „klassischen Arbeitsteilung" zwischen den Geschlechtern auch „nicht sehr viel geändert hat". Noch immer ist spätestens nach der Geburt des ersten Kindes „die Welt wieder in Ordnung, die Frau im Heim und am Herd" und der Mann „im feindlichen Leben". Ein Unterschied sei jedoch festzustellen: „Die Karriereunterbrechung wird immer kürzer. Junge Frauen sind besser qualifiziert, besser darüber aufgeklärt, was sie durch Unterbrechungen aufgeben, und die Pausen für Kindererziehung werden deshalb zeitlich reduziert".

Frauen versuchen, „am Erwerbsleben dranzubleiben", den Kontakt mit der Arbeitsstelle aufrechtzuerhalten, und, wenn möglich, sich weiterzubilden. Auf meine Frage nach dem heutigen Interesse von Frauen an der Gewerkschaftsarbeit weiß Monika Sanner-Jakob keine sehr ermunternde Antwort. Ihre Befürchtung ist, „daß die Frauen eher den Eindruck haben, daß die Gewerkschaften sich für sie nicht zuständig fühlen, und sie darauf angewiesen sind, ihre individuellen Lösungen selbst zu finden. Auf Teilzeit gebe es ja leider noch immer kein Recht". Aus ihrer persönlichen Erfahrung aus der Gewerkschaftsarbeit weiß sie, daß dann, wenn die Gewerkschaften stärker die Interessen der Frauen vertreten, auch das Interesse von Frauen an der Gewerkschaft steigt.

Ideen und Anregungen hat die Gewerkschafterin immer, wenn es um „Frau" geht. Die Lage von Frauen, ob berufstätig oder nicht, kann sie zur Zeit aus einer ganz anderen Perspektive betrachten. Sie arbeitet seit Mai 1993 als Frauenbeauftragte des Main-Kinzig-Kreises. Der Zeitfaktor spielt bei ihr noch immer eine Rolle. Der Haushalt, die neunjährige Tochter und der Beruf sind auch für sie nur deshalb zu bewältigen, weil ihr Mann „mitspielt", und sie vor allem über das nötige Organisationstalent verfügt.

(rs)

„Die Reden halten die Männer"

Die Pädagogin Elke Reitz organisiert im Hintergrund

Die Sonderschullehrerin Elke Reitz, Jahrgang 1952, arbeitet als Leiterin der Grundstufe an der Bergwinkelschule für Lernhilfe in Schlüchtern. Sie engagiert sich seit 1976, noch während des Studiums in Marburg, in der GEW, wurde gewählte Vertreterin der Fachschaft, Mitglied im Berufungsausschuß.

Während ihrer ersten beiden Berufsjahre lehrte sie als Diplompädagogin an einer Fachschule in Rheinland-Pfalz. Es kam wegen ihrer GEW-Tätigkeit zu Konflikten am Arbeitsplatz und Kündigung. Erst bei einem Arbeitsgerichtsprozeß stellte sich heraus, daß mehrere Kolleginnen und Kollegen GEW-Mitglieder waren und sich nie getraut hatten, sich auch dazu zu bekennen. Elke Reitz wechselte gern wieder nach Hessen.

Als Referendarin in Schlüchtern wurde sie Mitglied des Personalrates des Studienseminars, später vertrat sie als Personalrätin sechs Jahre lang die Interessen des Kollegiums der Bergwinkel-Sonderschule. Seit 1985 ist sie Vertreterin der Fachgruppe Sonderschule im GEW-Vorstand des Kreisverbandes Schlüchtern. Ebenfalls seit 1985 arbeitet sie in der Landesfachgruppe und der Bezirksfachgruppe Sonderschulen mit, hier drei Jahre lang zusammen mit ihrem Kollegen Dieter Eitel in leitender Funktion.

Großer Kraftaufwand

Von 1988 bis 1996 war sie Mitglied des Gesamtpersonalrats der Lehrerinnen und Lehrer des Main-Kinzig-Kreises. Und wenn Streik angesagt war, war sie immer dabei. Als der Kreisverband Schlüchtern sein 40-jähriges Jubiläum feierte, hatte sie die organisatorischen Vorarbeiten geleistet. Die öffentlichen Reden und Auftritte übernahmen selbstverständlich die Männer. Nach der Grenzöffnung bereitete Elke Reitz ein Treffen mit Kolleginnen aus der ehemaligen DDR vor, darüberhinaus ein Podiumsgespräch mit Kultusminister Holzapfel und verschiedene Veranstaltungen zu Themen der Sonderpädagogik. Am Staatlichen Schulamt in Hanau ist Elke Reitz seit drei Jahren Fachberaterin für sonderpädagogische Förderung.

Zur Situation der Frauen im östlichen Main-Kinzig-Kreis meint sie, daß Frauen „hoffnungslos unterrepräsentiert" sind. Trotzdem glaubt sie, daß sich der große Zeiteinsatz, den sie in den vergangenen 22 Jahren erbracht hat, „gelohnt hat". „Doch wie überall wird auch hier der große Kraftaufwand wenig anerkannt", sagt die Gewerkschafterin. Gleichwohl hält sie an der Überzeugung fest, daß man nur mit einer starken Organisation im Rücken und kollegialer Zusammenarbeit etwas erreichen kann. Schließlich habe sie von vielen Kolleginnen und Kollegen auch Rückhalt erfahren, „und das hat mir immer wieder Kraft gegeben".

Mit Wärme spricht sie von der guten Zusammenarbeit mit den Hanauer Kolleginnen: „Die Mitarbeit im Gesamtpersonalrat war für mich ganz wichtig. Ich habe selbst auch viel dabei gelernt. Sybille von Soden und Marita Binding sind für mich beispielgebend gewesen."

(wr)

Cornelia Strauch, in Hanau VHS-Verwaltungsleiterin

Cornelia Strauch aus Ronneburg, Jahrgang 1955, Verwaltungsleiterin bei der Volkshochschule der Stadt Hanau: Seit 1973 ist sie Mitglied in der ÖTV. Sie wurde von Änne Schühle sofort nach Arbeitsaufnahme bei der Stadt Hanau geworben und ist Mitglied des Personalrats und des Angestellten-Ausschusses.

Cornelia Strauch kann sich ihr Leben ohne Gewerkschaft nicht mehr vorstellen. „Abgesehen davon, daß nach meiner Überzeugung alle Beschäftigten eine eigene Interessenvertretung brauchen, habe ich auch für mein persönliches Leben viel aus meiner Gewerkschaftsarbeit gelernt. Ich weiß, daß man durch gemeinsame Anstrengungen Lösungen für viele Probleme finden kann, und ich habe auch mehr Selbstsicherheit gewonnen." Die Verwaltungsleiterin hat auch einige Jahre im Frauenausschuß mitgearbeitet und unter anderem an Aktionen wie „Sexuelle Belästigung am Arbeitsplatz" mitgewirkt.

(wr)

Monika Zumpe

gehört seit 1974 der ÖTV an. 1939 geboren, arbeitet sie seit vielen Jahren als Verwaltungsangestellte beim Diakonischen Werk in Hanau. Sie war ebenso lange in der Mitarbeiter-Vertretung des

Kirchenkreises Hanau-Stadt als Vertrauensfrau aktiv. Die speziellen Schwierigkeiten, die Angestellte von kirchlichen Institutionen bei gewerkschaftlicher Interessenvertretung haben, hat sie lange in der ÖTV-Abteilung „Kirchen" mit zu lösen versucht.

Monika Zumpe hat viele Jahre im Kreisfrauenausschuß der ÖTV mitgearbeitet. Sie weiß: Personalvertretungsarbeit ohne gewerkschaftlichen Hintergrund ist kaum zu leisten. Und: „Die Gleichstellung der Frauen in den Betrieben und Verwaltungen ist immer noch nicht erreicht, hier gibt es noch viel Handlungsbedarf."

(wr)

ÖTV-Frauen aus Hanau:
rechts: Monika Zumpe, links: Cornelia Strauch

Helga Vollack

war Sozialarbeiterin beim Jugendamt des Main-Kinzig-Kreises von 1967 bis 1997. 1937 geboren, ist sie seit 1972 in der ÖTV engagiert. Ihre verschiedenen beruflichen Funktionen im Sozialen Dienst, bei der Behindertenhilfe und in der Amtsvormundschaft haben Helga Vollack tiefe Einblicke in menschliches Leid, in die Folgen von Unrecht, von Unwissenheit und Not ermöglicht. Soziales und politisches Engagement (SPD/AsF) über die beruflichen Aufgaben hinaus, ergab sich für sie daraus fast zwangsläufig. Auch wenn sie zu den Frauen gehört, die ihr Licht lieber „unter den Scheffel stellen" und eher mit Bescheidenheit und Understatement Fragen nach ihrer Gewerkschaftsarbeit abwehren, sie muß genannt werden.

In der ÖTV war sie ab 1972 aktiv als Vertrauensfrau in der Abteilung Sozialarbeit, von 1979 bis 1991 arbeitete sie im Kreisfrauenausschuß mit, vier Jahre als dessen Vorsitzende. Von 1983 bis 1991 vertrat sie die Frauen im ÖTV-Kreisvorstand.

Schwerpunktthemen in den genannten knapp 20 Jahren waren für sie unter anderem „neue Bürotechnologien", „Arbeitszeitverkürzung" und „Teilzeitarbeit". Die jahrelang umstrittene Teilzeitarbeit barg auf der einen Seite die Gefahr, daß sie von Arbeitgebern für Rationalisierung genutzt wurde (Arbeitsverdichtung ohne Lohnausgleich, kein Schutz durch Tarifvertrag). Auf der anderen Seite war sie für Mütter die einzige Möglichkeit, erneut am Arbeitsleben teilnehmen zu können.

Die zunächst ablehnende Haltung der ÖTV-Frauen wurde zuerst von den Kolleginnen in der IG-Metall geteilt. Die Verbreitung der neuen Technologien und die wachsende Nachfrage führten schließlich zu neuen Bewertungen. 1988 wurden schließlich Tarifvertragsänderungen durchgesetzt, die für alle Teilzeitarbeitskräfte tariflichen Schutz brachten, also auch für Frauen im Reinigungsdienst und im Schreibdienst.

„Bei der ab 1983 geführten Debatte um die Verringerung der Lebens- oder Wochenarbeitszeit entschieden wir uns klar für die 35-Stundenwoche", berichtet Helga Vollack. „Wir versprachen uns hiervon einen Gewinn für Frauen, weil damit mehr Teilnahme am kulturellen und gesellschaftlichen Leben, besserer Zugang zu Ganztagsarbeit und mehr praktische Gleichstellung von Männern und Frauen auch bei den häuslichen und familiären Aufgaben erwartet werden konnte."

(wr)

Keine Lust auf Rückzug

Margret Reinhold hält an ihrem Traum einer humaneren und friedlicheren Welt fest

Zorn und Aufbruchstimmung aber auch Resignation und Angst prägen derzeit die Stimmung unter den Frauen im Öffentlichen Dienst. Seit die Sparpolitik in Bonn für Einschnitte in Verwaltungen und öffentlichen Einrichtungen sorgt, werden schwer erkämpfte Errungenschaften wieder in Frage gestellt. „Diese Veränderungen machen viele von uns entschlossener. Andere Frauen verstummen dagegen und überlassen den Männern das Feld, statt unsere Interessen zu wahren", beurteilte Margret Reinhold im Juli 1996 die Situation.

„Ich mische gern mit"

Die vielseitige Gewerkschafterin ist Leiterin einer Kindertagesstätte in Erlensee, Vorsitzende des ÖTV-Frauenausschusses, Mitglied im Kreisvorstand der ÖTV und im DGB Frauenausschuß. Sie engagiert sich seit vielen Jahren in den landesweiten Aktionen „Kinder vorn in Hessen", ist aber auch gern Hausfrau: „Ich mische gern mit", sagt sie mit Überzeugung, „und ich wünsche allen Frauen mehr Mut, sich einzumischen. Zu viele haben derzeit den Wunsch, sich zurückzuziehen. Das ist der falsche Weg, den Schwierigkeiten zu begegnen".

Margret Reinhold, 1949 in einem ländlichen Ort in Nordrhein-Westfalen geboren, absolvierte zunächst eine Ausbildung zur Kinderpflegerin. Sie heiratete und zog dann mit ihrem Mann, der 1997 plötzlich verstarb, nach Frankfurt. Dort arbeitete sie fünf Jahre in einem Kindergarten der Evangelischen Kirche und lernte weiter. Nach der Ausbildung zur Erzieherin folgte das Montessori-Diplom. Fast zwangsläufig stellte sie sich auch den Fragen nach gesellschaftlichen Zusammenhängen von Erziehung und Familienbildern. Ihr Drang, Veränderungen einzuführen, ging ihren Vorgesetzten ein bißchen zu weit. Sie empfahlen ihr, sich doch selbst um die Leitung eines Kindergartens zu bewerben. Das war 1975, einer Zeit des Aufbruchs in Frankfurt. Margret wurde Mitglied der ÖTV und der SPD und wollte dazu beitragen, überholte, verkrustete Strukturen aufzubrechen.

Mit 25 Jahren bewarb sie sich um die Leitung eines Kindergartens in Erlensee, wurde eingestellt und führt dieses Haus bis heute mit unverminderter Freude an ihrer Arbeit aber auch mit Zukunftsbildern im Kopf, die der zähen Entwicklung weit vorauseilen.

Familienarbeit machen

„Die Kindergartenarbeit steht für mich immer noch an erster Stelle. Die Kindertagesstätte muß zu einem Ort der Familienarbeit werden, in die Eltern, Jugendliche, Nachbarn und Alte einbezogen werden." Mit solchen Ideen versucht Margret Reinhold auch, an ihren Vorstellungen einer sozialen, kulturellen und kommunikativen Weiterentwicklung der Gesellschaft zu arbeiten.

Und weil diese Ideale und ihr Traum von einer friedlicheren, humaneren Welt mit gleichen Rechten für Frauen nur langfristig über Politik und Bewußtseinsbildung zu verwirklichen sind, ist

Margret immer dabei, wenn für solche Ziele gestritten wird: Ob in der Friedensbewegung, beim Ostermarsch, beim Kampf um Abschaffung des Paragraphen 218, beim Einsatz der AsF-Main-Kinzig für die Einrichtung eines Frauenbüros für den Main-Kinzig-Kreis, bei Unterschriftensammlungen oder bei allen Aktionen der ÖTV für die Frauenförderung – mit Margret Reinhold ist zu rechnen.

Zoff mit den Männern

Nicht ohne Stolz berichtet sie von einer erkämpften und tatsächlich bis heute praktizierten Satzungsänderung für die Arbeit des ÖTV-Kreisvorstands, die den Anteil von Frauen in den Gremien der Gewerkschaft systematisch erhöht hat und weiter erhöhen soll. „Unser Geschäftsführer Michael Schweitzer hält sich streng daran und unterstützt unsere Arbeit uneingeschränkt", sagt Margret Reinhold. Ein Lob spricht sie auch dem jetzt im Ruhestand lebenden ehemaligen DGB-Kreisvorsitzenden Sepp Sigulla aus. „Er hat uns immer wieder ermutigt." Manchmal ist aber auch Zoff mit den Männern angesagt. Nicht ohne Grund veranstalteten die ÖTV-Frauen im Sommer 1990 eine Ausstellung im Foyer des Hanauer Rathauses über „Sexuelle Belästigung am Arbeitsplatz": Gegen verbale und handgreifliche Annäherungsversuche, obszöne Sprüche und Drohungen wurden Strategien vorgestellt, die Mut zur Gegenwehr machten. „Viele Besucherinnen waren uns wirklich dankbar, daß wir dieses Thema aufgegriffen haben", sagt Margret Reinhold.

Auch Irrtümer

Daß es in der Gewerkschaftsarbeit auch Irrtümer gibt, räumt sie unumwunden ein. „Zum Beispiel haben wir früher bei der Teilzeitarbeit für Frauen eine etwas enge Haltung vertreten. Aus Sorge um die Rentenansprüche haben wir sie strikt abgelehnt. Heute wissen wir, daß wir diese Möglichkeit den Frauen offen lassen müssen, die damit Familie und Beruf vereinbaren können. Allerdings sind wir weiter gegen 610-Mark-Jobs ohne Rentenbeitrag. Geirrt haben wir uns auch bei unseren Bedenken gegen die Einführung von Bildschirmen an den Arbeitsplätzen. Die war nicht aufzuhalten und hat neben einigen Belastungen auch Vorteile gebracht."

Als eine wichtige und wertvolle Bereicherung ihrer gewerkschaftlichen Arbeit sieht Margret Reinhold den Kontakt mit anderen Frauengruppen im Main-Kinzig-Kreis. „Über die Frauenbüros des Kreises und der Stadt Hanau, über den Frauenbeirat und über unsere gemeinsamen Veranstaltungen zum Internationalen Frauentag am 8. März hat sich erstmals ein lebhafter Kontakt zwischen (fast) allen Frauen-Organisationen entwickelt – ob politisch, gewerkschaftlich, kirchlich, ob alternative Gruppierungen oder Landfrauen, das hat uns allen etwas gebracht. Es ist so wichtig, daß in allen Orten etwas passiert und daß wir uns untereinander über Erfolge und Niederlagen austauschen."

Nach wie vor sieht Margret Reinhold eine ihrer Aufgaben darin, andere Frauen zur Weiterqualifizierung in ihren Berufen zu ermutigen. „Noch immer trauen sich viele Frauen zu wenig zu oder fühlen sich wegen ihrer Doppelbelastung dazu nicht in der Lage. Wir müssen die Mehrfachbelastungen der Frauen abbauen und ihnen Aufstiegschancen eröffnen."

Für ein Kindergartengesetz

Chancen für Männer aber auch für die Kinder sieht sie in den Kindertagesstätten. Der Mangel an männlichen Bezugspersonen ist auch ein Nachteil für die Kinder, glaubt sie. „Der Verdienst ist heute so gut, daß ein Erzieher eine Familie ernähren kann", sagt Margret, „nur Frauen in dieser Aufgabe zu haben, ist nicht gut."

Für die Zukunft wünscht sie sich ein besseres Kindergartengesetz in Hessen. „Wir haben fast 20 Jahre vergeblich um ein Kindergartengesetz in Hessen gekämpft. Als CDU und FDP regierten, wurde ein halbherziges und unzulängliches Gesetz verabschiedet, daß eigentlich nichts bringt. Für Kinder muß auch Geld da sein, es gibt kaum etwas Wichtigeres. Man sollte mehr Frauen die öffentlichen Finanzen verwalten lassen, dann würden nicht so viele Schulden gemacht und das Geld zielgerichteter verteilt."

Haushalt ist auch Hobby

Die Haushaltsführung liegt der Kindergartenleiterin auch in ihrem Privatleben am Herzen. Mit großem Vergnügen legt sie Vorräte an, kocht große Mengen Gemüse und Obst ein, die sie von Verwandten auf dem Land erhält. Ein Zentner Pflaumen, ein paar Eimer voll Gurken, Kirschen oder Bohnen sind eine Herausforderung, die sie mit Lust angeht. „Das liegt an meiner ländlichen Vergangenheit", sagt Margret, „das ist ein wunderbarer Ausgleich." Entspannen kann sie sich auch beim Lesen. Sie interessiert sie sich vor allem für Literatur, die ihr Neues über das Leben von Frauen und Kindern in anderen Ländern und Erdteilen vermittelt.

Eine neuere Freizeitbeschäftigung ist die norwegische Hardanger-Stickerei, bei der sie ihre kreative Seite auslebt. Langeweile kennt Margret Reinhold nie. Im Gegenteil: „Jeder 24-Stundentag ist zu kurz. Es gibt so viel zu tun."

(wr)

„Es heißt immer noch kämpfen"

Elfriede Kraft denkt an die zukünftige Generation und die vielen arbeitslosen Menschen

Als sie 1939 die Schule verließ, begann der zweite Weltkrieg. „Die schrecklichen Kriegsjahre haben mir und all den vielen anderen dieser Jahrgänge die Jugendjahre genommen, wir haben nur Entbehrungen, Trauer und Not kennen gelernt", sagt Elfriede Kraft, die im Hanauer Raum als gewerkschaftlich, sozial und politisch engagierte Frau weithin bekannt ist.

1944 heiratete sie ihren Freund Heinz, der nach schwersten Verwundungen aus Rußland zu 90 Prozent kriegsbeschädigt zurückkam. „Was ich in den vielen Stationen seiner Lazarett-Aufenthalte Schreckliches sah, hat mich für immer als entschiedene Kriegsgegnerin geprägt", erzählt die 1925 geborene Frau.

Nach Kriegsende waren Elfriede und Heinz sich daher gewiß: Niemals wieder darf sich so etwas wiederholen und daran muß jeder mitwirken. Beide fanden in der SPD eine politische Heimat und wirkten im VdK, der Arbeiterwohlfahrt, Vereinen und kommunalen Verbänden am Wiederaufbau mit.

„Es kostete mich damals viel Mut und Kraft, meinen Mann zu stützen. Er hatte eine schwere Kopfverletzung und ein Bein verloren", berichtet Elfriede Kraft. Es kamen zwei Töchter, das Einkommen war bescheiden. Als die Jüngste sieben Jahre alt wurde, „war ich gezwungen, arbeiten zu gehen, denn der Verdienst meines Mannes, der ja nicht in seinem gelernten Beruf arbeiten konnte, reichte einfach nicht aus", erzählt sie.

Elfriede hatte eine abgeschlossene kaufmännische Ausbildung, aber sie ging in einen großen Industriebetrieb als Arbeiterin ans Band, weil das etwas mehr Geld brachte. „Was Frauen da geleistet haben, kann sich niemand vorstellen. Trotzdem verdienten sie wesentlich weniger als die männlichen Kollegen. Also ging es erneut ans Kämpfen", erinnert sie sich: „Rein in die IG-Metall, zu den Vertrauensleuten, später in den Betriebsrat."

Für Elfriede Kraft kam wieder eine Zeit, die viel Nerven, Einsatz und Kraft kostete, vor allem, als der Betrieb in den 70er Jahren völlig umstrukturiert wurde und Kolleginnen und Kollegen entlassen wurden. Elfriede war mit ihrem warmherzigen Wesen und praktischen Sinn an allen Ecken gefragt und forderte sich selbst viel ab.

Gemeinsam mit ihrem Mann hat sie darüberhinaus ununterbrochen im Sozialverband der Arbeiterwohlfahrt gearbeitet. „Diese Arbeit ist mir ans Herz gewachsen, und ich bin auch heute noch, mit 73 Jahren, und nach dem Tod meines Mannes im Ortsverein und im Kreisverband tätig. Der Gewerkschaft, unserer IG-Metall, gilt natürlich weiter meine Treue. Ich bin noch Delegierte in der Ortsverwaltung und im Vorstand der Senioren tätig. Es heißt immer noch kämpfen, auch wegen der vielen Arbeitslosen und für unsere Kinder und Enkel."

(wr)

Wie „Frauensekretär" Sepp Sigulla spontan eine Demo organisierte

Sepp Sigulla, Jahrgang 1930, war 1968 bis 1993 DGB-Kreisvorsitzender. Da aufgrund der Springener Sparbeschlüsse die Stellen der Jugend-, Angestellten- und Frauensekretäre auf Kreisebene gestrichen worden waren, machte er sich auch diese Bereiche zum Schwerpunkt.

Wir zitieren aus dem Buch „Vom aufrechten Gang, von Widerständen und Stolpersteinen. Beiträge zur Gewerkschaftsgeschichte im Main-Kinzig-Kreis", herausgegeben vom DGB-Kreis Main-Kinzig *(S. 211 f)*:

„Dann habe ich mich sehr stark der Angestelltenarbeit und der Frauenarbeit angenommen. Ich war ja lange Jahre der „Frauensekretär" und habe auf diese Arbeit großen Wert gelegt. In anderen Bereichen ist die Frauenarbeit ja mehr behindert als gefördert worden. Ich habe mich sehr angestrengt, daß wir hier eine gute Frauenarbeit auf die Beine bringen, und ich habe mich natürlich auch immer an den Aktionen selber mitbeteiligt. Eine schöne Geschichte war z.B., wie wir mit den Frauen zu einer zentralen Veranstaltung gegen den § 218 nach Mainz gegangen sind. Da waren wir ein bißchen zeitig in Mainz gewesen, was bei mir eigentlich selten passiert. Da haben die Frauen gesagt: „Ja, was machen wir denn jetzt?" Darauf ich: „Wir machen jetzt eine Demo in Mainz."

Wir sind aus dem Bus raus, haben Transparente genommen und sind durch Mainz gezogen. Das hat natürlich einige Beachtung gefunden, weil das in Mainz natürlich auffällt, wenn da plötzlich eine Gruppe von Frauen durch die Straßen zieht. Es ist natürlich auch Polizei gekommen und hat gefragt, was hier denn ist, wir haben es ihnen erklärt, das sei nicht so schlimm, sie könnten ruhig wieder weiterfahren. Die Presse hat unsere Demo sofort aufgegriffen und darüber berichtet. Wir hatten natürlich auch die entsprechenden Transparente. Die DGB-Landesbezirke Hessen und Rheinland-Pfalz haben das ja eher etwas vorsichtig betrieben, wie das beim DGB manchmal so üblich ist. Auf der Veranstaltung haben wir dann gefordert, daß unser Transparent an die Spitze kommt, aber damit konnten wir uns nicht durchsetzen. Wir haben es dann so placiert, daß man unsere Forderungen – wir waren für die totale Streichung des § 218 – noch gut lesen konnten. Daraus sieht man, daß man bei der kleinsten Gelegenheit und ganz spontan gute Sachen machen kann."

HINTERGRÜNDE

1973: DGB unterstützte die Verbraucherberatung in Hanau

Die von Gertrud Steinhauser, Isolde Reichert und Ilse Werder initiierte Verbraucherberatung in Hanau erhielt in ihrer schwierigen Vorbereitungsphase, in der bei vielen Institutionen, Behörden, Verbänden um Unterstützung geworben wurde, einmütige Rückendeckung und Unterstützung bei den gewerkschaftlich organisierten Frauen und Männern.

Die 10. Kreisdelegiertenversammlung des DGB-Kreises Hanau, Gelnhausen, Schlüchtern beschloß einstimmig einen Antrag des DGB-Kreisfrauenausschusses, der vorbereitenden Träger-Arbeitsgemeinschaft beizutreten und die Arbeit der Verbraucherberatung zu unterstützen. In der Begründung hieß es unter anderem, gerade für die Familie der Arbeitnehmer seien gezielte und von der Industriewerbung unabhängige Informationen über Fragen der Haushaltsführung, die Ernährungs- und Gesundheitsberatung, Hilfe bei Anschaffungen und Kenntnis über unlautere Methoden notwendig. Schließlich sollten erstmals im Main-Kinzig-Kreis auch alle Informationen der Stiftung Warentest zur Verfügung stehen. In den später gegründeten „Beirat" der Verbraucherberatung wurde auch eine Vertreterin der DGB-Frauen gewählt.

(wr)

Hanauer Aktion für den Frieden in der Ära Brandt

Gewerkschaften forderten Boykott von Kriegsspielzeug

Die Jahre 1970 und 1971 sind politisch geprägt vom Willen zu Frieden und Versöhnung. Das Bahr-Papier vom 22. Mai 1970 bereitet den Gewaltverzicht zwischen der Sowjetunion und der Bundesrepublik vor. Am 22. August desselben Jahres unterzeichnen Brandt/Scheel und Kossygin/Gromyko im Beisein Breschnews den Moskauer Vertrag, in dem sie sich verpflichten, gemäß der UN-Charta, Streitfragen ausschließlich friedlich zu lösen. Am 7. Dezember folgt der Warschauer Vertrag zur Normalisierung der Beziehungen zu Polen und der gegenseitigen Verpflichtung zur Anerkennung der bestehenden Grenzen. Am 3. September 1971 wird das Vier-Mächte-Berlin-Abkommen unterzeichnet.

Gesellschaftliche Auswirkungen des Bestrebens nach Frieden und Versöhnung der Ära Brandt gehen bis in die Familien. Zuerst machen die sozialdemokratischen Frauen (ASF) im Main-Kinzig-Kreis auf die Diskrepanz zwischen den allgemeinen Friedensbemühungen und dem Angebot an Kriegsspielzeug in Kinderzimmern und Spielwarenläden aufmerksam. Sie rufen zum Boykott von Kriegsspielzeug auf.

Im Dezember 1971, zum Weihnachtsgeschäft, fordern auch die Frauen und Jugendlichen der HBV und der IG-Chemie den Verzicht auf Kriegsspielzeug. Vor Kaufhäusern und Spielzeuggeschäften verteilen sie Flugblätter mit dem Hinweis: „Bedenken Sie, daß Sie damit Ihren Kindern den Krieg verniedlichen und Weihnachten, das Fest des Friedens und der Menschlichkeit, verfälschen." Die Aktion erfolgt nicht nur in Hanau, sondern wird auf das Umland ausgeweitet. Der Appell, „schenken Sie den Kindern kein Kriegsspielzeug zu Weihnachten", findet in der Bevölkerung ein positives Echo.

(rs)

Katholische Flugblätter gegen die Reformierung des § 218

Heftige Kämpfe auch in Hanau

Die Auseinandersetzungen um Reformierung oder Beibehaltung des Strafrechtsparagraphen 218 haben ab 1970 im Hanauer Raum massive Formen angenommen. Bei zahlreichen öffentlichen Veranstaltungen, Diskussionen, Demonstrationen forderten Frauen aus den Gewerkschaften, der SPD und unabhängige Frauengruppen die Reformierung dieses § 218, Feministinnen traten für die völlige Streichung ein. Nach einer Mehrheitsentscheidung im Bonner Parlament für die sogenannte „Fristenlösung" folgte eine höchstrichterliche Entscheidung vom Bundesverfassungsgericht in Karlsruhe, die eine solche Regelung ablehnte und zur Einführung der „Indikationenlösung" zwang, also einen Schwangerschaftsabbruch nur bei einer außerordentlichen sozialen oder gesundheitlichen Notlage oder nach einer Vergewaltigung mit besonderen Voraussetzungen erlaubte.

Hanauer DGB-Frauen bei einer Kundgebung in Mainz gegen den § 218 am 27.02.1988

Grausige Druckschriften

Während die Gegnerinnen und Gegner des alten § 218 vor allem die individuelle Entscheidung der betroffenen Frau berücksichtigt sehen und Kurpfuscher und Strafrichter dabei „endlich ausschalten" wollten, argumentierten die Katholischen Pfarrgemeinderäte im Raum Hanau und Gelnhausen, wie auch zahlreiche CDU-Politiker, mit der Feststellung, daß es zwingende Pflicht eines Rechtsstaates sei, für jedermann und auch für das wenige Tage alte Ungeborene, das Recht auf Leben zu verteidigen. Wirtschaftliche Not sei in diesem Land ein Ausnahmefall, der behoben werden könne. Die soziale Indikation könne abgelöst werden durch Sozialpolitik.

Die Pfarrgemeinderäte ließen in einer Auflage von 150.000 Stück von 300 freiwilligen Helfern ihre in einer Flugschrift zusammengefaßten Argumente verteilen. Gleichzeitig verschärften private katholische Organisationen durch grausige Druckschriften die Diskussion. In den Zeitungen wurden die Auseinandersetzungen immer heftiger. Bundesweites Aufsehen erregte 1973 eine Unterschriftenaktion von Schwestern im Hanauer St. Vincenzkrankenhaus bei Patienten gegen eine Reformierung des § 218, die schließlich vom Sozialminister als unzulässige Beeinflussung von Patienten am Krankenbett gerügt wurde.

Seit ein zusätzliches „Beratungsgesetz" die soziale Indikation erschwert, sind die Diskussionen um den § 218 erneut ausgebrochen. Gegen den von der CDU/CSU-Fraktion im Bundestag eingebrachten Gesetzentwurf formierten sich auch im Main-Kinzig-Kreis erhebliche Widerstände. In Hanau fanden im Verlauf des Jahres 1988 mehrere Protestveranstaltungen statt.

Umstrittenes Glockenläuten

In diese Zeit fiel auch der Prozeß gegen den Gynäkologen Dr. Horst Theissen aus Memmingen, der in 156 Fällen gegen den § 218 verstoßen haben soll. In der Öffentlichkeit stieß vor allem die Durchsuchung seiner Praxisräume und die Beschlagnahme der Patientinnen-Kartei auf Widerspruch. Gleichzeitig lösten der Prozeß und die Verurteilung Dr. Theissens zu zweieinhalb Jahren Gefängnis und drei Jahren Berufsverbot wegen letztendlich 36 illegaler Abtreibungen eine erneute Diskussion um die Indikationslösung aus. Vorläufiger Höhepunkt wurde das von dem Fuldaer Erzbischof Johannes Dyba veranlaßte Glockenläuten am 28. Dezember 1989. Dies provozierte einerseits eine Diskussion innerhalb der Kirche, rief aber auch Gewerkschafterinnen und Frauengruppen auf den Plan.

Angeschoben wurde die Diskussion aber auch durch die Wiedervereinigung, denn in der DDR galt seit 1972 die Fristenlösung. Da man bis zum Vereinigungsvertrag 1991 nicht zu einer gemeinsamen Lösung fand, galten die alten Regelungen noch bis zum 31. Dezember 1992. Heftig umstritten war dabei die Tatortfrage, das heißt, ob eine Frau aus den alten Bundesländern bei einer Abtreibung in den neuen Bundesländern (ohne Indikationsschein) straffällig wurde.

Nach langem Hin und Her kam es dann im Bundestag zur Verabschiedung einer Fristenlösung mit Zwangsberatung, die aber sofort wie 1975 mit einer Verfassungsklage torpediert wurde. 1995 entschied dann das Bundesverfassungsgericht, daß eine Abtreibung bis zur zwölften Woche rechtswidrig aber straffrei bleibe, wenn sich die Frau einer Beratung unterzogen habe. Auch wurde die Zahlung durch die Krankenkassen eingeschränkt, so daß einzelne Bundesländer Sozialfonds einrichteten, aus denen die Kosten für eine Abtreibung über das Sozialamt zurückerstattet werden.

(wr/ah)

Todesstrafe und Verfemung

Seit Jahrhunderten dauert der Streit um Abtreibung an

An allen ab 1970 in Hanau und Umgebung gestarteten Aktionen gegen den Paragraphen 218 waren zahlreiche Frauen aus den verschiedenen DGB-Gewerkschaften beteiligt. Ob bei Aktionen auf dem Hanauer Marktplatz, ob bei Demonstrationen oder Veranstaltungen in der Hanauer Stadthalle, in Dörnigheim, Schöneck, Rodenbach oder Langenselbold – Gewerkschafterinnen vertraten klare Positionen: Weg mit dem § 218.

Forderungen der Arbeiter(-innen)-Bewegung zum Internationalen Frauentag 1922

Die Bewegung der proletarischen Frauen gegen die Schandparagraphen ist im ganzen Reiche im Zunehmen begriffen. Teilweise ohne unser Zutun durch das reaktionäre Verhalten der Behörden, die die Proletarischen Frauen wegen Übertretung dieser Paragraphen verfolgen. (...)

Wir müssen gerade bei dieser die Arbeiterfrauen bedrückende Verfolgung den ganzen Schwindel der Demokratie aufzeigen, die scheinbar gleiches Recht für alle walten läßt, in Wirklichkeit den Damen der guten Gesellschaft die Tore der Sanatorien zur Abtreibung öffnet, während die Proletarierinnen den Kurpfuschern in die Hände geliefert werden. (...)

Das Überhandnehmen der Abtreibung gerade in der Zeit nach dem Krieg, wo sonst in normalen Zeiten immer ein Anschwellen der Geburtenziffer zu verzeichnen war, erklärt sich aus dem gesteigerten Elend der Arbeiterklasse. Eine große Kinderzahl drückt auf die ganze Lebenshaltung der Familie. In Zeiten der Teuerung und Not, wie wir sie jetzt durchleben, wird oft dadurch, daß mehr Kinder auf die Welt gebracht werden, die wirkliche Zahl der überlebenden Kinder nicht gesteigert. Denn je mehr auf die Welt kommen, umso eher verfallen die jungen Mütter dem frühen Tode. Die die Zeit des Elends und der Not überlebenden Kinder siechen als junge Menschen früh dahin. (...)

Die Abtreibung ist auch ein unökonomisches und für die Frauen grausames Mittel der Geburtenregelung. Nur durch die Heuchelei und Geheimnistuerei der heutigen Gesellschaft, die empfängnisverhütende Mittel für das Volk unbekannt und schwer erhältlich macht, muß die Masse der Proletarierinnen zu diesem letzten Mittel greifen, um Kinder nicht in die Welt zu setzen, für die kein Brot vorhanden ist. (...)

Wir müssen dem Polizeiparagraphen, der die Abtreibung verbietet, die Forderung nach Mütter- und Säuglingsheimen, nach unentgeltlicher Ärzte- umd Hebammenhilfe entgegensetzen. Solange eine Gesellschaft nicht imstande ist, den Frauen die Mutterschaft materiell möglich zu machen, hat sie auch kein Recht, von den Frauen die Übernahme der Leiden und Lasten, die aus der Mutterschaft hervorquellen, zu verlangen. Die schlechte Entlohnung der Frauenarbeit, die Verfemung der unehelichen Mütter, die erst in der letzten Reichstagsdebatte über die unehelichen Beamtinnen wieder zum Ausdruck kam, sind mit ein Antrieb, die Frauen zur Abtreibung zu zwingen. (...)

(Auszug aus: Die Internationale, Heft 20, 1922, S. 462 ff)

Die Reformen des § 218 Strafgesetzbuch

Einen § 218 StGB gibt es seit 1871. Der Schwangerschaftsabbruch wurde damals wenigstens aus dem Strafbereich Mord heraus genommen, aber die Strafandrohung mit Zuchthaus zwischen ein und fünf Jahren für jeden Beteiligten war immer noch gewaltig.

Als im Juli 1918 der Krieg bereits entschieden war, beriet der Reichstag über einen Gesetzesentwurf gegen Unfruchtbarmachung und Schwangerschaftsabruch. Man(n) wollte damit „den Geburtenrückgang bekämpfen", hieß es in der Begründung, und „Kriegsverluste ausgleichen". Diese Haltung gipfelte in den Verordnungen von 1943, die den Schwangerschaftsabbruch mit der Todesstrafe bedrohten, wenn durch ihn die „Lebenskraft des deutschen Volkes" beeinträchtigt werde. Dagegen wurde völlige Straffreiheit gewährt, wenn er die Fortpflanzung „minderwertiger Volksgruppen" verhindere.

Mit der 3. Strafrechtsänderung vom 4. August 1953 wurde die Todes- und Zuchthausstrafe generell abgeschafft. Damit war zwar die Androhung der Todesstrafe für Fremdabtreibung gestrichen, jedoch sahen die verschiedenen Entwürfe der Unionsregierung für ein Strafgesetzbuch von 1959, 1960 und 1962 weiterhin schwere Strafen vor (Gefängnis bis zu zehn Jahren bei schweren Fällen), mit der Begründung, Bestand und Lebenskraft des Volkes müßten erhalten werden. Das erste Gesetz zur Reform des Strafrechts von 1969 brachte nur eine Minderung des Strafmaßes. Die Abtreibung blieb weiterhin strafbar.

Gegen die Reform regte sich sofort – wie vor 100 Jahren, als hätten sich in unserer Gesellschaft nichts geändert – heftiger Widerstand von der katholischen, aber auch von Teilen der evangelischen Kirche, der sich streckenweise ungeheuer diffamierend artikulierte. Auch der Verband der niedergelassenen Ärzte Deutschland beteiligte sich an der

Hetzkampagne und bezeichnete den Schwangerschaftsabbruch als „Akt der Tötung".

Kampfthema der Frauenbewegung

Nach dem zweiten Weltkrieg und in der Zeit des Wiederaufbaus, spielte der § 218 weder bei den Parteifrauen noch den Gewerkschafterinnen der Arbeiterbewegung eine hervorragende Rolle. In den Parteien und Organisationen befaßte man(n) sich mit drängenderen Problemen. Erst die Aktivitäten der Frauenbewegung ließen den § 218 wieder zu einem politischen Kampf(feld) auch in den eigenen Reihen werden. Die Ziele variierten zwischen dem Ruf nach ersatzloser Streichung des „Klassenparagraphen" und freier Selbstbestimmung der Frau („mein Bauch gehört mir") und der Forderung nach der Fristenlösung. Die Aktionen waren so einfallsreich und vielfältig wie niemals zuvor. Unterschriftensammlungen, Petitionen, Selbstbezichtigung etc..

1976 trat das sogenannte Indikationsmodell in Kraft. Ein mühsam errungener und dennoch fauler Kompromiß: Beratung ist Pflicht, die Kosten werden von den Krankenkassen übernommen.

Beinahe nahtlos setzten die Gegner ihre Angriffe sodann auf Beratungsstellen, sogenannte Abtreibungskliniken, Ärzte usw. fort. Der Kampf ist immer noch nicht zu Ende, wie sich in den letzten Monaten und Jahren gezeigt hat.

Nachdem sich mehrere Gewerkschaften (ÖTV, HBV, IGM) für die ersatzlose Streichung des § 218 ausgesprochen haben, gibt die Verfasserin der Hoffnung Ausdruck, daß aus dem Jahrhundertkampf kein Jahrtausendkampf wird. Der weibliche Bauch gehörte immer anderen: Den Ehemännern, den alten Kirchenvätern, dem Kaiser, den Nazis aber auch den Richtern, Ärzten, Politikern – nur nie der Besitzerin.

Verräterisch ist die Sprache: Sie geht immer vom Mann aus, der ein Kind zeugt. Dabei ist biologisch betrachtet sein Anteil an der Menschwerdung der geringere. Das weibliche Ei ist 85.000mal größer als der männliche Samen. Die eigentliche „Erzeugung" des Menschen erfolgt im Leib der Mutter.

Wann wird endlich der Mann in die Pflicht genommen und zur Verantwortung gerufen? Selten ist er es, der seine Ausbildung abbrechen, seinen Beruf aufgeben muß, um sich der Kinderbetreuung zu widmen. Wo sind die Ganztagskindergärten? Wo die Jugendhäuser oder die notwendige Unterstützung? Wo sind die Arbeitsplätze für Frauen?

Gesetzliche Regelungen, die es der Frau ermöglichen sollen, über den Zeitpunkt der Schwangerschaft selbst zu bestimmen, wurden und werden von den Gewerkschaftsfrauen gefordert, weil die Erfüllung dieser Forderung ein wichtiger Schritt zur Emanzipation und ökonomischen Unabhängigkeit der Frauen ist.

Die Auseinandersetzung in den Reihen der Frauen wurden ebenfalls heftig geführt. Viele kirchlich gebundene Frauen berufen sich in ihren Vorbehalten gegen diese Forderung auf ihre religiös motivierte Moralauffassung. Wir haben immer versucht, eindeutig und klar festzustellen, daß unser Anliegen darin besteht, der Frau entsprechend der in der Gesellschaft zumindest formal erreichten Gleichberechtigung dieses Recht zu gewähren. Natürlich soll es der Frau überlassen bleiben, von diesem Recht Gebrauch zu machen oder eben darauf zu verzichten.

Besonders beeindruckend war für mich das Plädoyer von Helene Beumers auf der 1. HBV-Bundesfrauenkonferenz 1984. Es endete mit dem Satz „Als Christin bin ich gegen Abtreibung aber auch gegen den Paragraphen 218 (...) und das läßt sich sehr wohl vereinbaren".

Viele Frauen haben in der Hochzeit der Frauenbewegung und der Auseinandersetzung um den § 218 voneinander gelernt. Es sollte auch in Zukunft möglich sein, erfolgreiche politische Bündnisse zur Verbesserung der gesellschaftlichen Lage der Frauen zu schmieden. Wenn wir es nur wollen, dann kann es Wirklichkeit werden.

Es gehört Mut dazu, außerhalb der eigenen Verbände, Parteien und Organisationen Bündnisse zu schließen, denn ohne diese wird es nicht funktionieren. Ich kenne trotz vielerlei Versprechungen und Vertröstungen kein historisches Beispiel dafür, daß Männer Frauenrechte erkämpften, das müssen wir schon selbst tun, in den eigenen Reihen – in der Gesellschaft überhaupt. Ehrliche Mitstreiter für unsere Sache waren und sind willkommen – in der zweiten Reihe.

(dw)

„Im Moment ist der Dampf raus"

Ein Rückblick der GEW-Frauen auf die wilden 70er und 80er Jahre

In der Gewerkschaft Erziehung und Wissenschaft spiegelten sich in den 70er Jahren die großen gesellschaftlichen Umbrüche, die nach Einzug der 68er Generation ins Lehramt und dem politischen Aufschwung nach 1972 einsetzten. Willy Brandts Ausspruch „Mehr Demokratie wagen", die Politisierung des Alltags und die neue Frauenpower sorgten für tiefgreifende Veränderungen. In Stadt und Kreis Hanau spielten sich die öffentlichen Auseinandersetzungen auch unter der Lehrerschaft und innerhalb der GEW ab, und erstmals traten wortstarke Frauen in GEW-Versammlungen auf (Claudia Schulmerich, Sybille von Soden). Es bildete sich auch eine konservative Fraktion, aus der spontan der Name Clara Busch zu nennen ist.

Ehrung für Paul Trautner durch die GEW-Kreisvorsitzende Sybille von Soden

Wer erinnert sich nicht an die heftigen Auseinandersetzungen um die „Rahmenrichtlinien", die neue Lehrinhalte bringen sollten. Unter Lehrern, Eltern und den Parteien im Hessischen Landtag waren sie heiß umstritten. Während viele GEW-Lehrerinnen und Lehrer, die sich als fortschrittlich verstanden, prinzipiell die neuen Ansätze von Kultusminister von Friedeburg begrüßten, sahen andere die sachlichen und inhaltlichen Voraussetzungen im bisherigen Schulbetrieb für diese anspruchsvollen Ziele noch nicht erfüllt.

Andere bekämpften die neuen Rahmenrichtlinien massiv als zu politisch, zu ideologisch und erhielten dabei Unterstützung vom Landeselternbeirat, einem Teil der Medien und der CDU vor Ort wie der CDU im Hessischen Landtag. Schließlich stand auch das bisherige dreigliedrige Schulsystem zur Debatte.

Gemeinsam allerdings warnten viele davor, in zu große Klassen mit zu wenigen Lehrern tiefgreifende Reformen durchsetzen zu wollen. Die kämpferischen Frauen in der GEW hatten Unterstützung: „Es gab männliche Kollegen, die haben alles mit uns gemeinsam gemacht, und es gab welche, die von vornherein alles schon wußten, mit solch autoritären Typen mußten wir erstmal lernen, umzugehen", berichtet Sybille von Soden. Die GEW-Frauen waren mitengagiert, als in Hanau die Lehrerselbsthilfe „Rotstift" gegründet wurde, in der arbeitslose Lehrer beschäftigt werden konnten.

„Gläsernes Schulamt"

Auch als ein „gläsernes staatliches Schulamt" gefordert und immer neue berufsspezifische Themen aufgegriffen wurden, die GEW-Frauen waren vorndran. „Unser Motto war, mit möglichst viel Spaß Gewerkschaftsarbeit zu machen", erzählt Sybille von Soden, „wir waren kreativ und auch frech, gingen immer bis an die Grenze des Möglichen". Sie erinnert daran, wie einige ins Staatliche Schulamt eindrangen und die Fenster putzten, „damit die mal den Durchblick kriegen", und daß sie „saure Gurken gegen den bildungspolitischen Kater" verteilt, Theaterstücke geschrieben und gespielt und ernste schulpolitische Themen mit Pep in die öffentliche Diskussion gebracht haben.

Marita Binding denkt zurück: „Wir haben für viele mitgekämpft und etwas erreicht, auch für Kolleginnen und Kollegen, die gar nicht Mitglied der GEW waren."

In den 80er Jahren spielte das Thema Grundschule eine wichtige Rolle. Plötzlich sollten sich Grundschullehrerinnen einem besonderen Eignungsgutachten unterziehen, die Auslese unter den von den Universitäten kommenden Bewerberinnen war besonders streng, berichten die GEW-Frauen. Allerdings, während 90 Prozent der Grundschullehrer Frauen waren, wurden alle Leitungsfunktionen von Männern besetzt. Viele Aktionen der GEW-Frauen gingen um den hessenweit organisierten Grundschultag, mit dem Fortbildungsmöglichkeiten erstritten werden sollten.

Quotierung brachte Erfolge

„Schließlich haben wir uns gegen Bestrebungen gewandt, Leute in die Grundschulen zu schieben, die dafür nicht ausgebildet waren", berichtet Helga Faber, „sonst wäre ja die ganze Stufenausbildung für die Grundschule entwertet worden". Einig waren sich die GEW-Frauen schließlich auch bei einem Boykott gegen Eignungsgutachten für Schüler weiterführender Schulen und im Widerstand gegen die Aushebelung der Förderstufen.

Daß es inzwischen kaum noch Gerangel um Listenplätze bei den Personalratswahlen gibt und die Quotierung einen hohen Frauenanteil sichert, sehen die GEW-Frauen durchaus auch als ein Ergebnis ihrer jahrelangen Bemühungen an. Christa Heckert, in all diesen Fragen seit Jahren engagiert, hat auch immer wieder andere Kolleginnen ermutigt. Marita Binding, Gesamtpersonalratsvorsitzende im Main-Kinzig-Kreis (dieser Personalrat ist hessenweit als besonders engagiert bekannt), erklärt: „Wir haben die Probleme der Kolleginnen und Kollegen immer zu unseren eigenen gemacht. Im Moment ist allerdings in manchen Bereichen der Dampf raus, sicher eine Folge der Sparpolitik und der damit verbundenen Ängste. Und ich vermisse junge Leute, die unsere Aufgabe übernehmen und auch inhaltliche Auseinandersetzungen führen wollen."

(wr)

DIE 80ER JAHRE

Vom Aufbruch zum Sozialabbau

Die 80er Jahre standen noch voll im Zeichen des Frauenaufbruchs. Zum Beispiel wurde gegen den Willen der DGB-Spitze durch die Frauen selbst der Internationale Frauentag wiederbelebt und gefeiert. Sie waren aber auch geprägt von der Friedensbewegung gegen die Stationierung der Mittelstreckenraketen. Die Rhein-Main-Region stand im Zeichen der Auseinandersetzungen um die Startbahn West. Die Häuserbesetzungen und die Kämpfe um selbstverwaltete Jugendzentren fanden einen neuen Höhepunkt. Man begann von den Neuen Sozialen Bewegungen zu sprechen.

Das Jahr 1982 brachte einen Regierungswechsel in Bonn. Die FDP sprang von der Koalition mit der SPD ab, Helmut Schmidt ging, die Ära Kohl begann. "Nachrüstung" und ein schleichender Sozialabbau standen auf der Tagesordnung. Die Arbeitslosenzahlen stiegen. Die Gewerkschaften suchten nach neuen Antworten, verlangten eine Verkürzung der Wochenarbeitszeit. 1983 und 1984 streikten die Beschäftigten in der Druckindustrie und der Metallindustrie für die 35-Stundenwoche.

Gleichstellungsgesetz

Eine riesige Explosion im Atomkraftwerk Tschernobyl brachte radioaktive Strahlung auch bis nach Westeuropa und löste große Ängste in der Bevölkerung aus, aber auch viel Nachdenklichkeit und Empörung über die Risiken dieser Technik.

In Hessen wurden auf Druck vieler Frauen in den Kommunen und auf Landesebene die ersten Frauenbeauftragten eingesetzt. Das hessische Gleichstellungsgesetz wurde auf den Weg gebracht, in den Gewerkschaften und Parteien wurden heftige Quotierungsdiskussionen geführt. In Frankfurt wurde der erste Lehrstuhl für Frauenforschung eingerichtet.

Gegen Ende der 80er Jahre begann es, in der DDR zu gären, wirtschaftlich und politisch war die SED-Regierung am Ende, der Auflösungsprozeß mündete im November 1989 in der Öffnung der Mauer.

(ah)

Frauen, Soziales und Frieden

Die Themen rücken enger aneinander

Mit dem „neuen Aufschwung", den die gewerkschaftliche Frauenarbeit in den 70er Jahren genommen hatte, wurden die grundlegenden Schwerpunkte thematisiert, die selbstverständlich nicht mit dem Wechsel eines Jahrzehnts sich schlagartig veränderten. Die soziale Sicherung der Frau, Ausbildungs- und Weiterbildungsfragen, Rentenversorgung und Arbeitslosigkeit waren auch die Themen der 80er. Allein diese Problemstellungen erforderten zähes, geduldiges Arbeiten.

Zu diesen traditionellen Feldern hinzu traten in den 80ern dennoch gleich eine ganze Reihe von neuen Voraussetzungen für die gewerkschaftliche Frauenarbeit. Beispielhaft sei hier nur die Einführung neuer Technologien genannt, die Gewerkschafter/innen vor völlig neue Aufgaben stellten.

Durch die Bonner Wende veränderten sich aber auch die politischen Verhältnisse grundlegend. Frauen mußten „besser aufpassen", um nicht Gefahr zu laufen, Opfer eines neuen Konservatismus zu werden. Sie mußten forciert auftreten und weiterkommen. Ihre Ziele hatten sie schon formuliert – wie etwa die Einrichtung von Gleichstellungsstellen, die Einsetzung von Frauenbeauftragten und die Entwicklung gezielter Frauenförderungsmaßnahmen.

Zur sozialpolitischen Aufgabenstellung der Gewerkschaftsfrauen hinzu kam ihre größere Öffnung hin zu friedens- und umweltpolitischen Themen. In Hessen starteten sie beispielsweise ihre bundesweit unterstützte Initiative „Keine Frauen zur Bundeswehr", und sie mischten sich kräftig ein in die Auseinandersetzungen um die Startbahn West am Frankfurter Flughafen.

Veränderungen gab es auch an der „Spitze" des DGB-Landesfrauensekretariats – und dies in recht rascher Folge. Nachdem Annelie Tuchscheer nach 21 Jahren als Landesfrauensekretärin im März 1983 von Gisela Schade abgelöst worden war, folgte dieser bereits 1986 Marita Eilrich nach. Gisela Schade wurde im Februar 1986 stellvertretende Vorsitzende des DGB Hessen.

Frauen – „Ressourcen der Zukunft"

In ihrem ersten Geschäftsbericht, den Marita Eilrich im Dezember 1988 vorlegte, formulierte sie den Slogan „Frauen kommen langsam aber gewaltig." Zu 90 Prozent seien die Mitgliederzuwächse der vergangenen Jahre in die „Rubrik 'weiblich'" gefallen. Ende 1987 seien 172.555 Frauen in hessischen DGB-Gewerkschaften organisiert; ein Plus von 20.000 gegenüber dem vorhergehenden Berichtszeitraum (Beginn bis Mitte 1985). Frauen seien auch verstärkt erfolgreich gewesen bei Betriebs- und Personalratswahlen, bei der Besetzung von Gewerkschaftsgremien, und sie hätten zugelegt im Bereich der ehrenamtlichen Arbeits- und Sozialrichterinnen. Und Marita Eilrich stellt fest:

„Die Frage der 'Qualifikation' von Kolleginnen wird dabei nur noch von vereinzelten männlichen Gewerkschaftsfossilien gestellt. Bei der Mehrheit der Gewerkschaftsmänner hat sich inzwischen die Ansicht durchgesetzt, daß an den Frauen kein Weg mehr vorbei führt. Nicht nur aus dem nüchternen Kalkül heraus, daß auch für Gewerkschaften die Frauen die 'Ressourcen der Zukunft' sind. Sie haben auch begriffen, welche Chancen das Engagement von Frauen für die Veränderung von zum Teil überholten, verkrusteten Strukturen bieten – und, auch wenn das für den einen oder anderen bedrohlich erscheint, für die Veränderung am eigenen Leib. Kurz: der vielzitierte neue Mann ist zwar immer noch selten, wird aber hier und da schon gesichtet." *(DGB-Landesbezirk Hessen, Abt. Frauen, Geschäftsbericht 1985 bis 1989, S. 5)*

Dennoch zitiert die Landesfrauensekretärin zu Beginn ihres Berichts zur Lage die Bilanz der Debatte des Europafrauenberichts im Januar 1984 in Straßburg: „'Es ist alles beim Alten geblieben, aber der Druck ist noch größer geworden. Frauen werden eher arbeitslos, eher wegrationalisiert, sozial kurz gehalten. An dem Problem ihrer Diskriminierung sind Männer nicht interessiert, auch nicht gewählte Politiker'".

Gewerkschaftliche Frauenarbeit: weitreichend und vielschichtig

Den DGB-Landesfrauensekretärinnen – zumindest Annelie Tuchscheer und Marita Eilrich gestanden dies in ihren Geschäftsberichten ein –, fiel es schwer, die unendlich weitreichende und vielschichtige Arbeit ihrer Abteilung in wenige Seiten zu pressen. Im Rahmen dieses Buches kann noch viel weniger ausführlich auf die gesamte Themenlage der Arbeit der Gewerkschafterinnen in Hessen über diese vielen Jahre im Detail berichtet werden. Es können nur ein paar wenige Problemfelder genauer beleuchtet werden. Deshalb vorweg die Bereiche, in denen in den 80er Jahren die hessischen Gewerkschafterinnen hauptsächlich aktiv waren:

Ausbildung, Ausländische Frauen, Beschäftigungsförderungsgesetz, Bildungsarbeit, Beratungsgesetz zum § 218 Strafgesetzbuch, Bundeswehr, Einkommen von Frauen, Erziehungsgeldgesetz, Frauenhäuser, Frauenförderpläne, Gebäudereinigung, Gentechnologie, Internationale Begegnungen, Internationaler Frauentag, Kindertagesstättengesetz, Kreisfrauenausschüsse des DGB, Landesfrauenausschuß des DGB Hessen, Sexuelle Belästigung am Arbeitsplatz, Sozialpolitik, Stiftung Mutter und Kind.

Zusammenarbeit

Die Abteilung Frauen beim DGB-Landesbezirk Hessen arbeitet in einer ganzen Reihe von Organisationen mit. Hier nur ein Ausschnitt: Büro für Staatsbürgerliche Frauenarbeit im Landesfrauenrat Hessen, Arbeitskreis „Frauenfunk" des Hessischen Rundfunks, Landesausschuß für hauswirtschaftliche Berufsausbildung, Anstaltsbeirat der Frauenhaftanstalt Frankfurt-Preungesheim, Verbraucherzentrale Hessen.

Im Mai 1988 wurde Marita Eilrich stellvertretende Leiterin des Landesfrauenrates Hessen.

Regelmäßige Kontakte gibt es zur Bevollmächtigten für Frauenangelegenheiten der Landesregierung, Kirchen, Parteien, Landtagsfraktionen und verschiedenen Frauenorganisationen im Land, in den Landkreisen, den Städten und Gemeinden.

Zu den Aufgaben zählen auch die Vertretung nach außen bei öffentlichen Veranstaltungen, gegenüber den Medien und im DGB-Bundesfrauenausschuß.

Alte Probleme: Ausbildung der Mädchen

Zwei Drittel aller Jugendlichen ohne Ausbildungsplatz in Hessen waren Mitte der 80er Jahre Mädchen. „Ran an die Zukunft - raus aus der Sackgasse" lautete deshalb eine Veranstaltung des DGB-Landesbezirks, die im Dezember 1987 in Marburg-Bauerbach zum Thema „Problem der 'unversorgten' Mädchen und Frauen" stattfand.

Es wurde eine Arbeitsgruppe aus den Abteilungen „Frauen und Bildung" mehrerer Einzelgewerkschaften gebildet, deren Aufgabenstellung hieß: Erarbeiten von Möglichkeiten und Initiativen, die Frauen wegführen von den ausgetretenen Pfaden traditioneller Berufsausbildung. Gleichzeitig erhielt Otti Geschka, Bevollmächtigte der Hessischen Landesregierung für Frauenangelegenheiten, einen Brief des DGB-Landesfrauenausschusses (vom 21.06.1988), in dem es unter anderem hieß: „(...) die Gewerkschaften im hessischen DGB arbeiten seit vielen Jahren engagiert an dem Thema, mehr Mädchen und junge Frauen für eine nicht traditionelle Ausbildung in typisch weiblichen Berufen, sondern verstärkt für eine gewerbliche Ausbildung in qualifizierten Berufen zu motivieren (...)." *(ebd., S. 12)*

Einkommen von Frauen

Noch in den 80er Jahren ergaben die Statistiken, daß Frauen weiterhin bei gleicher Arbeit im Durchschnitt ein Drittel weniger verdienten als ihre männlichen Kollegen, daß sie trotz gleicher Qualifikation in geringer entlohnte Tätigkeiten eingestellt wurden, tariflich niedriger eingestuft, kaum Zulagen bekamen und zunehmend in Teilzeitarbeitsplätze abgedrängt wurden.

Bundesberatungsgesetz zum § 218 StGB

„Besorgt und verbittert" zeigten sich – nicht nur – die hessischen Gewerkschafterinnen über die Eckpunkte des angekündigten Beratungsgesetzes und bezeichneten es als „frauenfeindlich". Gemeinsam mit den Gewerkschafterinnen von Rheinland-Pfalz und Saar gingen sie am 27.02.1988 in Mainz auf die Straße. In ihrer gemeinsamen Resolution heißt es u.a.: „Hinter dem unter schönfärberischem Etikett versteckten Gesetz zur Beratung steckt (...) nichts anderes als ein Konzept der Bevormundung und Gängelung aller ungewollt schwangeren Frauen.

Mit dem geplanten Beratungsgesetz soll überdies die mühsam erkämpfte Reform mit den Indikationslösungen des § 218 StGB durch die Hintertür durchlöchert werden. (...) Wir befürchten, daß Frauen wieder wie Generationen ihrer Mütter und Großmütter beim Kurpfuscher landen." *(ebd., S. 22 f)*

Kindertagesstätten

Als „Dauerbrenner in der gewerkschaftlichen Frauenarbeit" bezeichneten die hessischen Gewerkschafterinnen in den 80er Jahren ihr Ringen um ausreichende Kindertagesstättenplätze mit angepaßten Öffnungszeiten. Selbst einen eigenen Gesetzentwurf hatte der DGB dazu vorgelegt: „'Her mit einem hessischen Kindertagesstättengesetz' haben wir deshalb nicht nur im Vorfeld der Landtagswahl 1987 von allen Parteien gefordert, sondern auch auf einer Fachtagung im November 1987 zum einen unseren Gesetzentwurf vorgestellt und zum anderen die Damen und Herren Politiker der im Landtag vertretenen Parteien in dieser Frage auf den Prüfstand gestellt.", schreibt Marita Eilrich in ihrem ersten Geschäftsbericht *(S. 54)*.

Neue Probleme Frauenförderungsprogramm

Einstimmig beschloß der DGB-Landesbezirksvorstand Hessen am 25. Februar 1985 ein Programm zur beruflichen Förderung von Frauen für den haupt- und ehrenamtlichen Bereich. Diese Richtlinien zur Förderung von Frauen im öffentlichen Dienst wurden von den Ländern Rheinland-Pfalz, Bremen und Hamburg gleichermaßen beschlossen. Der DGB-Landesbezirk Hessen hatte das Gleichstellungsgebot der Frau zwar schon in der Vergangenheit beachtet: 21 Prozent der Mitarbeiter in politisch verantwortlichen Positionen waren bereits Frauen; 59 Prozent der Beschäftigten, die Bildungsurlaube in Anspruch nahmen, waren ebenfalls Frauen. Daher betrachtete der DGB Hessen das Frauenförderungsprogramm als „Fortschreibung" seiner Personalpolitik.

Im Programm festgeschrieben wurde u.a. die verstärkte berufliche Fortbildung von Frauen; die geschlechtsneutrale Besetzung von Stellen; die Besetzung von freien Stellen mit einer Frau bei gleicher Qualifikation aller Bewerber sowie eine regelmäßige Berichterstattung über die eventuelle Veränderung der personellen Situation durch das Programm.

Beschäftigungsförderungsgesetz

Als „Beschäftigungsverhinderungsgesetz" bezeichneten die hessischen Gewerkschafterinnen dieses seit dem 1. Mai 1985 bis zum 1. Januar 1990 gültige Gesetz, das Arbeitslosen befristete Arbeitsverhältnisse schmackhaft machen wollte, gemäß dem Motto „lieber befristet Arbeit als unbefristet arbeitslos". Im Zuge dieses Gesetzes wurden gesetzliche Bestimmungen im Kündigungsschutz, Mutterschutz und weiteren arbeitsrechtlichen Bereichen ausgehebelt. Ein „ex-und-hopp-Gesetz" sei dies, so die Gewerkschafterinnen, die zusicherten: „Wir bleiben am Drücker. Das (...) Gesetz darf auf keinen Fall neu aufgelegt werden. Der Wunschzettel der deutschen Industrie nach einem verbesserten Aufguß gehört in die Ablage!" *(ebd., S. 17 ff)*

Miserable Arbeitsbedingungen für Gebäudereinigerinnen

Mit einer öffentlichkeitswirksamen gemeinsamen Informations- und Aufklärungskampagne machten die hessischen DGB-Frauen gemeinsam mit dem Landesvorstand der IG Bau-Steine-Erden im Herbst 1985 auf die „miesen" Arbeitsbedingungen im Reinigungsgewerbe aufmerksam. Immer weniger Einrichtungen beschäftigten eigene Reinigungskräfte mit „ordentlichen" Arbeitsverträgen, sondern holten sich private Reinigungsfirmen ins Haus, die Frauen „geringfügig beschäftigten", ohne soziale Absicherung. Ernst-Ludwig Laux sprach vor dem DGB-Landesfrauenausschuß von „Wildwestmethoden im Gebäudereinigerhandwerk". *(ebd., S. 44)*

Internationales Treffen

Im Mai 1986 trafen sich hessische und mazedonische Gewerkschaftsfrauen in der jugoslawischen Teilrepublik. Sie stellten fest, daß es in beiden Ländern Lücken bei der Realisation der Gleichberechtigung gab; daß es weiterhin massive Vorurteile gegen die Erwerbstätigkeit der Frauen gab; daß eine neue „Marschrichtung", die „neue Mütterlichkeit" schmackhaft zu machen, eingeschlagen worden war; daß es eine traditionelle Berufsorientierung auf „weibliche Tätigkeiten" gab und daß Frauen in beiden Ländern ein deutlich niedrigeres Durchschnitteinkommen hatten als ihre männlichen Kollegen.

Internationaler Frauentag

1989 wurde das Grundgesetz 40 Jahre alt. Gefeiert wurde viel und von vielen, auch von den Frauen, die sich nochmals daran erinnerten, unter welch schwierigen Umständen der Artikel 3, Absatz 2 „Männer und Frauen sind gleichberechtigt" in dieser Form in das Gesetzeswerk aufgenommen wurde. In den 80er Jahren waren die Forderungen der Internationalen Frauentage unter anderem das „Recht auf Arbeit" – als ganz alte Forderung –, die Frauenförderung und weitere Arbeitszeitverkürzungen. Einhellig war man der Meinung, daß der Internationale Frauentag mittlerweile aus der Arbeit der Gewerkschafterinnen nicht mehr wegzudenken war.

(sge)

PORTRAITS

„Ungerechtigkeiten machen mich rebellisch."

Marita Eilrich

Schon als Kind hat Marita Eilrich eines nicht akzeptiert: Ungerechtigkeit. Und wenn sie heute zurückblickt auf ihren privaten wie beruflichen Werdegang, dann taucht immer wieder das Wort Gerechtigkeit auf. An ihr mißt sie ihr Leben und ihre Arbeit – bis heute. Und sie hat eine berufliche Position gefunden, die ihr die Möglichkeit eröffnet, sich für Gerechtigkeit zu engagieren und Ungerechtigkeiten aus dem Weg zu räumen. Sie selbst findet ihre Arbeit als Frauensekretärin des DGB-Hessen, die gleichzeitig auch für die Öffentlichkeitsarbeit verantwortlich ist, eine „optimale Kombination".

Ihre Mutter sagte vor gar nicht allzu langer Zeit einmal zu Marita Eilrich: „Du warst schon immer rebellisch." Und das macht die 45-jährige ziemlich stolz. Denn nichts lag ihr schon als Jugendlicher ferner, als sich zu ducken, immer nur „Ja" zu sagen und von anderen bestimmt zu werden. Kein Wunder, daß sie sich bereits als Teenager politisch interessierte. Vorbild war ihr Vater, lange Jahre Betriebsratsmitglied. In der Familie wurde ihr auch zum ersten Mal klar, daß sie als Mädchen weniger Rechte hatte als die Jungs. Es ärgerte sie beispielsweise, daß ihr Bruder bestimmte Arbeiten im Haushalt – wie etwa Geschirrspülen – nicht machen mußte, nur weil er ein Junge war. Da ihre Mutter sehr oft krank war, half Marita Eilrich schon früh im Haushalt. „Da wußte ich bereits, daß ich niemals allein diese typische Frauenrolle spielen würde. Weder in der Ehe noch im Beruf."

Mit 15 Jahren tat sie ihren „ersten politischen Schritt": Sie trat aus der evangelischen Kirche aus, besuchte aber weiterhin freiwillig den Religionsunterricht in der Schule; allerdings den katholischen, „weil der lebensnäher war". Als Auszubildende im Landratsamt Hanau folgte dann der „zweite politische Schritt": ihr Eintritt in die ÖTV. Das Fundament für ihren weiteren beruflichen Weg war damit gelegt. Während sie die Angebote der Hanauer Kreisverwaltung an Wochenendseminaren zur politischen

Bildung intensiv nutzte – „auch eine wesentliche Prägung" – schaute sie sich in der Parteienlandschaft erst einmal offen um, „von der KPD bis zur SPD". Schließlich landete sie „mit 16 oder 17" bei den Jusos; der heutige hessische Wirtschaftsminister Lothar Klemm wurde einer ihrer politischen Wegbegleiter. Ein Zeichen dafür, daß sie nicht zum Dogmatismus neigte, war ihr gleichzeitiges Engagement bei der evangelischen Jugend in Dörnigheim.

Als ganz junge Jungsozialistin erlebte Marita Eilrich dann die 68er Zeit. Reisen nach Moskau und Berlin erweiterten ihren Blickwinkel. Und gerade die Springer-Blockade, die sie „sehr bewußt" miterlebte, „sensibilisierte mich nochmals dafür, welche Ungerechtigkeiten besonders Mädchen und Frauen zu ertragen hatten". Mit 19 Jahren heiratete die Dörnigheimerin und zog kurz darauf ins mittelhessische Gladenbach. Anstellung fand sie als Sachbearbeiterin in einer Fertigbaufirma mit 200 bis 300 Beschäftigten. „Da gab es keinen Betriebsrat, keine tariflichen Vereinbarungen – nichts", erinnert sie sich heute, und die Aufforderung „Frau Eilrich, bitte zur Geschäftsleitung" klingt ihr dabei noch immer in den Ohren. Mittlerweile war sie zur IG-Bau gewechselt und machte sich gleich daran, der ungerechten Behandlung der Arbeitnehmerinnen und Arbeitnehmer dieses Baubetriebes ein Ende zu setzen. Vor dem Arbeitsgericht erstritt sie unter anderem vermögenswirksame Leistungen für die Beschäftigten. Sie selbst war bald arbeitslos; noch in der Probezeit wurde ihr gekündigt.

Marita Eilrich nutzte den Rauswurf und wandte sich einem völlig neuen Metier zu: Sie wurde „feste Freie" bei der Wetzlarer Zeitung. Doch auch hier folgte bald der Rausschmiß. KollegInnen der Jungjournalistin hatten eine ganze Seite über Sprengschächte der US-Army „gemacht", was zu großen Protesten der Herausgeber geführt hatte. Im Wege der „Sippenhaft", Ehemann und Schwager waren an der Sonderseite beteiligt, wurde sie gefeuert. Dagegen klagte sie bei Arbeits- und Landesarbeitsgericht. Sie erinnert sich heute noch gut an den Justitiar des Hessischen Verlegerverbandes und dessen Satz: „Sie haben doch einen gut verdienenden Mann."

Trotz dieses jähen Endes ihrer journalistischen Karriere in Wetzlar blieb Marita Eilrich bei der schreibenden Zunft. Sie übernahm die Pressearbeit für einen Landtagsabgeordneten. Gleichzeitig engagierte sie sich von 1972 bis 1977 im ASF-Unterbezirksvorstand und übernahm die Geschäftsführung der SPD-Kreistagsfraktion Marburg-Biedenkopf. 1977 wechselte sie privat und beruflich nach Frankfurt, wurde Redenschreiberin beim DGB Hessen und machte die Sozial- und Ausländerpolitik zu ihrem Thema.

Rasch erweiterte sich ihr Betätigungsfeld: Bereits 1977/78 forderte sie im Rahmen ihrer Ausländerarbeit das kommunale Wahlrecht für ausländische Mitbürgerinnen und Mitbürger. Vom DGB-Kreisverband Frankfurt erhielt sie schließlich das Angebot, die Ausländerberatungsstelle zu leiten und gleichzeitig die Pressearbeit zu übernehmen. Heute noch bedauert sie, daß sie damals nicht schon intensiver auf die Anliegen der ausländischen Frauen eingegangen ist. „Es ist mir heute noch ein Dorn im Auge, daß wir die ausländischen Frauen vernachlässigt haben. Das bin ich erst angegangen, als ich wieder beim DGB Hessen war."

Doch Marita Eilrich hatte damals immer mehr innerhalb des DGB-Frankfurt zu tun. Sie wurde intern die Stellvertreterin des DGB-Kreisvorsitzenden und bekam „eine Menge Verantwortung übertragen". Sie übernahm die Kooperation mit dem Schauspiel und wurde mitverantwortlich für das „Römerbergbündnis". „Es war eine spannende Zeit", erzählt die heutige Landesfrauensekretärin. Fasziniert hat sie damals besonders die Zusammenarbeit mit vielen ganz unterschiedlichen Organisationen. Das kam ihr entgegen, denn von sich selbst sagt sie: „Ich bin zwar nicht pflegeleicht, was auch meinen politischen Werdegang geprägt hat – aber ich bin immer für alles offen."

Nach elf Jahren im Kreisverband Frankfurt kehrte die damals 34-jährige 1986 hauptberuflich zum DGB-Hessen zurück. Die damalige DGB-Frauensekretärin Gisela Schade warb sie für die Nachfolge an. In dieser Funktion arbeitet Marita Eilrich bis heute mit großem Engagement und viel Freude, da sie sich – auch in dieser Position – in viele Bereiche „einmischen" kann. Beispielsweise, wenn sie beim Regierungsprogramm der Hessischen Landesregierung für die kommenden Landtagswahlen im frauenpolitischen Bereich mitreden kann, wenn sie in der Jury, die den frauenfreundlichsten Betrieb Hessens kürt, als Mitglied dabei ist oder wenn sie frauenpolitische Akzente setzen kann als Mitglied des Verwaltungsausschusses des Landesarbeitsamtes. Auch ihre zahlreichen Ehrenämter, darunter als ehrenamtliche Richterin bei Landesarbeits- und Landessozialgericht, weiß sie zu verbinden mit ihren frauenpolitischen Zielen: „Hier kann ich mein Ehrenamt mit der DGB-Arbeit vernetzen. Denn manchmal kann frau auch bei Urteilen etwas für Frauen tun." In ihrer Funktion als stellvertretende Vorsitzende der Hessischen Landesanstalt für Privatfunk legt sie sich „mit Freude" und engagiert mit den kommerziellen Fernsehveranstaltern an; „speziell, wenn es darum geht, sich gegen die Vermittlung eines Frauenbildes zur Wehr zu setzen, wie es in billigen Sex-Filmchen massenhaft dargestellt wird."

Als Glücksfall bezeichnet es Marita Eilrich, daß ihr 1992 der gesamte Bereich Öffentlichkeitsarbeit des DGB-Landesverbandes angetragen wurde. Zwar erstickt sie in Arbeit – und das ohne Mitarbeiterin –, doch macht ihr diese Aufgabe besonders großen Spaß. Hier kommt ihr ihre mittlerweile langjährige Erfahrung – etwa bei der Organisation von Veranstaltungen oder der Herausgabe von Publikationen – zugute. Zu ihren Aufgaben zählt auch die Mitarbeit im Programmausschuß beim Büro für staatsbürgerliche Frauenarbeit, das die Bildungsarbeit für Frauen gestaltet. Eines ihrer „Lieblingskinder" ist das „Sozialpolitische Forum" im 1. Programm des Hessischen Rundfunks, an dessen Konzeption und Vorbereitung die DGB-Frauensekretärin allwöchentlich mitarbeitet: „Ich versuche stets, in die Diskussionsrunde immer auch interessante Frauen einzuladen."

Bei all' ihrem Engagement hat Marita Eilrich im Klein-Klein des Alltags ihre Visionen nicht vergessen. Bis heute, so kritisiert sie, ist es nicht gelungen, „vernetzt zu denken". Immer noch würden Probleme, beispielsweise in der Wirtschafts- und Sozialpolitik, geschlechtsspezifisch angegangen: „Politische Entscheidungen in diesen Politikfeldern richten sich im Großen und Ganzen immer noch – oder wieder – gegen die Frauen." Eines ihrer Ziele ist es, das „Lagerdenken" zwischen Frauen und Männern aufzubrechen. Voraussetzung dafür ist für sie, endlich zu einer wirklichen Gleichstellung in der Tarif-, Wirtschafts- und Strukturpolitik zu kommen. „Mit Sorge" betrachtet sie, wie die Entwicklung der Gleichstellung von Frau und Mann in den 90er Jahren wieder rückwärts gerichtet ist. Diese Tendenz umzukehren und dabei die Frauenarbeitslosigkeit ins Visier zu nehmen, sind aktuelle Themen, die für sie als Frauensekretärin oben anstehen. Marita Eilrich „fühlt sich nicht berufen, Männer umzuerziehen", aber eines will sie ihnen doch klar machen: „Frauen sind keineswegs 'dominant', nur weil auch sie ihren Weg gehen wollen. Diese Meinung kommt heute noch von ganz tief unten – und das nicht nur bei den Männern unserer Gesellschaft."

(sge)

„Respektlos, engagiert und zäh"

Wie sich Doris Wege Frauen wünscht, die Einfluß in den Gewerkschaften nehmen wollen

„Wenn ich früher zu einem Wochenendlehrgang mußte, konnte ich sicher sein, daß sonntags die Wäsche gewaschen und gebügelt im Schrank liegt", erinnert sich Doris Wege und weiß dieses Privileg zu schätzen. Ihre Mutter hat diese Dinge für sie erledigt. Anderenfalls hätte sie vielleicht ebenso wie viele Frauen vor aktiver Gewerkschaftsarbeit oder gar vor dem harten Job als Gewerkschaftssekretärin zurückgeschreckt.

Die gelernte Rechtsanwalts- und Notargehilfin hatte während ihrer Ausbildung „nichts mit der Gewerkschaft am Hut". Erst durch ihre Arbeit als Verwaltungsangestellte beim DGB-Landesbezirk Hessen, Abteilung Berufliche Bildung, Referat Handwerk und Frauen, erkennt sie die dahinterliegende Struktur: Die kleinen Kanzleien beschäftigen oft nur ein oder zwei Angestellte. Dazu kommt, daß Anwälte lange Zeit keinem Arbeitgeberverband angehörten, was aber die Voraussetzung für tarifvertragliche Vereinbarungen ist. Und ohne die Möglichkeit, Nutzen aus einem Tarifvertrag zu ziehen, scheint es uninteressant, einer Gewerkschaft beizutreten. Als nach vielen Jahren ein solcher Tarifvertrag zustande kommt, verbucht Doris Wege dies auch als Ergebnis ihres Engagements bei der Gewerkschaft Handel, Banken und Versicherungen, wo sie inzwischen längst Mitglied ist.

Ein Jahr auf der Schulbank

Gefördert von ihrem direkten Vorgesetzten, dem DGB-Vorstandsmitglied Gert Lütgert, erhält Doris Wege 1984/85 die Chance zur beruflichen Weiterbildung an der Akademie der Arbeit in Frankfurt. Die Betriebsratsvorsitzende Doris Wege drückt, versehen mit einem Stipendium und freigestellt vom Arbeitgeber, ein Jahr lang die Schulbank. „Ein Studentenleben haben wir bestimmt nicht geführt." Ihre Abschlußarbeit schreibt sie über die Entwicklung der Frauenarbeit in Verbindung mit der Geschichte der alten und neuen Frauenbewegungen und betitelt diese: „Wer sich nicht wehrt, muß zurück an den Herd." Doris Wege meint heute, zehn Jahre später, „wenn ich diese Arbeit aktualisieren würde, könnte ich sie einfach veröffentlichen, die Situation von Frauen hat sich wirklich nicht verbessert. Es ist eher schlimmer geworden".

Zurück beim DGB bewirbt sie sich als politische Sekretärin beim DGB-Main-Kinzig für die Zweigstelle Schlüchtern, die sie von 1987 bis 1989 betreut. Mit Öffentlichkeitsaktionen und Bündnisarbeit versucht Doris Wege, Einfluß auf gesellschaftliche Entwicklungen zu nehmen. Dabei engagiert sie sich sowohl für Frauen als auch in der Kommunalpolitik. Denn wieder einmal ist der § 218 auf dem Prüfstein, und wieder einmal treffen sich Neo-Nazis öffentlich in Schlüchtern. Obwohl sie bereits nach zwei Jahren zur HBV nach Frankfurt wechselt, ihre Mutter war schwer krank geworden, blieb Doris Wege als überaus engagierte Gewerkschaftsfrau in Erinnerung.

50- bis 60-Stundenwoche

Heute arbeitet Doris Wege bei der IG-Metall-Verwaltungsstelle Hanau. Im Büro der politischen Sekretärin stapeln sich Akten- und Papierberge. 50- bis 60-Stundenwochen sind für die Gewerkschaftssekretärin keine Seltenheit. „Mehr als die Hälfte der Wochen eines Jahres muß ich mit solch einer Anzahl an Wochenstunden rechnen." Daß darunter Freundschaften leiden, wundert nicht. Zum Glück unterstützt zumindest der Ehemann von Doris Wege ihre berufliche und politische Tätigkeit. Zur Erleichterung der Verwaltungsarbeit wünscht sie sich einen festen Bürotag, um nicht immer wieder in Aktenbergen zu versinken, aber „wenn ein Kollege bei mir im Büro steht, kann ich ihn ja nicht wieder wegschicken". „Und ich kann von den Kollegen auch nicht erwarten, daß sie einen ganzen Tag Urlaub nehmen, um eine Rechtsauskunft bei der Gewerkschaft einzuholen. Da wird es eben öfter mal später abends."

Zum Ausgleich und weil sie „viel zu wenig an die frische Luft kommt", hat die 37-jährige vor kurzem einen Schrebergarten gepachtet. Gemeinsam mit ihrem Ehemann genießt sie die Ruhe und die manchmal auch körperlich anstrengende Gartenarbeit. Aber auch dort spricht sich schnell das politische Engagement von Doris Wege herum. Kurz nachdem der Garten gepachtet war, sollte sie ihn schon wieder hergeben: Der Kleingartenverein war von der Stadt Frankfurt aufgefordert worden, Parkplätze anzulegen. Gemeinsam mit anderen Kleingartenpächtern („Du kannst doch sowas!") organisiert sie eine Pressekonferenz und sie wehren sich gemeinsam gegen die Zerstörung der Kleingärten im Grüngürtel Frankfurts.

Zu wenig Strukturen geändert

Gewerkschaftliche Arbeit sei immer noch viel zu sehr auf den kämpferischen, zu allen Zeiten flexiblen Mann ausgerichtet, meint Doris Wege und bedauert, daß die Gewerkschaften viel zu sehr auf Lohnforderungen abgezielt und viel zu wenig strukturpolitisch eingegriffen haben (einzige Ausnahme: der Kampf um die 35-Stundenwoche). Statt zum Beispiel früher dem Wegfall des Haushaltstages zuzustimmen, hätte gerade hier die Möglichkeit bestanden, die Bedeutung der Reproduktionsarbeit herauszuheben. So wäre es zum Beispiel denkbar gewesen, den Haushaltstag an die Erziehung von Kindern zu koppeln, nicht nur für Frauen, erläutert die Gewerkschaftsfrau.

Im Gegensatz zu ihren Aufgaben beim DGB, wo sie überwiegend mit gesellschaftlichen Fragen konfrontiert war, besteht ihre Arbeit heute sehr viel stärker in der direkten Arbeit mit den Betriebsräten und Ehrenamtlichen. Dabei hat sie die Erfahrung gemacht, daß Frauen bei Beratungen und Konflikten die Betroffenen sehr viel stärker in die Prozesse und Entscheidungen einbeziehen. Damit sei häufig die Hoffnung verbunden, daß die KollegInnen beim nächsten Konflikt selbst ihre Interessen und Rechte vertreten würden. Stellvertreterpolitik würden die meisten Frauen vermeiden. Denn „Frau ist nicht gleich Frau und eine ausländische Frau nicht gleich eine ausländische Frau, allein schon wegen ihres unterschiedlichen ausländerrechtlichen Status". Bei einer genauen Kenntnis der Konfliktlage könne auch viel gezielter nach Lösungsmöglichkeiten gesucht werden.

Auf die Frage nach ihrem größten Erfolg in ihrer gewerkschaftlichen Arbeit wendet Doris Wege ein: „Meistens dauert es sehr lange bis eine noch so kleine Forderung durchgesetzt ist, dann bin ich zwar zufrieden, aber ob das ein Erfolg ist? Meist ist meine Geduld bis dahin doch schon arg strapaziert worden."

Wie aber sollten Frauen sein, die heute Einfluß in den Gewerkschaften ausüben wollen? „Respektlos, engagiert und zäh."

(ah)

Beruf, Mutterschaft und Frauenfragen:

Conny Gramm will alles – und zwar sofort

„Kurz und knackig" ist ein Lieblingsausdruck von Conny Gramm. Ob Redebeitrag, Sitzungsprotokoll oder ein spontan einberufener Arbeitstermin: kurz und knackig sollte er sein. „Kurz" steht als Synomym für Effizienz. Conny Gramm redet nicht gerne lange um etwas herum, sie geht Personen und Themen direkt an und achtet darauf, daß ohne Umschweife und Ausflüchte diskutiert wird. „Knackig" steht für Energie, gemischt aus Leistungswillen und Lust. „Kurz und knackig" läßt sich zugleich die Person beschreiben, die den Slogan so gerne benutzt. Sie ist mit 159 Zentimeter nicht gerade groß und wirkt dennoch kraftvoll. Mancher mag sie vielleicht gerne übersehen, und im Auftreten wirkt sie eher bescheiden. Überhören kann man sie nicht. Wenn sie in Sitzungen das Wort ergreift, dann mit Vehemenz, wenn sie Demonstrationen anführt, dann mit Nachdenklichkeit und Witz und wenn sie „gut drauf" ist, dann ist ihr dröhnendes Lachen nicht nur wohltuend, sondern auch ansteckend.

„Wir wollen alles und zwar sofort!" hieß eine Frauenforderung Anfang der 80er Jahre. Für Conny Gramm war sie mehr als Parole, für sie war und ist sie Programm im privaten, im professionellen und im politischen Breich.

Aufgewachsen in einem sozialdemokratisch geprägten Elternhaus, ist sie bereits als Schülerin gesellschaftspolitisch nicht nur interessiert, sondern auch engagiert. Sie ist Schulsprecherin, treibt sich in Schüler-Basisgruppen herum, nimmt an Anti-Schah-Demos teil, ist in der Jugendorganisation der KPD/ML und organisiert den legendären Schulstreik an der HoLa mit, wo sie 1973 Abitur macht.

„Ein bißchen tüttelig"

Zur beruflichen Weiterbildung wechselt sie in ihre Geburtsstadt Frankfurt, wo sie bei der Firma Teves Werkstoffprüferin wird. In dem Betrieb mit 2.000 Beschäftigten tritt sie in die Gewerkschaft ein und wird sofort zur Jugendvertreterin gewählt. Nach Abschluß der Ausbildung wechselt sie zur Vacuumschmelze nach Hanau. Da sie umzugsbedingt nun plötzlich keine gewerkschaftlichen Funktionen mehr hat, nimmt sie Kontakt zum Frauenausschuß der IG-Metall auf. „Teilweise fand ich's dort ein bißchen tüttelig, aber ich hatte doch das Gefühl, da kann man was lernen und man kann aus dem Kreis noch etwas machen."

Jedenfalls markiert diese Kontaktaufnahme den Beginn einer neuen Entwicklung, in deren Folge „gewerkschaftliche Frauenarbeit" zu einem Schwerpunkt von Conny Gramms Aktivitäten wird. 1983, als in dem Gremium ein Generationswechsel ansteht, wird sie Vorsitzende, außerdem avanciert sie zur Vertrauensfrau, zum Mitglied der Vertrauenskörperleitung, sie wird Betriebsrätin, Mitglied der Ortsverwaltung, Delegierte bei Vertreterversammlungen der IG-Metall und Mitglied des Bezirksfrauenausschusses. „Nebenbei" ist sie in der Demokratischen Fraueinitiative (DFI) und in der DKP aktiv.

Schwieriger Familienalltag

Zu der „Wir-wollen-alles"-Devise gehört aber auch, daß sie ein Kind haben will und sich inzwischen mit ihrem Lebensgefährten Stephan Klimczyk partnerschaftlich alle Aufgaben teilt, die seit der Geburt von Moritz hinzugekommen sind. Da der Kindsvater auch gewerkschaftlich und politisch engagiert ist und beide voll berufstätig sind, werden am Sonntagabend alle anstehenden Termine besprochen „und immer danach geguckt, daß der Sohn nicht zu kurz kommt". In der Regel hat jede(r) zwei Sitzungen oder Verpflichtungen pro Woche, Zusatztermine werden von Fall zu Fall geklärt, gleiches gilt für die Wochenenden, wobei nach Möglichkeit der Sonntag mit Familie und Freunden verbracht wird.

Woher nimmt die kleine Frau die Energie, einen Teil ihrer knappen Freizeit der Frauenfrage zu widmen? „Ich fühle mich verantwortlich für die Funktion, die ich im Frauenausschuß übernommen habe", antwortet sie, „es ist mir wichtig und es macht mit Spaß." Sie muß zugeben, daß es in der Frauenfrage immer noch und wieder verstärkt um die „klassischen Themen" geht, die schon seit Generationen die Streitgefährtinnen beschäftigen: geringere Ausbildungschancen, ungleicher Lohn für gleiche Arbeit, Doppelbelastung, Altersarmut. Dennoch sieht sie einen Sinn in ihrem Engagement. Der lautet: „Solange die Probleme nicht gelöst sind, muß frau weiterkämpfen. Ich will mich nicht mit den bestehenden Verhältnissen abfinden. Auch wenn unsere Erfolge nicht immer meßbar sind, wir sind zumindest selbstbewußter geworden und lassen uns nicht so leicht zurückwerfen."

Herzensthema gleicher Lohn

Zum Stichwort „Spaß" erklärt sie: „Frauenarbeit unterscheidet sich deutlich von der Mitarbeit in Männer dominierten gewerkschaftlichen Gremien. Es gibt weniger Konkurrenz und Wichtigtuerei, nicht so ein Drumherumgerede und kein Gockelgehabe." Kooperation mit Geschlechtsgenossinnen bedeutet dagegen, daß auch Persönliches in die Diskussion einfließt, daß Gefühle artikuliert werden und frau in dieser offenen Atmosphäre besser zu Ergebnissen kommt ohne deswegen an Niveau zu verlieren, betont Conny Gramm.

Ob sie ein „Herzensthema" hat? „Ja", sagt sie spontan, „die Entlohnungsfrage". Die Minderbewertung und -bezahlung von Frauenarbeit ist für sie ein „Knackpunkt". Und sie zählt auf: daß nach der Ermittlung des Statistischen Bundesamtes Frauen bei gleicher Qualifikation ein Drittel weniger verdienen als ihre männlichen Kollegen. Daß eine Umfrage des IG-Metall-Frauenausschusses 1987 in sechs Hanauer Metallbetrieben ergeben hat, daß Frauen überwiegend in den unteren Lohn- und Gehaltsgruppen zu finden sind und daß viele Frauen falsch eingruppiert sind.

„Diese Ungerechtigkeit schreit zum Himmel!" erzürnt sie sich und kramt Arbeitspapiere, Aktionsprogramme und Flugblätter hervor, in denen „ihr" Frauenausschuß das Problem an der Basis angegangen ist. Leider waren auch hier nur in Einzelfällen Erfolge zu verzeichnen, denn „es fehlte an Frauen, die ihre Rechte gerichtlich einklagen". Dazu braucht man/frau in dieser Gesellschaft einen langen Atem, aber Conny geht die Puste noch lange nicht aus.

(rd)

„Gestandene Arbeiterin" mit Herz:

Anni Roßmann verkörpert aussterbenden Frauentyp in den Hanauer Gewerkschaften

Wenn Anni Roßmann in schon absehbarer Zeit in den Ruhestand geht, wird in der Hanauer Gewerkschaftsarbeit ein Frauentyp fehlen, den es so nie wieder geben wird: Eine „gestandene" Arbeiterin, warmherzig, praktisch und erfolgreich, eine Frau, die sich niemals „die Butter vom Brot nehmen" läßt und doch selbst geben kann.

Lange Erfahrungen als Chemiearbeiterin in der Hanauer „Gummischuhfabrik" und seit 1978 als Reinigungskraft im Hanauer Rathaus haben Anni Roßmann geprägt. Wie bei ihrer Arbeit schaut sie auch bei den Arbeitsbedingungen genau hin. Wie man diese im Interesse aller Kolleginnen ändert, hat sie seit ihrem Eintritt in die Gewerkschaft 1978 gelernt. Anni ist in jeder Hinsicht eine stattliche Frau, und auch ihr Wort hat Gewicht. Im Personalrat der Arbeiter und im Gesamtpersonalrat der Stadt hat sie gelernt, mit den überwiegend männlichen Kollegen umzugehen und sich durchzusetzen. Bei der Hanauer Stadtverwaltung hat ihr bei ihrem Eintritt vor allem imponiert, daß es nur festangestellte Reinigungsfrauen gab, die alle organisiert waren. Neben den sicheren und besseren Arbeitsbedingungen für die Frauen hat sie auch immer den Vorteil für den Arbeitgeber gesehen. „Unter solchen Bedingungen arbeiten die Frauen ehrgeizig und umsichtig, als handele es sich um die eigene Wohnung, bei solcher Pflege halten die Gebäude länger", versichert sie.

Die vergangenen 20 Jahre waren für sie ein ständiger Lernprozeß: „Ich habe mich langsam geändert und es war nicht leicht. Ich mußte da erst reinwachsen", sagt sie heute. Ihr Mann und die beiden Kinder mußten ebenso dazu lernen. Anni hat für überraschende Situationen und einen Gewinn an Selbständigkeit gesorgt.

„Poltert nicht so herum!"

Schon über zehn Jahre ist Anni Roßmann Mitglied der Hessischen Lohntarif-Kommission für die Arbeiter der Gemeinden. „Ich habe oft als einzige Frau unter vielen Männern geredet. Ihr Verhalten habe ich manchmal als Schande empfunden. Dann habe ich gesagt: 'poltert hier nicht so herum, hört Euch erst einmal die Probleme der Frauen an'. Das Ergebnis war immer positiv. Die Leistungen der Reinigungskräfte, sagt sie, wurden „immer heruntergespielt". „Jeder kleinste Schritt", selbst die Anschaffung neuer und zweckmäßiger Geräte, mußte schwer erkämpft werden.

Auch wenn gefeiert wird, am 1. Mai oder Internationalem Frauentag, ist Anni Roßmann immer dabei: Hinter einer gewaltigen Kuchentheke thront sie dann wie eine liebevolle Mutter und versorgt alle Gäste mit selbstgebackenem Kuchen und frischen Waffeln. Dabei ist sie so leicht nicht aus der Ruhe zu bringen. „Etwas richtig anpacken, dann gelingt es auch", gilt für sie bei der Arbeit wie bei den Festen.

(wr)

Erika Große

ist 1943 in Schlesien geboren. Sie wuchs in Kiel auf und wurde dort auch ausgebildet. 1965 kam sie nach Großauheim, gründete eine Familie mit drei Kindern, wurde 1971 wieder berufstätig, als die Kleinen „aus dem Gröbsten heraus" waren. Bei der AOK Hessen stieg sie von der Datenerfasserin zur Sachbearbeiterin auf, wurde Mitglied des Personalrats, ab 1985 Vorsitzende dieses neunköpfigen Gremiums. Damit übernahm zum ersten Mal in der AOK Hanau eine Frau dieses Amt, das die Rechte von 360 Mitarbeitern vertrat.

Gleichzeitig wirkte Erika Große im ÖTV-Kreisvorstand mit und vertrat acht Jahre lang die Arbeitnehmerseite als Beisitzerin beim Arbeitsgericht. Ein politischer Einstieg erfolgte nach ihrem Wohnortwechsel nach Neuberg. Sie trat in die SPD ein, wirkte in der Lokalpolitik als Mitglied des Gemeindevorstands und im Parteivorstand mit. Seit sich alle Allgemeinen Ortskrankenkassen zur AOK Hessen zusammengeschlossen haben, ist Erika Große Vorsitzende des Gesamtpersonalrats, in dem sie zusammen mit 21 weiteren Mitgliedern 5.200 Mitarbeiter betreut. „Viele haben das zunächst kritisch gesehen und gefragt, ob die Erika das wohl schafft", berichtet sie. Nun, sie hat es geschafft und wurde inzwischen für die zweite Amtszeit wiedergewählt. Und weil sie den Schwerpunkt ihrer Arbeit immer in einer sehr individuellen und einfühlsamen Betreuung ihrer Kolleginnen und Kollegen gesehen hat, wenden diese sich gern an sie. „Meine Stärke sind meine guten Kontakte, auch zu Vorgesetzten, das kann ich in Gesprächen und Verhandlungen immer im Interesse der Mitarbeiter nutzen", sagt Erika Große. *(wr)*

Als Gewerkschafterin kämpfte sie gegen Massa-Chefs

Die „Kapitalisten-Tochter" Käthe Saljo wechselte das Lager

„Mein Herz schlägt links, doch in dieser Zeit kämpft es mit Rhythmusstörungen", sagt Käthe Saljo im Herbst 1996, als wir uns, inzwischen beide im Un-Ruhestand, nach langen Jahren wiedertreffen. Die Sorge um politische und gewerkschaftliche Entwicklungen zwischen stromlinienförmigen Anpassungsversuchen und selbstbewußter Kampfbereitschaft regt sie noch immer auf, obwohl sie sich längst zurücklehnen und den wahrhaft verdienten Ruhestand genießen könnte.

Vier Sprachen gelernt

Käthe Saljo ist aus Homburg im Saarland zu unserem Gespräch nach Hanau gekommen. Voller Zorn sprudelt sie heraus, was ihr Sorgen macht: Perspektivlosigkeit und Lebensangst bei vielen jungen Menschen, eine frisch entzündete Diskussion über eine Berufsarmee. „Die Militärs", sagt sie, „sind der Appendix der Rüstungsindustrie". Auch die mitunter aufkommende Mutlosigkeit bei Frauen, die auf den zunehmenden Machtmißbrauch der Arbeitgeber nicht kämpferisch genug reagieren, bereiten ihr Kopfzerbrechen.

„Für mich ist der DGB für solche Mißstände die einzige richtige Plattform. Er ist ein aus vielen Fäden zusammengedrehtes Tau, das auch ein Schiff im Hafen hält." Käthe Saljo gehört keiner Partei an und kommt eigentlich „aus dem anderen Lager", wie sie erzählt: Ihr Vater war im rumänischen Temesvar im sogenannten „deutschen Banat" ein wohlhabender Holzgroßhändler. In ihrer großbürgerlichen Familie war es selbstverständlich, daß jeder mindestens drei Sprachen lernte. Käthe Saljo beherrscht deutsch, russisch, rumänisch und italienisch. In ihrer liberalen Umgebung, so glaubt sie, habe sie eine Art „maghribinische Verbindlichkeit" gelernt, die sie befähigte, auch unter schwierigsten Umständen ihren persönlichen Lebenskampf und ihre Aufgaben als engagierte Gewerkschafterin und Gesamtbetriebsratsvorsitzende bei Massa zu meistern.

Zwangsarbeit und Ausreise

Käthe Saljos Lebensweg war steinig. 1945, sie war gerade 21 Jahre alt, fing nach Abitur und zwei Jahren Handelsschule eine harte Zeit an: Als „Tochter eines Kapitalisten" wurde sie zu fünf Jahren Zwangsarbeit in die Ukraine verschleppt und mußte dort als Maurerin arbeiten. Im Dezember 1949 kam sie wieder nach Hause. Aus den gleichen Gründen wurde ihr nun das angestrebte Medizinstudium verweigert. Wegen ihrer

Sprachkenntnisse erhielt sie immerhin die Zulassung zum Fernstudium in Sprachen und mußte gleichzeitig in einer Schule unterrichten. Wegen „politischer Unzuverlässigkeit" wurde sie 1955 aus dem Schuldienst entlassen, weil sie einen Ausreiseantrag für sich und ihre zwei Kinder gestellt hatte.

Zunächst schlug sie sich als Internatsleiterin einer Fachschule durch. 1965 kam die Ausreisegenehmigung. Mit zwei Koffern, zwei Kindern und 200 Mark Übergangsgeld begann der Start bei den „Reichsgermanen", wie die Deutschen in der Bundesrepublik von den Deutschen im Banat genannt wurden. Die Schwierigkeiten hörten nicht auf. Der erste Arbeitsplatz als Internatsleiterin einer Privatschule, die auch ihre Kinder besuchen konnten, scheiterte nach wenigen Monaten am Fehlen eines ordentlichen Arbeitsvertrages. Käthe Saljo fühlte sich geleimt und ging.

Zustände wie im alten Rom

Es folgten mehrere Existenzgründungsversuche in kaufmännischen Betrieben, beim Finanzamt, als Erzieherin und als Chefin eines eigenen Feinkostgeschäftes in der Wiesbadener Innenstadt. „Im Rahmen der Altstadtsanierung wurde es totsaniert", berichtet sie. Mit vielen wichtigen Erfahrungen und den letzten paar Mark in der Tasche bewarb sie sich bei Massa in Dörnigheim. Statt in der erhofften Feinkostabteilung landete sie bei Schuhen und Lederwaren. Die unbekannte Materie war eine Herausforderung für sie. Schon bald hatte sie sich mit der entsprechenden Fachliteratur die notwendigen Kenntnisse angeeignet.

Als 1983 bei Massa erstmals ein Betriebsrat gebildet wurde, schlugen die Kolleginnen sie für den Wahlvorstand vor. Ehe es sich Käthe Saljo versah, fand sie sich als Betriebsratsvorsitzende wieder. Anfangs gab es ständige Auseinandersetzungen mit der Geschäftsleitung. „Ich mußte immer wieder die Gerichte bemühen, aber ich konnte mich durchsetzen", berichtet sie. „Von 460 Mitarbeitern waren damals nur 16 in der Gewerkschaft. Arbeitsrechtlich ging es zu, wie im alten Rom. Die Leidensfähigkeit der Mitarbeiterinnen war wirklich an der Grenze angelangt." Die Eingruppierung sei chaotisch und willkürlich gewesen.

Für Recht und Gesetz

Erst damals trat Käthe Saljo in die HBV ein. Sie machte sich in Rechtsfragen sachkundig, studierte das Betriebsverfassungsgesetz und riskierte mit Unterstützung zahlreicher Kollegen Klagen. Der Organisationsgrad war inzwischen auf 200 Mitglieder gestiegen. Einmal mußte die Geschäftsführung bei einer gerichtlichen Strafandrohung von 10.000 Mark nachgeben.

Ob Überstundenregelungen oder Mutterschutz: Käthe wurde zur Kämpferin und das sprach sich in allen Niederlassungen von Massa herum. Sie wurde nicht nur freigestellte Betriebsrätin, sondern auch Gesamtbetriebsrätin für alle Niederlassungen. „Ich will nicht die Welt umkrempeln", war damals ihre Haltung, „aber in meinem Einflußbereich Recht und Gesetz Geltung verschaffen".

Jede Gelegenheit zur Weiterbildung mit Literatur und Seminaren hat sie genutzt. Immer wieder mußte sie feststellen, daß nach wie vor zu viele Frauen sich und ihre Anliegen nicht wichtig genug nehmen. „Frauen kämpfen immer noch nicht um leitende Positionen. Ihnen geht es immer nur darum, die Sache voranzubringen. Sie verkaufen sich zu schlecht und haben zu ungünstige Ausgangsbedingungen durch ihre häuslichen und familiären Verpflichtungen."

Käthe Saljo ist sich sicher, daß Frauen in der Gewerkschaftsbewegung oder auch in der Politik mehr bewirken können als Männer, weil sie von den Problemen oft unmittelbarer betroffen sind. Außerdem, so glaubt sie, suchten sie statt nach Gewaltlösungen immer nach produktiven, sinnvollen Lösungen. „Frauen haben das Herz im Kopf", sagt sie sehr bestimmt. „Wenn sie mehr Verantwortung übernehmen, wird die Härte und die Kälte nachlassen, die uns noch immer alle belastet." Daß sie mit solchen

Gedanken auch in der Friedensbewegung engagiert war, wundert kaum. „Solange das künftige Schicksal der Welt noch in den Händen von Militärs liegt, haben wir Anlaß zur Wachsamkeit. Was die fertig bringen, wissen wir", warnt sie.

Respektlos sein

Mit großer Wärme und Herzlichkeit spricht Käthe Saljo von Kolleginnen und Kollegen, die sie als ihre Mitstreiter erlebte. Praktizierte Solidarität ist ihr ein großer Wert. Dagegen erschreckt sie „ein gewisser Zeitgeist der Ent-Solidarisierung: Junge gegen Alte, Töchter gegen Mütter. Ich habe das Gefühl, das ist bewußt gesteuert, die Menschen sollen immer manipulierbarer werden".

Mit „unbegrenzter Respektlosigkeit" begegnet sie allen Menschen, die Macht und Druck ausüben wollen, seien es Direktoren, Funktionäre, Politiker oder Vertreter radikaler Gruppierungen. „Dagegen habe ich großen Respekt vor jedem einzelnen Individium, dessen persönliche Rechte sind mir heilig." Für die muntere 72-jährige, die bis zum 70. Lebensjahr gearbeitet und jetzt Zeit für Kinder, Enkel, Reisen, Lesen und Nachdenken hat, ist ihr gewerkschaftliches Engagement zum Höhepunkt ihres Lebens geworden. Diese Erfahrungen haben sie stark gemacht und bereichert: „Zur Nachahmung empfohlen", fügt sie trocken an. *(wr)*

15 Jahre für Frauen, Frieden und Kultur

Gewerkschafterin Monika Dietrich verließ Hanau und machte in Kiel Karriere

Sie ist im Main-Kinzig-Kreis auch viele Jahre nach ihrem Wechsel aus Maintal zum Hauptvorstand der Gewerkschaft Holz und Kunststoff in Düsseldorf noch in deutlicher Erinnerung. Lebhaft, ja energiegeladen wirkte sie. Deshalb haben viele ihren Weggang bedauert, auch wenn sie ihr den Karrieresprung gönnten: Monika Dietrich engagierte sich rund 15 Jahre im Main-Kinzig-Kreis in der HBV und dem DGB. Arbeitsschwerpunkte der aktiven Gewerkschafterin waren Friedens-, Frauen- und Kulturarbeit.

Die DGB-Songgruppe verabschiedete ihre Solistin, Monika Dietrich (mit Hut), im Januar 1986.

Daß sie 1970, mit Beginn ihrer Banklehre bei der Bank für Gemeinwirtschaft (BfG) in Frankfurt, in die Gewerkschaft eintrat, war „eine Selbstverständlichkeit in meiner Familie", erklärt sie ihre Gründe. Ab 1975 war sie Mitglied des Betriebsrates, von 1980 bis 1982 HBV-Vertrauensfrau. Als Mitglied der Prüfungsausschüsse der Industrie- und Handelskammer, als Vorsitzende des DGB-Ortskartells Maintal und als Mitglied im Frauenausschuß bis zu ihrem Umzug 1986 war Monika immer da zu finden, wo Arbeit vergeben wurde.

SPD-Kreistagsabgeordnete

Politisch engagierte sie sich ab 1976 in der SPD, war Schriftführerin, stellvertretende Ortsvereinsvorsitzende und Pressesprecherin. In Maintal wurde sie zur Stadtverordneten gewählt, wirkte in der Redaktion des Maintaler „Stadtprisma" mit und saß bis zum Wechsel nach Düsseldorf zwei Jahre als Abgeordnete im Kreistag.

Im Rahmen der Ortskartell-Arbeit gründete sie die Maintaler Friedensinitiative mit. Die umtriebige Frau setzte sich für mehr Kindergartenplätze, bessere Schulversorgung, gegen faschistische Tendenzen, gegen Ausländerfeindlichkeit, Rassismus und Krieg ein. „1984 war natürlich die intensive Unterstützung des siebenwöchigen Arbeitskampfes um die 35-Stundenwoche gefordert", berichtet sie, sichtlich erfreut, daß die Frauen im Main-Kinzig-Kreis sich gern an sie erinnern. Ihre Karriere verfolgte Monika Dietrich inzwischen weiter. Nach einer Stelle als SPD-Fraktionsgeschäftsführerin in Kiel arbeitet sie seit 1994 als Referentin im Stadtpräsidium der Stadt Kiel.

Hauptrednerin am 1. Mai

Aktive Teilnahme bei allen Aktionen zum Internationalen Frauentag, zum 1. Mai und zum Friedenstag am 1. September „waren selbstverständlich", erinnert sich Monika Dietrich an die Hanauer Zeit. Mehrmals war sie Hauptrednerin bei Maikundgebungen im Kreis. Fragen der Gleichstellung von Frauen in der Gesellschaft aber auch in der Gewerkschaft und in der SPD begleiteten ihre tägliche Arbeit. Im Kreistag wurde sie Mitglied des neu etablierten Friedens- und des neuen Frauenausschusses, kämpfte mit vielen anderen gegen das im Bundestag beschlossene „Beschäftigungsförderungsgesetz", das Rechte der Arbeitnehmer beschnitt.

1984/85 hat Monika Dietrich als eine der Initiatoren an Inhalt und Ausführung der Ausstellung „Endlich Frieden – 40 Jahre Befreiung von Faschismus und Krieg" mitgewirkt. Hier ging es um das Leben und Sterben von Widerstandskämpfer/innen aus dem Main-Kinzig-Kreis zwischen 1933 und 1945.

Im Rahmen ihrer Abschlußarbeit nach Besuch der Akademie der Arbeit in Frankfurt erstellte Monika Dietrich eine Regionalstudie über die Aktivitäten und Auswirkungen gewerkschaftlicher Friedensarbeit „vor Ort".

Zusammen mit Kolleginnen und Kollegen gründete Monika 1984 die unvergessene DGB-Songgruppe, die über Jahre alle wichtigen DGB-Veranstaltungen im Kreis mit Schwung und Rhythmus begleitete. Die Gruppe wurde zum festen Bestandteil aller Aktionen um die 35-Stundenwoche, erschien auch in strömendem Regen bei den Streikenden vor den Werkstoren, machte Stimmung und Mut. Viele weinen dieser munteren und frechen Truppe immer noch nach.

(wr)

Der Krieg hinterließ schmerzhafte Spuren

Helga Wilkening fühlt sich als Friedensfrau

Der Krieg hat sie gelehrt, für den Frieden zu arbeiten. Die Kindheitserlebnisse in den Kriegs- und Nachkriegsjahren hinterließen dauerhafte Spuren. Helga Wilkening wurde von dieser Zeit ebenso stark geprägt wie von ihrem konsequent antifaschistischen Elternhaus, in dem Widerstand trotz materieller Not und ständiger Gefahr selbstverständlich war. „Ich bin selbst einmal um ein Haar von einem Bombenteil getroffen worden. Ich habe Fliegeralarme erlebt, das zerstörte Hanau, das plattgewalzte Frankfurt gesehen. Für mich bleibt Friedenspolitik das wichtigste Thema unserer Zeit, deshalb bin ich auch beim ersten Ostermarsch 1961 und allen folgenden dabei gewesen. Als wir zu Fuß von Miltenberg durch den Spessart bis nach Frankfurt liefen, war das ein großes Erlebnis. Danach hatte sich in Hanau ein Ostermarsch-Ausschuß gebildet. Ich machte als einzige Frau mit. Am 6. August 1962, dem Hiroshima-Tag, demonstrierten wir mit einem Auto-Corso in Hanau gegen die Atombomben."

1964 hat Helga geheiratet. Sie zog nach Westfalen, brachte drei Söhne zur Welt und kam 1972 wieder nach Bruchköbel zurück. Im gleichen Jahr fing sie mit Gewerkschaftsarbeit an. Vor der Ehe hatte Helga als Arbeiterin bei Dunlop, bei Heraeus und kleineren Betrieben in Hanau gearbeitet. Ab 1977 nahm sie eine Stelle als Verkäuferin an, später in einem Kunststoffbetrieb in Großauheim. Helga Wilkening engagierte sich im DGB-Ortskartell Bruchköbel und als stellvertretende Vorsitzende der Friedensinitiative Bruchköbel. Sieben Jahre arbeitete sie auch als Elternbeirätin und im Arbeitskreis Gewerkschaft und Schule mit. Damals war sie bereits Mitglied der DKP.

In Bruchköbel gibt es bis heute alljährlich am Karfreitag eine Demonstration und Friedenskundgebung im Rahmen der Ostermarschveranstaltungen, die intensiv vom DGB gestützt werden. In den Anfangsjahren verbot sie der Bürgermeister wegen „gefährdeter Feiertagsruhe", erinnert sich Helga an die Kämpfe von damals. Vor dem Verwaltungsgericht Frankfurt und dem Verwaltungsgerichtshof in Kassel bekam die Friedensinitiative aber Recht. Die Stadt warnte die Kindergärtnerinnen, als die Friedensinitiative eine Kinderbuchausstellung zum Thema Frieden zeigte, die der christliche Friedensdienst zusammengestellt hatte. Trotzdem war die Resonanz groß.

Kontroverse Diskussion

„Als der Nato-Doppelbeschluß anstand, kam es erneut zu einen Prozeß vor dem

Verwaltungsgericht, den wir wieder gewonnen haben". Nicht verschweigen will Helga, daß es innerhalb der Friedensinitiativen auch heftigige Auseinandersetzungen über inhaltliche Fragen gab, so beispielsweise über die Aussagen auf Flugblättern oder das Selbstverständnis, das Gewerkschaften, kirchliche und soziale Gruppen von ihrer gemeinsamen Aufgabe hatten. Es stellten sich viele Fragen, die kontrovers diskutiert wurden: „Wie radikal können wir sein?" „Sollen wir uns notfalls auf Schienen legen?" „Welches Gewicht geben wir den sozialen Fragen wie Arbeitslosigkeit und Bildungsnotstand?"

„Wir machten 'Spaziergänge' am amerikanischen Munitionsdepot und fielen mit einer Flugblattaktion beim großen Flugtag der amerikanischen Hubschrauberstaffel in Erlensee auf. Wir beteiligten uns an allen Demonstrationen in Frankfurt und Bonn. Ende der 80er Jahre wurde es weniger. Wir fuhren noch mit drei Bussen nach Hasselbach und 1991 zur Anti-Golfkriegsdemo nach Bonn, hielten zusammen mit vielen jungen Schülern eine Mahnwache auf einem großen Platz."

Zunehmender Druck

Seit 1992 ist Helga Wilkening in der Verwaltung der IG-Metall-Bildungsstätte in Bad Orb tätig, die trotz Männerdominanz unter den Lehrgangsteilnehmern auch hin und wieder Frauenthemen angeht. Zum Internationalen Frauentag gibt es alljährlich ein attraktives Kulturprogramm. Das Angebot für Frauen wurde allerdings eingeschränkt. Es kamen auch weniger Kolleginnen zu den Veranstaltungen. Darin zeigt sich, so Helga Wilkening, der zunehmende Druck, der auf den Gewerkschafterinnen lastet.

(wr)

Wollte mit einer Auto-Blockade den Näherei-Konkurs abwenden

Heute ist Elge Buchhold ruhiger

Als die Firma Trikotinterna in Flörsbach im Spessart 1986 zum ersten Mal in Konkurs ging, war nur eine Kollegin gewerkschaftlich organisiert. Weil sie Rechtschutz beanspruchen konnte, handelte sie einige Vorteile heraus, wie beispielsweise anteiliges Weihnachtsgeld und Konkursausfallgeld. Deshalb traten danach fast alle Kolleginnen bei Trikotinterna in die Gewerkschaft Textil und Bekleidung ein und gründeten einen Betriebsrat. Noch einmal wollten die Frauen nicht mit leeren Händen dastehen.

Elge Buchhold wurde Betriebsratsvorsitzende. Die heute 51-jährige hatte seit 1963 in verschiedenen Nähereien gearbeitet. Erste Station war Lohrhaupten, später dann ein Zweigwerk der Firma Aull in der Alten Schule in Flörsbach, das 1975 von Trikotinterna übernommen wurde. Elge Buchhold, wie die anderen Kolleginnen ebenfalls erst 1987 in die Gewerkschaft eingetreten, schien für die Aufgabe als Vorsitzende geeignet: 1969 hatte sie mit anderen Frauen im Dorf den 'Damen-Turnverein Flörsbach' gegründet, Angst vor der Öffentlichkeit hatte sie nicht mehr, und vor vielen Leuten zu sprechen machte ihr auch nichts mehr aus, zumal sie die meisten ja auch persönlich kannte. Damals entstand ein Verein, der heute immer noch expandiert.

Abschreibungsprojekt?

Das wiederum kann man von der Textilbranche im Spessart und damit auch in Flörsbach nicht gerade behaupten. Nach einigen Wechseln in der Geschäftsführung wurde den damals 28 Mitarbeiterinnen von Trikotinterna Ende November 1988 eine 'außerordentliche' Kündigung nach Hause geschickt. Damit gerechnet hatte niemand, Überstunden hatten die Frauen leisten müssen, Aufträge waren da, und dennoch hatte der Betrieb rund 860.000 Mark Schulden. Für den letzten Geschäftsführer, Stefan Huth, muß die Übernahme ein Abschreibungsprojekt gewesen sein. Anders kann sich niemand vorstellen, wie es zum Konkurs kam.

Heimlich, still und leise wollte sich Stefan Huth davonschleichen, aber da haben ihm die Frauen aus Flörsbach einen Strich durch die Rechnung gemacht. „Der hatte gemeint, er könnte uns überfahren, wir wären nur die dummen Frauen vom Dorf." Aber „wir haben uns gewehrt und sind an die Presse gegangen, der Günter Brandt (Gewerkschaftssekretär der Gewerkschaft Textil und Bekleidung) hat uns dann geholfen, wir hätten sonst vielleicht nicht solche Sachen gemacht." Neben Pressekonferenzen organisierten die Frauen eine öffentlichkeitswirksame Blockade des Betriebs, denn die Gläubiger wollten alles abholen, was nicht niet- und nagelfest war. Die Frauen stellten Autos vor die Rampe zur Alten Schule und mußten doch zusehen wie die Nähmaschinen und Stoffe abtransportiert wurden. Was blieb, waren einige ältere Nähmaschinen und die gemeindeeigenen Räume, die auch weiterhin für diesen Zweck zur Verfügung standen.

Nettogehalt unter 1.000 Mark

Immer wieder betonten die Frauen, daß sie um die Näherei kämpfen müssen, weil sie bis heute auf wohnortnahe Arbeitsplätze angewiesen sind. Fast alle Frauen kamen aus Flörsbach, aus der hintersten Ecke des hessischen Spessarts, auch Elge Buchhold. Ein Auto konnten sich die Buchholds gerade so leisten, aber das brauchte der Mann, um an seinen Arbeitsplatz am Frankfurter Flughafen zu gelangen. Ein Zweitauto war bei einem Nettogehalt von unter 1000 Mark nicht drin. Und der öffentliche Bus ist jüngeren Datums und fährt auch nur drei oder vier Mal am Tag.

Aber nicht nur der unzulängliche Busverkehr bindet die Frauen an einen wohnortnahen Arbeitsplatz, auch die Möglichkeit der freieren Arbeitszeitgestaltung wußten die Frauen zu schätzen. Mal schnell nach Hause zu gehen, für Kinder und Ehemann zu kochen und wieder zurück in die Näherei, so haben viele Frauen ihren Arbeitstag organisiert, „deshalb haben wir vielleicht auch so drum gekämpft, weil wir arbeiten und das auch mit den ganzen familiären Verpflichtungen vereinbaren konnten".

Auch deshalb versucht Elge Buchhold mit Günter Brandt und dem damaligen Bürgermeister Rainer Krätschmer noch zwei Jahre lang eine neue Geschäftsführung für die Näherei in der Alten Schule in Flörsbach zu finden. Zwischendurch scheint eine Lösung gefunden zu sein. Ein Betrieb aus Flieden läßt in Flörsbach nähen, aber ohne Musternäherin oder sonstige qualifizierte Anleitung müssen sie am Ende aufgeben. Alle Versuche scheiterten aber vornehmlich daran, daß der Betrieb einerseits zu klein ist und andererseits die Textilbranche schon seit Jahren verstärkt im Ausland produziert, wo noch mehr ArbeiterInnen ohne soziale Absicherung für noch mikrigere Löhne schuften.

Seit 1991 arbeitet Elge Buchhold in einem Supermarkt in Biebergemünd-Bieber. Trotzdem hat sie bislang die Gewerkschaft nicht gewechselt, auch deshalb, weil sie dankbar ist für die Unterstützung durch die Gewerkschaft Textil und Bekleidung in der Person von Günter Brandt. Im nachhinein erinnert sich Elge Buchhold gern an diese Zeit, „ich mag sowas, ich hab das ganz gerne, wenn ein bißchen was los ist, nicht immer alles so gleichmäßig ist, zumindest zu der Zeit noch, mit den Jahren wird man ja doch etwas ruhiger".

(ah)

Kämpft gegen die Diskriminierung als Frau und Lesbe

Jacqueline Rumpf

„Als wir während eines Praktikums bei einem Neubau die Leitungen verlegen und Steckdosen setzen mußten, kamen zwei ältere Frauen vorbei. Sie fragten Oliver, unseren männlichen Kollegen, ob die Mädchen ihm helfen und das Werkzeug reichen können. Wir haben die Damen aufgeklärt, daß wir 'Mädchen' nicht nur das Werkzeug reichen, sondern richtig ranklotzen und eine Ausbildung zur Elektronikerin machen. Sie fanden es toll, daß auch Frauen einen 'Männerberuf' lernen." Jacqueline Rumpf hatte 1986 eine Ausbildung zur Energieanlagenelektronikerin im Berufsbildungszentrum in Gründau-Rothenbergen begonnen. Sie war eine von sechs weiblichen und vier männlichen Auszubildenden. Noch im selben Jahr trat sie der Gewerkschaft ÖTV bei, ließ sich in den Kreisjugendausschuß, in den Kreisvorstand und später auch in den Kreisfrauenausschuß der ÖTV wählen. Spaß hat ihr vor allem der Austausch mit den Frauen und Jugendlichen gemacht, die bei der ÖTV überwiegend „aus der Verwaltung und den sozialpflegerischen Berufen" kommen. So spielte sie nicht nur im Praktikum eine besondere Rolle, auch im Kreisfrauenausschuß teilte keine der Frauen ihre Ausbildungserfahrungen.

Gegen den Golfkrieg

Nach der dreieinhalbjährigen Lehrzeit wurde sie zunächst arbeitslos, fand aber nach einem halben Jahr Arbeit bei der ABB in Großauheim. Auch in diesem Betrieb war sie nicht die einzige Frau, zwei weitere Kolleginnen, beide aus dem ehemaligen Ostblock und beide Elektronikerinnen, arbeiteten ebenfalls an den Schaltschränken.

Als der zweite Golfkrieg begann, erfährt Jacqueline Rumpf, daß die Schaltschränke auch zur Produktion von Kriegswaffen dienen und kündigt von einem Tag auf den anderen. Sie will, wie viele Kollegen auch, nicht an der Kriegswaffenproduktion beteiligt sein. Da sie noch zuhause bei ihren Eltern wohnt, kann sie die dreimonatige Sperrung des Arbeitslosengeldes verkraften. Die Zeit überbrückt sie mit Jobs als Fahrerin und als Aushilfe in einem Kindergarten. In dieser Zeit plant sie ihre Umschulung zur Umweltingeneurin und beginnt, das Fachabitur im Bereich Elektrotechnik nachzuholen. Während die inzwischen 25-jährige in Frankfurt die Fachoberschule besucht, zieht sie zuhause aus. Mit dem Fachabitur sucht sie nach Möglichkeiten ein Fernstudium zu absolvieren, aber die Ausbildung zur Umweltingeneurin wird nur im Vollstudium abgeboten. Das kann sie sich nicht mehr leisten. Sie beginnt 1993 als Kommissioniererin bei Uni-Elektro in Frankfurt. Zunächst arbeitet sie Spätschicht, da sie inzwischen ein Studium zur Wohn- und Umweltberaterin begonnen hat. Im Elektroteile-Lager macht sie zeitgleich als erste Frau den Staplerführerschein, nicht nur, um automatisch eine Gehaltsstufe höher zu rücken, sondern auch um der harten Lagerarbeit zum Teil zu entkommen. Andere Frauen folgen später ihrem Beispiel.

Eine Frau und elf Männer

Gewerkschaftlich ist Jacqueline Rumpf jetzt in der HBV organisiert, und als 1994 die Betriebsratswahlen anstehen, läßt sie sich in den Betriebsrat wählen. Hier findet sie sich mit einer Kollegin im elfköpfigen, männlich dominierten Betriebsrat wieder.

„Ich habe zwei Probleme: Ich bin Frau und ich bin Lesbe", erzählt sie. Und berichtet von den unterschwelligen Diskriminierungen, die sie „auf die Palme bringen". Schon wenn sie morgens den Computer anmacht (inzwischen ist sie in der Abteilung Einkauf und da für den Ankauf von Schaltermaterial zuständig), fordert dieser sie auf, den Namen des Anwenders und nicht der Anwenderin einzugeben. Auch auf den Formularen stören sie die ausschließlich männlichen Formulierungen. „Dabei kriegen wir immer mal wieder neue Formulare rein, und ich hab' das auch bei der Personalleitung, übrigens auch eine Frau, schon vorgetragen."

„Lesben sind politische Frauen, die sich sowohl für Lesben einsetzen als auch für heterosexuelle Frauen, denn Frauen sind immer noch Minderverdiener und Lesben sind nun mal Frauen." Damit beschreibt Jacqueline Rumpf bereits das Dilemma, in dem sie sich bewegt. „Ich kann nicht hingehen und sagen, ich will eine Gehaltserhöhung, weil ich eine Frau und zwei Katzen zuhause habe. Ein Mann kann sich solche Begründungen erlauben, und keiner schaut ihn schräg an." Lesbe sein bedeutet heute immer noch, sehr genau schauen zu müssen, „wem erzähle ich davon". Meist, so meint Jacqueline Rumpf, können die Jüngeren damit besser umgehen. Auf jeden Fall wissen nur wenige über ihre Lebensform Bescheid.

Lesben in der Gewerkschaft

Auch die Gewerkschaften haben Schwierigkeiten, sich mit diesem Thema auseinanderzusetzen. Zwar organisieren sie immer mal wieder entsprechende Bildungsurlaube, die jedoch meist unter dem Begriff „Randgruppe" rangieren. Bei diesen Seminaren kommen denn auch überwiegend Lesben und Schwule zusammen. „Doch den 'Heteros', die sich 'aus Versehen' für dieses Seminar angemeldet haben, gefällt es dann meistens auch. Jedenfalls hauen sie nicht am ersten Abend nach der Vorstellungsrunde ab."

Viele Lesben und Schwule arbeiten in den Gewerkschaften, als Teamer, Mitglieder, BetriebsrätInnen oder als Angestellte, „aber leider nicht offen, weil die Gewerkschaften Angst haben, ein Auffangbecken für alle möglichen Randgruppen zu werden". Außerdem müßten dann einige Positionen verworfen werden. Denn lebenslange Erwerbsarbeit gehört nunmal zur Normalbiographie von Lesben und immer mehr anderen Frauen auch.

(ah)

Einzige Frau im „Verein der Arbeiter aus der Türkei" und eine beliebte Funktionärin bei SP-Reifen:

Ayhan Kiziltas

„Wenn ich eine typische türkische Frau wäre, könnte ich die Arbeit nicht machen!" Ayhan Kiziltas ist seit 1987 Betriebsrätin bei den SP-Reifenwerken, dem Jahr, in dem die Dunlop die Abteilung Reifenproduktion verkaufte. Seit 1980 war sie in der Reifenproduktion an einem Arbeitsplatz beschäftigt, „an dem eigentlich nur Männer waren".

Als 14-jährige war die heute 40-jährige gebürtige Türkin mit ihrem Bruder und ihrer Schwester nach Berlin gekommen. Die Eltern, die in der Großstadt Arbeit gefunden hatten, holten die Kinder zu sich. Nach einer halbjährigen Probezeit kam Ayhan Kiziltas in die 8. Klasse einer Berliner Hauptschule. „Ich konnte kaum Deutsch." Leicht ist ihr die Schule in Deutschland daher nicht gefallen. Wären die Sprachschwierigkeiten nicht gewesen, hätten die Lehrer einen Übergang zum Gymnasium befürwortet. Ihr Bruder hat die höhere Schule später geschafft, ihre Schwester machte den Realschulabschluß.

Ayhan beendet die Hauptschule und bewirbt sie sich bei der Post um eine Ausbildung zur Programmiererin. Nachdem dort nur deutsche Staatsbürger eingestellt werden, lernt sie Krankenpflegehelferin in einem Diakonissenkrankenhaus und arbeitet danach noch drei Jahre in diesem Beruf. Ein Bandscheibenvorfall zwingt sie, den Job aufzugeben.

Erster großer Erfolg

„Damals hatte ich keine Ahnung von Gewerkschaften, wußte nicht, was Betriebsräte oder Vertrauensleute sind." Im Diakonissenkrankenhaus, erinnert sie sich, „war ja alles verboten. Streiken sowieso." Weil immer nach Tarifvertrag bezahlt wurde, habe es keinen Betriebsrat oder Personalrat gegeben. Erst als Ayhan Kiziltas nach Hanau kam, erfuhr sie bei einer Veranstaltung des Vereins der Arbeiter aus der Türkei von der Aufgabe der Gewerkschaften und der betrieblichen Mitbestimmung. 1983 trat sie in die Gewerkschaft ein.

Daß sie als ausländische Frau in der Gewerkschaft und später auch noch im Betriebsrat mitarbeitete, war für die Kollegen und Kolleginnen zunächst ungewohnt. „Ich hatte wenig Angst, auch nicht gegenüber Vorgesetzten", beschreibt sie ihre besondere Situation. Das hing auch damit zusammen, daß sich Ayhan Kiziltas mit ihrem Job eigentlich nur eine finanzielle Grundlage für eine Umschulung zur Medizinisch-Technischen-Assistentin schaffen wollte.

Je länger sie bei der Dunlop bleibt, desto mehr engagiert sie sich für ihre Kollegen und die wenigen Kolleginnen in ihrer Abteilung. Bei den Betriebsratswahlen 1985 wird sie aufgefordert, als Betriebsrätin zu kandidieren. Obwohl sie auf Platz 59 der Liste erscheint, landet sie nach Auszählung der Stimmen als zweite Nachrückerin auf Platz 25 – der erste große Erfolg. Bei den Neuwahlen nach dem Verkauf der Reifenproduktion wird sie 1987 direkt in den Betriebsrat gewählt.

Ausländerfeindlichkeit?

Heute hat die beliebte Funktionärin den Gedanken längst aufgegeben, noch einmal umzuschulen. Nach gesundheitlichen Problemen bot ihr der Arbeitgeber eine Stelle im Kundendienst an, die ihr bis heute viel Freude bereitet. Den täglichen Kontakt zu den Kolleginnen und Kollegen möchte sie nicht missen. Das ist mit ein Grund, warum sie bis heute noch nicht freigestellt ist.

Beim Stichwort 'Ausländerfeindlichkeit im Betrieb' erzählt Ayhan Kiziltas, daß es immer noch getrennte Betriebsversammlungen für Türken, die größte Gruppe ausländischer Mitarbeiter bei SP-Reifen, und Deutsche gibt. Und sie weiß auch, daß in diesen Versammlungen manchmal rassistische Äußerungen fallen, die sogar zu einer fristlosen Kündigung wegen Störung des Betriebsfriedens führten. Ihr persönlich wäre es lieber, wenn die Betriebsversammlungen gemeinsam einberufen würden. Das Argument der Sprachschwierigkeiten gelte nur noch für wenige ältere Kollegen. Die Jüngeren würden inzwischen eher deutsch als türkisch reden, auch im Gespräch mit Vorgesetzten. Außerdem seien immer Dolmetscher dabei. In gemeinsamen Versammlungen könnten Kontakte zwischen beiden Nationalitäten verbessert und ausländerfeindliche Äußerungen direkt angegangen werden. Ist sie als Frau besonderen Angriffen ausgesetzt? „Wer gegen Ausländer ist, dem ist es egal, ob gegen eine Frau oder einen Mann," antwortet Ayhan Kiziltas.

Frauengruppe gegründet

„Wir alle sind Menschen, die man lieben sollte." Das hat sie von ihren Eltern gelernt, die in der Familie keinen Unterschied zwischen den Geschlechtern machten. Der Vater half im Haushalt mit, die Mutter hatte Zeit zum Lesen. Ayhan Kiziltas, selbst unverheiratet und kinderlos, wurden die Probleme der türkischen Frauen erst bewußt, als sie als einzige Frau im Verein der Arbeiter aus der Türkei aktiv wird. Sie lernt die Schwierigkeiten der verheirateten türkischen Frauen kennen und gründet eine Frauengruppe. Die Initiative scheitert, da viele Frauen zwar Unterstützung wollen, die letzten Konsequenzen aber nicht ziehen wollen oder können. Eine Scheidung beispielsweise kann schlimme Folgen haben, da viele Frauen kein eigenständiges Aufenthaltsrecht haben.

Ayhan Kiziltas ist inzwischen deutsche Staatsbürgerin. Ausschlaggebend war eine Reise nach England, bei der sie bei einer Sitzung des Europäischen Betriebsrats der SP-Reifen einen deutschen Kollegen vertrat. Die Probleme, die ihr bei der Beantragung des Visums und der Einreise gemacht wurden, empfand sie als so erniedrigend, daß sie beschloß die deutsche Staatsangehörigkeit anzunehmen.

Zwar ist Ayhan Kiziltas jetzt auf dem Papier Deutsche. „Meinen türkischen Tee, meine Rezepte und meine Sprache werde ich dennoch nicht aufgeben", beschreibt sie den Unterschied zwischen Integration und Assimilation von Ausländern. Von Menschen anderer Nationalitäten erwartet sie, daß sie sich weiterbilden, daß sie sich für die Gesellschaft interessieren, in der sie leben. Trotz ihrer Biographie verkennt sie jedoch nicht die Schwierigkeiten für Ausländer, sich in Deutschland politisch und gesellschaftlich zu engagieren.

(ah)

Anneli Hölzinger

Jahrgang 1949, Verwaltungslehre bei der Stadt Hanau ab 1965, Eintritt in die ÖTV 1965, Arbeit im Sozialamt, im Stadtsteueramt, im Jugendamt.

Nach der Geburt ihrer Tochter Juliane war sie ab 1981 zwar nur noch halbtags beschäftigt, setzte sich aber um so mehr für ihre Kolleginnen und Kollegen ein. Sie wurde freigestellte Betriebsrätin für die Innere Verwaltung. In dieser Zeit arbeitete sie intensiv an der Entwicklung und Gestaltung des ersten Frauenförderplanes der Stadtverwaltung Hanau mit, der 1989 abgeschlossen werden konnte.

Ab 1992 wurde Anneli Hölzinger Gesamtpersonalratsvorsitzende, nun wieder bei Ganztagsbeschäftigung. (Personalrat Innere Verwaltung, Personalrat Technische Verwaltung und Stadtkrankenhaus).

Im Dezember 1995 konnte mit dem Magistrat eine Vereinbarung zur Modernisierung und Reform der Stadtverwaltung Hanau unter der Grundaussage geschlossen werden: Wir stellen uns dem Wettbewerb, wir wollen die öffentliche Verwaltung erhalten.

„Durch diesen Prozeß sind aber auch für die Personalräte neue Möglichkeiten und Gestaltungsräume entstanden", berichtet Anneli Hölzinger, die unter ihren Kolleginnen und Kollegen großes Ansehen genießt. Außerhalb der Verwaltung hat sie elf Jahre im Kreisfrauenausschuß und im Bezirksfrauenausschuß mitgearbeitet, sie ist Mitglied im Kreisvorstand der ÖTV und seit 20 Jahren Delegierte zu den Kreiskonferenzen.

(wr)

„Nichts" bewegt sich?

Karin Roth über die Chancen der Frauenpolitik in den 90ern

Karin Roth, die in den 80er Jahren Gewerkschaftssekretärin beim IG-Metall-Vorstand in Frankfurt war, ist heute DGB-Landesvorsitzende in Nordmark Schleswig-Holstein. Damals wohnte sie in Hanau und galt in der Region bei gewerkschaftlichen und politischen Anlässen als gesuchte, weil konsequent argumentierende Rednerin. Sie stellte an ihre Zuhörer hohe Anforderungen und traf für viele immer „den Nagel auf den Kopf".

Karin Roth hat als Mitautorin 1984 das Buch „Träumen verboten – Gewerkschaftliche Frauenpolitik für die 90er Jahre" herausgegeben, das heute so aktuell wie damals ist, wie der Auszug aus dem Vorwort von Karin Roth zeigt:

„In den Betrieben und in der Gesellschaft nimmt die Diskriminierung der Frauen zu. Erreichte Reformen werden von den Konservativen, der Bundesregierung, zurückgenommen, Frauen werden als „Mitverdienerinnen" diffamiert, als „flexible" Arbeitskräfte mißbraucht. Gewerkschaftsfrauen befinden sich im Abwehrkampf. Von diesem, von den Problemen der Frauen im

Alltag, ihren Hoffnungen und Bedürfnissen, ihrem Streben nach Genuß, Schönheit, nach einer besseren und anderen Welt handelt dieses Buch. Für die Leserin und den Leser wird ein „Fenster" der vielfältigen Formen der Diskriminierung geöffnet, um Einblick zu nehmen, um Ausblick zu halten.

Subjekte der Geschichte

Gewerkschaftsfrauen haben in der Vergangenheit viel erreicht. Sie haben Konflikte offengelegt, gestritten, gelernt und gekämpft. Sie waren nach den Auseinandersetzungen nicht mehr die Gleichen wie vorher. Die Beiträge aus der Praxis sind ein eindrucksvoller Beweis dafür, welche Kraft in Frauen steckt, zu welchen Leistungen sie trotz Doppelbelastung fähig sind. Frauen wurden ermutigt, ihre Bedürfnise und Interessen zu formulieren und zu vertreten, sich gemeinsam zu wehren. Der Erfolg blieb nicht aus. Viele entdeckten ihre Bedeutung als Subjekt der Geschichte, Frauen bewegten und bewegen sich.

Frauen stehen jetzt vor einer großen Bewährungsprobe: entweder kampflos auf die Weiterentwicklung ihrer Persönlichkeit, auf das gleiche Recht auf Lohnarbeit zu verzichten oder die Angst zu überwinden, um die unsichtbaren „Fesseln" zu sprengen. In Krisenzeiten wächst der Hang nach Harmonie, Konflikte werden verdrängt, es wird gehofft,

Karin Roth bei der Friedenskundgebung im Park der Martin-Luther Stiftung, Hanau, 1984

daß der Tag X nicht eintrifft und wenn, daß dann die „anderen" davon betroffen sein werden. Angst lähmt das Denken und Handeln. Kriegsgefahr, Massenarbeitslosigkeit, Umweltzerstörung, Computertechnik, der „gläserne Mensch" der Zukunft verunsichern viele Menschen, sie haben Angst vor der Zukunft. Der Rückzug ins „Private" in der Hoffnung auf „Glück" wenigstens im „Kleinen", der Ausstieg aus der mühevollen Gewerkschaftsarbeit und aus der Politik ist bei der „Übermacht" der globalen Probleme oft der einzig scheinbar gangbare Weg. „Nichts" bewegt sich?

Der „neue" Mensch

Um ein Leben lang unermüdlich kämpfen zu können, bedarf jede/jeder einer Vorstellung von einer besseren, anderen Welt, in der die Bedürfnisse der Menschen erfüllt und weiterentwickelt, ihre Fähigkeiten und Kreativität gefördert und genutzt werden. Es bedarf einer genauen Analyse der gesellschaftlichen Verhältnisse und deren Entwicklung, politischer Antworten auf die Alltagssorgen und Fragen, einer politischen Bewegung, die die Hoffnung und Zukunft „vorweg" nimmt. Im Kampf gegen das Alte wird das Neue vorweggenommen; wer kämpft verändert und verändert sich. Der „neue" Mensch entsteht in den alten Verhältnissen, die Gegenwart geht mit der Zukunft schwanger.

Es gilt, die kulturellen Bedürfnisse der Frauen weiterzuentwickeln, die Frauenfrage innerhalb der Gewerkschaften als unverzichtbaren Teil des Kampfes um die Emanzipation aller besser zu verankern und nicht auf einfachere Zeiten zu warten. Politischer und gewerkschaftlicher „Ausstieg" bedeutet Rückfall in patriarchalische Herrschaftsverhältnisse, die Beibehaltung und Festigung kapitalistischer Verhältnisse und Machtstrukturen. Weil Frau/Mann das Leben liebt, deshalb dürfen wir uns darauf nicht einlassen. Frauen (und Männer) haben ein Leben zu gewinnen, indem eine eigenständige Existenz, Liebe ohne Unterdrückung und Abhängigkeit möglich ist. Frauen haben unbefriedigte kulturelle Bedürfnisse, dies zeigen die Beiträge, sie haben Träume. Sie werden nicht erfüllt werden, wenn sich Frauen mit ihrem „Schicksal" versöhnen, nicht die Frage nach dem Sinn ihres Leben stellen, wenn sie resignieren, sich auf andere verlassen, wenn sie träumen."

Bewußter Seitenwechsel

Heidi Eppert setzt ihre Ziele als Amtsleiterin durch

„1991 habe ich die Seiten gewechselt", sagt Heidi Eppert, „ich habe dabei die Chance gesehen, das, was ich als Personalrätin begonnen und angestoßen habe, auf der Arbeitgeberseite anzugehen und umzusetzen". Den „Überlauf" von der freigestellten Personalratsvorsitzenden (1984 bis 1991) zur stellvertretenden Amtsleiterin im Personalamt der Stadt Hanau begreift sie keineswegs als Verrat ihrer Gewerkschaftsarbeit, sondern als deren konsequente Fortsetzung.

Als Beispiel nennt die 43-jährige das interne Fortbildungsprogramm. Zwei Jahre hat sie als Personalrätin intensiv an diesem Konzept gearbeitet, jetzt hat sie die Handhabe, es umzusetzen.

Ihr besonderes Augenmerk gilt dabei der EDV-Schulung, den Rhetorikkursen für Frauen, der Berücksichtigung von Frauenförderplänen und der Arbeitssicherheit. Mit Vehemenz vertritt sie die Ideen der Verwaltungsreform, wobei ihr „Stellenabbau ohne Arbeitsplatzverlust" als ein oberstes Gebot gilt. Als Verantwortliche für 1.600 MitarbeiterInnen auf 1.800 Stellen der Stadt Hanau setzt sie auf die Kreativität und Flexibilität ihrer Kolleginnen und Kollegen.

Einsparungen sind nur durch Umgestaltungen in den Abteilungen zu erreichen, sagt sie, und legt Wert darauf, daß alle Beteiligten aktiv und kritisch an den Umstrukturierungen mitmachen können und sollten. Eine Aussage, die man/frau Heidi Eppert absolut abnehmen kann, denn ihr Lebensweg erweist sich als gelebter Ausdruck Ihres demokratischen Anspruches.

(rd)

Heidi Eppert über sich

Ich bin am 2. Mai 1954 als drittes Kind eines katholisch/evangelischen Ehepaares in Klein-Auheim geboren worden. Die Vorbehalte der Katholiken in Klein-Auheim gegen solche „Mischehen", übrigens auch im Schulunterricht geäußert, haben mich sicherlich recht frühzeitig gegen die katholische Lehre eine kritische Haltung einnehmen lassen. Ich war dann auch in der Grundschule in der letzten Klasse die erste Klassensprecherin. Die mittlere Reife erwarb ich in Hanau an den Kaufmännischen Schulen (damals war Frau Babendreyer Schulleiterin). Die Stimmung, das Klima an dieser Schule war zu jener Zeit (1968 bis 1970) auch geprägt von einer freieren, demokratischeren Pädagogik. Es wurde diskutiert und wir bekamen auch schon mal zur Teilnahme an einer Demo frei. Ich kann mich noch gut erinnern, daß zu wichtigen politischen Anlässen Fernsehgeräte in den Aufenthaltsräumen der Schule aufgestellt wurden.

Wie ich nach der Schule durch den Dschungel der Berufsberatung dann zu einer Ausbildung bei der Stadt Hanau kam, weiß ich selbst nicht so genau. Ich wollte auf jeden Fall erst mal ins Berufsleben und auch Geld verdienen. 1970 begann ich eine dreijährige Verwaltungslehre. Während dieser Zeit fehlten mir bald gesellschaftliche und politische Anstöße, und ich besuchte, gemeinsam mit Anneli Hölzinger und Annegret Ehemann, das Seminar für Politik (Begabtenabitur), das damals von der VHS-Hanau angeboten wurde. Meine Seminarleiter/innen waren Hildegard Waltemate und Hans See, in Literatur Peter Mosler.

1972 trat ich in die Gewerkschaft ÖTV ein, 1977 in die SPD. Nach meiner Lehre wollte ich eigentlich eine weitere Ausbildung absolvieren (Sozialarbeiterin oder Lehrerin). Ich hatte noch gute Kontakte zu einem Lehrer der Kaufmännischen Schule, der mir jedoch wegen der sich abzeichnenden Akademikerschwemme abriet.

Obwohl ich im Zwiespalt zu meinem eingeschlagenen Berufsweg war (Kommunalverwaltung, wer will das schon?), stellte ich gegenüber der Stadt die Forderung nach einer Zusatzausbildung für die gehobene Beamtenlaufbahn. Dies stieß zunächst auf Ablehnung, angeblich aus Kostengründen. Tatsache war, daß bis zu diesem Zeitpunkt (1973) keine Frau diese Ausbildung gemacht hatte. Mädchen wurden im Regelfall nur für eine wenig qualifizierte Ausbildung als „Anlernlinge", also nicht einmal zu einer richtigen Lehre, zugelassen.

Ich hatte Glück: die allgemeine Ausbildungssituation war so, daß ich ohne weiteres bei einem anderen Arbeitgeber (etwa der Stadt Frankfurt) eine Stelle bekommen hätte. So entschloß man sich bei der Stadt Hanau, den Schritt in die „Neuzeit" zu wagen und mich zur weiterführenden Ausbildung zuzulassen. Danach begann ich mit meinem Dienst im Sozialamt, wie ich es mir gewünscht hatte.

Während dieser Zeit war ich innerbetrieblich engagiert im Vertrauensleutegremium der ÖTV. Die Stadt Hanau war gewerkschaftlich sehr gut organisiert (100 Prozent ÖTV), und Änne Schühle war zwar eine etwas veraltete, aber dennoch persönlich sehr hoch angesehene Figur einer Personalratsvorsitzenden. Sie hatte sich als besonderen Schwerpunkt die Situation der Arbeiterinnen vorgenommen und die Verbesserung von deren Status. Vornehmlich ging es um die Reinemachefrauen. Änne brachte diese Kolleginnen – für die damalige Zeit ungewöhnlich – in versicherungspflichtige Teilzeitarbeitsverhältnisse mit allen Tarifansprüchen.

Aus diesem persönlichen und betrieblichen Sozialisationsprozess heraus ist es sicherlich nicht verwunderlich, daß ich ab 1. Oktober 1984 (bis 30. April 1991) als Personalratsvorsitzende der Stadtverwaltung (Innere Verwaltung) freigestellt wurde. Meine Stellvertreterin war Anneli Hölzinger. Gewerkschaftlich war ich im Kreisfrauenausschuß und Kreisvorstand der ÖTV als Mitglied, später als stellvertrende Vorsitzende und Vorsitzende tätig.

Zur personalrätlichen und gewerkschaftlichen Arbeit

Seit der Ära Schühle (1971 bis 1978) erstarkte die Gruppe der Angestellten im Verhältnis zu den Arbeitern im öffentlichen Dienst zunehmend (wie übrigens in der gesamten Dienstleistungsgesellschaft). So nahmen Probleme und Forderungen aus dem Angestelltenbereich an Bedeutung zu.

Themen laut Geschäftsbericht 1983 – 1987:
Arbeitszeitverkürzung
Kampf um Mitbestimmung
schlechte Personalsituation im Gesundheitswesen
Zukunft des Wohnstiftes
Verhinderung von Stellenabbau im Stadtkrankenhaus
angemessene Einkommenserhöhungen

Themen laut Geschäftsbericht 1987 – 1991:
Kindertagesstättengesetz
Tarifvertrag für Teilzeitbeschäftigung
Ausbildungsplatzneuordnung für Verwaltungsfachangestellte
neue Technologien
tarifliche Neuregelungen (Reform an Vergütungssystemen) für Sozial- und Erziehungsdienst
Meister, Techniker und Ingenieure
Arbeiterinnen und Arbeiter
Perspektiven einer zukunftsorientierten Tarifpolitik
Frauenförderung pro und kontra
Einführung von Frauenförderplänen
Teilzeitarbeit
Ausbildung im öffentlichen Dienst

Das Einbringen frauenspezifischer Probleme in die innergewerkschaftliche Diskussion bereitete den Männern anfangs große Probleme. Ob es sich um Themen wie den frauenfeindlichen Bundesangestelltentarifvertrag handelte, das Pro und Kontra von Frauenförderung, sexuelle Belästigung am Arbeitsplatz oder die einfache Feststellung, daß Frauen auch im BAT – der ja für alle gilt – diskriminiert werden, all dies wurde mühsam versucht, aus dem Kreisfrauenausschuß in die Arbeiter-, Angestellten- und Beamtenausschüsse zu transportieren. Die Diskussion darüber ist selbstverständlich nicht nur in Hanau vorangetrieben worden, sondern auf breiter Ebene in der ÖTV. Die konkrete Überzeugungsarbeit mußte allerdings vor Ort von vielen Kolleginnen in oft mühsamster Arbeit geleistet werden. Das Durchsetzen sozialer Forderungen ist ja oft ein Kompromiß aus Machtbehauptung und neuen Interessen.

Bei der besseren Bezahlung der Beschäftigten im Sozial- und Erziehungsdienst ist uns eine breite Mobilisierung vor allem der Frauen gelungen. Zu verdanken ist das im wesentlichen einer Arbeitsgruppe, die sich hierfür extra gebildet hat.

Dennoch ist es kein Zufall, daß gleichzeitig auch die durch Männer dominierten Bereiche (Meister, Techniker, Ingenieure) Verbesserungen für sich einforderten. So wurde leider der „Verbesserungsspielraum" für die Erzieherinnen geschmälert.

Außerdem ist vielleicht noch die sich ändernde Einstellung zur Teilzeitarbeit zu erwähnen. Wenn wir noch 1978 bei Änne Schühle Teilzeitarbeit wegen der Doppelbelastungen und Versorgungsabstriche für Frauen verteufelten (auch Männer sollen sich an der Hausarbeit beteiligen), so war bis 1991 ein Wandel zu diesem Thema eingetreten. Die Ansprüche von Kolleginnen und von ganzen Berufsgruppen wurden individueller und gruppenspezifischer. Es wurde uns klar, daß wir Teilzeitbeschäftigung ausgestalten und sichern müssen, statt sie zu verhindern. Auch unter dem Beschäftigungsaspekt wurde die alte „Verweigerungstaktik" aufgegeben.

Zum Thema Doppelbelastung ein paar private Äußerungen

Selbstverständlich ist es schwierig! Als Kreisvorsitzende wie als Geschäftsführerin hat man/frau kaum einen Abend frei. Gerade Frauen neigen nach meiner Meinung zur Perfektion. Und es besteht die Gefahr, sich zu überfordern. Ich war ja jetzt nur zwei Jahre Kreisvorsitzende und habe in dieser Zeit versucht, Zugang zu allen Ausschüssen und Gruppen der ÖTV zu erlangen. Zumal ich nach Helmut Ehemann und Dieter Wittler, die über Jahre ein erfolgreiches Führungsteam darstellten, ein schwieriges Erbe angetreten hatte. Dies geht nur mit einem verständnisvollen Partner und einer gehörigen Portion Improvisationstalent, was den eigenen Haushalt betrifft.

Irene Metzler-Reich wagte den Sprung ins kalte Wasser und ist heute Gewerkschaftssekretärin

„Ich habe dadurch auch Mut bekommen", sagt Irene Metzler-Reich, Gewerkschaftssekretärin in der ÖTV-Kreisverwaltung Offenbach. 1981 wird die 23-jährige Personalrätin und Personalratsvorsitzende bei der Kreissparkasse Hanau. Das war nur fünf Jahre nach dem Abschluß ihrer Ausbildung zum „Bankkaufmann", so die gängige Berufsbezeichnung, als sie 1973 im Alter von 15 Jahren die Lehrstelle antritt. Mit ihrem Ehrenamt springt die junge Frau ins kalte Wasser und wird zudem als Arbeitnehmervertreterin in den Verwaltungsrat der Kreissparkasse Hanau gewählt – und das neben ihrem Fulltime-Job.

Nebenbei gepaukt

Von einer Fünf-Tage-Woche kann sie nur träumen. Eineinhalb Jahre lang paukt die Bankangestellte jeden Samstag, um sich zur Sparkassenfachwirtin mit Qualifikation weiterzubilden.

Der Beginn ihrer engagierten gewerkschaftlichen Arbeit war eher unspektakulär: An ihrem ersten Arbeitstag als Auszubildende hat sie auch schon die Beitrittserklärung in die ÖTV unterschrieben. Treibende Kraft war zu diesem Zeitpunkt nicht persönlicher Idealismus. Irene Metzler-Reich muß heute noch lachen, wenn sie an das Procedere zurückdenkt. Die Azubis wurden von dem Personalratsvorsitzenden an ihrem ersten Arbeitstag in aller Form begrüßt und in die Bedeutung der Arbeitnehmervertretung eingewiesen. „Ein Kollege war sichtlich begeistert, zückte den Kuli und unterschrieb die Beitrittserklärung, wir folgten dann seinem Beispiel."

1988 wird Irene Metzler-Reich die erste Gewerkschaftsekretärin in der ÖTV-Kreisverwaltung Hanau. Bereits 1986 beginnt eine intensive Einarbeitungsphase. „Diese Zeit war eine Belastungsprobe, aufgeteilt in theoretische und praktische Lernblöcke, das heißt mehrwöchige Seminare in unterschiedlichen Fachbereichen und praktische Einsätze in allen Organisationsebenen der ÖTV."

Das Ehrenamt wird zum Beruf

Die Entscheidung, künftig als Gewerkschaftssekretärin zu arbeiten, habe sie „über Wochen" mit sich herumgeschleppt". Schließlich bedeutete diese Perspektive „ein Stück weit eine völlige berufliche Veränderung", erinnert sich Irene Metzler-Reich. „Das, was ich die ganzen Jahre ehrenamtlich machte, konnte ich nun zu meinem Beruf machen." Für die junge Frau ist das eine reizvolle Aufgabe. Im öffentlichen Dienst ist ein breites berufliches Spektrum vertreten: „Ich würde fortan mit den verschiedensten Berufsbildern und Mentalitäten zu tun haben", überlegte sie sich.

Das Aufgabengebiet ist ebenfalls vielfältig: zum Beispiel die Entwicklung und Verhandlung von Tarifverträgen, die Beratung, Betreuung, Schulung und Bildung von ÖTV-Mitgliedern, Funktionärinnen und Funktionären sowie Betriebs- und Personalräten in Dienststellen und Betrieben gehören zum Job der Gewerkschaftssekretärin. Eine 45- bis 50-Stundenwoche ist die Regel.

Ausdauer ist eine wesentliche Eigenschaft, die ihr der Beruf abfordert. Irene Metzler-Reich wehrt sich gegen Rundumschläge: „Wir können in einem Betrieb, der über keinerlei gewerkschaftliche Strukturen verfügt, nicht über Nacht einen Betriebsrat installieren." Sie selbst hat immer wieder die Erfahrung gemacht, daß dafür solide Vorarbeit vonnöten ist.

Kreativität und die Fähigkeit, neue Wege zu gehen, fordert Irene Metzler-Reich bei Verwaltungsreformen ein. „Mit uns oder gegen uns - aber nicht ohne uns", lautet der ÖTV-Slogan, mit dem einfache und „phantasielose Lösungen, Rasenmähermethoden" über Bord geworfen werden sollen. Daß der Modernisierungsprozeß in der Verwaltung „dringend überfällig" ist, steht für sie außer Frage. „Eine moderne, bürgernahe Verwaltung wird es aber nur geben, wenn der untrennbare Zusammenhang von Arbeitsbedingungen und Dienstleistungsqualität zum Dreh- und Angelpunkt des Anpassungsprozesses gemacht wird." Die Schlußfolgerung: „Das geht nur gemeinsam mit den Beschäftigten."

Hohe Erwartungen

Die Gewerkschaftssekretärin hat sich unter anderem das Ziel gesetzt, wieder den gewerkschaftlichen Unterbau in den Betrieben stärker zu etablieren. „Die Reduktion der gewerkschaftlichen Arbeit zum Beispiel auf den puren Rechtsschutz muß beendet werden", ist sie überzeugt. In Zeiten der wirtschaftlichen Schräglage ist entsprechendes Engagement mehr denn je vonnöten, seine Realisierung aber umso schwieriger: „Die Ängste der Beschäftigten im öffentlichen Dienst, ihren Arbeitsplatz durch Personalabbau und/oder betriebliche Ausgliederungen zu verlieren, nehmen zu. Der Mut, unkonventionelle Wege zur Sicherung von Arbeitsplätzen und Arbeitsbedingungen zu beschreiten, läßt immer mehr nach."

Irene Metzler-Reich hat beobachtet, daß viele Beschäftigte sich erst dann an die Gewerkschaften erinnern, wenn „der Kittel brennt". Und daß die Erwartungshaltung immens hoch ist: „Was habt ihr uns denn zu bieten?" „Die Erkenntnis und das Denken, daß eben durch das Engagement des einzelnen die ÖTV stärker wird, nimmt leider immer mehr ab."

Tendenzen, die nicht entmutigen dürfen. So kämpft sie an zwei Fronten: Da ist zum einen die tägliche Überzeugungsarbeit in den Betrieben, zum anderen die ständige Mahnung an die Politik, Handlungsfähigkeit zu beweisen: „Wenn die Politik sich nicht aufrafft, endlich arbeitsmarktpolitische Perspektiven zu entwickeln und umzusetzen, dann wird die Gesellschaft immer weiter auseinanderdriften." Eine fatale Enwicklung, die Angst machen kann. Sie kann aber ebenso Ansporn sein, den Finger auf die Wunde zu legen. *(mh)*

Birgit Leinweber

arbeitet heute als Leiterin des Rechtsamts der Stadt Hanau. Sie fing 1981 als juristische Sachbearbeiterin an und ist gleichzeitig ÖTV-Mitglied geworden. Sie hat wenig später bereits im Kreisfrauenausschuß mitgearbeitet und war fünf Jahre dessen Vorsitzende.

Schwerpunktthemen waren in dieser Zeit:

Reduzierung der Arbeitszeit, Teilzeitbeschäftigung, flexible Arbeitszeit für Frauen und Männer, Teilung von Stellen, um Kindererziehung und Berufstätigkeit besser vereinbaren zu können und die Doppelbelastung für die Frauen zu reduzieren. Hierzu gehörte auch die Forderung nach entsprechenden Öffnungszeiten von Kindertagesstätten.

Weiter wurden Aktionen gemacht zu den Themen sexuelle Belästigung am Arbeitsplatz, Erstellung von Frauenförderplänen und die Berufung von Frauenbeauftragten. Schließlich ging es um die Probleme beim Wiedereinstieg von Frauen ins Berufsleben und die Schaffung entsprechender Voraussetzungen. Nicht vergessen werden darf Birgit Leinwebers Engagement bei einer Fotoausstellung zum Thema „Frauen und Beruf" im Hanauer Rathaus und ihre Mitarbeit bei Veranstaltungen zum Internationalen Frauentag und bei Infoständen.

(wr)

HINTERGRÜNDE

„Keine Kollegin, nur eine Angestellte"

Hannelore Wichert setzt sich gegen die Beamten bei der Polizei durch

„Als ich gerade bei der Polizei angefangen hatte, schickte ich mal vom Urlaub eine Karte und schrieb: Grüße an alle Kollegen. Als ich dann zurückkam, wurde ich von einigen Beamten angegangen, was mir einfallen würde, so etwas zu schreiben, ich wäre ja keine Kollegin, ich wäre doch nur eine Angestellte."

Als Hannelore Wichert 1973 zur Polizeidirektion Hanau kam, mußte sie feststellen, daß hier ein militärischerer Ton herrschte als bei der Bundeswehr, bei der sie vorher gearbeitet hatte. Die Beamten bei der Polizei legten größeren Wert auf ihren Rang als die Verwaltungsbeamten der Bundeswehr. Dies habe sich zwar geändert, dennoch dominierten die Beamten den Personalrat und auch die Gewerkschaft der Polizei. Dort ist Hannelore Wichert trotzdem organisiert, „denn ohne Gewerkschaft kann man keine Personalratsarbeit machen".

Als Angestelltenvertreterin ringt sie immer wieder um die Bessergruppierung ihrer Kolleginnen. Kolleginnen deshalb, weil im Angestelltenverhältnis fast nur Frauen arbeiten. Dabei wird sie „zum Glück" von der Frauenbeauftragten Sigrid Dickel unterstützt, die seit Juli 1994 aufgrund des Hessischen Gleichberechtigungsgesetzes bei der Polizeidirektion Hanau arbeitet.

Arbeitszeit-Regelungen

Je niedriger die Vergütung, desto mehr Frauen sind bei der Polizei zu finden. Bei den Beamten sieht es ähnlich aus, was daran liegt, daß Frauen bei der Kripo erst seit Anfang der 70er und bei der Schutzpolizei gar erst ab 1981 in den Dienst aufgenommen wurden. Die Aufgabe der Frauenbeauftragten ist einerseits die Unterstützung der Dienststellen-Leitung und andererseits Anregungen der Frauen umzusetzen. Hierbei geht es vornehmlich um Arbeitszeit-Regelungen, um das Bedürfnis von Frauen nach einem heimatnahen Arbeitsplatz. Während die Angestellten meist aus der Umgebung kommen, wird bei den Beamtinnen auf den Heimatort keine Rücksicht genommen. Dies aber führt zu erheblichen Problemen bei dem Versuch, Familie und Beruf zu vereinbaren. Insbesondere dann, wenn Frauen aufgrund ihrer familiären Verpflichtungen nur in Teilzeit arbeiten können. Wer kann schon mehrere Stunden Anfahrt zum Arbeitsplatz mit gekürzter Tagesarbeitszeit vereinbaren. "Das lohnt sich ja kaum."

„Frauen halten oftmals die reine Frauenarbeit und zum Beispiel auch das Gleichberechtigungsgesetz, Frauenbeauftragte usw. für überflüssig, weil sie auf dem

Standpunkt stehen, für ihre Rechte selbst sorgen zu können", sagt Hannelore Wichert. "Dies wird ihnen auch im Kollegenkreis von den Männern suggeriert. Sprüche wie: 'Du hast doch die gleichen Rechte wie wir Männer, was braucht ihr da Gesetze oder Frauenbeauftragte' sind an der Tagesordnung."

„Frauen merken erst, wenn sie eine Familie gründen und Familie und Beruf unter einen Hut bringen müssen, daß sie auf einmal nicht mehr die gleichen Aufstiegschancen haben und daß ihre Karriere auf der Strecke bleibt."

(ah)

Power durch Musik – Lieder der DGB-Songgruppe sollten Streikenden Mut machen

Die Frauen dominierten

„Die Prägung der Kulturgruppe war immer weiblich," resümierte Cornelia Gasche-Klemm 1996, „durch die Dominanz (positiv) von Moni sowie der Begeisterungsfähigkeit und Leidenschaft von Gabi Röhrig und mir." Mit „Kulturgruppe" meinte sie die DGB-Songgruppe, die von 1984 bis „irgendwann 1989" im Main-Kinzig-Kreis zahllose Gewerkschaftsaktionen prägte. Entstanden war sie im Vorfeld des Streiks 1984 beim Aufräumen der Aktivisten, „die immer bis zum Schluß da sind", nach einer Kreisjugendkonferenz des DGB-Main-Kinzig. Zwischen Stühlerücken und Gläserabwasch befand Monika Dietrich: „wir brauchen unbedingt wieder eine Songgruppe, die Kraft und Power durch Musik macht." Einige der Anwesenden ließen sich spontan begeistern, andere blieben skeptisch, weil sie noch nie gesungen oder ein Instrument gespielt hatten. Die Initiatorin ließ jedoch nicht locker und machte sofort den ersten Probentermin aus.

Das war im März. Schon zum 1. Mai 1984 trat die Gruppe zum ersten Mal öffentlich bei Kundgebungen in Gelnhausen und Hanau auf. Im Mittelpunkt standen der Arbeitskampf um die 35-Stundenwoche. Im Repertoire der sangesfrohen GewerkschafterInnen fanden sich folglich neben den neuen „Kampfsongs" wie „Keiner schiebt uns weg!" und „Miteinander" klassische Titel aus der Arbeiterbewegung. Zum Selbstverständnis gehörte außerdem, daß die Mitglieder „nie nur singen, sondern auch etwas vermitteln" wollten, wie Cornelia Gasche-Klemm rückblickend berichtet.

Lebendige Geschichte

„Von Anfang an haben wir die Lieder mit Texten versehen, die die Bedeutung und Einordnung der Lieder verständlich machten." Das hieß, zu den Auftritten gehörte eine Art Moderation, in der Hintergrundinformationen aus der Entstehungszeit der Lieder vermittelt wurden und von den sozialen Bedingungen der Menschen erzählt wurde, die sie früher angestimmt hatten. Absicht war, Geschichte mit Gefühl und Leidenschaft lebendig werden zu lassen, und den Zuhörerinnen und Zuhörern aufgrund der historischen Erfahrungen für die anstehenden Auseinandersetzungen Mut zu machen.

Das wird an einem Textbeispiel klar, das die Gruppe zum (Selbst-)verständnis oft in ihr Programm eingebaut hat und das etwas über ihre eigene Motivation aussagt:

„Ich singe nicht nur
um des Singens willen oder
um meine Stimme glänzen zu lassen.

Ich singe, weil die Gitarre
Gefühl und Vernunft hat.

Denn sie ist keine Gitarre der Reichen
oder etwas ähnliches.

Mein Lied ist ein Gerüst,
um die Sterne zu erreichen.

Denn das Lied hat seinen Sinn,
wenn es in den Adern bebt.

Dessen, der stirbt, wenn er singt
von den wahren Wahrheiten.

Nicht von den flüchtigen Schmeicheleien oder von fremdem Ruhm.

Sondern das Lied von einer Fessel
bis zum Grunde der Erde.
Dort wo alles endet und alles beginnt.

Das Lied, das etwas taugt,
wird immer ein neues Lied bleiben."

Skeptische Reaktionen

Drei Wochen nach der Premiere begann der Streik. „Wenn uns früher einer gesagt hätte, daß wir eines Tages vor unserem eigenen Arbeitsbeginn, morgens um sechs Uhr vor den Werkstoren stehen werden, um kämpferische Lieder zu singen, den hätten wir glatt für verrückt erklärt", heißt es dazu in einem Erfahrungsbericht der DGB-Kulturgruppe. „Aber wir haben es getan und das über sechs Wochen lang." Der Anfang war schwer und glich einem Sprung ins kalte Wasser. In den ersten Streiktagen goß es wie aus Kübeln, außerdem reagierten die Kolleginnen und Kollegen reserviert auf die „Kulturarbeit", was sich in hilflosen Gesichtern und vereinzelt auch kritischen Reaktionen widerspiegelte. Doch nach der ersten Woche gab es zaghafte Mitsing-Versuche, später tauchten bei Aktionen immer öfter Textbücher mit Arbeiterliedern auf, hier und da wurden längst vergessene Instrumente hervorgekramt. In dem DGB-Report heißt es dazu: „Höchst erstaunliche Dinge kamen dabei zutage. Streikende und Ausgesperrte veranstalteten Wettbewerbe. Neue Lieder, der Streiklage angepaßt, wurden gedichtet, einstudiert und gesungen."

Die Erfahrungen schmiedeten die Gruppe, zu der neben Monika Dietrich (HBV), und der Chronistin Cornelia Gasche-Klemm ((ÖTV), Rolf Krieg (ÖTV), Jürgen Behnke (ÖTV), Helmut Thiel (NGG), Rainer Gotthardt (IGM) und Ferdinand Hareter (DGB) gehörten, fester zusammen – auch wenn es die eine oder andere Fluktuation in der Besetzung gab: sehr rasch stieg Gabi Röhrig ein, Rosi Thiel, Michael Dürk, Andreas Müller kamen etwas später hinzu, Birgit Schauer, Rolf Krieg und Jürgen Behnke schieden aus.

Nach dem Ende der Tarif-Auseinandersetzungen (die Kulturgruppe kritisiert im Erfahrungsbericht den erreichten Kompromiß als enttäuschend) wandten sich die MusikerInnen neuen Inhalten zu. Wichtig wurden „Friedensbewegung", „Umweltprobleme", Songs „gegen Ausländerfeindlichkeit" und für „Internationale Solidarität". Denn, so schreibt Cornelia Gasche-Klemm „es wäre unmöglich gewesen, fast fünf Jahre zu bestehen, ohne an Professionalität, an Können, an Vielfalt, neuen Themen und neuem Sound zu zulegen." Wesentlich geprägt wurde das Programm auch von der Frauenbewegung: Lieder wie „Brot und Rosen", „Das Lied der Arbeiterinnen", „Hester Jonas" oder „Komm, Schwester, reich mir die Hand" gehörten zum festen Bestand.

„Es war eine tolle Zeit"

In der Folge lagen Theorie und Praxis innerhalb der Gruppierung nicht weit auseinander. Dazu Cornelia Gasche-Klemm mit schmunzelndem Unterton:

„Klar ist, wir Weiber haben mit unserem Chaos-Bauch und unserer Power 'gemeinsam sind wir unausstehlich!' die Truppe schon ganz schön in Schwung gehalten und geprägt. Oft zum Leidwesen unserer empfindsamen Männer."

So gab es wohl auch durch den Weggang von Monika Dietrich, die 1986/87 eine wichtige Funktion in der Gewerkschaft Holz und Kunststoff in Düsseldorf übernahm, einen Einschnitt in der Kulturgruppe. Dennoch hat die Gruppe mit Begeisterung die Kulturarbeit zunächst weiter ausgebaut. Anfang der 90er Jahre führten steigende Anforderungen an die eigene musikalische Professionalität dazu, daß die „Feierabend-Künstler" an ihre Grenzen gerieten und die Gruppe sich auflöste.

Ein bißchen traurig schließt Cornelia Gasche-Klemm ihren Bericht: „Es war eine tolle Zeit! Wir haben viel Herz, Engagement und Leidenschaft daran gehängt. Es hat sich gelohnt!" Und kritisch bemerkt sie: „Eigentlich fehlt es uns. Nach einem kurzen Auftauchen ist diese Form der Kultur wieder in Vergessenheit geraten. Leider."
(Beitrag von Ruth Dröse auf der Basis von Archiv-Material und anhand von Cornelia Gasche-Klemms Aufzeichnungen)

Streik um 35-Stundenwoche 1984

Frauen im Kampf: Uns schüchtert keiner mehr ein

Zweite Woche der Aussperrung in den Betrieben Vacuumschmelze und Heraeus in Hanau. In der VAC sind von den 1.900 Beschäftigten 1.300 Arbeiter und Arbeiterinnen ausgesperrt. 1.100 von ihnen sind in der IG-Metall organisiert. Vor den Toren des Betriebes sieht es aus, als würde hier gestreikt: IG-Metall-Fahnen, Plakate mit den Losungen „Achtung, hier verlassen Sie den demokratischen Sektor der Bundesrepublik Deutschland", und „Und wenn ihr aussperrt wie noch nie, ihr zwingt uns doch nicht in die Knie!", Transparente für die 35-Stundenwoche und Campingstühle und Sonnenschirme.

Abteilungsweise stehen und sitzen die VAC Arbeiter ihre Vier-Stunden-Schichten vor dem Firmeneingang. Vom ersten Tag an hat diese Organisation und das Postenstehen rund um die Uhr vor der VAC reibungslos geklappt. Heraeus nebenan konnte nur während der normalen Arbeitszeiten die Aussperrungsposten besetzen, zu wenige sind hier in der Gewerkschaft organisiert. Außerdem holte die Geschäftsleitung sogenannte Betriebsangestellte, das sind Arbeiter mit zehnjähriger Betriebszugehörigkeit, Zug um Zug wieder an die Arbeit und umging so den Beschluß des Arbeitgeberverbandes.

Türkische Frauen und Kinder am 1. Mai 1984 im Park des Olof-Palme-Hauses in Hanau

Streikkundgebung vor dem Goldschmiedehaus in Hanau 1984

Die VAC-Leute sind mit Recht stolz auf ihre eigene Stärke. Als ich am frühen Mittwochmorgen zu ihnen komme, sitzen sie noch etwas fußlahm vorm Betrieb. Thema Nummer eins ist die gemeinsame Demonstration und Kundgebung in Frankfurt vom Vortag. Viele sind zum ersten Mal auf einer Demo gewesen. Mit elf vollbesetzten Bussen war die VAC in Frankfurt dabei. Diese Zahl sorgt noch am Tag danach für Euphorie. Weniger begeistert waren die Metaller vom Verlauf der Kundgebung. Der Marsch, zwar anstrengend, aber mitten durch die Stadt, hat Aufmerksamkeit erregt und wird positiv beurteilt, ärgerlich, finden die Teilnehmer, war, daß der Redner Kiesewetter mit seiner Rede fast fertig war, als die Hanauer ankamen. So haben sie kraftvolle Worte, Ermutigung und eine Analyse ihrer Situation verpaßt, und dafür waren sie doch hingekommen, und nicht nur für ein buntes Kulturprogramm.

Elli, 57 Jahre alt, seit fast 20 Jahren in der IGM, meint, da wäre sie lieber vor den Toren in Hanau geblieben und hätte da diskutiert, das wäre sinnvoller gewesen. Sie muß, seit sie ausgesperrt ist, mit jedem Pfennig rechnen. Sie bekommt am Ende dieses Monats nur für elf Tage Lohn und das Stempelgeld, da erwartet sie, daß die Gewerkschaft mit ihrem Geld so sinnvoll wie möglich umgeht. „Man merkt, wir haben alle zu wenig Erfahrung, und wir lernen eine ganze Menge." Positiv bewertet sie den Zusammenhalt der Kollegen jetzt während der Aussperrung, „wir waren immer ein gutes Team, daran hat sich nichts geändert, im Gegenteil, wir rücken näher zusammen".

Ob sie sich mit den bestreikten Betrieben solidarisiert hat, ob sie ihre Kollegen bei BBC und Honeywell besucht hat, frage ich sie. Elli: „Wenn ich um 1/4 4 fertig bin hier, dann bin ich wirklich fertig, ich muß ja auch noch essen kochen, da ist nichts anderes mehr drin." Wie läuft es jetzt zu Hause? Elli: „Der ganze Rhythmus ist im Eimer, gestern mußte mein Mann bis 21 Uhr abends auf sein Essen warten." Gibt es da Probleme? „Nein, der findet es genauso wichtig wie ich."

Am nächsten Tag treffe ich die Frauen aus der Bauelementefertigung vor der VAC, sie sitzen am Spätnachmittag ihre zweite Schicht. Als ich sie um ein Gespräch bitte, platzt es aus ihnen heraus: „Unser Platz ist im Betrieb und nicht hier davor. Wir fühlen uns wie in einem Ghetto, ausgesperrt, wir werden hier betrogen und hintergangen." Für sie ist in diesen Tagen mehr als klar geworden, daß das sozialpartnerliche Verhalten der Bosse von VAC und Heraeus bloßes Getue war, daß die Herren sehr schnell ihre Masken fallen lassen, wenn es ans Eingemachte geht.

Ganz deutlich wurde das in der ersten Aussperrungswoche, als die Geschäftsleitung von Heraeus hinter den verschlossenen Toren den Gouverneur von Georgia zu einer Betriebsbesichtigung einlud. Sinn der Show: Heraeus baut ein Zweigwerk für den Bereich Quarzschmelze in des Gouverneurs US-Bundesstaat, Kosten 20 Millionen. Die Kapitalverschiebung in die USA verspricht anständige Profite. Offensichtlich wurde für die Ausgesperrten an diesem Besuch: Die Drohung: „35 Stunden schaffen Arbeitsplätze in Fernost" ist ein massiver Einschüchterungsversuch, denn schon heute, bei 40 Stunden, verschieben die Metall-Unternehmer ihre Millionen ins Ausland. Zwei Tage später konfrontierte Heraeus die ausgesperrte Belegschaft mit dem nächsten Coup. Sie lud die 54 Gesellschafter zur jährlichen Gesellschaftersitzung ins Werk! Was über 6.000 Heraeus-Beschäftigte erarbeitet haben und was sich in einem Umsatz in Milliardenhöhe niederschlägt, wurde da als respektable Dividende an die noble Gesellschaft ausgeschüttet. Für die Ausgesperrten war deshalb der Marsch durch Frankfurt eine gute Sache. „Da haben wir denen gezeigt, wie viele wir sind, und der Öffentlichkeit haben wir bewiesen, daß wir uns nicht mehr alles gefallen lassen." Sie sind jeden Tag vor ihrem Betrieb, und nicht nur, um ihren Stempel zu holen, sie backen gemeinsam Kuchen und bringen ihn den Kollegen vorbei, die Posten stehen, sie verfolgen gemeinsam die Schlichtungsverhandlungen und diskutieren sie. Ihre Familien stehen ihnen bei und unterstützen sie, einhellige Meinung: „Wenn der Zusammenhalt jetzt in der Familie nicht klappt, wo soll er sonst klappen."

Streik um die 35-Stundenwoche bei Honeywell.
Doris Werder, Mitglied des Betriebsrates mit der neuesten Streikzeitung.

Ganz andere Erfahrungen hat da Renate gemacht. Sie ist erst seit kurzem wieder bei der VAC, und ihr Mann befürchtet, daß sie ihren Arbeitsplatz gefährdet, wenn sie ihre Schicht als Posten vor dem Tor schiebt. Er hat verlangt: „Wenn das jetzt vorbei ist, trittst du aus der Gewerkschaft aus!" Renate: „Er hat versucht, mich einzuschüchtern. Er arbeitet in einem kleinen Betrieb, und sein Chef droht dauernd, daß er alle entläßt, wenn bei ihm gestreikt würde. Mein Mann glaubt das alles. Aber aus dem Alter bin ich raus, daß ich mich einschüchtern lasse, ich bleibe in der Gewerkschaft, das ist meine Entscheidung, wir müssen doch alle an einem Strang ziehen, sonst erreichen wir gar nichts!"

Konsequenzen hat der Arbeitskampf auch für Tina, die vor 23 Jahren aus Italien kam. Sie ist seit 19 Jahren in der Gewerkschaft hier organisiert, seit zwölf Jahren arbeitet sie im Labor von der VAC. Ihr Mann und sie sind ausgesperrt, von dem, was in diesem Monat finanziell herauskommt, müssen sie zwei erwachsenen Kindern das Studium bezahlen. „Wenn der Konflikt anhält, ist unser Familienstand ruiniert", meint Franco, „die Zukunft unserer Kinder wäre hin. Die Aussperrung hat uns ganz deutlich gezeigt, wie unsicher unsere Situation ist, das macht mir große Sorgen und

Spaß und Tanz für die Streikenden

angst. Aber das heißt auch, wir müssen entschlossen weiterkämpfen." Tina und Franco waren schon vor ihrer Aussperrung aktiv, haben sich mit den Streikenden solidarisiert, und Tina sagt: „Das Schlichtungsergebnis ist nicht optimal, wir werden weiterkämpfen, bis wir die 35-Stundenwoche bei vollem Lohnausgleich erreicht haben." Vor einer Spaltung innerhalb ihrer Abteilungen, wenn es innerbetrieblich jetzt zu unterschiedlichen Regelungen kommen sollte, hat sie keine Angst: „In unserem Labor sind die Hälfte Arbeiter und die Hälfte Angestellte, und die wurden ja nicht ausgesperrt, die kommen uns immer vor dem Tor besuchen, und die haben uns in unsere Kasse Geld gespendet". Und wie zum Beweis deutet sie auf eine junge Frau und erzählt: „Siehst du, sie ist jetzt zum ersten Mal dabei, vorher, bei Warnstreiks und so, hat sie nie mitgemacht, jetzt ist sie immer hier, bringt immer etwas für die Kuchentheke mit und findet die Stimmung hier ganz toll. Früher hat sie immer Angst gehabt, daß ihr etwas passiert, das hat sie jetzt nicht mehr."

Conny, Vertrauensfrau bei der VAC und IGM-Frauenausschußvorsitzende, schätzt die Situation so ein: „Der Lernprozeß durch die Aussperrung ist enorm. Vor vier Wochen, als wir zum Solidaritätsstreik für die BBC und Honeywell aufgerufen haben, haben kaum mehr als dreißig Leute daran teilgenommen. Das wäre heute anders. Es gibt viele neue Ansätze für kommende Gewerkschaftsarbeit." Nach ihrer Meinung haben zwei Drittel der Ausgesperrten ihren Dienst nicht nur akzeptiert, sondern waren auch bereit, mehr zu machen. Nur etwa ein Drittel zeigte sich in der neuen Situation unsicher, beugte sich halt den Anordnungen; nur eine verschwindend kleine Gruppe lavierte sich um alles herum und versuchte sich um Aufgaben herumzumogeln. Insgesamt war die Stimmung ausgezeichnet und sehr, sehr kollegial. Conny hofft, daß das gewerkschaftliche Engagement, das vor dem Arbeitskampf zu wünschen übrig ließ, sich mehr entwickelt hat: „Im Bewußtsein der Leute sind in diesen dreizehn Tagen viele Groschen gefallen. Wie weit und wie tief sie gefallen sind, muß man abwarten." Sie wird ihre Kolleginnen und Kollegen darauf orientieren, die Betriebsräte so weit zu stärken, daß die 38,5

Wochenstunden flächendeckend im gesamten Betrieb durchgesetzt werden, damit die Flexibilisierung und damit die vorprogrammierte Spaltung innerhalb der Betriebe verhindert wird. Ein sichtbarer Ansatz für das neugewonnene Selbstbewußtsein war der Montagmorgen, an dem die Aussperrung bei VAC und Heraeus aufgehoben wurde: Um sechs Uhr versammelten sich in der Frühe die Ausgesperrten vor dem Fabriktor zu einer Kundgebung. Sie hatten Fahnen, Transparente und Plakate dabei, mit Losungen wie „13 Tage vor dem Tor, es wird nichts mehr sein, wie zuvor!", „Aussperrung ist und bleibt verfassungswidrig" und „Solidarität ist uns're Kraft, drum hat uns auch die Aussperrung nicht geschafft!"

Konrad Schied, Erster Bevollmächtigter der IG-Metall, brachte es in seiner Ansprache drastisch und knapp auf diesen Nenner: „Ihr geht ungebrochen und mit geradem Rückgrat zurück in den Betrieb und nicht auf den Brustwarzen, wie die Unternehmer es sich erhofft haben." Mit Kampfliedern und aufmunterndem Beifall wurden die VAC-Leute und wenig später die Heraeus-Arbeiter von ihren Kollegen aus den bestreikten Betrieben und von der Gewerkschaft zur Arbeitsaufnahme verabschiedet. *(Wiederabdruck aus: Cieslak, Werner: Der Kampf geht weiter. Neuss, 1984)*

(rd)

Vom Aufschwung des Frauentags in der Region Hanau

Demos, Kundgebungen und schließlich ein Calypso-Sturm aufs Rathaus

Mit entschiedenem Ungehorsam fing alles an: Nachdem die Frauen in der ganzen Republik widerspenstiger geworden waren, ließen sich 1980 auch die Gewerkschafterinnen im Main-Kinzig-Kreis die Beteiligung am „Internationalen Frauentag" von ihrem Bundesvorstand nicht mehr verbieten. Zusammen mit der ASF, dem Verein „Frauen helfen Frauen" und anderen Frauengruppen feierten sie in Hanau erstmals wieder ihren Frauentag, und danach war kein Halten mehr.

Dieser Fest- und Kampftag für Gemeinsamkeit und für Frauenrechte ist in der Region inzwischen so fest etabliert, daß niemand mehr wagen könnte, den Frauen diesen Termin zu verbieten. Aus dem ganzen Bundesgebiet hatte der DGB-Bundesvorstand Druck von Frauen bekommen, die sich gegen Reglementierung durch männliche Bedenkenträger wandten. Diese warnten vor einem „parteipolitisch geprägten Gedenktag" und fürchteten, in die Nähe von sozialistischen Ländern gerückt zu werden.

Die Frauen aus der IG-Metall in Hanau weigerten sich, dies „demütig hinzunehmen" und verlangten in einer Resolution, den Beschluß zu revidieren. „Wir sind die Bevormundung durch männlich geprägte Vorstände leid", schrieben sie. „Unerklärlich ist für uns, warum gerade dieser Tag dem Prinzip der Einheitsgewerkschaft widersprechen soll", argumentierten die Metallerinnen. „Wenn dies so wäre, müßte ebenso der 1. Mai, der 1889 auf Beschluß der II. Internationale ins Leben gerufen wurde, der Einheitsgewerkschaft widersprechen. Gerade in der heutigen Zeit, in der unsere Gegner massiv angetreten sind, die Gewerkschaften zu diffamieren und zu spalten, brauchen wir uns unserer Vergangenheit nicht zu schämen", schrieben die Frauen. Außerdem habe der 8. März nichts an seiner historischen Bedeutung als Kampftag der Frauen für Frieden und Gleichberechtigung, für gleichen Lohn für gleiche Arbeit und für das Recht auf Ausbildung und Arbeit verloren.

Zum ersten Mal 1980

Die IG-Metall-Frauen kündigten dem Bundesvorstand an, daß sie den Frauentag mit einem eigenen Fest- und Filmabend sowie gemeinsam mit den Hanauer Frauengruppen im „Haus der Jugend" begehen werden. Und so feierten denn am 8. März 1980 die unterschiedlichsten Frauengruppen in Hanau gemeinsam den 70. Jahrestag dieses gemeinsamen Kampftages, der auf einer Tagung sozialdemokratischer Frauen aus ganz Europa 1910 in Kopenhagen erstmals begangen worden war.

Per Handzettel wurden alle Frauen in und um Hanau eingeladen. Frauen aller Altersstufen und aus verschiedensten Nationen kamen mit Blumen, Kuchen, Salaten oder eigenen Festbeiträgen. „Dieser Tag ist ein historisches Ereignis, das hat es in dieser Region bis heute nicht gegeben", erkärten die Festrednerinnen.

Nach einem Vortrag über die historische und die aktuelle Bedeutung des Frauentags von Ilse Werder wurde gefeiert und getanzt. Die Frauen knüpften viele Kontakte und überwanden alte Berührungsängste zwischen den verschiedenen Verbänden. Ein Jahr später gab es bereits eine zentrale Veranstaltung des DGB-Landesbezirks Hessen für die Frauen der Rhein-Main-Region. Im Hanauer „Haus der Jugend" wurde wieder ein gemeinsames Fest unterschiedlicher Gruppen gefeiert. Zu den Initiatorinnen gehörten der Verein „Frauen helfen Frauen", die Arbeitsgemeinschaft sozialdemokratischer Frauen (ASF), Frauen im DGB, die Großauheimer Frauengruppe, die Demokratische FrauenInitiative, die Kesselstädter Spielstube, der Frauentreff Bruchköbel und eine Gruppe chilenischer Frauen. Themenschwerpunkte waren: „Frauen für den Frieden", „Frauen gegen Gewalt und Krieg". Serviert wurde ein riesiges Büfett mit Leckereien,

Kuchen, Salaten, Brot und Käse, Säften und Wein. Es gab Musik, Sketche und Songs, Bücher- und Informationsstände sowie Spaß für Kinder.

Gemeinsamkeiten gesucht

1982 wurde in der Kesselstädter Reinhardskirche gefeiert, und der Andrang war mit 600 Teilnehmerinnen und vielen Männern und Kindern so groß, daß beschlossen wurde, künftig in größeren Räumen den Internationalen Frauentag zu begehen. Die Teilnehmerinnen sahen dieses Fest als Beispiel dafür, daß auch unter Gruppen unterschiedlicher politischer Ausrichtung in wesentlichen Fragen Gemeinsamkeiten entdeckt werden können. Im politischen Teil wurden aktuelle Fragen wie Frauenarbeitslosigkeit oder die gleichgewichtige Verteilung der Familienaufgaben auf Männer und Frauen angesprochen. Diskriminierung von Ausländern, Frauen im Widerstand und Solidarität unter Frauen waren die Hauptthemen der Referate und Diskussionen. Aber auch freche Sketche und internationale Folklore gehörten zum ganztägigen Programm.

Weil diese gelungene Veranstaltung von den Gewerkschafterinnen mit viel Einsatz und Geschick organisiert worden war, zeichnete sich in den folgenden Jahren mehr und mehr die Federführung für die Ausrichtung des Frauentages bei den Gewerkschaftsfrauen ab, die sich als Organisatorinnen große Meriten erworben hatten. Gleichwohl blieb die Vorbereitung gemeinsame Sache der Hanauer Frauengruppen, die jeweils auch mit ihren Vorstellungen zum Zuge kamen. Die Teilnahme von Männern blieb aber strittig.

Rock und Diskussion

Zum „Frauenfest 1983" luden die Gewerkschafterinnen gemeinsam mit den Frauengruppen und -verbänden in die Alte Johanniskirche ein. Die Vorsitzende des DGB-Kreisfrauenausschusses, Helga Eisermann, und der die Frauen stets unterstützende DGB-Kreisvorsitzende Sepp Sigulla wandten sich in einer gemeinsamen Erklärung an die Öffentlichkeit: „Die Frauen sind nicht die Bittstellerinnen in dieser Gesellschaft. Sie wenden sich mit Recht gegen Unternehmerwillkür, Sozialabbau und Frauen in der Bundeswehr sowie gegen Frauen in Niedriglohnstellen." Als erste Betroffene von Arbeitsplatzvernichtung und Ausbildungsnot, als ständig Doppelbelastete lehnten sie „die fadenscheinigen Lösungsvorschläge wie Job-Sharing und Teilzeitarbeit ab".

„Wenn derzeit die Arbeit weniger wird, müssen alle weniger arbeiten, deshalb brauchen wir die 35-Stundenwoche", erklärten Eisermann und Sigulla. Wenn dagegen Frauen wieder „mit sanfter Gewalt" aus dem Arbeitsprozeß herausgedrängt würden, sei das „grotesk".

In der Alten Johanniskirche stellten dann zehn Frauengruppen in Redebeiträgen und Sketchen die aktuelle Situation der Frauen dar. Der Abend war für die Frauenrockgruppe Lapislazuli und verschiedene Folkloregruppen reserviert.

Streit über die Männer

1984 hatte die gemeinsame Organisation ein Ende. Am 08., 09., und 10. März 1984 fanden erstmals drei Veranstaltungen unterschiedlicher Gruppen zum Internationalen Frauentag statt. Streitpunkt zwischen feministisch und auto-

Internationaler Frauentag 1981 in der Reinhardskirche in Hanau-Kesselstadt.

Türkische Mädchen beim Frauentag 1984 im Nachbarschaftshaus Tümpelgarten in Hanau.

nom orientierten Gruppen und den übrigen Organisationen war die Teilnahme der Männer. So trafen sich die DGB-Frauen am Nachmittag des 8. März zusammen mit befreundeten Gruppen am DGB-Haus zu einer Kundgebung und einer Demonstration durch die Hanauer Innenstadt. Feministische Gruppen luden erstmals zu einem „Wilden Frauenfest" in die Fotogalerie im Schloß Philippsruhe „mit fetzigem Frauenrock, Disco, Fressen, Saufen, Tratschen".

Einen Tag später feierten der DGB-Frauenausschuß, der DGB-Frauenstammtisch, die Frauenausschüsse der IG-Metall, der ÖTV, der HBV, die Demokratische Fraueninitiative, die Arbeitsgemeinschaft sozialdemokratischer Frauen, der „Verein mit Ausländern verheirateter Frauen", die Frauen der DKP, die Chilenischen Frauen und der „Verein der Arbeiter aus der Türkei" im Bürgertreff Reinhardskirche. Die DGB-Landessekretärin Gisela Schade hielt ein engagiertes Grundsatzreferat. Ein umfangreiches Kulturprogramm schloß sich an.

Bereits eine Woche vorher war eine auf die Europapolitik der Zukunft abgestellte Frauenveranstaltung der südhessischen Frauen in der SPD im Nachbarschaftshaus Tümpelgarten mit Kulturprogramm, Talk und heißen Diskussionen über die Bühne gegangen. Einige hundert Frauen diskutierten mit den Europaabgeordneten Dr. Katharina Focke und Heidemarie Wiczorek-Zeul, der Hessischen Wissenschaftsministerin Dr. Vera Rüdiger, der DGB-Landesfrauensekretärin Gisela Schade, der Landtagsabgeordneten Dr. Heidi Streletz, der ASF-Vorsitzenden Hessen-Süd, Barbara Schmidtbauer, und Eva Quistrop (Frauen für den Frieden) die Frage: „Sichert europäische Zusammenarbeit den Frieden?" Unter der Moderation der Frankfurter Journalistin Ulrike Holler wurden die Zusammenhänge zwischen Sozial-, Rechts-, Wirtschafts- und Friedensfragen erhellt und die Verteilung der Geldmittel für Tornados und Panzer statt für Arbeit und Ausbildung gerügt. Die beiden Landtagsabgeordneten wurden zu größerem Engagement für ein Hessisches Personalvertretungsgesetz aufgefordert.

„Brot und Rosen"

Unter dem Motto „Gegen Arbeitslosigkeit, für Gleichberechtigung und Frieden" zogen über 200 Gewerkschaftsfrauen, Frauen aus der SPD, DKP und Parteilose am 8. März 1985 durch die Hanauer Innenstadt, verteilten an die Passantinnen rote Nelken und äußerten ihre Forderungen in Sprechchören und auf Transparenten. Im Nachbarschaftshaus Tümpelgarten fanden sich anschließend rund 300 Frauen und Männer zu einer Diskussion ein. Inge Döbbelin vom Vorstand der IG-Metall ritt heftige Attacken gegen die Bundesregierung, die vor einem Scherbenhaufen in der Sozialpolitik stehe und den Frauen immer größere Lasten aufbürde. Zum zentralen Anliegen des Frauentages, dem Thema „Frieden", forderte die Rednerin Abrüstungsgespräche ohne Vorbedingungen und eine atomwaffenfreie Zone. Anschließend lief wiederum ein lebhaftes Kulturprogramm ab, bei dem diesmal die DGB-Songgruppe einen musikalischen und einen literarischen Teil beisteuerte.

Der Verein „Frauen helfen Frauen" hatte 1985 vom 12. bis 15. März zu einer Frauenwoche eingeladen, zu der wiederum ein „Wildes Frauenfest" im Kulturbasar aber auch Vortrags- und Filmveranstaltungen gehörten.

Der 8. März 1986 stand unter dem Motto „Brot und Rosen". Er begann am Samstag mittag um 12 Uhr mit viel Lärm und Gesang wiederum mit einem Zug durch die Innenstadt bis zum Nachbarschaftshaus Tümpelgarten, wo die DGB-Landesfrauensekretärin Gisela Schade zu den Frauenforderungen nach Brot und Lebensfreude sprach. Die DGB-Theatergruppe „Frankfurter Rundschlag" und viele Folklore-Beiträge rundeten das sechsstündige Programm ab.

Und bei dieser Veranstaltung hieß es: „Was vor Jahren begonnen wurde, ist zu einer breiten Aktion geworden, der sich niemand entziehen kann. Der Internationale Frauentag ist als Festtag und als Kampftag der Frauen jetzt so fest etabliert, daß ein Jahr ohne Frauentag nicht mehr vorstellbar ist." Die Männer hatten die Kinderbetreuung übernommen, türkische Köche den Küchendienst, heimische Spezialitäten hatten die Gewerkschafterinnen vorbereitet. Am gleichen Tag verteilten die Kolleginnen der Industrie-Gewerkschaft Chemie, Papier Keramik tausende roter Nelken und Flugblätter an die erwerbstätigen Frauen in Stadt und Land.

Familienfest-Athmosphäre

„Das Engagement nimmt zu", titelte die „Frankfurter Rundschau" ihren Bildbericht vom Frauentag 1987. Im Nachbarschaftshaus Tümpelgarten herrschte Familienfest-Atmosphäre. Gäste aus dem ganzen Main-Kinzig-Kreis, auch Frauen von Gastarbeitern mit Mann und Kindern, füllten zu Hunderten den Saal.

„Männer sind bei unserem Frauentag in Hanau erlaubt, diese Entscheidung ist nach jahrelangem Ringen mit den autonomen Frauengruppen gefallen", erklärte Helga Seipel-Schneider vom DGB-Frauenausschuß. „Wir laden sie nicht ein, aber wenn sie da sind und mit uns feiern wollen, sind sie da. Viele türkische Frauen müßten sonst zu Hause bleiben. Der Weg zu einer humaneren Gesellschaft kann nicht an den Männern vorbei führen." Trotzdem kamen die Männer nicht ungeschoren weg: „Was ist das für eine Welt, die die Männer gemacht haben", fragte eine Frau auf der Bühne und sie empfahl, „es wird Zeit, daß wir wieder geraderichten, was Ihr verbogen habt". Die HBV-Gewerkschafterin Doris Fürbeth nannte als Endziel des gemeinsamen Kampfes eine humane, gleichberechtigte Gesellschaft, in der jeder Mensch, ob Frau oder Mann, Bildungs- und Arbeitschancen hat.

Ursula Engelen-Kefer beim Internationalen Frauentag / Hanau 1988.

Der Frauentag 1988 widmete sich der Unterstützung für südafrikanische, schwarze Hausangestellte und ihrer Gewerkschaft. Die Frauen sammelten 1.000 Mark, die das Südafrika-Projekt des DGB aufstocken sollten. Auf dem Programm standen Informationen zur Situation der schwarzen Hausangestellten, eine Kundgebung mit der stellvertretenden Präsidentin der Bundesanstalt für Arbeit, Ursula Engelen-Kefer, und ein Auftritt des Frauenkabaretts „Flittchen". Weiter gab es einen Beitrag der Gewerkschaftssekretärin Doris Wege („Südafrika – das unmenschlichste System, das der Mensch seit dem Sklavenhandel erfunden hat") und einen Bericht der von den GEW-Frauen eingeladenen Lehrerin Mershia Andrews aus Südafrika. Bei der vorausgegangenen Demo durch die Innenstadt waren allerdings unter den 300 Demonstranten nur ein Drittel Frauen. „Kinder, Küche, Heim und Herd sind kein ganzes Leben wert", tönte es aus tiefen Kehlen auf dem Hanauer Marktplatz. Und das war kein Aufschrei geplagter Hausmänner, sondern männliche Solidarität gegenüber den Kolleginnen. Und die riefen: „Keinen Pfennig, keine Frau für den Militäraufbau."

Frauensekretärin Doris Wege forderte die Streichung des § 218 und einen Wirtschaftsboykott gegenüber Südafrika.

Internationaler Frauentag 1988 in Hanau

Doris Wege als Rednerin und weitere Gewerkschafterinnen nahmen für den DGB am 5. März auch an einer Großveranstaltung der ASF zum Frauentag im nahen Flieden teil, bei der die SPD-Bundestagsabgeordneten Barbara Weiler und Heidi Wiczorek-Zeul und die Frauenbeauftragte Heike Bohl ganztägig die Frage diskutierten „Können Frauen Politik verändern?"

Demo in Schlüchtern

1989 wurde bereits Sonntag, 5. März, im Nachbarschaftshaus Tümpelgarten gefeiert. Eingeladen waren für den politischen Teil des Festtages die Memminger Frauen Beate Lier und Berti Huber, die zusammen mit anderen Frauen ihrer Stadt einen gemeinnützigen Verein gegründet hatten, um den berüchtigten Prozeß gegen einen Arzt und seine Patientinnen, die abgetrieben hatten, aufzuarbeiten. Die erschütternden Berichte der beiden Frauen führten unter anderem zu einer Spendenaktion. Anschließend gab es wieder Spaß und Unterhaltung, die DGB-Songgruppe lief zur Hochform auf.

Am Mittwoch, 8. März 1989, fuhren Hanauer Frauen mit einem Bus nach Schlüchtern, um einmal dort zusammen mit Schlüchterner Frauen einen Demonstrationszug durch die geruhsame Kleinstadt zu machen und anschließend bei der Eröffnung der Ausstellung „100 Jahre Frauenleben rund um das Kinzigtal" dabei zu sein. Die vom Main-Kinzig-Kreis und der Vorbereitungsgruppe für die Gründung eines Frauenarchivs organisierte Wanderausstellung hatte in Schlüchtern den Schwerpunkt „Frauenleben auf dem Lande". Sie fand große öffentliche Resonanz. Der hessische Rundfunk brachte eine ausführliche Reportage.

Weil die Lust an Demonstrationszügen in den letzten Jahren sichtbar nachgelassen hatte, wurde am 8. März 1990 alles anders. Junge und ältere Frauen zogen zwar mit Spruchbändern, Trillerpfeifen, Trommeln und Rasseln lautstark zum Hanauer Marktplatz. Der war zum Zentrum der Aktion geworden. An vielen

Informationsständen wurde gegen sexuelle Gewalt, frauenfeindliche Stadträume und die Unterdrückung iranischer Frauen durch den Schleierzwang protestiert. Eine bandagierte Puppe im Krankenhausbett wies auf den Pflegenotstand hin. „Das bißchen Putzen ...", unter diesem Slogan entlarvten Frauen die schlechten Arbeitsbedingungen der Reinigungsfrauen. Erzieherinnen wiesen auf die Mißstände in ihrem Arbeitsalltag hin. Rund 300 Frauen und einige Männer aus der ÖTV versammelten sich zu einer spontanen Protestdemo unter dem Motto „Die Kindertagesstätten sind in der Krise". „Wir erziehen die Generation von morgen unter Bedingungen von gestern", erklärten sie. An vielen Stellen der Stadt waren rosafarbene Plakate zu sehen, um auf jenen Schildern, die sonst zur Schonung der Grünanlagen auffordern, Männergewalt zu thematisieren.

Noch mehr Feste und Vorträge

Am Sonntag, 11. März, fand dann im Nachbarschaftshaus Tümpelgarten der obligatorische Festtag, diesmal mit dem Frauenkabarett „Extra 2" und seinem Programm „Rosen und Knoblauch" statt. An Informationsständen stellten sich die Frauengruppen vor. Eingeladen hatten: Der DGB-Kreisfrauenausschuß, der Frauenbeirat des Main-Kinzig-Kreises, Frauen helfen Frauen, das Frauenzentrum Gelnhausen, die „Falken", das Büro für Frauenfragen im Main-Kinzig-Kreis, Pro

Familia Hanau und Schlüchtern, die Unabhängige Frauengruppe Schlüchtern und die ASF-Main-Kinzig.

Gleichzeitig fand in Maintal-Bischofsheim auf Initiative von Katharina Gröning vom Maintaler Büro für Frauenfragen eine Ausstellung über „Frauen in der Französischen Revolution" statt. Karin Roth vom Hauptvorstand der IG-Metall sprach über „Frauen – das unruhige Geschlecht". Andrea Altenhövel ergänzte das Programm mit Chansons.

Eine weitere Frauentagsveranstaltung hatte die ASF-Langenselbold unter dem Motto „Frauen wartet nicht auf bessere Zeiten – schafft sie Euch" vorbereitet. Auf dem Wochenmarkt verteilten sie Rosen und Flugblätter, suchten das Gespräch mit den Bürgerinnen und Bürgern.

Auch die in Langenselbold traditionsgemäß starke DKP hatte – wie seit vielen Jahren – zu einer Frauentagsdiskussion eingeladen. Sie ging der Fragestellung nach, welche Chance eine sozialistische Arbeiterbewegung, aus der auch der Frauentag hervorgegangen ist, heute noch hat.

Für Kita-Plätze

Der Frauentag 1991 begann unter dem Motto „Frauen sind die halbe Welt" auf dem Hanauer Marktplatz mit einer Aktion „Jedem Kind sein Kita-Plätzchen". Als Grundvoraussetzung für die Vereinbarkeit von Familie und Beruf wurde die Situation der Mütter und die der Erzieherinnen in den Kindergärten vermittelt, „endlich" ein hessisches Kindergartengesetz gefordert und Vergleiche zwischen der Kinderbetreuung in Hessen und im Partnerkreis Gotha dargestellt. Der Besuch dieser Veranstaltung war eher mager. Die Gothaer Frauenbeauftragte Astrid Cramer zeichnete zwei Tage später bei einer Podiumsdiskussion in der Reinhardskirche ein düsteres Bild von massenhaft arbeitslosen Frauen und von der schlechten Qualität der Kinderbetreuung in ihrem Umfeld. Dr. Uta Enders-Dragässer vom Frankfurter Institut für Frauenforschung stellte eine neue Untersuchung über die Vereinbarkeit von Kindern und Beruf in Hessen vor, die viele Mängel offenbarte. Die Diskussion um die Probleme der Kinderbetreuung in den alten und neuen Bundesländern sollte gemeinsame Ziele und Handlungsmöglichkeiten für Frauen im Main-Kinzig-Kreis und im Partnerkreis Gotha entwickeln.

In der Schlüchterner Stadthalle wurde am 8. März, wiederum von Frauen im DGB, 12 weiteren Gruppen und der Kulturabteilung des Main-Kinzig-Kreises,

eine Ausstellung von Künstlerinnen der Region mit dem Titel „Frau – Körper – Frauenkörper" eröffnet, die eine Fülle bemerkenswerter künstlerischer Auseinandersetzungen mit dem Thema „Frau" ermöglichte. Die Idee dazu kam von den Frauen von Pro Familia Schlüchtern. Am Abend lief dann in der überfüllten Stadthalle ein vierstündigen Kulturprogramm, das hinsichtlich Vielfalt und Qualität Beifallsstürme auslöste.

Lila Raupe des IG-Metall-Frauenausschusses 1992 in Hanau

Talkshow und Tänze

Der 8. März 1992 wurde wiederum von vielen Frauengruppen gemeinsam gefeiert. Unterstützt vom Frauenbeirat des Main-Kinzig-Kreises gab es spezielle Veranstaltungen in Hanau, Maintal, Bruchköbel, Bad Orb und Gelnhausen. Auch kirchliche Frauengruppen und fast alle DGB-Einzelgewerkschaften waren als Mitveranstalterinnen dabei.

In Hanau gab es im Nachbarschaftshaus Tümpelgarten neben Kaffee und Kuchen eine Talkshow unter der Moderation von Katja Schoßer, in der alle Frauengruppen mit ihren Vorstellungen zu Wort kamen. Hauptthema waren Gewalt, Politik, Sexualität und Herrschaft sowie die ganze Bandbreite der männlichen Bevormundung im täglichen Leben sowie die Abschaffung des Paragraphen 218. Evangelische Frauen thematisierten die gesundheitsschädigenden Arbeitsplätze von Frauen in der Blumenproduktion der Dritten Welt. Wie immer gab es ein Kinderprogramm im Nebenraum und Türkische Tänze.

Metallerinnen am 8. März mit Info-Stand und Hürdenlauf auf dem Hanauer Freiheitsplatz

In Bad Orb trat in der Bildungsstätte der IG-Metall die Theatergruppe „DIEWAS" mit dem Lebensbild einer heute 80-jährigen auf, die viel Nachdenklichkeit auslöste. In Bruchköbel wurde auf Initiative der Frauenbeauftragten Helga Gemmecker erstmals der Frauentag ganz „groß" gefeiert mit Vorträgen, Sketchen,

Tänzen und einem sehr nahe gehenden Beitrag der Hanauer Beratungsstelle „Lawine" für Betroffene von sexuellem Mißbrauch. Zwei Ausstellungen über „100 Jahre Frauenleben rund um's Kinzigtal" und über die Alltagswelt von Frauen in China ergänzten das Programm.

Linde gepflanzt

Im Bürgerhaus Hochstadt feierten Maintaler Frauen erstmals den Frauentag gemeinsam. Er fand große Resonanz. Alle beteiligten Gruppen konnten sich an Infotischen vorstellen. Es gab einen speziellen Büchertisch, Frauenfilme, Kinderbetreuung und Aktionstheater mit der „Wilden Mischung" aus Berlin.

Der 8. März 1993 wurde in Hanau, Maintal-Bischofsheim und in Schlüchtern gefeiert. In Hanau gab es einen „Lila Montag" auf dem Marktplatz mit Infoständen, Aktionen und einer frauenpolitischen Bilanz der vorausgegangenen Kommunalwahl, in Maintal eine Aktion gegen die Massen-Vergewaltigungen im ehemaligen Jugoslawien, gegen Ausländerhaß und Rechtsradikalismus. Die Initiative Maintaler Frauen pflanzte eine Linde als Zeichen der Trauer über die zunehmende Gewalt und Unterdrückung in der Welt.

In Schlüchtern war wiederum großes Programm: Ilse Werder stellte das neue Buch „Frauen in Schlüchtern" vor. Damit verband sie eine Gedenkminute für alle im Buch genannten jüdischen Frauen aus Schlüchtern, die vertrieben und ermordet wurden. Später war wieder ein Kulturprogramm mit den Pro Familia-Frauen und dem Büdinger Theater „Mimikri" angesagt. Über „Frauen im Märchen" sprachen zuvor Gertrud Hempel und die Ethnologin Susanne Schröter.

Lila Luftballons

1994 wurden die Aktionen zum Internationalen Frauentag erstmals auch auf Schöneck und Nidderau ausgedehnt. Jutta Andes, die neue Frauenbeauftragte, hatte zu einem Empfang und Gesprächen in ihr Büro eingeladen, es gab einen Informationsabend über Frauen im Islam und ein vergnügliches Theatererlebnis. In Nidderau wurden unter dem Motto „Frauen gehen in die Luft" auf dem Marktplatz viele lila Luftballons mit den Wünschen der Frauen, beispielsweise nach wohnortnahen Arbeitsplätzen oder mehr Kindergärten, auf die Reise geschickt. Gleichzeitig diskutierte die Frauenbeauftragte Marion Baldus mit den Passanten über ihre eigene Funktion in der Stadt. Am Abend gab es dann im Stadtteil Ostheim Kabarett und Lieder von und mit Andrea Altenhövel.

Ein Zeichen gegen Gewalt setzten die Maintaler Frauen mit dem Pflanzen eines Baumes. Die Maintaler Stadtverordneten wurden aufgefordert, endlich

die Frauenförderpläne zu verabschieden. Im Bürgerhaus wurde eine Fotoausstellung eröffnet, anschließend gab es Kabarett. Auch in verschiedenen Betrieben und Verwaltungen wie bei der Honeywell, der Weco, der Degussa, der Gemeinde Erlensee und im Stadtkrankenhaus fanden Aktionen statt. Es wurden „Frauenfrühstücke" organisiert und Nelken verteilt. In der Hanauer VAC war bereits ab sechs Uhr morgens die berühmte „Lila Raupe" unterwegs.

In Großkrotzenburg gab es einen Infostand und eine Ausstellung mit Frauenliteratur.

Einen „Markt der Möglichkeiten" hatten die Gewerkschafterinnen am Schwanenbrunnen in der Hanauer Hammerstaße aufgebaut. Von dort setzte sich um 17 Uhr ein Demonstrationszug durch die Innenstadt in Bewegung. Mit dem offiziell ausgegebenen Slogan „Teilen Jungs" wollten sich die Main-Kinzig-Gewerkschafterinnen aber nicht anfreunden. Für sie klang die Forderung zu sehr danach, als sollten die Arbeitnehmerinnen in der Auseinandersetzung mit den Kollegen die Probleme lösen und die Unternehmer aus der Verantwortung entlassen werden. „Allein in der Hanauer Metallindustrie sind in den letzten Jahren 10.000 Arbeitsplätze vernichtet worden", sagte Conny Gramm und 65 Prozent aller Jugendlichen, die noch eine Lehrstelle suchen, seien weiblich. Mit einem Fest im DGB-Jugendheim und einer Aufführung der HBV-Kulturgruppe Frankfurt klang der Frauentag in Hanau aus.

In Bad Orb lud die IG-Metall-Bildungsstätte zu Frauentheater mit der Gruppe DIEWAS ein, die mit dem Achtpersonenstück „Nicht ohne meine Schwester" zwei sehr unterschiedliche Lebensentwürfe und ihre Bedingungen vorstellte.

In Gelnhausen informierte der Verein „Frauen helfen Frauen" an einem Stand an der Kinzigbrücke über seine Arbeit und die Situation im Frauenhaus Wächtersbach. In Schlüchtern wurde erstmals im Kulturhaus Synagoge der Frauentag mit „Programm total und ohne Ausgrenzung" begangen, veranstaltet vom Städtischen Kulturbüro, dem Kreis-Frauenbüro, Pro Familia und der Buchhandlung Karmann, wobei sich auch Gewerkschafterinnen beteiligten.

Frauenwoche bisher Höhepunkt

Einen vorläufigen Höhepunkt erreichte der Frauentag in Hanau 1996, als in einvernehmlicher Zusammenarbeit 27 unterschiedlicher Frauenorganisationen und Gewerkschafterinnen eine ganze Frauenwoche in Hanau organisierten. Das tägliche Programm an vielen Orten widmete sich unterschiedlichsten Frauenthemen: von zahlreichen Gottesdiensten zum Weltgebetstag bis zur Mädchendisco und einer Podiumsdiskussion mit der SPD-Bundestagsabgeordneten Uta Zapf zum Thema „Frauen gegen Rüstungsexporte" reichte die Bandbreite. „Da ist etwas Neues entstanden", erklärte eine der Hauptorganisatorinnen, die Hanauer Frauenbeauftragte Imke Meyer, die 24 Einzelveranstaltungen und einen Infomarkt angekündigt hatte. Daß zum Abschluß in den ansonst „drögen" Hallen des Rathausfoyers stürmisch Calypso getanzt und gefeiert wurde, war ein würdiger Ausklang.

Einen großen Markt mit vielen Informationen gab es auch in Schöneck mit Kaffee, Kuchen und Tanzgruppen. Am Abend trafen sich die Schönecker und die Nidderauer Frauen in Windecken zu einer Aufführung des Schönecker FrauenKabaretts „Hick-Hack", das mit stürmischen Beifall bedacht wurde. Auch in Bruchköbel wurde eine ganze Woche lang gefeiert und informiert: von meditativem Tanz bis „Frauen in der Lebensmitte" und „Naturheilkunde im Klimakterium" lauteten die Themen.

In Gelnhausen war im Frauenzentrum Kuhgasse „Frauenpower" angesagt. Hier wurden kulinarische Köstlichkeiten und Lebensgeschichten von Frauen aus der ganzen Welt geboten aber auch persönliche Erfahrungen der Teilnehmerinnen mit stärkenden Begegnungen mit Freundinnen, Schwestern, Müttern reflektiert.

In der IG-Metall-Bildungsstätte in Bad Orb war die Gruppe „Lila Luder" mit ihrem Stück „Herz-Dame sticht" zu Gast, die Musik-Kabarett mit „Natürlichem Weichspüler und Mezzo-Orkan, Klamauk und Herzblut" bot.

An diesem Frauentag zeigte sich, daß es in 16 Jahren seit der Wiederbelebung des Frauentags im Main-Kinzig-Kreis gelungen ist, viele Berührungsängste und Vorurteile zwischen den verschiedenen Frauenorganisationen zu überwinden, die Gemeinsamkeiten zu sehen und sich untereinander auch in der Verschiedenheit zu respektieren.

(wr)

Feministinnen und Gewerkschaft

In Hanau gab es Frauen-Bündnisse über ideologische Grenzen hinweg

Mit dem Entstehen der neuen Frauenbewegung zu Beginn der 70er Jahre trat eine neue Kraft auf den Plan. Auch in Hanau begannen Frauen, sich außerhalb der altgedienten Strukturen der Gewerkschaften zusammenzuschließen. Es entstanden kleinere Frauengruppen, die auf der Grundlage des Konsensprinzips und ohne hierarchische Ordnung politisch aktiv wurden. Neben der neuen Organisationsstruktur und dem Hinterfragen der geschlechtlichen Arbeitsteilung, das heißt den gängigen Rollenklischees für Frauen und Männer, unterschieden sich die neuen Frauengruppen in einem zentralen Punkt von der gewerkschaftlichen Frauenarbeit: Anliegen der autonomen Frauenbewegung war und ist auch die Politisierung des häuslichen Bereichs.

Neue Strategien gefordert

Der Slogan „Das Private ist Politisch" räumte auf mit dem aus der Arbeiterbewegung stammenden Glauben, daß sich die Probleme von Frauen schon lösen würden, wenn die Forderungen der Arbeiter nach Lohngerechtigkeit und Abschaffung von Ausbeutung erfüllt seien. Die Frauen der neuen Frauenbewegung wollten nicht mehr warten und sich in Geduld üben. Sie forderten lautstark und mit neuen Strategien eine Entlastung bei gesellschaftlich notwendiger Arbeit: Kindererziehung und Hausarbeit. Darüber hinaus forderten sie das Recht auf Selbstbestimmung und körperliche und psychische Unversehrtheit. Die Politisierung des häuslichen Bereichs bezog selbstverständlich die Arbeit im Haus mit ein. Die von der Frauenbewegung diskutierten Forderungen nach „Lohn für Hausarbeit", „Teilzeit für Frauen" und „Flexibilisierung der Arbeitszeit" trafen auf massiven Widerstand der Gewerkschaftsfrauen, allen voran die IG-Metall (1979) und dann im Streik 1984) und die IG-Druck (1984). Ihre Antwort auf solche Forderungen war der „Kampf für die 35-Stundenwoche für alle". Hauptargument gegen die Ansätze der autonomen Frauenbewegung war das Verständnis, daß Erwerbsarbeit das emanzipative Moment beinhalte. „Erwerbstätige Frauen haben Zugang zu eigenem Geld, erhalten Bestätigung außerhalb des häuslichen Bereichs und knüpfen Kontakte, die sie wiederum in Prozesse verwickeln können, in denen sie sonst nicht gefragt werden," meinten die Gewerkschaftsfrauen.

Mitarbeit der Männer strittig

Auch wenn es gemeinsame Themen gab, wie den Kampf für die Abschaffung des § 218, so unterschieden sich die Argumentationslinien doch erheblich. Während die Gewerkschaftsfrauen an die Traditionen des Kampfes gegen den § 218 in der proletarischen Frauenbewegung anknüpften, betonten die „frauenbewegten" Frauen radikal die Selbstbestimmung über Körper und Lebensgestaltung. „Ob Kinder oder keine, entscheiden wir alleine", lautete ihr Slogan. Damit standen sich zwei Positionen gegenüber, die sich auf der einen Seite als feministisch, subjektivistisch und auf der anderen Seite als pragmatisch im Sinne der Durchsetzungfähigkeit verstanden. Die Mitsprache der Männer wollten die Gewerkschaftsfrauen nie ganz ausschließen.

Dennoch entstanden auch in Hanau Frauenbündnisse, die meist aus SPD-Frauen, Gewerkschaftsfrauen und autonomen Frauen bestanden. Der Verein „Frauen helfen Frauen", der heute die beiden Frauenhäuser im Kreis und die Beratungsstelle „Lawine" betreibt, wurde im Frauen-Treff der ASF (Arbeitsgemeinschaft sozialdemokratischer Frauen) in der Alfred-Delp-Straße in Hanau von Frauen unterschiedlicher politischer Herkunft gegründet. An der Gründungsversammlung nahmen 28 Frauen aus beiden Kirchen, ASF-Frauen, Frauen der demokratischen Fraueninitiative und autonome Frauen teil. Die Mitgliederversammlung des Vereins „Frauen helfen Frauen" war von daher auch der Rahmen für weitergehende Bündnistreffen.

Tabus brechen

Aus diesen heraus wurden dann auch ab Ende der 70er Jahre der wiederbelebte Internationale Frauentag am 8. März jeden Jahres geplant und veranstaltet. Zum Konflikt führte immer wieder die Auseinandersetzung um die Teilnahme und Beteiligung von Männern. Während die Gewerkschaftsfrauen ihre Bündnispartner nicht ausschließen wollten, nahmen die autonomen Frauen den Internationalen Frauentag zum Anlaß, nur mit Frauen öffentlich zu feiern. Den Zusammenschluß als Frauen, ob zum Kämpfen oder zum Feiern, werteten die autonomen Frauen als politischen Ausdruck, der Männer nunmal ausschließt.

Irritierend war für die Gewerkschaftsfrauen häufig das freche, selbstbewußte Auftreten der Feministinnen, deren Forderungen nicht zu überhören waren. An Kompromißbereitschaft ließen es die unabhängigen Frauen lange Zeit fehlen, meinten die Gewerkschaftsfrauen. Das Normen- und Tabubrechende der autonomen Frauen machte aber Mut, und die Frauen in den Gewerkschaften wurden immer offener für die Anliegen der Frauenbewegung. Als 1987 der Frauenbeirat im Main-Kinzig-Kreis gegründet wurde, waren dann auch viele Gewerkschafterinnen dabei. Initiiert wurde der Frauenbeirat wiederum von Frauen, die jahrelang gemeinsam den Internationalen Frauentag organisiert hatten, unter anderen Gewerkschaftsfrauen, ASF-Frauen und autonome Frauen. Ziel des Frauenbeirats war die Unterstützung der erstmals berufenen Frauenbeautragten für den Main-Kinzig-Kreis.

Für die Gewerkschaftsfrauen stand weiterhin die Auseinandersetzung um gleichen Lohn für gleiche Arbeit im Zentrum politischer Arbeit. Beeinflußt durch die neue Frauenbewegung griffen die Gewerkschaftsfrauen aber auch neue Themen auf, wie sexuelle Belästigung am Arbeitsplatz, fehlende Repräsentation von Frauen in den Führungsgremien der Gewerkschaften oder eben die Verkürzung der Arbeitszeiten.

Für oder gegen Quotierung

In der Quotierungsdiskussion, eine Antwort auf die fehlende Beteiligung von Frauen an gewerkschaftlichen Entscheidungen, spalteten sich die Gewerkschaftsfrauen. Während in einigen Gewerkschaften Quotierungsbeschlüsse durchgesetzt werden konnten, lehnt beispielsweise die IG-Chemie bis heute eine Quotierung ab.

In diesem Zusammenhang tritt eine Haltung zu Tage, die lange Jahre in allen Gewerkschaften galt: Frauen, die etwas leisten, bringen es auch zu etwas, auch in den Gewerkschaften. Daß der strukturelle Ausschluß von Frauen aus fast allen gesellschaftlichen Bereichen wenig mit ihrem Leistungsvermögen zusammenhängt, wird nur vereinzelt gesehen. Mobilität, zeitliche Flexibilität und die Annahme, daß hinter jedem Mann eine Hausfrau steht, zwingen Frauen immer wieder in die zweite Reihe, denn sie können diesen, auf Männer zugeschnittenen Anforderungen nur selten auf Dauer genügen. An diesen Strukturen kann aber auch ein Quotierungsbeschluß nichts ändern (wie auch einige Frauen in diesem Buch äußern).

Heute begreifen die Frauen gewerkschaftliche Frauenstrukturen nicht mehr nur als „Schule für die Gewerkschaftsarbeit mit Männern", sondern auch als eigenen Raum politischer Aktivitäten. Allerdings müssen sie dabei häufig „auf zwei Hochzeiten gleichzeitig tanzen", wie eine Gewerkschafterin es formulierte: „was eine doppelte Schwierigkeit im Bündnis sowohl mit den autonomen Frauen als auch mit den Männern nach sich zieht". Dennoch: „Männer sind in diesem Zusammenhang Bündnispartner im Kampf um die Verbesserung der Bedingungen berufstätiger Frauen und müssen sich dabei aber die Rolle in der Zweiten Reihe gefallen lassen."

(ah)

Noch immer kein Frieden

Alltägliche Gewalt trotz der „Abwesenheit von Krieg“

Die Bilanz des Zweiten Weltkriegs: 55 Millionen Tote, 35 Millionen Verwundete, drei Millionen Vermißte. Allein in Deutschland zählte die Statistik sieben Millionen weniger Männer als Frauen. Trümmerfrauen bestimmten das Straßenbild in vielen deutschen Städten. Frauen sorgten für das tägliche Überleben. Sie haben diesen Staat mit aufgebaut, und dennoch ist er nicht ihr Staat geworden

Spätestens mit den letzten Spätheimkehrern aus russischer Kriegsgefangenschaft in den fünfziger Jahren war die althergebrachte Arbeitsteilung wieder erreicht: Männer gingen zur Arbeit, Frauen zurück an Heim und Herd.

Alle Menschen hofften damals, der Zweite Weltkrieg möge der letzte aller Kriege gewesen sein. Es war ein vergeblicher Wunsch. Die Zahl der Kriegsschauplätze wuchs in den letzten Jahrzehnten stets weiter. Von der Öffentlichkeit oftmals unbeachtet, forderten diese kriegerischen Konflikte unzählige Opfer, vor allem in der Zivilbevölkerung, unter Frauen und Kindern.

Unzählige Menschen leiden und sterben an den Folgen dieser unsinnigen Kriege, aber auch an Unterernährung und Hunger, an der Vergiftung der Umwelt, an Krankheiten und an der Zerstörung der sozialen Beziehungen untereinander. Darüber hinaus wird Verschleppung, Folter und Vergewaltigung von Frauen seit Jahrhunderten als Kriegswaffe eingesetzt. Die Folge sind „verlorene Generationen“ ohne Hoffnung, Frauen und Kinder in zerstörten Häusern, hinter Stacheldraht, in Armut und in Angst.

Friedenskette rings um Hanau 1983

Solche Gründe motivierten zahlreiche Frauen in den Jahren 1980 bis 1985 zur Beteiligung an den großen Friedensdemonstrationen in Deutschland. Damals gab es viele Aktionen, Bürgerproteste und Veranstaltungen der Friedensbewegung. Anlässe waren die Antikriegstage am 1. September, die Ostermärsche, die Stationierungsdebatte um die Nato-Nachrüstung, der Internationale Frauentag am 8. März oder der Tag der Arbeit am 1. Mai.

Auch im Main-Kinzig-Kreis wurden zahlreiche Aktivitäten organisiert, die stets auf ein lebhaftes Echo in der Öffentlichkeit stießen. Initiatoren waren in der Regel die Friedensinitiativen, der DGB und seine Mitgliedsgewerkschaften, die Frauengruppen, die Kirchen und weitere Organisationen.

Frauen begehren auf

Überall beteiligten sich viele Frauen: Jüngere, Ältere, Hausfrauen, Mütter, Berufstätige und Rentnerinnen. Sie wollten auf die tödlichen Auswirkungen der gesamten Kriegs- und Rüstungsmaschinerie als männerdominierte Entwicklung hinweisen und solche Fehler vermeiden. Die Initiative zum Protest ist daher in starkem Maße gerade von Frauen ausgegangen.

Besonders die Älteren konnten deutlich vermitteln, wohin Aufrüstung und Rüstungsexport führt, hatten sie doch noch deutliche Erinnerungen an den Zweiten Weltkrieg und seine zerstörerischen Folgen, beispielsweise auch für Hanau im März 1945. Die Frauen begehrten gegen den Wahnsinn des Wettrüstens und gegen die ihnen zugedachte Opferrolle auf und forderten die Ehrfurcht vor dem Leben ein.

Der gesamte Friedensbegriff ist insbesondere von den auch in der Frauenbewegung aktiven Frauen nie losgelöst von ihrer weiblichen Situation gesehen worden. Die Verhältnisse in unserer Gesellschaft sind nach wie vor frauenfeindlich. Der Begriff von „offener und struktureller Gewalt gegen Frauen", der Kampf für das Selbstbestimmungsrecht der Frauen hatten hohe Aktualität und machten gleichsam auf unfriedliche Verhältnisse auch bei „Abwesenheit von Krieg" aufmerksam.

1985 wurden auf der 3. Weltfrauenkonferenz in Nairobi folgende Zahlen veröffentlicht: „Frauen verrichten weltweit zwei Drittel der Arbeit, erhalten dafür nur ein Zehntel des Welteinkommens und besitzen lediglich ein Prozent des Weltvermögens. In Politik und Wirtschaft sind weniger als 4 Prozent aller Entscheidungsfunktionen mit Frauen besetzt. Und weltweit haben nur ein Drittel aller Frauen Zugang zu empfängnisverhütenden Mitteln."

Auch heute, 50 Jahre nach dem Ende des Zweiten Weltkrieges, bildet Gewalt gegen und über Frauen in all ihren Erscheinungsformen das Fundament jeder Gesellschaft, unabhängig von ihrer politischen und wirtschaftlichen Ausrichtung. Ist das Frieden?

(md)

„Emanzipation mißbraucht"

Gewerkschafterinnen gegen Frauen in der Bundeswehr

Es war eine stürmische Welle entschiedenen Engagements, die in den 80er Jahren Männer und Frauen in den Gewerkschaften erfaßte. Angesichts der sogenannten „Nachrüstungspläne" der Bundesregierung und der NATO, aber auch erheblichen Drucks aus den USA und deren ungeheuerlichen Planspielen gerade vor der Haustür des Main-Kinzig-Kreises (FULDA-GAP), schlossen sich viele Gewerkschafterinnen den Friedensinitiativen im Main-Kinzig-Kreis an und organisierten auch eigene Veranstaltungen.

Ein Beispiel bietet der Frauenausschuß der IG-Metall. Die Metallerinnen griffen mit einem Flugblatt 1983 eine aktuelle Diskussion in den Medien auf: Gleichberechtigung für Frauen durch Aufnahme in die Bundeswehr?

„Wir können in der personellen Verstärkung der Bundeswehr durch Einbeziehung der Frauen keinen Beitrag zur politischen Entspannung und zu Abrüstungsbemühungen sehen, wir brauchen keine Frauen als industrielle oder militärische Reservearmee. Militärdienst für Frauen ändert nichts an deren finanziellen, sozialen und bildungsmäßigen Benachteiligungen, er öffnet vielmehr ein weiteres Feld, auf dem sie die unterbezahlten, unqualifizierten Tätigkeiten ausüben sollen. Man will die Frau mit der Behauptung gewinnen, militärischer Frauendienst sei ein Schritt zur Gleichberechtigung. Wir widersprechen: Hier wird unser Emanzipationsstreben mißbraucht. Die Vorstellung, durch Wehrdienst erhielten Frauen Zugang zu einem wichtigen, bisher den Männern vorbehaltenen Machtbereich und mehr Einfluß, ist eine Täuschung. Niemand wird zum Militär eingezogen, damit er dort politische Entscheidungen treffen kann, sondern damit er gehorcht und sich anpaßt." Auch die Bestrebungen, Frauen auf freiwilliger Basis einzubeziehen, wurde von den Gewerkschafterinnen abgelehnt. Hier solle nur die derzeitige Berufsnot der Frauen ausgenutzt werden, erklärten sie.

Lieber Sozialpolitik

„Wir fordern stattdessen die Gewährleistung der sozialen Dienste durch den Ausbau von Arbeitsplätzen im privaten und öffentlichen Bereich, damit eine zunehmende Konkurrenz zwischen Zivildienstleistenden und Arbeitnehmern gemindert wird", erklärten die Metallerinnen. „Nicht der Dienst an der Waffe kann die Situation verbessern, sondern nur der Ausbau der sozialen Infra-Struktur; also Ganztagsschulen, Kindertagesstätten, familiengerechte Wohnungen, besserer öffentlicher Nahverkehr, eigenständige soziale Sicherung für Frauen, politische Mitverantwortung bei der Gestaltung unserer Zukunft können Sinn haben. Jede Absicht, militärischen Frauendienst einzuführen, findet unseren entschiedenen Protest".

(wr)

Ökologie, Streik oder Kinder

Am Frauenstammtisch wurden politische, betriebliche und private Probleme diskutiert

Im Jahr 1988 initiierte die damals für die DGB-Frauenarbeit im Main-Kinzig-Kreis zuständige Kollegin Doris Wege einen gewerkschaftlichen Frauenstammtisch in Gelnhausen und in Schlüchtern.

Die Frauen aus dem Altkreis Gelnhausen, überwiegend in der IG Chemie-Papier-Keramik organisiert, beschäftigten sich in mehreren Treffs zum Beispiel mit der Problematik „Pille und Pulle sind keine Problemlöser – Alkohol am Arbeitsplatz" sowie mit dem Dauerbrenner „gleicher Lohn für gleiche Arbeit". Auch wurden die Kolleginnen vom Frauenbüro, das damals erstmalig im Main-Kinzig-Kreis eingerichtet worden war, eingeladen, um ihr Konzept vorzustellen. Die Palette der gemeinsamen Themen war groß.

Rot-grüne Neuerungen

Dabei ging es nicht nur um frauenspezifische Probleme. In Schlüchtern wurden mit dem Energieberater des Main-Kinzig-Kreises, der ebenfalls seine Arbeit frisch aufgenommen hatte, engagierte ökologische Debatten geführt. Beide Einrichtungen waren Ergebnis der ersten rot-grünen Zusammenarbeit im Kreis. Die Gewerkschaftsfrauen hatten sich damals vehement für einen Regierungswechsel im Kreis eingesetzt und wollten sogleich feststellen, was frau mit den neuen Einrichtungen anfangen kann.

Die Gewerkschaftsfrauen aus dem Altkreis Schlüchtern, zumeist in der Gewerkschaft Holz und Kunststoff oder Metall organisiert, beteiligten sich an den Aktionen gegen die Neo-Nazis oder versuchten damals schon, negative Strukturen im Gesundheitswesen zu bekämpfen. Mit der Art und Weise, in der die Anerkennung der Erziehungszeiten geregelt werden sollte, waren sie nicht einverstanden. Erwerbstätige und Nichterwerbstätige sollten die Erstattung aus der Rentenkasse bekommen. Dies führte zu einer Benachteiligung der erwerbstätigen Frauen, so die Gewerkschafterinnen: „Kindererziehung ist eine gesamtgesellschaftliche Aufgabe und deshalb nicht nur aus den Beiträgen der erwerbstätigen Angestellten und Arbeiter zu zahlen."

Pro Familia unterstützen

Pro Familia in Schlüchtern zu unterstützen und die erwünschte Streichung des § 218, waren weitere wichtige Arbeitsfelder. Viele Frauen aus Bayern nutzten die Möglichkeit, sich von Pro Familia in Hessen beraten zu lassen, hieß es.

Die Beteiligung an der Ausstellung „100 Jahre Frauenleben im Main-Kinzig-Kreis" war ebenfalls ein Höhepunkt der gewerkschaftlichen Arbeit. Neben den politischen Themen spielten selbstverständlich auch die betrieblichen eine große Rolle. Wichtig war, daß frau auch ihre persönlichen Schwierigkeiten mit in die Runde einbringen konnte. Die meisten mußten Betrieb, betriebliche Funktion, Haushalt, Kinder, Männer und manchmal noch Eltern organisieren, um sich abends treffen zu können. In ländlichen Strukturen ist diese Koordination noch schwieriger als in städtischen, erklärten die Gewerkschafterinnen. *(dw)*

Zwei Jahre DGB-Frauenstammtisch

Der DGB-Frauenstammtisch Hanau existierte nur etwa zwei Jahre, aber in dieser Zeit traf sich jeden zweiten Freitag um 19.30 Uhr eine lebendige Gruppe engagierter Frauen. "Wir haben über alles geredet, was gerade anstand, über Frauenthemen ebenso wie über aktuelle tagespolitische Fragen. Das waren dieselben Themen, die heute auch noch anstehen", berichtet Helga Seipel-Schneider. Anders als in der Ausschußarbeit konnte hier jede kommen, die Lust dazu hatte oder Fragen. Die Frauen waren nicht gewählt und mußten sich an keine Tagesordnung halten. *(ah)*

Schuften für Hungerlöhne

Erfolge bei Arbeitsbedingungen für die Putzfrauen bröckeln ab

Als eine üble Grauzone des Arbeitsmarktes, in der geschickte Geschäftsleute Millionen verdienen, die Arbeitskräfte aber nur mühsam überleben konnten, wurde ab Anfang der 80er Jahre im Main-Kinzig-Kreis das Reinigungsgewerbe von Frauen in den Gewerkschaften und der SPD an den Pranger gestellt.

Vor allem wurden erstmals durch Recherchen, Interviews, Veröffentlichungen und energisches Engagement von Personalrätinnen die unwürdigen Arbeitsbedingungen der Putzfrauen bekannt gemacht. Bei ständig größer werdenden Anforderungen (200 qm Reinigungsfläche pro Stunde) hatten sie keinerlei soziale Absicherung, keinen Anspruch auf Urlaub oder Krankengeld, keinen Anspruch auf Rente. Sie waren überwiegend von Stunde zu Stunde kündbar. Mühselig, monoton, schmutzig ist die Arbeit im Reinigungsgewerbe, das seine stolzen Gewinne immer auf dem Rücken von „Ungelernten", Ausländerinnen, alleinstehenden alten Frauen mit Mini-Rente und anderen Frauen in Notlagen einstreichen konnte. Dabei handelte es sich um Frauen, die keine Lobby hatten und selten gewerkschaftlich organisiert waren und sind. Frauen in der ÖTV, hier sei stellvertretend Änne Schühle vom Personalrat der Stadtverwaltung Hanau genannt, in der SPD, und auch einige Männer in der SPD-Kreistagsfraktion und in der Gewerkschaft Bau-Steine-Erden (Walter Heun), die damalige Hessische Frauenbeauftragte Dr. Vera Rüdiger und viele Einzelpersönlichkeiten bei der Stadt Hanau und in der Verwaltung des Main-Kinzig-Kreises zeigten sich den Argumenten der für die Reinigungsfrauen eintretenden Lobbyistinnen aufgeschlossen.

Rechtlos und ausgebeutet

Als die Hanauer FR-Redakteurin und Gewerkschafterin Ilse Werder am 30. Oktober 1986 auf einer Sonderseite der Frankfurter Rundschau an Hand vieler konkreter Beispiele die Lage der Frauen im Reinigungsgewerbe des Main-Kinzig-Kreises schilderte, brach allmählich das Eis: Die beiden größten Verwaltungen in der Region, die Stadt Hanau und der Main-Kinzig-Kreis, beschäftigten (wie bereits das Arbeitsamt) entweder nur fest angestellte Reinigungskräfte oder schlossen mit den Reinigungsfirmen nur noch solche Verträge ab, die eine rechtliche und soziale Absicherung der beschäftigten Frauen garantierten.

Freilich, unter geordneten Arbeitsbedingungen wurde die Reinigung in öffentlichen Gebäuden teurer. Der Gewerkschaftsslogan: „Wer Sauberkeit schafft, kann auch saubere Arbeitsbedingungen verlangen", hatte immerhin für die öffentliche Hand Wirkung gezeigt.

Heute, zehn Jahre nach der großen gemeinsamen und erfolgreichen Anstrengung im Main-Kinzig-Kreis, bröckelt das Erreichte an vielen Stellen ab. Angesichts leerer öffentlicher Kassen fallen den Politikern bei den Schwächsten wieder die Vorteile „marktwirtschaftlicher" Prinzipien ein, in der sogenannnten „freien Wirtschaft" sind die Putzfrauen wieder vollends zur billigen, rechtlosen, leicht verfügbaren und stummen Ware geworden.

(wr)

Rote Raupen und Pyramiden

Vor allem die Mädchen trieben die Arbeit der DGB-Jugend in den Jahren 1980-1985 voran

Infostand der Metallerinnen am 01. 10. 1988 vor dem Hanauer Rathaus

Diese besonders aktiven Jahre der DGB-Jugend im Main-Kinzig-Kreis waren von so vielen einfallsreichen Aktionen und so viel munterem Engagement gerade der Mädchen und Frauen geprägt, daß sie in diesem Buch beispielhaft benannt werden sollten. Und weil die angegangenen Probleme teilweise noch bestehen oder, wie etwa der Lehrstellenmangel, sich verschärft haben, dürften junge Gewerkschafterinnen und Gewerkschafter vielleicht auch Anregungen für eigene Initiativen darin finden.

Handelndes Organ war der Kreisjugendausschuß, ein Gremium, das jährlich von jugendlichen Delegierten der Einzelgewerkschaften gewählt wird. Doris Werder, ab 1980 Mitglied im Jugendausschuß, von 1982 bis 1985 dessen Vorsitzende, Jugendvertreterin bei Honeywell Maintal und Mitglied im Ortsjugendausschuß der IG-Metall, berichtet: „Schwerpunkt unserer Arbeit war die zunehmende Jugendarbeitslosigkeit, der Kampf um ein Lehrstellengesetz und ein Jugendarbeitsschutzgesetz.

Betriebe mobilisiert

Von existentieller Bedeutung war für uns ferner die intensive Beteiligung an allen Formen der Friedensarbeit, angesichts der forcierten Nato-Nachrüstung. Am 10. Oktober 1981 waren wir bei der großen Friedens-Demo in Bonn dabei, obwohl auch innerhalb des DGB Auseinandersetzungen darüber stattfanden, ob der DGB sich dieser Bewegung anschließen soll. Wir waren immer dabei und haben Leute aus den Betrieben mobilisiert. Wir haben ein örtliches Komitee der Jugendorganisationen aus politischen, kirchlichen und Freizeitverbänden gegründet, und wir haben den damals eingeschlafenen Stadt- und Kreisjugendring wiederbelebt. Ich war für die DGB-Jugend dabei. Gemeinsam haben wir dort die Forderungen nach Ausbildungsplätzen vertreten.

Bei den Veranstaltungen zum 1. Mai haben wir immer eigene Beiträge gebracht. Zum Beispiel haben wir im Garten des Olof-Palme-Hauses vorgeführt, wie man Siebdruck macht und dann Halstücher und T-Shirts verkauft. Ich habe als Vertreterin der Jugend zum 1. Mai gesprochen und sehr nachdrücklich unsere Forderung nach mehr Lehrstellen begründet.

Für ein Lehrstellengesetz

Ich bin selbst in einem sogenannten 'Männerberuf' ausgebildet (Nachrichtengerätemechanikerin und Feingeräteelektronikerin) und habe mit meinen Kolleginnen Aktionen zum Thema 'Mädchen in Männerberufen' gemacht."

Was seit zwei Jahren wieder aktuell im Gespräch ist, eine Lehrstellenabgabe für die Betriebe, die nicht ausbilden, hat die DGB-Jugend Anfang der 80er Jahre bereits mit Vehemenz und Lautstärke gefordert. „Sehr oft standen wir in Hanau in der Fußgängerzone oder auf dem Marktplatz und sammelten Unterschriften für ein Lehrstellengesetz. Bei den meisten Bürgern kam unsere Forderung gut an, sie bestätigten ihre Zustimmung mit ihrer Unterschrift. Oft kombinierten wir die Unterschriftensammlung mit wirksamen Aktionen wie Auftritten unserer Songgruppe oder Infoständen. Einmal haben wir das Brüder-Grimm-Denkmal auf dem Marktplatz in Papier eingewickelt, und als sich viele Leute staunend versammelt hatten, kündigte ein Herold mit Trompete von der Not der Lehrstellensuchenden.

Bekannt und berühmt war in Hanau unsere unübersehbare Menschenpyramide in der Fußgängerzone, mit der wir auf beinahe artistische Weise auf uns und unsere Forderungen aufmerksam machten, um die Diskussion in der Fußgängerzone anzuregen. Wir haben auch Podiumsdiskussionen mit Vertretern der Parteien und der Wirtschaft veranstaltet und einmal auch vor dem Parteigebäude der CDU in Hanau demonstriert."

Fernseh-Diskussion

Gern erinnern sich die Teilnehmer aus dem Hanauer Raum noch an den „Tag der Jugend" im Garten der Villa Hammerschmidt in Bonn, als die Hanauer Gruppe den Bundespräsidenten mittels einer roten Raupe aus vielen Menschenleibern auf ihre Lehrstellenforderungen aufmerksam machten.

Anschließend wurden Doris Werder und Jens Krössin vom ZDF zu einer Life-Fernsehdiskussion mit Bundespräsident von Weizsäcker eingeladen, in der sie ihre Forderungen vortragen konnten.

Auf Freizeitveranstaltungen, Rockkonzerten mit den Rodgau-Monotons oder Lehranfängerfeten, sollten mehr Jugendliche über die gewerkschaftliche Jugendarbeit informiert werden. Aktionen gegen die Verschlechterung des Jugendarbeitsschutzgesetzes (zum Beispiel Presse-Konferenz um vier Uhr morgens, um zu demonstrieren, daß Jugendliche schon um diese Zeit im Bäckerhandwerk arbeiten müssen) gehörten ebenfalls dazu.

Bei allen großen Friedens-Demonstrationen in diesen lebhaften Jahren war die DGB-Jugend dabei. Nicht nur, daß die Aktiven mitfuhren, wird berichtet, „wir forderten unsere Auszubildenden in den Betrieben zum Mitfahren auf".

Als 1984 der große, sechseinhalbwöchige Streik für die 35-Stundenwoche tobte, zogen die Mitglieder des Kreisjugendausschusses von Betrieb zu Betrieb, besuchten die Streikenden vor den Werkstoren und bestärkten sie.

Doris Werder: „Bei allen Aktionen kam es mir darauf an, daß möglichst viele betroffene Jugendliche einbezogen werden und – das war ganz wichtig – daß alle Aktionen auch Spaß machten. Also, lieber etwas machen, was auffällt und zu lebhafter Diskussion anregt, als ein einfacher Infostand." Immer waren Jugendliche aus dem DGB-Kreis-Main-Kinzig bei den Landesjugendtagen mit Zeltlager und Workshops dabei. „Wir haben alle Aktionen der DGB-Jugend Hessen mitgemacht." In einem längeren Gespräch im Hessischen Rundfunk informierte Doris Werder über die Sorgen und Probleme junger Arbeitnehmer und die Hintergründe ihrer Beschlüsse. Doris, auch Mitglied des Betriebsrates bei Honeywell und im Frauenausschuß der IG-Metall mitwirkend, nennt stellvertretend für alle, die damals mit so viel Spaß mitgemacht haben, Conny Gasche und unter den Kollegen Ferdi Hareter und Hajo Rübsam.

(wr)

„Als Mama Elvis küßte oder der Sturz vom Nierentisch"

Bildungs- und Kulturarbeit in Bad Orb, die Spaß machte

Rückblicke können verräterisch sein, zu ganz neuen Einsichten führen oder einfach Spaß machen, wie der 97er Frauentag in Bad Orb mit dem Frauenkabarett unter dem provozierenden Titel: „Als Mama Elvis küßte oder der Sturz vom Nierentisch". Über die unsäglichen fünfziger Jahre hörte man mordsfreche Töne, wie an vielen Frauentagen, bei denen es zur Sache ging.

Internationaler Frauentag, Frauenabende, Ausstellungen, Seminare: die IG-Metall-Bildungsstätte in Bad Orb machte trotz männlichem Übergewicht mit ungewöhnlichen Aktionen häufig von sich reden. Zum Beispiel 1996 mit der One-Women-Show der Kabarettistin Elisabeth Möller: „Wenn das lila Luder tobt ...". Oder 1995 mit der Frauen-Theatergruppe „DIEWAS" und ihrem Stück „Nicht ohne meine Schwester", das die Brüche zwischen Hausfrauen und Karrierefrauen, ihre Alltags-, Traum- und Zukunftssituationen bloßlegte.

„Rettet die Männchen!"

1994, als bundesweiter Protesttag unter dem Motto „Uns reichts!" konzipiert, hatten sich die 32 Frauen unter den 46 Mitarbeitern der Bildungsstätte auf einen tiefen Blick ins eigene Haus geeinigt, auch einmal die „unsichtbaren" Arbeitsplätze zum Beispiel in der Waschküche oder im Reinigungsdienst angeschaut und diese Arbeit sichtbar gemacht. Eine Fotoausstellung und ein gemeinsames Frühstück mit Musik stellte die Frauenarbeit in der Bildungsstätte vor. Daneben gab es aber auch wieder ein freches Musikkabarett unter dem Titel: „Rettet die Männchen!"

1991, '92 und '93 wurde auf Initiative der Frauen die Einführung eines regelmäßigen Frauenabends praktiziert, der als Gesprächskreis Gelegenheit zum Erfahrungsaustausch über die Situation am Arbeitsplatz, in der Familie und innerhalb der gewerkschaftlichen Interessenvertretung dienen sollte.

Gerade weil nur relativ wenig Betriebsrätinnen und Vertrauensfrauen an den Seminaren in der Bildungsstätte teilnehmen können, sollten sie Gelegenheit haben, über die besonderen Bedingungen zu sprechen, unter denen sie in einer männerdominierten Welt am Arbeitsplatz und in ihrer Gewerkschaft ihre Arbeit machen. Dies wurde um so wichtiger empfunden, seitdem reine Frauen-Seminare nicht mehr angeboten wurden. Aber auch die anfänglich hoffnungsvoll begonnen Frauenabende verschwanden nach und nach mangels Zuspruch aus dem Programm. Inzwischen gibt es nur noch das von den weiblichen Mitarbeitern organisierte alljährliche Frauentagscafé am 8. März.

Frauengeschichten

Mehrere Frauen-Aktivitäten in der IG-Metall-Bildungsstätte Bad Orb sind besonders erwähnenswert: eine Ausstellung über Nazi-Terror aus dem Blickwinkel verfolgter Frauen mit dem Titel „Schwestern, vergeßt uns nicht" (1995); der „Frauenstreiktag" (1994); der Themenabend „Die Armut ist weiblich" (1993); das Frauentheater über „Geile Blicke – was Frau nicht will, was Mann ihr tut" (1992) oder zum Antikriegstag 1994 „Hoch-Zeiten der Gewalt – Frauen im Krieg". Ein „Orber Gespräch" behandelte das Thema „Eingruppierung unter der Lupe" (1988), und schließlich wurde eine Karikaturen-Wand zu den Themen „Sexuelle Belästigung", „Gleicher Lohn für gleiche Arbeit", „Jobs für Frauen", „Doppelbelastung" und vieles mehr von den Kolleginnen der Bildungsstätte erstellt.

Mit einer 90-Seiten starken, bebilderten Dokumentation, erstellt von zehn Kolleginnen aus der Region, wurden zum Frauentag 1987 „Frauengeschichten" veröffentlicht, die zuvor bei einer sehr lebendigen und abwechslungsreich inszenierten Darstellung in der Bildungsstätte gespielt worden waren. Zehn Frauenleben von George Sand bis Elisabeth Selbert vermittelten einen sehr direkten und unmittelbaren Eindruck vom Leben und Mühen der Vorkämpferinnen um gleiche Rechte. Dies Projekt bewies aber auch, daß es möglich ist, Bildungs- und Kulturarbeit auf unterhaltsame Weise zu vermitteln, die Auseinandersetzung mit der Geschichte zu führen und zu zeigen, welche bedeutenden Leistungen mit den Namen dieser Frauen verbunden sind. *(wr)*

Teilzeitarbeit und sexuelle Belästigung

Frauenthemen in der ÖTV zwischen 1987 und 1991

40 Jahre Engagement von Frauen im Öffentlichen Dienst von Käthe Leininger (1947) bis heute haben bescheidene Erfolge gebracht. Es gab eine zunehmende Bereitschaft zur Mitarbeit und ein geschärftes Bewußtsein für die Problematik der Frauenrolle in öffentlichen Institutionen, aber auch Enttäuschungen.

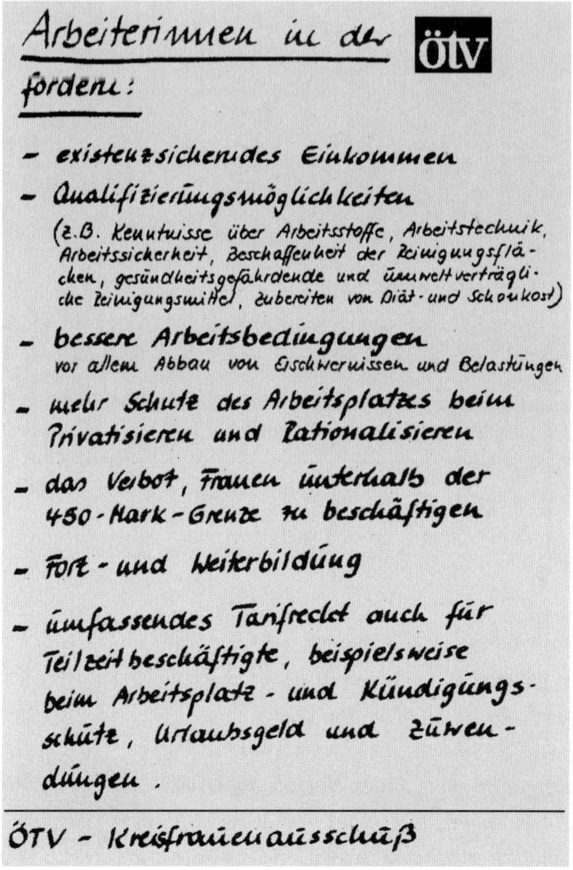

Arbeiterinnen in der ÖTV fordern:

- existenzsicherndes Einkommen
- Qualifizierungsmöglichkeiten (z.B. Kenntnisse über Arbeitsstoffe, Arbeitstechnik, Arbeitssicherheit, Beschaffenheit der Reinigungsflächen, gesundheitsgefährdende und umweltverträgliche Reinigungsmittel, Zubereiten von Diät- und Schonkost)
- bessere Arbeitsbedingungen vor allem Abbau von Erschwernissen und Belastungen
- mehr Schutz des Arbeitsplatzes beim Privatisieren und Rationalisieren
- das Verbot, Frauen unterhalb der 450-Mark-Grenze zu beschäftigen
- Fort- und Weiterbildung
- umfassendes Tarifrecht auch für Teilzeitbeschäftigte, beispielsweise beim Arbeitsplatz- und Kündigungsschutz, Urlaubsgeld und Zuwendungen.

ÖTV – Kreisfrauenausschuß

Was im Vierjahresbericht 1987 bis 1991 an Situationsbeschreibungen, Aktivitäten und Forderungen Ausdruck findet, fußt auf den Erfahrungen und Erkenntnissen von vier Jahrzehnten zunächst sehr höflicher und moderater Bemühungen um Wahrung der Fraueninteressen im Öffentlichen Dienst, der immerhin von rund 70 Prozent Frauen geleistet wird. Daß an der Spitze der öffentlichen Verwaltungen nach wie vor Männer sitzen, von ein paar wenigen eher exotischen Ausnahmen abgesehen, erhellt die Lage.

Der nüchterne Bericht: Der Kreisfrauenausschuß hat sich einmal monatlich getroffen, außerhalb der Arbeitszeit, oft haben auch Kolleginnen teilgenommen, die keine Ausschußmitglieder waren. In der Berichtszeit wurden mit aktuellen Schwerpunktthemen drei Tagesseminare und ein Wochenendseminar veranstaltet. Schwerpunktthemen waren die Wochenarbeitszeitverkürzung, die Teilzeitarbeit, die Frauenförderpläne, die Fotoausstellung „Frauenbilder" und sexuelle Belästigung am Arbeitsplatz.

In Brachtal ging es bei einem Wochenendseminar um die Tarifverhandlungen 1987/88, die Einführung der 35-Stundenwoche und die Frage, was bringt diese Verkürzung für Frauen und wie ist sie am sinnvollsten durchzusetzen. Arbeitszeitverkürzung als Forderung – auch zur besseren Vereinbarung von Familie und Beruf – motivierte schließlich viele Kolleginnen zur aktiven Beteiligung an allen Aktionen im Rahmen der Tarifauseinandersetzungen. Auf heftige Kritik der Frauen stieß allerdings wenig später die Umsetzung der erreichten Arbeitszeitverkürzung in den Verwaltungen und Betrieben. „Bis auf wenige Ausnahmen wurde die erreichte Verkürzung dann von den Arbeitgebern ohne jeglichen Personalausgleich umgesetzt. Unser Verzicht auf höhere Löhne wurde damit ad absurdum geführt", erklärten die ÖTV-Frauen.

Anspruch auf Vollzeit-Job

Zum Entwurf eines Teilzeit-Tarifvertrages mit dem Land Hessen erklärte der ÖTV-Frauenausschuß, daß er unverzichtbar beinhalten müsse, daß ein Anspruch auf einen Vollzeitarbeitsplatz bestehen bleiben müsse, daß Teilzeit unter 18 Stunden auszuschließen sei, ebenfalls Arbeit auf Abruf und Jobsharing. Schließlich erklärten die ÖTV-Frauen: „Teilzeitarbeit ist heute für Millionen Frauen die einzige Möglichkeit zur Teilnahme am Berufsleben. Sie muß daher möglich und diskriminierungsfrei gestaltet sein. Jedoch erst ein ausreichendes Angebot an gut ausgestatteten Kinderkrippen, Tagesstätten und Ganztagsschulen, die gerechte und partnerschaftliche Teilung der Haus- und Familienarbeit zwischen Mann und Frau sowie ein ausreichendes Angebot an Vollzeitarbeitsplätzen mit familienfreundlichen Arbeitsbedingungen bringen den Beweis für die vielzitierte angebliche Freiwilligkeit dieser Teilzeitarbeit."

Über den gesamten Berichtszeitraum befaßten sich die Ausschußmitglieder mit den Inhalten der gewünschten „Frauenförderpläne", auch unter Teilnahme der Bezirksfrauensekretärin Renate Krauß-Pötz und der Maintaler Frauenbeauftragten Katharina Gröning. Anneli Hölzinger berichtete über die Behandlung des Themas im Gesamtpersonalrat der Stadt Hanau, später – nach Verabschiedung der Pläne – wurden die Schwierigkeiten in der praktischen Durchführung beraten.

Im September 1988 beteiligten sich die Ausschußmitglieder an einem Seminar des Arbeiterausschusses, bei dem es um die Förderpläne für die Arbeiterinnen ging. In einem gemeinsamen Papier wurden die Beseitigung der Benachteiligungen für Arbeitnehmerinnen in den niedrigen Einkommensgruppen gefordert und dazu Vorschläge gemacht.

Vom 3. bis 13. Juni 1989 zeigte der ÖTV-Frauenausschuß eine vielbeachtete Ausstellung „Frauenbilder" im Hanauer Rathaus-Foyer, die über 1.000 Besucherinnen hatte. Als Begleitveranstaltungen liefen zwei Filmabende im Olof-Palme-Haus.

Ein Schwerpunktthema der ÖTV-Frauen war die sexuelle Belästigung von Frauen am Arbeitsplatz. Gemeinsam wurde herausgearbeitet:

„Was ist sexuelle Belästigung, welches sind die Ursachen, was können wir tun, um auf die Problematik hinzuweisen, welche Informationen müssen wir dazu weitervermitteln." Schließlich erarbeiteten die ÖTV-Frauen einen Fragebogen für die Betriebs- und Personalräte, um festzustellen, wer bereits mit diesem Problem zu tun hatte. Der schleppende oder ganz unterbliebene Rücklauf ließ erkennen, daß das Thema bisher weitgehend verdrängt wurde, obwohl die Belästigung stattfindet. Aber deutlich wurde auch, daß viele Frauen aus Angst vor Repressalien schweigen. Dieses Schweigen müssen wir brechen, wir müssen Frauen in die Lage versetzen, sich zu wehren", erklärten die Frauen des Ausschusses.

Der ÖTV-Frauenausschuß

Für die Arbeit des ÖTV-Frauenausschusses waren in den Jahren 1987 bis 1991 verantwortlich:

Birgit Leinweber als Vorsitzende, Helga Vollack als Stellvertreterin, Anni Roßmann als weitere Stellvertreterin und Mitglied im Bezirksfrauenausschuß.

In den Bezirksfrauenausschuß als Vertreterin wurden Marianne Wurster delegiert, in den Kreisarbeiterausschuß Anni Roßmann und Jaqueline Rumpf, in den Angestellten-Ausschuß Cornelia Strauch, im DGB-Kreisfrauenausschuß waren Gisela Tessmann und Margret Reinhold vertreten.

(wr)

ÖTV-Aktive 1994 (v. r.): Irene Metzler-Reich, Jaqueline Rumpf, Anni Roßmann, Gisela Tessmann, Margret Reinhold

DIE 90ER JAHRE

Vom Aufbruch zum Sozialabbau

Frauen treffen die Rückschritte der 90er Jahre am härtesten

Der Anfang der 90er Jahre stand ganz im Zeichen der Wiedervereinigung. Der Vereinigungsvertrag wurde 1991 unterzeichnet. Die tiefgreifenden Veränderungen der wirtschaftlichen, sozialen und politischen Verhältnisse, Spekulantentum und Massenarbeitslosigkeit führten trotz Milliardensubventionen zu Unzufriedenheit. Besonders die durchweg gut ausgebildeten Frauen sind von Arbeitslosigkeit betroffen.

Im Sommer 1993 kommt es zu einer Änderung des Artikels 16 des Grundgesetzes. Das Asylrecht wird eingeschränkt. Die Ausführungbestimmungen werden immer enger gefaßt. Seit Beginn der 90er hatte es vermehrt rassistische Angriffe und Überfälle auf ausländische Menschen gegeben. Bei Brandstiftungen mit rassistischem Hintergrund waren in Solingen und Mölln mehrere Menschen ums Leben gekommen. Die Bundesregierung setzt den begonnenen Sozialabbau über verschiedene Stufen einer sogenannten „Gesundheitsreform" fort. Hart erkämpfte Rechte wie die 100-prozentige Lohnfortzahlung im Krankheitsfall werden aufgeweicht, die Arbeitslosenzahlen steigen auf über 4,5 Millionen, darunter 49 Prozent Frauen. *(ah)*

Der Wind weht wieder schärfer – „Rollback der Frauenpolitik"

Mit den immer schwieriger werdenden Rahmenbedingungen in Wirtschaft und Gesellschaft wurde auch die Arbeit der Gewerkschaftsfrauen schwieriger. Für Außenstehende, die die rund 50-jährige Geschichte gewerkschaftlicher Frauenpolitik vom Ende der 90er Jahre aus überblicken, ist es kaum verständlich, wenn die DGB-Landesfrauensekretärin ihrem Geschäftsbericht 1993 bis 1996 die Feststellung voranstellen muß, daß es „nicht einfacher" geworden sei, „die Notwendigkeit einer gezielten Frauen- und Gleichstellungspolitik sowohl Männern als auch Frauen immer plausibel zu machen". *(DGB-Landesbezirk Hessen, Abt. Frauen, Geschäftsbericht 1993 bis 1996, S. 1)*

Als „Rollback" der Frauenpolitik bezeichnet es Marita Eilrich, daß „Wir (...) fälschlicherweise davon ausgegangen (sind), daß diese Gesellschaft und ihre (meist männlichen) Repräsentanten und Entscheidungsträger es mit ihrer Gleichstellungspolitik tatsächlich ernst gemeint haben. Jetzt, in Zeiten der Rezession, zeigt sich jedoch, daß das Ganze wohl mehr oder weniger eine Schönwetter-Veranstaltung war. Der Trend, Frauen vom Arbeitsmarkt zurück an den heimischen Herd zu drängen, sei dafür nur stellvertretend genannt." *(ebd.)*

Und im Geschäftsbericht 1989 bis 1992 wurde tatsächlich wieder – wie schon einmal in den 60er Jahren – die Diskussion eröffnet „Zur Zukunft der gewerkschaftlichen Frauenarbeit – oder 'Jenseits der Beschlußlage?'", wobei darin deutlich wird, daß es wieder einmal an der Zeit sei, daß sich die gewerkschaftliche Frauenarbeit mutig selbst erneuert, Mut zum Umdenken aufbringt und „vor allen Dingen gewerkschaftliche Frauenarbeit ernst nehmen" muß. *(DGB-Landesbezirk Hessen, Abteilung Frauen, Geschäftsbericht 1989 bis 1992, S. 80 ff)*

Die Themen der 90er

Es sind viele Themen geblieben – wie schon die vielen Jahre zuvor: § 218, Kinderbetreuung, Frauenförderung – auch in der Privatwirtschaft, sexuelle Belästigung am Arbeitsplatz. Doch auch in den 90ern bestimmen politische und gesellschaftliche Entwicklungen die gewerkschaftliche Frauenarbeit. Das neue Feld, das beschritten werden mußte, ist die Wirtschafts- und Strukturpolitik im Sinne der Frauenförderung.

Mit der Beteiligung an dem Projekt „Modellvorhaben zur Verbesserung der Beschäftigungschancen für Un- und Angelernte in der Automobil- und Automobilzulieferindustrie im ländlichen Raum – unter besonderer Berücksichtigung der Frauen" (in Nordhessen), das aus einem Werkstattgespräch im Rahmen der DGB-Frauenoffensive „Frau geht vor" im Januar 1993 in Kassel heraus entstanden war, betraten die DGB-Frauen in Hessen erstmals ein bis dahin männerdominiertes Gebiet im Bereich der regionalen Strukturpolitik. DGB-Landesfrauensekretärin Marita Eilrich saß im Projektbeirat und schilderte in einem Interview das Neue an diesem Projekt: „Der neue Politikschwerpunkt verbunden mit der DGB-Frauenoffensive „Frau geht vor" ist die Wirtschafts- und Strukturförderung unter dem Aspekt der Frauenförderung. Damit beackern wir als Gewerkschaftsfrauen erstmals ein sogenanntes hartes Politikfeld, das wir bisher den Männern überlassen haben. Bislang war es ja so, daß in der Region, in der Arbeitsplätze zur Disposition standen, zunächst geschaut wurde, was nützt in dieser Situation dem Betrieb, und was nützt den dort beschäftigten Männern? Und genau mit dieser z.T. auch selbstgesetzten Beschränkung wollen wir aufhören. Wir müssen uns einmischen und dürfen uns aus dieser Entwicklung hin zu zukunftsträchtigen Beschäftigungsmöglichkeiten nicht ausgrenzen lassen. Das Neue liegt auch darin, daß wir versuchen wollen, das, was an arbeitsmarktpolitischen, an regional- und strukturpolitischen Planungen läuft, zu bündeln. Aus frauenpolitischer Sicht sehen wir diese Bereiche auch im Zusammenhang mit der gesamtgesellschaftlichen Struktur. Dazu gehören für uns auch Politikbereiche wie der Ausbau des öffentlichen Personennahverkehrs oder der Kinderbetreuungseinrichtungen." *(aus: IG-Metall „Mitteilungen für Frauen, 1/1994; in Geschäftsbericht 1993 bis 1996, S. 19)*

Ausländische Frauen

Auch das Thema „Ausländische Frauen" rückte in vielen hessischen DGB-Kreisen in den Vordergrund (in Hessen leben längst über 300.000 ausländische Frauen), da viele deutsche Frauen mittlerweile festgestellt hatten, daß sich das Leben ihrer ausländischen Geschlechtsgenossinnen – Vereinbarkeit von Beruf, Hausarbeit, Kindererziehung, Familie und Freizeit – kaum von dem ihren unterscheidet. Im Geschäftsbericht 1989 bis 1992 werden die hessischen Gewerkschafterinnen über die Situation der hessischen Ausländerinnen informiert. *(S. 11 ff)*

Gewalt

Die wachsende Gewalt in den Familien brachte den Gewerkschaftsfrauen ebenfalls Themen, die sie in früheren Jahren so intensiv nicht behandelt hatten: die Frage nach ausreichender Finanzierung von Frauenhäusern wurde relevant; mehr finanzielle Mittel verlangte der DGB-Hessen, um gegen Gewalt gegen Kinder ausreichend aktiv werden zu können – in Beratungsstellen und mit Kinderbeauftragten.

Prostitution

Da Prostituierte selbst nicht mehr länger mit ihrem Leben, ihrer Arbeit und ihren Problemen alleingestellt bleiben wollten und sich die Prostituierten-Selbsthilfe-Organisation HWG („Huren wehren sich gemeinsam") nach Kontakten umsah, wurde dieser Bereich auch ein Thema hessischer Gewerkschafterinnenarbeit. So traf man sich zu langen Diskussionen, wobei sich der Landesfrauenausschuß „für mehr Normalität im Umgang mit dem Massenphänomen Prostitution und den Abbau der rechtlichen Diskriminierungen der dort arbeitenden Frauen einsetzen muß". *(Geschäftsbericht 1989-92, S. 53)*

Ungeschützte Arbeitsverhältnisse

Ein „Dauerbrenner", der die Gewerkschafterinnen noch weit über das Jahr 2000 beschäftigen wird, ist die Frage der unkontrollierten Ausweitung der ungeschützten Arbeitsverhältnisse, die immer mehr vor allem die Frauen betreffen. Im Reinigungshandwerk wurde dieses Thema schon frühzeitig aufgegriffen, doch mittlerweile gibt es kaum noch Wirtschaftszweige, die nicht auf die sozialversicherungsfreien Beschäftigungsverhältnisse zurückgreifen. Das Ziel gewerkschaftlicher Frauenarbeit: „Das moderne Sklaventum der ungesicherten Arbeitsverhältnisse muß endlich verboten werden. (...) Wir fordern ein RAUS aus der arbeitsmarktpolitischen Grauzone und eine gesetzliche Regelung, die die Beseitigung dieser Mißstände samt aller Folgekosten für die Solidargemeinschaft, aber auch die Betroffenen zum Ziel hat." *(ebd., S. 69 f)*

Hessisches Gleichberechtigungsgesetz

Es gab heftige Diskussionen im Vorfeld der Verabschiedung des Hessischen Gleichstellungsgesetzes, das seit dem 1. Januar 1994 in Kraft ist. Die hessischen Gewerkschafterinnen und der DGB unterstützten das Gesetzesvorhaben von Anfang an und – so liest es sich in Marita Eilrichs Geschäftsbericht – übten auch Druck auf die Landesregierung aus, mit diesem Gesetz „Frauenpolitik aus ihrem Schattendasein herauszuholen. Wir wollten eine gesetzlich geregelte Frauenförderung, und daß Frauenpolitik zu einem zentralen Politikfeld hessischer Landespolitik (gemacht) wird." *(ebd., S. 36)*

(sge)

PORTRAITS

Petra Platt pendelte im Dienste der Frauen zwischen DGB-Büros

Petra Platt war von November 1993 bis November 1994 als politische Sekretärin im DGB-Kreis Main-Kinzig tätig und vormittags im Büro in Gelnhausen anzutreffen. Neben der Betreuung der Kolleginnen und Kollegen im Altkreis Gelnhausen war die gewerkschaftliche Frauenarbeit im gesamten Main-Kinzig- Kreis ein Schwerpunkt ihrer Arbeit. Daher fuhr sie mittags nach Hanau ins Kreisbüro.

Das Pendeln war sie gewohnt, lebte sie doch mit ihrer Familie im Kreis Marburg-Biedenkopf und mußte einen täglichen Anfahrtsweg von über einhundert Kilometern in Kauf nehmen. Die Familie war durch ihren früheren Job als Fahrdienstleiterin bei der Bundesbahn jedoch bereits an längere und unregelmäßige Abwesenheit von zu Hause gewöhnt. Petra Platt konnte sich ihres Rückhaltes sicher sein.

Besonderen Spaß hat ihr die Arbeit mit dem sehr aktiven DGB-Kreisfrauenausschuß gemacht und die Arbeit im „Arbeitskreis für ein ausländerfreundliches Gelnhausen", einem Zusammenschluß verschiedener Personen, Gruppen und Initiativen, der sich zu dieser Zeit gegen die ausländer- und asylbewerberfeindliche Stimmung in Gelnhausen wandte.

Heute arbeitet Petra Platt für den DGB-Kreis Fulda-Vogelsberg und betreut die Büros in Alsfeld und Lauterbach. Den Schwerpunkt ihrer Arbeit legt sie nach wie vor auf die Frauenarbeit. Dies ist in ihrem neuen Wirkungskreis Ehrensache, handelt es sich doch um den einzigen DGB-Kreis, dessen Personal ausnahmslos weiblich ist.

(ah)

„Furchtlos und überzeugt":

Sybille Lange vertritt die Rechte von 1.800 Lehrerinnen

Der erste Eindruck von einer „Power-Frau" wandelt sich im näheren Gespräch schnell in das Bild einer kenntnisreichen und sehr differenziert denkenden Frau mit Lebens- und Berufserfahrung:

Sybille Lange, erste Frauenbeauftragte für Lehrerinnen im Main-Kinzig-Kreis, hat seit Abschluß ihres Studiums als Grund-, Haupt- und Realschullehrerin und ihrem Eintritt in den Schuldienst 1970 fachlich und persönlich viel hinzugelernt. So kann es kein Zufall gewesen sein, daß gerade sie für dieses neue Amt vorgeschlagen wurde.

„Von Anfang an", erzählt sie, „habe ich Gewerkschaftsarbeit gemacht. An meinem Wohnort in Schöneck habe ich mich in der SPD engagiert, um mit interessierten Frauen einen Frauentreff in der alten Schule der Gemeinde ohne Mietkosten einrichten zu können. Acht Jahre arbeitete ich als Gemeindevertreterin. In den 70er Jahren wurden meine Kinder Tilmann und Katrin, heute 23 und 21 Jahre, geboren. Danach bin ich wieder in den Schuldienst gegangen. Ich weiß sehr gut, welche Hürden zu überwinden sind, wenn ich heute Frauen ermutige, die aus dem Erziehungsurlaub kommen und durch ihre Familienpflichten eingeschränkt sind." Mit 40 Jahren studierte Sybille nochmal zwei Jahre Sonderschulpädagogik. Fünf Jahre arbeitete sie in der Schule für Lernhilfe in Ostheim, anschließend fünf Jahre in der Sprachheilklasse der Anne-Frank-Schule in Hanau. An beiden Schulen war sie Mitglied im Personalrat.

Gute Arbeitsbedingungen

Als auf Grund neuer gesetzlicher Vorgaben ihre Stelle als Frauenbeauftragte geschaffen wurde, hat sie sich beworben, wurde akzeptiert und fand, „gute Arbeitsbedingungen vor, auch die Unterstützung der Amtsleitung". „Ich bin ganz sicher, daß die Vorgaben des Frauenförderplans richtig sind. Die Hälfte der Menschheit sind Frauen. Wir setzen andere Schwerpunkte, deshalb muß unsere feminine Sichtweise auch in verantwortliche Entscheidungen angemessen einfließen. Davon bin ich überzeugt. Ich bin jetzt 52 Jahre alt und furchtlos."

Ihr Verhältnis zum Gesamtpersonalrat und auch zur GEW ist gut, versichert sie. Daß nach zwei Jahren die Frauenförderpläne an allen Schulformen, mit Einschränkung Gesamtschule, umgesetzt wurden, stimmt sie froh. Am Gesetz vermißt sie allerdings noch weitere Konsequenzen. Viel Power steckt Sybille in Weiterbildungsangebote für Frauen (auch mit finanzieller Selbstbeteiligung), in denen wichtige Fähigkeiten wie Konfliktmoderation und Rhetorik vermittelt werden. „Es macht mir Spaß, das alles zu organisieren, und ich mache es aus Überzeugung."

(wr)

Gesellschaftliche Realtität hinkt der Verfassung hinterher

Was macht eine Frauenbeauftragte für Lehrerinnen?

Sybille Lange, (GEW) zuständig für die Wahrung der Interessen von 1814 Lehrerinnen im Main-Kinzig-Kreis, hat ihren Aufgabenkatalog erläutert. Er stützt sich auf das Hessische Gleichberechtigungsgesetz, das die Aufstellung eines Frauen-Förderplanes vorsieht und seine Umsetzung wahrt. Alle zwei Jahre muß das Staatliche Schulamt des Main-Kinzig-Kreises einen ausführlichen Bericht an die Schulbehörde beim Regierungspräsidenten, demnächst direkt an das Kultusministerium, abgeben.

Bei der Umsetzung des Frauenförderplanes muß die Frauenbeauftragte bei jeder Personalveränderung rechtzeitig eingeschaltet werden. Als zweites Aufgabengebiet obliegt ihr die Vermittlung des Gesetzesauftrags durch Information aller schulischen Gremien und durch Öffentlichkeitsarbeit.

„In Artikel 3, Absatz 2, des Grundgesetzes steht ausdrücklich, daß der Staat die Durchsetzung der Gleichberechtigung von Männern und Frauen fördert und auf die Beseitigung bestehender Nachteile hinwirkt. Trotzdem herrscht in vielen Köpfen, nicht nur in männlichen, die Vorstellung, daß es keine Benachteiligung von Frauen mehr gäbe", berichtet Sybille Lange. Diese Kluft zwischen der gesellschaftlichen Realität und dem Verfassungsgebot der Gleichstellung will sie stärker ins öffentlichte Bewußtsein rücken. Diese beiden wichtigen Aufgaben werden noch durch ihre Mitwirkung bei der Personalentwicklung und bei der Fort- und Weiterbildung ergänzt. Ihre durchschnittlich 100 Beratungsgespräche pro Jahr dienen genau diesem Zweck. Um Frauen für Führungsaufgaben besser zu qualifizieren, organisiert sie Fortbildungsangebote zu den Themen „Freie Rede", „zielorientiertes Sprechen", „Professionelle Gesprächsführung am Arbeitsplatz Schule wie in der Konfliktmoderation". Diese Fortbildungsangebote finanzieren die Teilnehmerinnen in der Regel mit.

Als wichtigste Auswirkungen des HGIG nennt Sybille Lange neun Punkte, die zugleich seine Notwendigkeit bestätigen: Jede Dienststelle ist zur gezielten Frauenförderung verpflichtet. Die Personalentwicklung wird transparenter. Die Qualifikation für eine ausgeschriebene Stelle mißt sich am Anforderungsprofil. Erstmals werden auch Qualifikationsmerkmale aus Familienarbeit berücksichtigt. Jetzt sind alle Stellen teilbar. Eine zweite Ausschreibung ist möglich, wenn keine Bewerbungen von Frauen vorliegen. Außerdem ist jede Dienststelle verpflichtet, Diskriminierungen und Benachteiligungen entgegenzuwirken sowie sexuelle Belästigung am Arbeitsplatz als Dienstvergehen zu verfolgen. Weiter gilt das Gebot, daß alle Gremien paritätisch besetzt sein sollen.

(wr)

HINTERGRÜNDE

Kraftakt, der im Frust endete

Personalrätin Monika Pauly erinnert sich an den großen ÖTV-Streik vor sechs Jahren

ÖTV-Streik 1992, Maintal

„Ab heute, dem 27. April 1992, zu Dienstbeginn, sind unsere Mitglieder in den nachfolgenden Dienststellen im Streik." So hieß die Überschrift der ersten Streikzeitung der ÖTV-Kreisverwaltung Hanau. Für den ersten großen Streik im Öffentlichen Dienst in der Bundesrepublik seit 18 Jahren hatten damals 88,9 Prozent der ÖTV-Mitglieder votiert. Auslöser war die Ablehnung des Schlichtungsangebotes: eine rückwirkende Lohnerhöhung zum ersten April um 5,4 Prozent. Die Gewerkschaft hatte 9,5 Prozent gefordert.

Erst die Karriere

Von dem Streik waren viele Frauen betroffen: einmal direkt als Angestellte im Öffentlichen Dienst im Main-Kinzig-Kreis und zum anderen indirekt als Mütter von Kindern aus Kinderhorten und Kindergärten. Eine der streikenden Frauen an vorderster Front ist Monika Pauly, ÖTV-Mitglied seit 1987. Obwohl sie „aus einem gewerkschaftlich orientiertem Elternhaus" kommt, tritt sie nicht mit Berufsbeginn 1970 in die Gewerkschaft ein, sondern erst nach einer beachtlichen Karriere.

Nach dem Hauptschulabschluß lernt sie Industriekauffrau, beginnt 1986 im Öffentlichen Dienst und arbeitet sich vom Vorzimmer des Amtsleiters im Stadtbauamt Maintal bis zur freigestellten Personalrätin hoch. Auf „Widerstände" und Differenzierungen nach „Frauen- und Männerarbeiten" stößt sie „erst im Laufe ihres Berufslebens". Trotz oder gerade wegen ihrer Körperbehinderung – seit Geburt fehlen ihr Finger an der rechten Hand – kämpft sie entschlossen gegen solche Mißstände an. Wie manchen anderen Frauen auch, werden ihr viele Ungerechtigkeiten erst im Berufsleben und bei der Arbeit mit und für Frauen bewußt.

Arbeit einer Streikleiterin

Im April 1992, zur Zeit des Streikes, ist sie betriebliche Streikleiterin der Stadtverwaltung Maintal, ab Juni 1992 als Mitglied des Personalrates Angestelltenvertreterin (Schwerbehindertenvertretung) und stellvertretende Vorsitzende. Die für 40.000 Einwohner zuständige Stadtverwaltung Maintal hat rund 500 Beschäftigte. Monika Pauly hat somit als Streikleiterin einen voll ausgefüllten „Arbeitstag", der in der Regel von sieben Uhr morgens bis acht oder neun Uhr abends geht. Bedeutet Streik für Außenstehende oft nur Arbeitsniederlegung, so ist er für die Betroffenen dagegen eine Zeit berufsfremder Aktivitäten, die organisiert werden müssen.

Als Streikleiterin besucht Monika Pauly Streikposten, verteilt Informationen, entwirft und kopiert Flugblätter und steht für alle Fragen bereit. In zahlreichen Telefongesprächen klärt sie Probleme, schlichtet Streitigkeiten und hält Kontakte mit Presse, ÖTV-Kreisverwaltung und Vertrauensleuten. Sie muß Kundgebungen, Streikfeste und Solidaritätsbesuche organisieren.

Welle von Eintritten

Am Ende des Streiks hat die engagierte Frau einige Kilo an Gewicht verloren. Die Erfahrung von Monika Pauly während des Streiks: Auch in Maintal waren „vor allem Frauen maßgeblich beteiligt". Sie kämpften in vorderster Reihe, standen Streikposten, „packten immer und überall an", sorgten auch für das leibliche Wohl der Streikenden. Die Zusammenarbeit und das Gefühl der Zusammengehörigkeit während des Streikes haben Monika Pauly in ihrem Engagement für die weitere Gewerkschaftsarbeit bestärkt. Die Sympathie der Angestellten des Öffentlichen Dienstes für die Streikenden drückte sich in einer Welle von Eintritten aus. Anfang Mai kann die ÖTV im Main-Kinzig-Kreis ihr fünfhundertstes neues Mitglied seit Beginn der Urabstimmung begrüßen.

Bis einschließlich 7. Mai wird die Arbeit niedergelegt. Nach elf Tagen Streik gibt die ÖTV in Stuttgart nach. Bei den Lohnerhöhungen bleibt es bei der fünf vor dem Komma. Auch in Maintal waren die meisten Gewerkschafter nicht zu einem zweiten Kraftakt bereit. Für Monika Pauly beginnt zwar der normale Arbeitsalltag wieder. Zusätzlich ist die engagierte Gewerkschafterin in den folgenden Wochen jedoch damit beschäftigt, bei den verärgerten Mitgliedern den Frust über das Stuttgarter Einlenken abzubauen.

(rs)

„Immer diese schreckliche Hetze"

Betriebsratsvorsitzende Rosi Bartel zwischen Termin und Telefon

Heute bin ich arg spät dran. Es ist schon zehn vor sieben, um sieben Uhr beginnt die Betriebsratssitzung. Gut, daß ich gestern schon die Mappe zur Sitzung vorbereitet habe. Uns erwarten heute zehn Tagesordnungspunkte. Das wird für mich wieder schrecklich anstrengend. Alles so zu erklären, daß es meine 15 Kollegen und Kolleginnen verstehen, nicht jeder ist mit allem so vertraut. Also bedeutet das drei Stunden reden, zuhören, erklären, abstimmen, jeden zu Wort kommen lassen.

Oft geht mein Temperament mit mir durch, dann werde ich leider auch laut. Nun noch schnell das Auto auf den Parkplatz abstellen, Karte durch das Zeiterfassungsgerät ziehen, und auf geht es in die Sitzung. Da steht schon ein Kollege vor der Tür und winkt. Er will mit mir reden. Ich habe leider keine Zeit. Das muß ich ihm erklären, sonst ist er sauer und kommt nie wieder. Aber es geht nicht so schnell, er will mitkommen, nach seiner Meinung ist seine Lohnabrechnung falsch, er hat zu wenig Geld bekommen.

Kollegen oft sauer

Ich kann doch jetzt wirklich nicht, ich kann die 15 Betriebsrats-Kollegen nicht warten lassen, die müssen doch wieder an ihren Arbeitsplatz zurück. Die Freistellung für Betriebsratssitzung und Betriebsratsarbeit wird ohnehin immer mehr zum Problem. Durch die Arbeitsdichte, die Gruppenarbeit an jedem Arbeitsplatz, das zu knappe Personal nicht nur im Produktionsbereich werden die anderen Kollegen oft sauer, wenn ihre Betriebsrats-Kollegen zur Sitzung wollen.

Hier brauchen wir viel Geduld und müssen immer wieder gute Arbeit vorführen, damit es keine ernsten Auseinandersetzungen an den Arbeitsplätzen gibt. Der Kollege kommt um zehn Uhr nochmal, zum Glück hat er Frühschicht und von unserem Betriebsratsbüro können wir gleich mit dem Lohnbüro telefonieren.

Jetzt rein in die Sitzung. Es sind alle da, die Teilnehmerliste wird herumgereicht. Die Tagesordnung liegt vor und kann so bleiben. Das Protokoll der letzten Sitzung wird verlesen. Das Telefon klingelt. Ich habe vergessen, es auf die Zentrale umzustellen, unsere anderen drei Apparate sind ja während der Sitzung auch nicht besetzt. Also schnell die Sitzung unterbrechen und an den Apparat gehen: höflich bleiben und keinen gestreßten Eindruck machen. Die Nachricht macht mich sehr betroffen. Ein Kollege ist gestorben, die Beerdigung ist schon heute um 14 Uhr.

Abteilungsversammlung

Wieder ist es eine Krebserkrankung, die den Kollegen noch vor seiner Rente sterben läßt. Es fällt mir schwer, zu den Beerdigungen gehen zu müssen, viele meiner Kollegen oder ehemaligen Kollegen habe ich durch meine über 30-jährige Betriebszugehörigkeit gut gekannt. Man hat viel zusammen erlebt, zusammen gelacht und auch Feste gefeiert. Wenn ich auf dem Friedhof stehe, kommt es mir vor, als gehe ein Stückchen eigenes Leben weg. Ich möchte zur Beerdigung gehen, irgendwie muß ich meine anderen Termine verlegen, vielleicht kann ich nach 16 Uhr noch mal in die Firma.

Was steht noch auf dem Kalender? Der Tagesablauf bedeutet Streß. Heute warten noch zwei Abteilungsversammlungen. Die um 13.30 Uhr für die Früh- und Spätschicht kann mein Kollege übernehmen. Mit Klaus und Helga sind wir ja drei freigestellte Betriebsräte. Um 22 Uhr die Versammlung für die Nachtschicht übernehme ich. Es gibt sowieso heute Ärger, die Unternehmensleitung will ein anderes Schichtmodell einführen. Alle sollen in Zukunft in drei Schichten arbeiten, inklusive Samstagvormittag bis 14 Uhr.

Schicht-Wechsel

Nun, bevor wir unsere Mitbestimmung in der Betriebsratssitzung ansetzen, wollen wir erst mit unseren Kollegen reden, ob es Härtefälle gibt, die nicht zu diesen Bedingungen arbeiten können. Ansonsten haben wir als Betriebsräte keine Möglichkeit, diesem veränderten Schicht-Rhythmus zu widersprechen, da jede Menge Aufträge vorliegen und auch das erforderliche Personal eingestellt werden soll.

Nach dem Blick auf den Kalender zurück in die Betriebsratssitzung, aber jetzt wird das Telefon umgestellt, sonst sind wir nicht bis 10 Uhr fertig. Um diese Zeit wartet der nächste Termin. Wir haben ein Gespräch mit der Unternehmensleitung zur neuen Lohnstruktur in den Produktionsabteilungen. Wir kommen zum zweiten Tagesordnungspunkt der Sitzung: Überstunden der diversen Abteilungen. Überstunden, die wir als Betriebsräte gar nicht gerne sehen, an denen wir aber nicht vorbeikommen. Überstunden, hervorgerufen durch Sonderschichten bei den Automobilfirmen oder durch Wartung und Reparaturarbeiten. Überstunden, die immer noch bezahlt und nicht abgefeiert werden.

Aber zum 1. Januar sind wir endlich in der Lage, mit Hilfe eines neuen Computerprogramms und einer Umstellung unserer Zeiterfassungsgeräte „Arbeitszeitkonten" einzuführen und damit auch gearbeitete Stunden abzufeiern. Der dritte Tagesordnungspunkt heißt personelle Maßnahmen. Zwei Mutterschutzbenachrichtigungen liegen vor, die Kolleginnen müssen in anderen Abteilungen untergebracht werden, da im Kautschukproduktionsbereich Nitrosamine ausströmen und deshalb dort keine schwangere Frauen beschäftigt werden dürfen.

Kündigung widersprechen

Zehn Versetzungen liegen vor. Die Kollegen wechseln in andere Abteilungen, meistens gezwungenermaßen und oft auch mit finanziellem Verlust. Wenn ich an das vergangene Jahr zurückdenke, das waren über 100 Versetzungen. Da sieht man den Wandel in den einzelnen Produktionsabteilungen.

Der vierte Tagesordnungspunkt, ich schaue erschreckt auf die Uhr, die schon halb neun anzeigt, ist die Anhörung zu einer geplanten Kündigung mit der Begründung: krankheitsbedingt. Ich habe natürlich vorher mit der betroffenen Kollegin gesprochen. Ich werde dem Betriebsrat empfehlen, zu widersprechen. Dies müssen wir sachlich begründen, nur widersprechen erlaubt das Gesetz nicht. Wir werden argumentieren, daß die Kollegin operiert wurde und nach der Rehabilitation nach menschlichen Ermessen wieder gesund ist und ihre Arbeit wieder verrichten kann. Leider kann der Betrieb ihr trotzdem kündigen. Aber unsere Stellungnahme muß der Kollegin schriftlich vom Arbeitgeber mitgeteilt werden und kann ihre Position bei einem möglichen Arbeitsgerichtsprozeß verbessern.

Diese Argumente trage ich dem Gremium vor. Nach zwanzig Minuten heißer Diskussion lasse ich abstimmen. Unser Beschluß lautet: Widerspruch gegen die geplante Kündigung. Grund: Krankheit ausgeheilt, günstige Zukunftsprognose.

Suchthilfe im Betrieb

Der fünfte Tagesordnungspunkt lautet: Beschluß einer Betriebsvereinbarung mit dem Titel „Suchthilfe im Betrieb". Ein Ausschuß hat alles vorbereitet. Die Vereinbarung ist allen mit der Tagesordnung zugegangen. Jeder hatte genug Zeit, sich vorzubereiten. Eigentlich müßte alles klar gehen. Ich hoffe nur, daß unsere Unternehmensleitung dies auch so sieht. Die Zeit drängt, immer diese Hetze. Da meint man, es ist zeitlich alles gut geplant, und man hat genug Luft, und dann wird es wieder eng. Ich wollte wenigstens noch in der Kantine eine Kleinigkeit frühstücken, ich glaube, das wird nichts. Erst zehn Minuten nach zehn Uhr sind wir fertig. Ich laufe am Pförtner vorbei in die Kantine, für eine Tasse Kaffee reicht es noch. Da winkt ein Kollege, er hat eine Frage. Die meisten wissen wirklich, daß wir eigentlich ständig in Hetze sind und fangen den Satz immer an: „Ich habe nur eine Frage." Die Kollegen am Tisch wollen wissen, wie dieses Jahr um die Weihnachtszeit gearbeitet wird, ob geschlossen ist oder eine Notbesetzung gebraucht wird.

Schnell die Tasse Kaffee mit Milch runterspülen und weiter, drei Stockwerke hoch zur Unternehmensleitung. Klaus und Helga sind schon da. Unser Thema heißt: Neues Entlohnungskonzept. Im Konferenzraum wird uns auf dem Projektor ein neues Konzept vorgeschlagen, das jetzt zur eingeführten Gruppenarbeit passen soll. Mit der Bezahlung von anerkannten Verbesserungsvorschlägen und Qualifikationsmerkmalen sieht dies ganz vernünftig aus. Wir nehmen es zur Kenntnis, werden das mit unserer Gewerkschaft und dem Betriebsrat diskutieren.

Schnell zur Beerdigung

Mein Blick schwenkt auf die Wanduhr, 11.15 Uhr zeigt sie, die Zeit reicht noch aus, um die weitere Post durchzusehen und einiges zu diktieren. Unsere Kollegin Jutta arbeitet gut und selbständig, sie wird auch mit einigen Worthülsen fertig. Von 12 bis 12.30 Uhr ist Mittagspause, das Wetter ist herrlich, wir gehen ein Stück spazieren. Die Gedanken werden geordnet und abgelegt, ich bin frei für Neues. Ich fahre in aller Eile nach Hause, überlege unterwegs, ob mein schwarzer Hosenanzug für die Beerdigung noch gebügelt werden muß. Ich habe nicht viel Zeit dazu, die Fahrt in den kleinen Ort im Spessart dauert eine halbe Stunde. Es gelingt mir, schnell fertig zu werden, so daß ich jetzt zwar zügig, aber nicht rasant fahren muß.

Während der Fahrtzeit kommen die Erinnerungen an den Kollegen und die miteinander verbrachte Arbeitszeit. Es waren auch viele lustige Momente in unserem Arbeitsleben. Mir wird es Angst, wenn ich an seine Ehefrau denke, die ich auch gut kenne. Der Schmerz und die Trauer in den Gesichtern der Angehörigen nehmen mich immer wieder mit.

Gefahr durch Chemikalien

Nach dem Gang zum Friedhof gehe ich mit zu einer Tasse Kaffee und wir lassen die Vergangenheit noch einmal vorüberziehen. Dann muß ich mich verabschieden. Um 15.30 Uhr beginnt die Besprechung mit unserer Betriebsärztin, der Sicherheitsfachkraft und einigen Betriebsratsmitgliedern. Thema: Umgang mit Gefahrenstoffen am Arbeitsplatz.

In einer kautschukverarbeitenden Firma werden natürlich Chemikalien eingesetzt, um den Gummi alterungsbeständig, hitzebeständig oder auch kraftstoffbeständig herstellen zu können. Nicht nur das Tragen von Schutzkleidung aus Kunststoff und der Gesichtsmasken sind eine große Belastung für meine Kollegen, ich habe ein Kribbeln im Bauch oder auch Angst, wenn ich an die gesundheitlichen Risiken denke, mit denen jeder Arbeitnehmer bei dem Umgang mit Chemikalien rechnen kann.

Vieles ist in der Fertigung oder auch vom Hersteller schon geändert worden, aber die Langzeitwirkung auf den Körper ist noch lange nicht bekannt. Wir diskutieren anhand der Sicherheitsdatenblätter und der Betriebsanweisungen, was noch als Schutz an den Arbeitsplätzen verändert werden kann. Die Diskussion ist sachlich und führt zu einem guten Ergebnis.

Es ist 17 Uhr, der erste Teil des Arbeitstages ist vorbei. Zum Zeitunglesen bin ich immer noch nicht gekommen, nicht einmal den Wirtschaftsteil habe ich durchgeblättert. Um 22 Uhr geht es dann weiter, ich muß in die Abteilungsversammlung zu der Nachtschicht.

Zuhause muß ich mir die Thematik für die Versammlung noch mal durchlesen. Hoffentlich habe ich an alles gedacht. Die Kollegen und Kolleginnen verlangen, daß man fit ist und sich auskennt. – Ich möchte eigentlich Urlaub machen.

(rb)

Die falsche Bescheidenheit vieler Gewerkschaftsfrauen

Die Bescheidenheit der Gewerkschaftsfrauen und insbesondere der Betriebsrätinnen ist nicht zu übersehen. Anscheinend haben die wenigsten der von uns porträtierten Frauen "freiwillig" und aus eigenem Interesse für das Amt der Betriebsrätin kandidiert.

Es stellt sich die Frage, ob die Betriebsrätinnen und weiblichen Betriebsratsvorsitzenden wirklich nur in ihre Positionen hineingedrängt wurden. Oder ob sie nicht vielleicht doch auch ein eigenes Interesse an den Positionen hatten, die doch neben der vielen Arbeit auch eine gehörige Portion Macht versprechen.

Frauen und Macht, Frauen und Karriere, zwei Wortpaare, die nicht zusammenpassen, wollen wir den Frauen Glauben schenken. Maria Schilling, stellvertretende Betriebsratsvorsitzende bei Degussa, formulierte es so: "Ich bin keine Frau für die erste Reihe!" Macht bedeutet auch, Verantwortung zu übernehmen und letztendlich Autorität zu haben und zu nutzen.

'Weibliches' Pflichtbewußtsein gilt aber insbesondere für die alltägliche Kleinarbeit, die so selten von Erfolg gekrönt ist. Auch der persönliche Aufstieg auf Betriebsebene oder auch auf Gewerkschaftsebene wird häufig nicht als Karriere, sondern als Pflichterfüllung angesehen. "Man hat mir immer gesagt, Du schaffst das schon! Und dann habe ich das eben gemacht."

Es ist offensichtlich, daß es das immer noch gültige Bild von der Frau als Familienfrau, als Hüterin von Haus und Kindern und als Trägerin des "Sozialen" ist, welches Frauen in die "zweite Reihe" verdammt. Insbesondere die alltägliche Kleinarbeit im Betriebsrat bietet eine vielfältige Bestätigung des typisch weiblichen „Immer-für-alle-Daseins". Daß die Frauen dabei zum Teil über die Grenzen ihrer Leistungsfähigkeit gehen, wundert nicht. Und dazu kommt noch die bis heute gültige, von der Frauenbewegung so hartnäckig bekämpfte Vorstellung, daß Frauen, die sich für Frauenbelange einsetzen, keine Politik betreiben.

Privates zur Politik machen

Wenn Betriebsvereinbarungen zur Vereinbarkeit von Familie und Beruf erarbeitet werden, wenn der Betriebsrat mit dem örtlichen Kindergarten verhandelt, um Pendlern eine arbeitsplatznahe Betreuungsmöglichkeit für das Kind zu verschaffen, dann gelten diese Vereinbarungen nicht nur für Frauen, sondern auch für Männer. Gesellschaftlich notwendige Arbeit, wie Kindererziehung und Pflege kranker und/oder älterer Menschen, aus dem Dunstkreis des Privaten bzw. der Familie zu holen und dieser Arbeit damit einen öffentlichen Raum zu geben, ist "Politik", auch wenn angeblich "Privates" verhandelt wird.

Keine Vorbilder

Die Zurückhaltung der von uns befragten Gewerkschafterinnen zeugt von einem Selbstbild, daß sie zu bekämpfen vorgeben, zumindest am 8. März, dem Internationalen Frauentag. Dazu paßt es dann auch, daß die meisten Frauen sich zunächst sträuben, ihre Geschichte zu erzählen, nach dem Motto: "Ich habe doch garnichts besonderes geleistet." Wenn aber den Gewerkschafterinnen die jungen Frauen davonlaufen, bzw. diese sich nicht organisieren, hat das vielleicht auch etwas damit zu tun, daß die Älteren sich weigern, als Vorbilder zu fungieren, denen nachzueifern lohnt. Bescheidenheit ist jedenfalls keine Tugend, die jüngere Frauen aus der Rolle der Einzelkämpferin, die meint "Ich schaff' das schon alleine", herausholt.

(ah)

AUSBLICK

Aus der Sicht der Frauen im DGB-Hessen

von Marita Eilrich

Ein halbes Jahrhundert gewerkschaftliche Frauenpolitik unter dem Dach des DGB zu bewerten und zu beschreiben, ist angesichts der vielfältigen Aufgaben und Themen nicht gerade einfach. Das mit dankenswertem Engagement entstandene und jetzt vorliegende Buch über individuelles und gemeinschaftliches Engagement von Frauen in den letzten 50 Jahren spiegelt die Höhen und Tiefen gewerkschaftlicher Frauenarbeit wieder. Begonnen haben wir 1948 mit der Gründung eines DGB-Landesfrauenausschusses. Dieser existiert bis heute, geprägt durch die Generationen von Gewerkschaftsfrauen, die in diesem Gremium gearbeitet haben. Die Autorinnen hatten den Anspruch, einen anderen Blick auf die Geschichte zu werfen, als die Historiker, die sich in der Regel eher der Glanztaten männlicher Gewerkschaftsfunktionäre annehmen.

Wir haben in den letzten 50 Jahren eine geradezu unendliche Geduld an den Tag gelegt, gaben und geben uns weiterhin mit kleinen Fortschritten in der Frauenpolitik zufrieden. Sicher, die Politik der kleinen Schritte, gepaart mit der Geduld von uns Frauen, hat viele Widerstände überwunden, hat uns Erfolge gebracht. Die Palette der politischen Themen, mit denen wir uns in den letzten Jahrzehnten beschäftigten, hat sich erweitert. Viele der frauenpolitischen Anliegen, die wir aufgegriffen haben, sind mehr oder weniger zu unserer Zufriedenheit geregelt, sind in Kompromisse gegossen oder in Gesetzen oder Verordnungen niedergeschrieben worden.

Neoliberaler Zeitgeist

Als positives Beispiel möchte ich das Hessische Gleichberechtigungsgesetz hervorheben, das seit dem 1. Januar 1994 gilt und bundesweit Vorbildcharakter hat. Andere Themen dagegen finden wir immer wieder in den Inhaltsverzeichnissen unserer Geschäftsberichte: wie etwa die unendliche Geschichte des Schwangerschaftsabbruch-Paragraphen 218 oder der noch immer nicht gelöste Spagat von Frauen zwischen Beruf und Familie. Das ist aber nicht verwunderlich, hat sich die Stellung der Frauen in Gesellschaft, Politik und auch Gewerkschaft doch nicht so verändert, wie wir es gerne möchten.

Der überall grassierende neoliberale Zeitgeist macht auch vor der gewerkschaftlichen Frauenpolitik nicht halt. Es ist insgesamt nicht einfacher geworden, die Notwendigkeit einer gezielten Frauen- und Gleichstellungspolitik sowohl Männern als auch Frauen plausibel zu machen. Dies hat vielfältige Gründe, die allerdings aus meiner Sicht überwiegend im sogenannten „Rollback" der Frauenpolitik liegen. Wir sind, glaube ich, fälschlicherweise davon ausgegangen, daß diese Gesellschaft und ihre (meist männlichen) Repräsentanten und Entscheidungsträger es mit der Gleichstellungspolitik tatsächlich ernst gemeint haben.

Jetzt, in Zeiten der Rezession, der anhaltenden Massenarbeitslosigkeit, die Politik und Wirtschaft tatenlos hinnehmen, zeigt sich jedoch, daß das Ganze mehr oder weniger eine Schönwetterveranstaltung war. Der Trend, Frauen vom Arbeitsplatz zurück an den heimischen Herd oder in die Teilzeitfalle zu drängen, ist symptomatisch für diese Entwicklung.

Die von uns Gewerkschaftsfrauen entwickelten Ansprüche an eine wirksame Gleichstellungspolitik werden in schöner Regelmäßigkeit mit dem geistigen Keulenschlag zunichte gemacht, daß dies purer Luxus, mit ökonomischen Interessen und der Standortsicherung unvereinbar sei. Stattdessen ist Deregulierung auf breiter Front angesagt.

Schleichende Veränderungen

Die explosionsartige Zunahme der ungeschützten Arbeitsverhältnisse für 620 Mark im Monat, die Aufweichung des Kündigungsschutzes, die insbesondere uns Frauen trifft, sowie die Heraufsetzung des Rentenalters auf 65 Jahre und die Herabsenkung des Rentenniveaus auf 64 Prozent sind sichtbare Auswirkungen einer Politik, die sich zunehmend gegen die Frauen richtet. Weniger sichtbar sind die subtilen, schleichenden Veränderungen in der Gesellschaft, in der Politik, aber auch in den Gewerkschaften. Sie machen es schwer, weiterhin an frauenpolitische Utopien zu glauben, daran zu arbeiten, in absehbarer Zeit zu einer wirklichen Gleichstellung der Geschlechter zu kommen.

Die Arbeiterbewegung hatte in ihren Anfängen einen frauenfeindlichen Geburtsmakel. Den vielen engagierten Frauen nach der Neugründung des DGB 1949 ist es zu verdanken, daß dieser Schönheitsfehler retuschiert werden konnte. In vielen Gewerkschaften des DGB gibt es mittlerweile Frauenförderpläne. Einige haben ihre Tarifkommissionen für Frauen geöffnet und formal haben wir Gewerkschaftsfrauen auch über die Satzung des DGB und seiner Richtlinien für Frauenpolitik mehr Einfluß gewonnen. Aber: Der Personalabbau, die Fusionen von Gewerkschaften führen direkt und indirekt dazu, daß für Frauenpolitik immer weniger Zeit und Raum bleibt, daß den ohnehin nur wenigen in der Frauenpolitik Tätigen andere Aufgabenfelder zugeordnet werden.

Wir, die aktiven Gewerkschaftsfrauen, müssen deshalb höllisch aufpassen, daß wir über den Umweg der Umstrukturierung nicht ausgehebelt werden, sondern unseren Stellenwert behalten und vor allem wieder stärken. Damit kein Irrtum aufkommt: Es geht nicht um uns Hauptamtliche. Es geht um die Millionen von Frauen, die an den Rand gedrängt werden, die keine Chance haben, eine gesicherte Arbeit zu bekommen, um die Frauen, die nicht einmal annähernd an das Normaleinkommen von Männern heranreichen. Es geht um die Frauen, die im Job ihren Mann stehen, gleichzeitig Familie, Haushalt und Kinder versorgen müssen, ohne daß ihnen das adäquat materiell und ideell vergütet wird. Und es geht darum, eine Arbeitszeitpolitik weiter zu verfolgen, die uns hoffentlich in nicht allzu ferner Zukunft weniger Arbeitslose und dafür kürzere Arbeitszeiten beschert.

„Nicht auf unserem Rücken" lautete das Motto des Internationalen Frauentages am 8. März 1997. Genau für dieses Ziel brauchen wir Geschlossenheit, Kraft, Freude und, nicht zu vergessen, Macht und Einfluß. Denn nur so ist Frauenpolitik, wie wir sie verstehen, gegen sämtliche Widerstände aus Politik und Gesellschaft durchzusetzen.

ANHANG

Mehrere hundert weitere Zeitungsartikel u.a. zu diesem Thema
können im Archiv Frauenleben, Barbarossastraße 16 - 18, 63571 Gelnhausen,
eingesehen werden.

Gegen gleiche Entlohnung für Frauen

WIESBADEN, 6. Mai (dmt). Die Vereinigung der deutschen Arbeitgeberverbände teilt mit, daß nach ihrer Auffassung der Artikel des Grundgesetzes über die Gleichberechtigung der Frau keine direkten Auswirkungen auf die bestehenden Tarifordnungen hat. Dieser Artikel binde nur den Staat Männer und Frauen in der Gesetzgebung gleich zu behandeln, für die Entlohnung sei aber der Arbeitsvertrag maßgebend.

Hanauer Anzeiger, 06.05.1950

Doppelverdienst kein Kündigungsgrund

Das Wasser- und Schiffbauamt Frankfurt/Main hatte eine 45jährige Angestellte, die seit 1933 in dem Betrieb beschäftigt war, im Zuge von Personaleinschränkungen fristgemäß entlassen. Auch der Betriebsrat hatte der Kündigung zugestimmt, da die Angestellte verheiratet und somit Doppelverdiener sei. Das Landesarbeitsgericht Frankfurt erkannte jedoch die Kündigung nicht an (Az. II LA 275/50). Die Tatsache, daß jemand Doppelverdiener sei, reiche nicht aus, um einer Kündigung die unbillige Härte zu nehmen. Die Klägerin sei schwer fliegergeschädigt und ihr Ehemann erst 1948 aus Kriegsgefangenschaft zurückgekehrt, so daß sie beide gemeinsam sich wieder eine Existenz aufbauen müßten. Auch bei betriebsbedingten Kündigungen sei die Auswahl nur nach den betrieblichen Belangen zu treffen. Solange noch jüngere Kräfte beschäftigt sind, die wegen der sozialen Lage, z. B. des Vaters, eine Kündigung nicht so hart treffen würde, müsse zugunsten der Dienstälteren entschieden werden, auch wenn sie verheiratet sind. (PDA)

Hanauer Anzeiger, 03.01.1951

Kreisfrauenausschuß gegen Preispolitik

In der gestrigen Sitzung des Kreisfrauenausschusses des Deutschen Gewerkschaftsbundes in Hanau kritisierte die Vorsitzende Else Mieth, die Preispolitik der Bundesregierung, die sich besonders kraß auf den Lebensmittelmarkt auswirke. Es wurde folgende Entschließung gefaßt, die an den Bundesvorstand weitergeleitet werden soll:

„Der Kreisfrauenausschuß des DGB Hanau wendet sich im Namen aller erwerbstätigen organisierten Frauen und im Namen der Frauen ihrer Gewerkschaftskollegen schärfstens gegen die Verteuerung der wichtigsten Lebensmittel, insbesondere gegen die erhöhten Brot-, Nährmittel- und Fleischpreise. Diese Preisentwicklung bewirkt ein weiteres, nicht mehr vertretbares Absinken des Lebensstandards des schaffenden Volkes. Angesichts der gesteigerten Lebenshaltungskosten halten die gewerkschaftlich organisierten Frauen eine Angleichung der Löhne und Gehälter sowie der Renten für unbedingt erforderlich. Der Kreisfrauenausschuß Hanau fordert den Bundesvorstand auf alle Mittel anzuwenden, um eine Aenderung herbeizuführen."

Hanauer Anzeiger, 01.08.1950

Sie wollen nicht mehr Schwester sein

Schwesternmangel im Stadtkrankenhaus – Es liegt an der Bezahlung

In einer gestern nachmittag von der ÖTV-Gewerkschaft abgehaltenen Pressebesprechung wurde die Situation der im Hanauer Stadtkrankenhaus beschäftigten Krankenschwestern beleuchtet. Dabei ergab sich, daß der Darmstädter Diakonieverein, mit dem die Stadt Hanau einen Vertrag abgeschlossen hat, nicht in der Lage ist, ausreichendes Pflegepersonal zu stellen. Als Ursache wurde angegeben, daß weder die dem Verein angehörenden Schwestern noch die Gastschwestern tarifmäßig bezahlt werden. Nicht selten sind Haus- und Küchenmädchen finanziell besser gestellt als die Vollschwestern, die einem verantwortungsvollen Beruf nachgehen.

Im Jahre 1945 wurde zwischen dem von Pfarrer Guyot wiedergegründeten Diakonieverein und der Stadt Hanau vertraglich vereinbart, daß der Diakonieverein die Krankenschwestern für das Stadtkrankenhaus stellt. Im § 12 des Vertrages behält sich der Verein vor, neben den Diakonieschwestern auch Gastschwestern, das sind meistens freie Schwestern, einzustellen. Somit wurde der Diakonieverein auch zum Arbeitgeber für die Gastschwestern an Stelle der Stadt Hanau. Da aber der Diakonieverein nach der Wiedergründung bemüht war, möglichst viel Krankenhäuser in die eigene Verwaltung zu bekommen, war er im Laufe der Zeit nicht mehr in der Lage, sämtliches weibliches Pflegepersonal aus den Reihen der Diakonieschwestern zu stellen. Nun muß er auf die freien Schwestern zurückgreifen.

Keine tarifliche Bezahlung

Diese Gastschwestern wurden zu den gleichen Bedingungen eingestellt, wie sie für die Diakonieschwestern maßgebend sind. Dabei entspricht das gebotene Entgelt keineswegs der Tarifordnung, sondern bleibt um einen beträchtlichen Betrag unter dem Mindestsatz. Da nun die Gastschwestern vom Diakonieverein – dem besondere Aufgaben zugesprochen werden – angestellt wurden, hieß es in einem Urteil des Landesarbeitsgerichtes, daß die Bedingungen des Vereins auch für Gastschwestern maßgebend seien.

Wie sieht aber die Bezahlung der Schwestern – in diesem Fall ist es gleichgültig, ob es sich um Diakonie- oder Gastschwestern handelt – in der Praxis aus? Da ist eine Krankenschwester, die schon 12 Jahre im Beruf, nur 88 Mark netto bei freier Wohnung und Verpflegung bekommt. Eine weibliche Küchenhilfe hingegen, die von der Stadt Hanau eingestellt wurde, verdient im Gegensatz dazu 130 Mark netto ebenfalls bei freier Verpflegung und Wohnung. Es nimmt unter solchen Umständen nicht Wunder, wenn manche Schwestern sagen: „Lieber Putzfrau als Krankenschwester!"

Spürbarer Schwesternmangel

Der Erfolg bleibt nicht aus. Es wird immer schwieriger, Krankenschwestern zu bekommen. Der Schwesternmangel macht sich immer stärker bemerkbar. Nicht selten gehen Schwestern in Fabriken, weil sie dort mehr verdienen. Aber auch die Nachwuchsfrage wurde bereits zu einem Problem. Für die verbleibenden Schwestern wird der Dienst, der verantwortungsvoll ist und vollen Einsatz verlangt, zwangsläufig immer anstrengender. Die logische Folge ist, daß auch sie die Lust an ihrem Beruf verlieren. Oder eines Tages unter der Last der Arbeit zusammenbrechen. Auf jeden Fall aber dürfte letzten Endes der Kranke, der auf die Hilfe anderer angewiesen ist, unter den Auswirkungen leiden.

Im vergangenen Jahr bezahlte die Stadt Hanau an den Diakonieverein für 52 Voll- und Lernschwestern monatlich rund 7 000 Mark zuzüglich des Arbeitgeberanteils zur Sozialversicherung. Außerdem kam sie für die Verpflegung und Wohnung auf. Das wäre ein Durchschnittsbetrag von rund 135 Mark für eine Schwester. Bei dieser Rechnung darf man nicht vergessen, daß ein Teil der Schwesternschaft aus Lernschwestern besteht, die sich mit einem Taschengeld von monatlich rund 20 Mark zufrieden geben müssen. An eine Vollschwester – gleichgültig, ob Diakonie- oder Gastschwester – bezahlte im vergangenen Jahr der Diakonieverein monatlich rund 75 bis 80 Mark. Dabei stellen die Gastschwestern ihre Bekleidung zum größten Teil selbst. Die Differenz zwischen der Einnahme und den ausbezahlten Gehältern behält der Diakonieverein für andere Zwecke ein.

Das Problem muß gelöst werden

Im Verlauf der gestrigen Besprechung wurde festgestellt, daß man den Gastschwestern nicht zumuten könne, sich mit einer untertariflichen Bezahlung zufrieden zu geben, selbst wenn die Diakonieschwestern aus ideellen Gründen auf ein tarifliches Entgeld verzichten sollten. Es wurde erklärt, daß sich die katholischen Ordensschwestern mit einem nicht mehr nennenswerten Taschengeld zufrieden geben, aber daß die von ihnen versorgten Krankenhäuser die Gastschwestern meistens tarifmäßig bezahlen.

Es wird schwierig sein, das Problem des Schwesternmangels zu lösen. Man wird sich wohl daran gewöhnen müssen, daß die Krankenschwester einen Beruf ausübt, der mit einem ausreichenden materiellen Hintergrund ausgestattet sein muß. Verständlich ist, daß die Stadt Hanau den Vertrag mit dem Diakonieverein aus Billigkeitsgründen nicht lösen kann. Ebenso verständlich ist auch, daß es nicht angeht, die Schwestern eines Krankenhauses in zwei Gehaltsgruppen zu spalten. Deswegen wird man auch schwerlich auf den § 12 des Vertrages verzichten können. Aber es ist untragbar, daß Hausmädchen und Küchenhilfen besser bezahlt werden als die Krankenschwestern, die einen schweren und verantwortungsvollen Beruf ausüben.

Hanauer Anzeiger, 07.09.1951

Bundespost muß entlassene Frauen wiedereinstellen

Frankfurt (lh). — Das Arbeitsgericht Frankfurt hat entschieden, daß Entlassungen verheirateter weiblicher Angestellter gemäß Paragraph 17 der Tarifordnung für Angestellte des öffentlichen Dienstes in Widerspruch zum Paragraphen 1 des vom Bundestag entlassenen Kündigungsschutzgesetzes stehen und rechtsunwirksam sind. Die Postgewerkschaft hatte im Namen von dreißig Frauen geklagt und gefordert, die Entlassungen rückgängig zu machen. Nach Paragraph 17 der TOA können verheiratete weibliche Angestellte entlassen werden, wenn ihre wirtschaftliche Versorgung durch das Einkommen des Ehemannes gesichert erscheint.

Hanauer Anzeiger, 19. 12. 1951

Hanauer Anzeiger, 07. 11. 1952

Protest gegen SS-Treffen

Eine Resolution des DGB Hanau

Der Vorstand des DGB-Kreisausschusses und der Kreisfrauenausschuß Hanau faßte in seiner Sitzung vom 4. November folgende Resolution: „Der Nazismus, der Millionen von Menschen in Konzentrationslägern und Zuchthäusern grausam folterte und ermordete, der die ganze Welt in ein Meer von Blut und Tränen stürzte, Europa — und besonders Deutschland — in ein Trümmerfeld verwandelte, der den guten deutschen Namen mit Schmach und Schande bedeckte und das deutsche Volk zum Paria unter den Völkern werden ließ, dieser Nazismus erhebt wieder frech das Haupt. Ausgerechnet Angehörige der als Verbrecherorganisation gebrandmarkten SS wollen am 23. November 1952 in Bad Homburg v. d. H. ein Treffen durchführen. Der Vorstand des DGB-Kreisausschusses Hanau erhebt im Namen von 25 000 Gewerkschaftsmitgliedern flammenden Protest gegen dieses unerhörte Beginnen. Er bittet den Landesbezirksvorstand, von der hessischen Regierung zu verlangen, daß dieses Treffen verboten wird und daß notfalls die staatlichen Machtmittel hierzu eingesetzt werden."

„Das Spiel mit Bleisoldaten und Panzern ist gefährlich"

Flugblätter werden vor Kaufhäusern und Geschäften verteilt

HANAU. Nach den sozialdemokratischen Frauen haben nun auch die Frauen und die Jugendlichen in der Industriegewerkschaft einen Aufruf an die Eltern erlassen, ihren Kindern kein Kriegsspielzeug zu kaufen.

Der Frauen- und der Jugendausschuß der IG Chemie, Verwaltungsstelle Hanau, erklärte, Weihnachten als Fest des Friedens und der Menschlichkeit lasse sich nicht mit Spielzeugpanzern und Kanonen vereinbaren. Seit dem letzten Mittwoch verteilen junge Gewerkschafter und gewerklich organisierte Frauen vor Kaufhäusern, Spielzeuggeschäften und auf den Straßen in Hanau, Gelnhausen, Freigericht und in Fulda Flugblätter, auf denen Eltern und alle, die Kindern zu Weihnachten Geschenke machen wollen, gebeten werden: „Schenken Sie den Kindern kein Kriegsspielzeug zu Weihnachten."

Weiter heißt es in dem Aufruf der Gewerkschafter: „Bedenken Sie, daß sie damit vor ihren Kindern den Krieg verniedlichen und Weihnachten, das Fest des Friedens und de Menschlichkeit, verfälschen. Sie selbst habe zum großen Teil den Krieg und seine furcht baren Folgen erlebt. Noch heute trägt unse Volk viele sichtbare und unsichtbare Wunden Ihr Kind aber weiß nichts davon, ihm wir der Krieg beim Umgang mit kleinen Panzer und Kanonen als erregendes Spiel, als da große Abenteuer vorkommen. Es wird nich wissen, daß jeder im Spiel getötete Bleisolda im Ernstfall ein Mensch ist, der sein Lebe lassen muß, um den seine Familie trauert un der seinen Kindern fehlt." Und weiter heiß es: „Die Verantwortung für ihr Kind liegt be Ihnen, helfen sie ihm, kaufen Sie ihm Spielsachen, die seine schöpferischen Anlagen entwickeln helfen, kaufen Sie Bücher und anderes Spielzeug, durch das es wirklich etwas lernen kann."

Am heutigen Samstag wird vor den Kaufhäusern in und um Hanau die Flugblattaktio der Gewerkschafterinnen und der Gewerkschaftjugend fortgesetzt. wr

Frankfurter Rundschau, November 1970

„Die bisherige Alterssicherung der Frau war ein Skandal"

HANAU. Über die von der Bundesregierung konzipierten Reformen im Eherecht, Sexualstrafrecht und in Fragen der Schwangerschaftsunterbrechung diskutierten in dieser Woche die Gewerkschafterinnen des DGB-Kreises Hanau und einige männliche Gewerkschaftskollegen.

Mit diesen drei brisanten umfangreichen Komplexen hatte man sich ein bißchen viel vorgenommen, und es blieb daher nicht aus, daß die Problematik nur angerissen werden konnte und daß die Bundestagsabgeordnete Dr. Helga Timm, Mitglied der mit den Vorarbeiten betrauten Ausschüsse und Kommissionen von ihrem erheblichen Informationsvorsprung her am meisten auf dem Podium gefordert wurde. Rechtsanwalt Hans-Joachim Dörr, Hanau, und Pfarrerin Christiane Glocksin auf dem Podium und die zahlreichen Zuhörerinnen gaben der Abgeordneten Hinweise in Fülle und die von ihr sehr nachdrücklich gewünschten Hinweise über die Forderungen der Bevölkerung zu den vorgelegten Entwürfen.

Zum neuen Eherecht, das das bisherige Schuldprinzip mit all seinen unwürdigen Begleiterscheinungen abschaffen und erstmals den Frauen auch eine klare materielle Absicherung für das Alter und einen Ausgleich für das für die Familie Geleistete zugesteht, erklärte Dr. Timm: „Die bisherige Altersabsicherung war ein Skandal", und Rechtsanwalt Dörr betonte, „daß bisher eine Unterhaltsregelung an die Schuldfrage geknüpft war, ist eine schreiende Ungerechtigkeit". Dr. Timm wies nach, daß mit dem Gesetzentwurf erstmals ein emanzipatorischer Durchbruch in der Gesellschaftspolitik sich abzeichne.

Zum Sexualstrafrecht stellte die Abgeordnete heraus, daß es hier nicht darum gehe, Pornographie „freizugeben", sondern Dinge, die in den persönlichen Bereich der Bürger gehören, nicht mehr unter die Strafgesetze des Staates zu stellen.

Wie überall in den öffentlichen Diskussionen zeichnete sich auch vor diesem Kreise eine noch weitgehende Unsicherheit zum Problem der Schwangerschaftsunterbrechung und zur Findung von Maßstäben ab, wem die Verantwortung für eine Unterbrechung zufallen soll. Die Frage blieb offen, ob Ärzte oder andere Stellen oder jede Frau selbst entscheiden soll, ob sie ein Kind haben will, ob sie es unterhalten, erziehen, ausbilden kann. Wiederholt wiesen die Gewerkschafterinnen darauf hin, daß das Problem in erster Linie die sozial schwächer gestellte Frau betrifft.

„Wer Geld hat, kann heute ins Ausland reisen und eine unerwünschte Schwangerschaft unterbrechen lassen, die anderen Frauen sind nach wie vor die Opfer von Kurpfuschern und Engelmachern, müssen gesundheitliche Schäden und Angst vor Strafverfolgung in Kauf nehmen oder unter Voraussetzungen Kinder zur Welt bringen und großziehen, die diesen Kindern von vornherein nur ein Leben fünfter Klasse bescheren", erklärten Gewerkschafterinnen. wr.

Hanauer Anzeiger, 24.04.1971

CDU-Stadtverordneter erstattet Anzeige gegen Vera Tschechowa

HANAU. Der Hanauer CDU-Fraktionsgeschäftsführer F. Gerster hat bei der Staatsanwaltschaft München Anzeige gegen die Schauspielerin Vera Tschechowa wegen Verstoßes gegen den Paragraphen 218 erstattet und in seinem Brief an die Staatsanwaltschaft erklärt: „Ich wünsche, daß Frau Tschechowa und sämtliche anderen 374 Frauen, die in dem Hamburger Magazin („stern") offen erklärten, daß sie abgetrieben haben, verurteilt werden." Franz Gerster führte aus, der demokratische Staat mache sich unglaubhaft, wenn mittellose, arme, notleidende Frauen wegen Abtreibung laufend gerichtlich bestraft würden, „während prominente, in Wohlstandsüberfluß lebende Stars in einmalig unverschämt zynisch-provokatorischer Weise vollzogene Abtreibung publizieren". Die vielfältigen Verhütungsmittel einschließlich der Pille bei sozialen, schwerwiegenden Notständen einzusetzen, halte er für gerechtfertigt. „Abtreibung der Leibesfrucht jedoch kann unter verschiedenen Umständen mit Mord gleichgesetzt werden und muß strafbar bleiben." wr.

Frankfurter Rundschau, 08.10.1971

Sie treten für die „Fristenlösung" ein

Dienstag Podiumsdiskussion in der Stadthalle/Erster Höhepunkt einer Informationskampagne

HANAU AM MAIN. Auf dem Podium und im Saal wollen sich am morgigen Dienstag erstmals in Hanau Befürworter und Gegner einer Reformierung des Strafrechtsparagraphen 218 treffen, um das besonders in den letzten beiden Jahren heiß umkämpfte Thema „Straffreiheit bei Schwangerschaftsabbruch in den ersten drei Monaten" zu diskutieren. Die Arbeitsgemeinschaften sozialdemokratischer Frauen und der DGB-Kreisfrauenausschuß haben für Dienstag, 20 Uhr, in den Schloßgartensaal der Stadthalle eingeladen.

Diese Frauen in der SPD und im DGB treten für die „Fristenlösung" ein, sie sehen im Paragraphen 218 — so liest man es auf den Plakaten im Stadtgebiet „100 Jahre Not und Angst für unvermögende Frauen". An der von Chefredakteur Helmut Blome geleiteten Podiumsdiskussion werden Ministerialrätin Dr. Ellen-Gisela Wolf aus Wiesbaden als Juristin, der Frauenarzt Dr. Korek aus Offenbach, Dechant R. Koch, Hanau, Pfarrer Hans Mener, Rodenbach, sowie Sprecherinnen der Arbeitsgemeinschaften der SPD-Frauen von Hanau-Stadt, Hanau-Land und des DGB teilnehmen.

Der Bundestagsabgeordnete Gerhard Flämig, der nach der Sommerpause des Bundestages über die vier eingebrachten Gesetzesvorlagen abzustimmen hat, wird zu dieser Veranstaltung eigens für drei Stunden aus Brüssel anreisen. Diese Veranstaltung ist der erste Höhepunkt einer Informationskampagne, die die SPD-Frauen vor kurzem begonnen haben, nachdem nicht nur durch die Einbringung der Gesetzesvorlagen im Bundestag, sondern auch durch heftige Diskussionen in Hanau das Thema erneute Aktualität gewonnen hat.

Am vergangenen Wochenende haben die SPD-Frauen auf dem Hanauer Marktplatz erneut Flugblätter verteilt, auf denen sie ihre Gründe darlegten, warum sie für die Fristenlösung eintreten. Ebenfalls am Samstag hatten die SPD-Frauen von Dörnigheim einen Informationsstand auf der Kennedystraße und die Frauen von Bergen-Enkheim Informationsstände in den Stadtteilen Bergen und Enkheim errichtet, mit Passanten diskutiert, Flugblätter verteilt und Unterschriften gesammelt.

Nach der öffentlichen Diskussion sollen weitere Aktionen vor den Großbetrieben in Hanau und Umgebung folgen. In den einzelnen Landkreisgemeinden haben in den letzten Tagen öffentliche Diskussionsabende der SPD-Frauen in Bischofsheim und Langenselbold stattgefunden, am kommenden Mittwoch spricht zum gleichen Thema Monika Woythal in Nidderau, weitere Diskussionsabende in den Gemeinden des Landkreises Hanau sind in Vorbereitung. wr.

Frankfurter Rundschau, 25.06.1973

Frankfurter Rundschau, ca.1974

Wehrdienst höher bewertet als Kindererziehung

DGB will das Berufsbild der Frau verbessern / Zahlreiche Reformen angestrebt

HANAU. Die berufstätigen Frauen im Hanauer Raum wollen dazu beitragen, daß sich die Öffentlichkeit ein zutreffendes Bild über die Stellung der Frau in der Arbeitswelt machen und zu notwendigen Reformen beitragen kann. Der DGB-Frauenausschuß für den Raum Hanau—Gelnhausen—Schlüchtern und Büdingen stellte das neue DGB-Programm für Arbeitnehmerinnen vor.

Die Leiterin der Abteilung Frauen beim DGB-Landesbezirk Hessen, Anneliese Tuchscheer, erläuterte die Grundsätze und Forderungen der gewerkschaftlich organisierten Frauen, die durch eine umfassende Befragung der Arbeitnehmerinnen durch den DGB-Bundesvorstand ermittelt wurden. Diese Befragung ergab, daß die Arbeitnehmerinnen an die erste Stelle ihre Forderung nach gleichem Lohn für gleiche Arbeit setzen.

Weiter wollen die Frauen eine Herabsetzung der Altersgrenze für den Bezug des Altersruhegeldes, gleiche zukunftsorientierte Lehrpläne für Mädchen und Jungen, genügend gesunde Wohnungen zu erschwinglichem Mietpreis, gleiche berufliche Aufstiegsmöglichkeiten, mehr Ganztagsschulen und einen Bildungsurlaub für alle Arbeitnehmer. Außerdem fordern sie einen Härteausgleich in der Rentenversicherung für jene Renten, auf die sich die jahrzehntelange Unterbezahlung der Frauen auswirkt, ausreichend Kindertagesstätten, Spielplätze, Kinderwohnheime und Kinderdörfer und erweiterte Mitbestimmungsmöglichkeiten. Weiter wollen sie einen allgemeinen Übergang zum Gesamtschulsystem und den Ausbau eines eigenständigen Renten- und Pensionsanspruchs der Frau erreichen, wobei die Zeiten der Kindererziehung als Beitragszeit in der Rentenversicherung und — bei den Beamten — als ruhegehaltsfähige Dienstzeit anerkannt werden. In der Tat ist es nach wie vor so, daß etwa die Wehrdienstzeit angerechnet und damit von der Gesellschaft höher bewertet wird als die Erziehung von Kindern. Auf diese Forderungen der Frauen hat der DGB sein „Programm für Arbeitnehmerinnen" abgestellt, das aber, wie Anneliese Tuchscheer, der Vorsitzende des DGB-Kreises Hanau, Sepp Sigulla, und die Vorsitzende des DGB-Frauenausschusses, Käthe Makko, betonten, für alle Gewerkschafter und nicht nur für die Frauen vorbildlich sein soll.

Der DGB-Kreisfrauenausschuß will, wie Käthe Makko ankündigte, in Tageslehrgängen, öffentlichen Diskussionen und mit einer umfassenden Aufklärungsarbeit das neue Arbeitnehmerinnenprogramm ins Bewußtsein der Öffentlichkeit bringen. wr.

Mädchen haben es bei der Suche nach Lehrstellen besonders schwer

Umfrage im Raum Hanau ergab: viel zu wenig Ausbildungsplätze

HANAU. Daß viele junge Menschen im Hanauer Raum keine Lehrstelle finden, hat auch den DGB-Kreisjugendausschuß beunruhigt. Und weil es weder eine amtliche noch eine andere Stelle gibt, die eine Übersicht über die tatsächliche Situation der Jugendlichen im Hanauer Raum hat, haben Kreisjugendausschuß des DGB, Schülerräte aus Kreis und Stadt Hanau und die Jugendbildungsstätte Ronneburg einen gemeinsamen Versuch unternommen, über eine Umfrage zu ermitteln, wie es mit der Lehrstellenverknappung steht und welche Erfahrungen die Jugendlichen gemacht haben. In dieser Woche haben die Initiatoren ihre umfangreiche Fleißarbeit vorgelegt, die sich auf die Auswertung von 669 ausgefüllten Fragebogen (1500 ausgegeben) stützt.

Von den Befragten hatten 45 Prozent einen „Hauptschulabschluß" und 54 Prozent die „Mittelschulreife". 71 Prozent der Schulabgänger wollten einen Lehrberuf ergreifen, vier Prozent streben eine Anlernzeit an, 18 Prozent wollen weiter die Schule besuchen, sechs Prozent waren noch unentschlossen. 40 Prozent von jenen, die sich für eine Lehrstelle beworben haben, waren zum Zeitpunkt der Befragung abgelehnt worden oder hatten noch keine Antwort auf ihre Bewerbung erhalten. 20 Prozent waren überall, wo sie es versucht hatten, abgelehnt worden. Es wurden mehr Realschüler als Hauptschüler abgelehnt.

Ganz besonders schwer ist es für Mädchen, eine Lehrstelle zu finden: 49 Prozent aller Mädchen hatten zum Zeitpunkt der Befragung einen abschlägigen Bescheid oder keine Antwort erhalten. Von den angenommenen Bewerbern gehen 58 Prozent in Kleinbetriebe oder ins Handwerk. Banken und Versicherungen lehnten dagegen zu 79 Prozent der Bewerbungen, die Großindustrie 65 Prozent ab. Der größte Hanauer Betrieb hat nach dieser Befragung von 190 Schulabgängern, die sich bei ihm um eine Lehrstelle beworben haben, 40 angenommen. Eine Befragung von Betriebs- und Personalräten im DGB-Kreis Hanau habe diese hohen Ablehnungsquoten bestätigt und zugleich nachgewiesen, daß auch Klein- und Mittelbetriebe in diesem Jahr teilweise erheblich weniger Lehrstellen als in früheren Jahren zur Verfügung stellten.

Weiter habe die Umfrage ergeben, daß 37 Prozent der befragten Schulabgänger sich nur in einem Lehrberuf bewerben konnten, der nicht ihren Berufswünschen entspricht.

„Mit diesen Ergebnissen läßt sich eine Verschärfung der Auseinandersetzung um die Reform der Berufsausbildung feststellen", resümierten die jungen Gewerkschafter. „Nachdem aufgrund der langjährigen Forderungen der Gewerkschaften die Reform der beruflichen Bildung endlich in Angriff genommen werden soll und erste Reformschritte von der Bundesregierung eingeleitet wurden, führen die Organisationen der Unternehmer jetzt verstärkt eine gezielte Kampagne gegen die Reform der Berufsbildung", erklärten DGB-Kreisjugendausschuß und Schülerrat. Obwohl sich die Unternehmer langfristig keine Verknappung der Ausbildungsplätze leisten könnten, weil sie nach wie vor auf Fachkräfte angewiesen seien, suchten sie mit der Verknappung der Ausbildungsplätze die Reform der Berufsbildung zu verhindern.

Damit sollten diejenigen unter Druck gesetzt werden, die eine qualifizierte Ausbildung für alle Jugendlichen fordern. Die Leidtragenden seien die zahlreichen Schulabgänger, die überall abgelehnt wurden oder keine Antwort auf ihre Bewerbungen erhielten. Durch monatelanges Schweigen auf Bewerbungen solle offensichtlich Angst und Unsicherheit erzeugt werden. Für die Schüler, die keine Lehrstelle bekommen, solle ein Berufsgrundbildungsjahr eingerichtet werden, das die Berufswünsche der Schüler berücksichtige, forderten die jungen Gewerkschafter und Schülerräte. „Die zuständigen Stellen" wurden aufgefordert, sofort mit der Planung zu beginnen, damit diese Schüler im nächsten Jahr nicht wieder vergeblich nach einer Lehrstelle suchen müßten. wr.

Frankfurter Rundschau, 31.05.1974

Frauen von Kliniken abgewiesen

Gewerkschafterinnen: Kompromißlösung zum „218" ist unzureichend

Von unserem Redaktionsmitglied Ilse Werder

HANAU. Mit einer erneuten Forderung nach der sogenannten „Fristenlösung" bei der Reformierung des Paragraphen 218 ist am Samstag eine ganztägige Konferenz der im DGB-Kreis Hanau organisierten Gewerkschafterinnen zu Ende gegangen, die einmütig die jetzt geltende Kompromißlösung aufgrund des Bundesverfassungsgerichtsurteils als unzureichend verurteilte. Weiterhin wurde kritisiert, daß auch im Main-Kinzig-Kreis Frauen von Krankenhäusern abgewiesen würden, bei denen nach ärztlichem Gutachten die Voraussetzungen für eine Indikation als gegeben festgestellt seien. Damit werde das Gesetz nicht einmal in seiner jetzt bestehenden, unzureichenden Form verwirklicht. Gefordert wurden auch mehr unabhängige Beratungsstellen, damit für die Betroffenen eine wirkliche freie Auswahl der Beratungsstelle erfolgen könne.

Zu einer heftigen Diskussion kam es, als eine Teilnehmerin die Beratungsstellen von „pro Familia" als staatliche Kontrollstellen bezeichnete, die Frauen registrieren und bevormunden und moralisierende Einflußnahmen auf die Entscheidung der Frauen versuchten. Aus der Versammlung wurde festgestellt, solche pauschalen Behauptungen ohne konkrete Nachweise von Roß und Reiter müßten — besonders für die Hanauer Beratungsstelle — zurückgewiesen werden.

In weiteren Anträgen forderten die 80 Delegierten, die 8000 organisierte Frauen im Main-Kinzig-Kreis vertraten, daß alleinstehenden Elternteilen die während ihrer Arbeitszeit für die Kinderbetreuung entstehenden Aufwendungen vom Finanzamt als Sonderausgaben anerkannt werden. Dieser Antrag geht an den DGB-Bundesvorstand, der in diesem Sinne auf den Gesetzgeber einwirken soll.

Weitere angenommene Anträge forderten vom DGB-Bundesvorstand neue Initiativen zur Bekämpfung von Arbeitslosigkeit und mehr Aufklärung über die systembedingten Ursachen dieser Entwicklung. Dabei solle besonders Fragen der Frauen- und der Jugendarbeitslosigkeit mehr Aufmerksamkeit gewidmet werden. Der Gesetzgeber wurde aufgefordert, den Paragraphen 13 des Mutterschutzgesetzes so zu verändern, daß den werdenden Müttern während der Schutzfrist keine Benachteiligungen bei Lohn- und Gehaltserhöhungen während dieser Frist entstehen, dies soll auch für vermögenswirksame Leistungen gelten.

Humanere Regelungen des Zusammenlebens

Die Konferenz wählte einen neuen Kreisfrauenausschuß, der nunmehr 31 Mitglieder aus allen Einzelgewerkschaften umfaßt. Die Vorsitzende des Ausschusses soll bei der ersten Zusammenkunft aus diesem Gremium heraus gewählt werden.

In einer einstimmig angenommenen Resolution protestierten die Frauen dagegen, daß „faschistische Nachfolgeorganisationen" in immer unverschämterer Weise auftreten und ungehindert zu öffentlichen Veranstaltungen aufrufen könnten, in denen der Krieg verherrlicht werde. Diese Resolution bezog sich auf das HIAG-Treffen am gestrigen Sonntag in Wächtersbach. (Siehe Bericht auf dieser Seite.)

Im Mittelpunkt der Konferenz der Gewerkschafterinnen im Main-Kinzig-Kreis stand ein Referat der Bundestagsabgeordneten Dr. Helga Timm über das reformierte Ehe- und Familienrecht. Dr. Timm erklärte, diese Reform habe eine so tiefgreifende Bedeutung für die gesellschaftliche Entwicklung wie die Einführung der paritätischen Mitbestimmung — bei beiden Reformgesetzen gehe es um den Abbau von Vorherrschaft, um humanere und hilfreichere Regelungen des Zusammenlebens. Die bisherig geltenden Ehe- und Familiengesetze seien von patriarchalischen Gesellschaftsstrukturen ausgegangen. Der Gesetzgeber habe jetzt die Chance zu mehr Partnerschaft eröffnet. „Ob wir sie nutzen, liegt an uns", erklärte die Referentin, zudem müßten sich die Frauen bewußt werden, daß mehr Freiheitsraum auch mehr Verantwortung bedeute.

Aufgeräumt worden sei endlich auch mit dem berüchtigten Paragraphen 1356, der die Zustimmung des Mannes zur Berufstätigkeit der Frau voraussetzte, sie gleichwohl aber verpflichtete, zum Lebensunterhalt der Familie beizutragen, wenn der Mann dies nicht schaffe, „im umgekehrten Sinne" sei noch nie von einem Mann gefordert worden, die Frau zu unterstützen, wenn sie allein ihre Aufgaben in Haushalt und Kindererziehung nicht mehr schaffen könne.

Dr. Timm verwies auch auf die „phänomenale" Änderung im Namensrecht, die es endlich möglich mache, die bisher gegebene Selbstverständlichkeit, daß eine Frau ihren Namen bei der Eheschließung aufgeben müsse, zu durchbrechen. Mit den neuen Regelungen im Scheidungsrecht werde erstmals auch materiell die Leistung der Frau für die Familie honoriert. (Versorgungsausgleich). Bisher sei die Altersversorgung der geschiedenen Frau eins der dunkelsten Kapitel in der deutschen Rechtsgeschichte gewesen.

Gewarnt wurden die Frauen von der Referentin, die selbst bei der Gestaltung des neuen Eherechts mitgewirkt hat, vor dem Abschluß von sogenannten „Eheverträgen", hier sei ein Weg offengelassen worden, den Versorgungsausgleich auszuschließen. Dieser Weg berge aber gerade für Frauen Gefahren und gebe Möglichkeiten zur „Erpressung" vor der Eheschließung. wr

Frankfurter Rundschau, 15. 11. 1976

„Keine gleichberechtigten Arbeitnehmer"

Frauenausschuß des DGB für Maßnahmen zur Verringerung der Frauenarbeitslosigkeit

MAIN-KINZIG-KREIS. Für geeignete Maßnahmen zur Verringerung der Frauenarbeitslosigkeit und gegen Rationalisierungsfolgen in der Industrie und im Öffentlichen Dienst setzt sich der Kreisfrauenausschuß des DGB ein. Er solidarisiert sich mit den Forderungen, die anläßlich der neunten Bundesfrauenkonferenz des DGB Anfang Juni in Saarbrücken erhoben wurden. Die Ausschußvorsitzende Susanne Greune und Charlotte Baake informierten die Kreis-Gewerkschafterinnen bei ihrem jüngsten Treffen über Ergebnisse der Bundeskonferenz. Noch seien Frauen „keineswegs gleichberechtigte Arbeitnehmer". Das beweise auch die Tatsache, daß sie „arbeitsloser" seien als Männer. Im Main-Kinzig-Kreis waren von insgesamt 5200 Arbeitslosen (Ende Juni 1977) 2905 Frauen.

Es sei kein Geheimnis, daß den Rationalisierungsstrategien der Unternehmen zuerst die schlecht ausgebildeten Arbeitskräfte zum Opfer fielen. 51 Prozent der weiblichen, aber nur 27 Prozent der männlichen Arbeitnehmer haben keine abgeschlossene Berufsausbildung. Wenn man nach den Ursachen für die höhere Arbeitslosigkeit der Frauen suche, sei von wesentlicher Bedeutung, daß über Menge und Art der Ausbildungsplätze und über betriebliche Weterbildung und Aufstiegschancen die Unternehmer entschieden. Deshalb müsse für weibliche Arbeitnehmer die Notwendigkeit einer qualifizierten Erstausbildung betont und die Bereitstellung von ausreichenden Ausbildungsplätzen für Mädchen auch in bisher nur Männern vorbehaltenen Berufen gefordert werden.

Die Förderung von Teilzeitplätzen sei jedoch kein Mittel, um eine ausreichende Beschäftigungssituation für die Frauen zu garantieren. Übereinstimmung zwischen Kreisfrauenausschuß und Bundeskonferenz auch beim Thema Rationalisierung. Die Einführung und Weiterentwicklung neuer Technologien, die Veränderung der wirtschaftlichen Struktur und die Anpassung an die Marktgegebenheiten führten zu teilweise drastischen Veränderungen der Betriebsorganisation, des Arbeitsablaufes, der Arbeitsmethoden und der Inhalte sowie zum Abbau von Arbeitsplätzen.

Eine gesellschaftspolitische Frage ersten Ranges sei auch die Entlohnung von Frauen. Ein wesentlicher Grund für die Lohndiskriminierung der Frauen liege in einseitigen Beurteilungskriterien der Arbeit. Die Bewertung der Arbeit erfolge vorwiegend nach der aufgewandten Körperkraft, ohne dem Umstand genügend Rechnung zu tragen, daß viele Arbeiten mit einem hohen Maß an Konzentration, nervlicher Belastung und nachteiligen Umwelteinflüssen verbunden seien.

Die Gewerkschafterinnen befaßten sich auch mit der Reform des Paragraphen 218. Bedauert wurde, daß die Fristenregelung nicht Gesetz geworden ist. Die jetzt bestehende Regelung müsse besser als bisher verwirklicht werden. Dies könne nur erreicht werden, wenn genügend Beratungsstellen angeboten würden und wenn bei vorliegender medizinischer Indikation die Voraussetzung zur Durchführung eines Eingriffes geschaffen würden. Solange dies nicht realisiert sei, würden die Frauen weiterhin in die Hände von Kurpfuschern getrieben.

Frankfurter Rundschau, 01.08.1977

Nichts an historischer Bedeutung verloren

Auch in diesem Jahr internationaler Frauentag in Hanau / Protest gegen DGB-Beschluß

HANAU / MAIN-KINZIG-KREIS. Nicht demütig hinnehmen wollen die Frauen in der IG Metall jenen inzwischen bundesweit kritisierten Beschluß des DGB-Bundesvorstandes, wonach sich der DGB und seine Gliederungen nicht an Veranstaltungen zum 8. März, dem Internationalen Frauentag, beteiligen werde, da es sich hier um einen „parteipolitisch geprägten Gedenktag“ handele.

Der IG-Metall-Frauenausschuß Hanau hat deshalb in einer Resolution an den DGB-Bundesvorstand gefordert, „diesen Beschluß zurückzunehmen und den Internationalen Frauentag am 8. März aktiv zu begehen“. In der Resolution aus dem Main-Kinzig-Kreis heißt es, die Begründung des DGB-Vorstands könne von den Frauen in der IG Metall nicht akzeptiert werden. „Unerklärlich ist für uns, warum gerade dieser Tag dem Prinzip der Einheitsgewerkschaften widersprechen soll“, erklärten die Frauen.

„Wenn dies so wäre, müßte ebenso der 1. Mai, der auf Grund des Beschlusses der II. Internationale 1889 ins Leben gerufen wurde, genauso der Einheitsgewerkschaft widersprechen.“ Die Frauen verweisen den DGB-Bundesvorstand darauf: „Gerade in der heutigen Zeit, in der unsere Gegner massiv angetreten sind, die Gewerkschaften zu diffamieren und zu spalten, brauchen wir uns unserer Vergangenheit nicht zu schämen.“

Außerdem habe der 8. März nichts an seiner historischen Bedeutung als Kampftag der Frauen für Frieden und für Gleichberechtigung in allen Lebensbereichen, für gleichen Lohn für gleiche Arbeit und für das Recht auf Ausbildung und Arbeit für alle verloren.

Der Frauenausschuß Hanau werde deshalb in diesem Sinne auch in diesem Jahr den Internationalen Frauentag begehen. Für Mittwoch, den 5. März, lädt er um 17 Uhr ins DGB-Jugendheim Hanau zu einer Filmveranstaltung „mit, über, und für Frauen“ ein. Gezeigt wird der berühmte Film „Das Salz der Erde“, in dem es um den legendären Streik mexikanisch-amerikanischer Bergarbeiter aus dem Jahre 1950 in Silver City geht, in dem die Frauen eine bedeutende Rolle gespielt haben. Die Veranstaltung ist öffentlich, der Eintritt frei.

Darüber hinaus wollen sich zahlreiche Frauen aus der IG Metall am kommenden Samstag an der großen Feier zum Internationalen Frauentag im Haus der Jugend in Hanau, 19 Uhr, beteiligen. An diesem Tag wollen alle mit der Arbeiterbewegung und der Frauenbewegung verbundenen Gruppen und Einzelpersonen erstmals in Hanau den Internationen Frauentag gemeinsam begehen. wr

Frankfurter Rundschau, 05.02.1980

Frankfurter Rundschau, 09.03.1979

Am meisten betroffen sind die Frauen

Gewerkschaftliches Engagement nimmt zu / Für Tarifauseinandersetzung rüsten

HANAU/MAIN-KINZIG-KREIS. „Ich träume oft davon, daß ich kassiere und kassiere und wenn ich fertig bin und gehen will, stimmt die Kasse nicht." Solche Alpträume hat nicht nur die 31jährige Marie S., verheiratet und Kassiererin an der Lebensmittelkasse eines großen Hanauer Kaufhauses. Die rund 200 000 Kassiererinnen in Verbrauchermärkten und Kaufhäusern in der Bundesrepublik sind in der Mehrzahl nervös, leiden an Schlafstörungen, Kreislaufbeschwerden, Bewegungsstörungen der Gelenke, Rückenschmerzen, Beinbeschwerden, aber auch an häufigen Ängsten, die mit ihrer Arbeit zusammenhängen. Ein Forschungsbericht des Bundesarbeitsministers hat es jüngst erwiesen: Kassiererinnen leisten Schwerstarbeit. Kaum ein Arbeitsplatz entspricht den Anforderungen der Arbeitsmedizin, kaum ein anderer Beruf ruiniert so sehr die Gesundheit, wie der der Kassiererin.

Daß die Interessenvertretung der Beschäftigten im Einzelhandel, die Gewerkschaft Handel, Banken und Versicherungen, die jüngsten Forschungsergebnisse über die Arbeitsumwelt der Kassiererinnen im Augenblick per Faltblatt und auf jedem anderen nur möglichen Wege verbreitet, hängt nicht nur mit dem Umstand zusammen, daß endlich einmal eine solche Untersuchung stattfand und jetzt mit Aufsehen erregenden Ergebnissen vorgelegt wurde.

In diesen Tagen haben die Tarifverhandlungen für die Beschäftigten im Einzelhandel begonnen, und es geht jetzt darum, ganz konkret die Arbeitsbedingungen und die Vergütung für die Beschäftigten im Einzelhandel zu verbessern. Peter Lickfett, Geschäftsführer der Gewerkschaft HBV für den Bezirk Main-Kinzig, stellte gegenüber der FR dazu fest: „Die Mitarbeiter im Einzelhandel haben die schlechtesten Arbeitsbedingungen, die längste Arbeitszeit und die schlechteste Bezahlung, sie hinken in all diesen Bereichen um rund 20 Prozent hinter den Arbeitsbedingungen in der Industrie hinterher." Verkäuferinnen und Verkäufer, Kassiererinnen und sonstige Mitarbeiter in Kaufhäusern und Einzelhandelsbetrieben erhoffen sich von der neuen Tarifrunde entscheidende Verbesserungen ihrer Arbeitsbedingungen.

Um die Information und die Zusammenarbeit unter den Beschäftigten im Einzelhandel zu verbessern, hat die Gewerkschaft Handel, Banken und Versicherungen vor einigen Tagen in Hanau eine Fachgruppe Einzelhandel gegründet, die sich einige Arbeitsschwerpunkte gesetzt hat. Im engeren Hanauer Bereich sind — nach HBV-Geschäftsführer Peter Lickfett — rund 4000 Arbeitnehmer im Einzelhandel beschäftigt, von ihnen sind rund 70 Prozent Frauen. „Es kommt jetzt darauf an", so der neugewählte Vorsitzende dieser Fachgruppe Einzelhandel, Heinrich Zieres (Betriebsratsmitglied bei Hertie Hanau), „der Verhandlungskommission der HBV in den angelaufenen Auseinandersetzungen den Rücken zu stärken und konkrete Vorschläge zu erarbeiten."

Daß von den rund 4000 Einzelhandelsbeschäftigten im Raum Hanau und Maintal nur etwa 1800 gewerkschaftlich organisiert sind und damit etwas nachhaltiger zu dieser Rückenstärkung im Interesse aller ihrer Kollegen beitragen können, hat mehrere Gründe. Einmal sind viele der Beschäftigten im Einzelhandel Frauen, die nur Teilzeitverträge haben oder ihre Berufstätigkeit nur als eine vorübergehende Sache ansehen und deshalb nur geringes Interesse an der grundsätzlichen Verbesserung der Arbeitsbedingungen für alle Kollegen in diesem Bereich haben.

Überdies haben viele Frauen noch nicht gelernt, solidarisch und gemeinsam in solchen Fragen vorzugehen und dazu auch einmal etwas zu wagen. Frauen, meist zum Bravsein und zu fleißiger Anpassung erzogen, müssen oft eine große Hemmschwelle überwinden, bevor sie bereit sind, sich offensiv für ihre Interessen und die ihrer Kolleginnen einzusetzen. Zu dem kommt, daß die meisten von ihnen neben ihrer Berufstätigkeit noch Haushalt, Ehemänner und Kinder versorgen müssen und deshalb auch aus Zeitgründen und der ohnehin übermäßigen Belastung kaum noch zu gewerkschaftlichem Engagement in der Lage sind.

Trotzdem findet HBV-Geschäftsführer Peter Lickfett unter den bereits Organisierten immer eine stattliche Zahl besonders engagierter Frauen, die in den Betriebsräten mitarbeiten, als Vertrauensleute wirken und ihren Kollegen in allen Fragen mit Rat und Tat zur Seite stehen. Sie bemühen sich, ihre Kollegen aufzuklären, daß sich in einer Zeit, in der sich der Mensch gegen nahezu alle Wechselfälle des Lebens versichert, doch kaum etwas wichtiger ist als eine Vorsorge und Rückenstärkung am Arbeitsplatz. Dazu Peter Lickfett: „Das ist bitter nötig, hier muß Bewußtsein gebildet werden, wo man steht, daß Tarifverhandlungen die ureigenste Sache jedes einzelnen sind."

Daß es hier Erfolge gibt, läßt sich an den Mitgliederzahlen ablesen. Von null ist in den letzten beiden Jahrzehnten seit der Gründung dieser Gewerkschaft die Mitgliederzahl auf 325 000 gestiegen. Auch im Hanau-Offenbacher Raum hat es in den letzten Jahren eine stetige Aufwärtsentwicklung gegeben, und das nicht zuletzt, weil die konkrete Situation in den Betrieben die Mitarbeiter dazu zwang, sich nach Rückenstärkung umzusehen.

„Gerade im Einzelhandel hat sich in den letzten Jahren die Rationalisierungswelle voll ausgewirkt. Die Pro-Kopf-Leistung wurde hochgeschraubt, das Personal wurde weniger, freiwerdende Plätze wurden nicht mehr besetzt. Wo früher zwölf Leute in einer Abteilung gearbeitet haben, gibt es jetzt noch fünf oder sechs, und davon ist dann oft noch einer in Urlaub oder krank." Peter Lickfett verweist hier insbesondere auf den Lebensmittelbereich, in dem die Konzentration immer stärker fortschreitet und selbst den großen Kaufhauskonzernen zu schaffen macht.

Nachteilig wird sich letzten Endes für die Arbeitnehmer auch die „kapazitätsorientierte, variable Arbeitszeit", im Fachjargon KAPOFAX genannt, aus-

wirken. Hier werden Teilzeitbeschäftigte eingestellt, die nur noch nach den Bedürfnissen der Firma eingesetzt werden und praktisch auf Abruf zu Hause für jene Tage und Stunden bereitstehen, an denen Stoßgeschäft herrscht. Daß diese Arbeitskräfte — meist Frauen mit Familie, die froh sind, wenigstens ein ganz bescheidenes kleines Einkommen zu haben — nicht gerade zu jenen gehören, die mit den Kollegen um bessere Arbeitsbedingungen kämpfen, versteht sich am Rande.

Sie nehmen in K[illegible] [illegible]ch die Kollegen wehren: unverhältnismäßig lange Arbeitszeit, Samstagsarbeit, langes Stehen, schlechte Luft, schlechte Bezahlung, weniger Urlaub, weniger Urlaubsgeld, weniger Arbeitgeberanteil bei den vermögenswirksamen Leistungen, kein Anspruch auf Weihnachtsgeld, immer höhere Leistungsanforderungen, und das bei einem Bruttogehalt für Verkäuferinnen und Verkäufer von 1364 Mark in der Gehaltsgruppe 2 und 1030 Mark in der Gehaltsgruppe 1 für fertig ausgebildete Verkäufer. „Da werden zwar viele zu übertariflichen Sätzen eingestellt", berichtet Peter Lickfett, „aber das wird ihnen bei der nächstfälligen Tarifanhebung durch die Hintertür wieder genommen, die ‚vorgezogene' Anhebung wird verrechnet."

Zahlreiche Klagen hat Peter Lickfett auch hinsichtlich der Ausbildungsbedingungen und der Urlaubsregelungen vorzubringen, die ebenfalls Gegenstand der angelaufenen Verhandlungen sind. „Jetzt müssen wir überlegen, wie die neue Hanauer Fachgruppe die Verhandlungskommission unterstützen kann, notfalls durch Arbeitskampf." wr.

Frankfurter Rundschau, 10.03.1981

Alle einig im Wunsch nach Frieden und Gewaltlosigkeit

„Internationaler Frauentag" in Kesselstadt gefeiert

HANAU. Mehr als 300 Frauen aus dem Hanauer Raum feierten am Sonntagnachmittag und -abend im Haus der Jugend in Hanau-Kesselstadt den „Internationalen Frauentag" als Fest für Frieden und Gewaltlosigkeit auf allen Ebenen des persönlichen und gesellschaftlichen Lebens.

Dieser Internationale Frauentag (der 70. nach seiner Konstituierung durch Klara Zetkin bei einem Internationalen Frauenkongreß in Kopenhagen) wurde zum zweiten Male im Main-Kinzig-Kreis von den unterschiedlichsten Frauengruppen und Organisationen gemeinsam begangen, nachdem der erste Versuch im Jahre 1980 überaus erfolgreich verlaufen war. Nach zweistündigen Gesprächen bei Kaffee, Tee, Kuchen, Salaten, Käse und Wein — alles überreichlich von den teilnehmenden Frauen selbst zubereitet und gespendet — lief ein abwechslungsreiches Programm mit Songs, Musik und Wortbeiträgen ab, bei dem sich alle Frauengruppen auch kurz vorstellten.

Informationen gab es dabei über den „Verein Frauen helfen Frauen", die Frauen in der IG Metall, die Arbeitsgemeinschaft sozialdemokratischer Frauen, die Demokratische Frauen-Initiative Hanau, den Frauentreff Bruchköbel, die Frauengruppe Großauheim, die Chilenischen Frauen im Exil, den Verein „pro familia" und schließlich über den Verein der mit Ausländern verheirateten Frauen.

Alle Gruppen hatten darüber hinaus Informationsstände aufgebaut, an denen es neben Broschüren, Info-Blättern und Literatur auch aparte Handarbeiten aus der Dritten Welt gab. Alle Besucherinnen wurden mit einer roten Nelke und einem Begrüßungsschluck empfangen. In Resolutionen, Unterschriftenaktionen und den Beiträgen fast aller Sprecherinnen brachten die Frauen ihre Forderungen nach Frieden, Abrüstung und Gewaltlosigkeit zum Ausdruck. Heftige Kritik richtete sich mehrfach gegen die amerikanische Aufrüstung und die Stationierung von immer mehr Atomwaffen in Europa sowie gegen die massive militärische Einmischung der USA in El Salvador.

„Frauen für Frieden" und „Frauen gegen Gewalt" soll auch in nächster Zeit Thema der Informationsarbeit der beteiligten Frauengruppen bleiben. wr.

Frankfurter Rundschau, 16.03.1981

Auf der Lohnskala noch immer ganz unten

Arbeitsplatzsituation der Frauen durch Fragebögen erforscht / Keine Gleichberechtigung

HANAU/MAIN-KINZIG-KREIS. Auch ein „Jahr der Frau" hat nichts daran geändert: weibliche Arbeiterinnen und Angestellte sind im Berufsleben immer noch benachteiligt. Zu diesem traurigen Ergebnis kommt eine Fragebogenaktion zur „Arbeitssituation der Frauen", die der Kreisfrauenausschuß in 22 Wirtschaftsunternehmen und öffentlichen Verwaltungen in den vergangenen Monaten kreisweit durchgeführt hat. Streß, Monotonie und ungerechte Entlohnung prägen danach den beruflichen Alltag vieler Frauen, von denen trotz allem nicht wenige bereit wären, sich im Betrieb oder der Gewerkschaft stärker für ihre Interessen zu engagieren.

Nicht ohne Schwierigkeiten brachten die DGB-Kreisfrauen die 3000 Exemplare ihres fünfseitigen Fragebogens, der Auskunft gibt über den Frauenalltag im Betrieb, Einhaltung von Verordnungen am Arbeitsplatz und Einstellung zu Betriebsrat und Gewerkschaft, Ende vergangenen Jahres unter die Leute. Weil sich die Geschäftsführung der Hanauer Vakuumschmelze GmbH sperrte, konnten dort die Fragebögen verspätet — vor den Werkstoren — verteilt werden. Beteiligt haben sich immerhin 625 Frauen, darunter 73 Prozent Gewerkschaftsmitglieder.

Wollte man sein Urteil bereits nach der ersten der insgesamt 34 Fragen fällen, alles schiene bestens in Ordnung, zeigen sich doch 85 Prozent der Befragten nach den Worten des DGB-Kreisvorsitzenden, der die Ergebnisse am Samstag im Hanauer Gewerkschaftshaus erläuterte, „im großen und ganzen zufrieden". Unzufrieden oder gar sehr unzufrieden stuften sich in der Tat lediglich knappe 15 Prozent der Frauen ein. Erst bei den genaueren Fragen offenbarte die Untersuchung zum Teil geradezu erschreckende Ergebnisse. So monieren 15 Prozent die schlechten Arbeitsbedingungen und Arbeitsumgebung. Über die gesundheitliche Belastung und das Betriebsklima klagt etwa jede fünfte, und mit dem Arbeitsentgelt sind von zehn Frauen vier nicht zufrieden.

Den Arbeitstag als ganzes finden knapp 20 Prozent der Frauen „sehr belastend", wobei die nervliche Belastung mit 54 Prozent vor der körperlichen mit 21 Prozent und der familiären Belastung mit neun Prozent an erster Stelle steht. Zu alledem werden in jedem zehnten Fall die Geräuschhöchstwerte am Arbeitsplatz von den Unternehmen nicht eingehalten, sind die Pausen zu kurz (21 Prozent), entsprechen häufig die Pausenräume (20 Prozent) oder die Umkleideräume (15 Prozent) nicht den Vorschriften. 46 der 625 Frauen, die den Fragebogen beantwortet hatten, gaben an, daß sie schwerere Arbeit leisten müßten, als gesetzlich zulässig ist.

Auch über den Umfang arbeitsplatzgefährdender Rationalisierung durch neue Maschinen oder Änderung der Arbeitsabläufe gibt die Gewerkschaftsstudie Auskunft. Bei 20 Prozent oder 127 Frauen, deren Arbeitsplatz sich alleine in den vergangenen Monaten aus einem dieser Gründe verändert hat, erscheint es nicht verwunderlich, daß gut 22 Prozent der Befragten ihren Arbeitsplatz als „unsicher" einstufen.

Noch einmal genauer aufgeschlüsselt wurde im zweiten Teil der Befragung „Entlohnung und Bildung" der Punkt Einkommen. Nicht richtig eingruppiert fühlt sich beispielsweise jede dritte der Befragten, und 23 Prozent (144) geben an, daß andere Kolleginnen oder Kollegen bei gleicher oder gleichwertiger Arbeit mehr verdienten als sie. Doch nicht nur das Problem der Leichtlohngruppen ist im Main-Kinzig-Kreis (wie wahrscheinlich auch anderswo) immer noch aktuell. Daß nur 4,5 Prozent der Frauen die letzte Einkommenserhöhung einem betrieblichen Aufstieg verdanken, zeigt, daß die weiblichen Arbeitnehmer nicht nur in der Lohnskala, sondern auch in der betrieblichen Hierarchie hinter ihren männlichen Kollegen rangieren.

Dies wurde im DGB-Haus von der hessischen Ministerin für Bundesangelegenheiten, Vera Rüdiger, durch überregionale Zahlen untermauert. Nach ihren Aussagen drängen sich nach 20 sogenannten „typischen Frauenberufen" 85 Prozent der weiblichen Auszubildenden. Dies, und die Tatsache, daß Frauen häufig in konjunkturell gefährdeten Branchen (Beispiel: Textil) und in unteren Berufsgruppen beschäftigt sind, erhöht das Arbeitsplatzrisiko, macht sie im Falle der Arbeitslosigkeit schwer vermittelbar. Kein Wunder auch, daß Arbeiterinnen in der Lohnskala 40 Prozent unter den Männern rangieren, bei den Angestellten sieht es nicht viel besser aus. Die Folgen aus alledem zeigt die Gewerkschaftsstudie.

Und trotz dieser beruflichen Unterdrückung „nimmt ein Teil der Frauen ihre Rechte nicht wahr" (Rüdiger) — noch nicht wahr, denn mehr Frauen als der DGB wohl erwartet hatte, zeigten sich bereit, den Betriebs- oder Personalrat bei seinem Kampf um die Verbesserung der Arbeitsbedingungen zu unterstützen (57 Prozent), und die gewerkschaftliche Frauenarbeit wollten über 20 Prozent unterstützen. Darin schlummere laut Sepp Sigulla „ein gewerkschaftlich-kämpferisches Potential", das es zu nutzen gelte. Aktiv werden muß die Gewerkschaft allerdings auch bei einem großen Teil der Frauen in den Betrieben, die keine Ahnung haben, was der Betriebsrat, die Gewerkschaften überhaupt tun. Aus alledem ergibt sich nach den Worten des DGB-Kreisvorsitzenden eines ganz klar: „Der Kampf um die Gleichberechtigung muß weitergeführt werden."

DETLEF HANS FRANK

Aktion für das Frauenhaus

DGB-Kreiskonferenz billigte Resolution

RODENBACH / MAIN-KINZIG-KREIS. Einstimmig hat die DGB-Kreiskonferenz eine Resolution gebilligt, mit der der DGB-Kreisfrauenausschuß alle Gewerkschaftskollegen aufforderte, sich für die Erhaltung des Hanauer Frauenhauses als Zufluchtsstätte für mißhandelte Frauen und Kinder einzusetzen. Unter Hinweis darauf, daß auch Gewerkschafterinnen in dem Trägerverein „Frauen helfen Frauen" mitarbeiten und das Haus von allen Stellen als notwendige Einrichtung anerkannt wurde, informierten die DGB-Frauen alle Kollegen über die finanzielle Lage des Hauses, die einen Aufnahmstop notwendig machte.

„Alle Bemühungen des Vereins ‚Frauen helfen Frauen' von der Stadt Hanau und dem Main-Kinzig-Kreis Zuschüsse zu den Personalkosten zu erhalten, sind bisher ergebnislos geblieben", teilten die DGB-Frauen ihren Kollegen mit. Deshalb wolle der DGB-Kreisfrauenausschuß den Verein unterstützen und dazu beitragen, „daß das Haus bestehen bleiben kann und dort weiterhin mißhandelte Frauen und Kinder Schutz erhalten und die Möglichkeit bekommen, sich ein selbständiges Leben aufzubauen".

Weil die Hanauer Zufluchtstätte nur über die Runden kommen könne, wenn die Selbsthilfe wesentlich verstärkt werde, wird an alle Gewerkschafter im Main-Kinzig-Kreis appelliert, dem Verein als Mitglied oder Förderer beizutreten und/oder Spenden auf das Konto 108010705 bei der Stadtsparkasse Hanau zu überweisen. Weil FDP und CDU sowohl im Main-Kinzig-Kreis wie in der Stadt Hanau bisher Zuschüsse für das Frauenhaus unter vielen Vorwänden und Ausreden abgelehnt hätten, helfe jetzt nur noch die solidarische Aktion aller Frauen und Männer, die eine Hilfe für mißhandelte Frauen und Kinder über Lippenbekenntnisse hinaus anpacken wollten, erklärte eine Gewerkschafterin in Rodenbach. wr.

Frankfurter Rundschau, 1981 / 1982

Frankfurter Rundschau, 08.03.198

Bei noch stärkerer Beteiligung im nächsten Jahr werden größere Räume benötigt

Bei allen Unterschieden Ansätze zur Gemeinsamkeit

Internationaler Frauentag findet immer mehr Resonanz

HANAU. Es werden Jahr für Jahr mehr, und auch der neugewählte Treffpunkt erwies sich als zu klein: Rund 600 Frauen fanden sich am Sonntag zwischen 10 und 23 Uhr in der historischen Reinhardskirche in Hanau-Kesselstadt ein, um gemeinsam den „Internationalen Frauentag" zu begehen, der in diesem Jahr unter dem Motto „Gegen soziale Demontage, für Gleichberechtigung und Frieden" stand.

Der internationale Frauentag, 1910 in Kopenhagen von sozialistischen Frauen aus der ganzen Welt als „Kampftag" für gleiche Rechte und für Frieden ins Leben gerufen, war auch in Hanau über längere Jahre nur noch in kleinem Kreise gefeiert worden, bevor er vor drei Jahren erstmals im „Haus der Jugend" in einer Gemeinschaftsveranstaltung zahlreicher Frauengruppen wieder in großem Rahmen stattgefunden hatte. Seitdem ist Hanau ein Beispiel dafür geworden, daß es auch unter Gruppen unterschiedlicher Coleur in wesentlichen Fragen Ansätze zur Gemeinsamkeit gibt, alljährlich waren es rund 100 Frauen mehr, die dabei sein wollten.

Die Gewerkschaftsfrauen aus dem Main-Kinzig-Kreis hatten in diesem Jahr die Federführung bei der Vorbereitung übernommen und durch ein gelungenes Programm geführt, das mit einem politischen und einem festlichen Teil einer Ausstellung, zahlreichen Informationsständen und einem Salat-, Kuchen- und Spezialitäten-Büfett auch alle Wünsche nach leiblicher Atzung erfüllte.

Drangvolle Enge herrschte im großen Saal, als Helga Vollack die Veranstaltung eröffnete, zu der erstmals auch zahlreiche Männer und viele Kinder und Jugendliche gekommen waren. Edith Grebe vom DGB-Kreisfrauenausschuß behandelte in einem mit starkem Beifall bedachten Vortrag die Aspekte und Hintergründe der Frauenarbeitslosigkeit und forderte unter anderem eine allgemeine Verkürzung der täglichen Arbeitszeit, um „zu einer gleichgewichtigen Verteilung der Aufgaben in der Familie für Männer und Frauen zu kommen" und den gezielteren Einsatz arbeitmarktpolitischer Maßnahmen zur Schaffung und Sicherung von Arbeitsplätzen. Bei der Vergabe öffentlicher Aufträge und Subventionen müsse es Auflagen für eine qualifizierte Ausbildung und für Frauenarbeitsplätze geben.

Die Auswirkungen einer zunehmenden Ausländerfeindlichkeit schilderte eine Sprecherin der „Interessengemeinschaft mit Ausländern verheirateter deutscher Frauen", die Schmähbriefe von „Mitbürgern" übelsten Inhalts zitierte, mit welchen sie immer wieder belästigt und beleidigt werden.

Chilenische Frauen sprachen über Terror gegen Frauen in Chile, der Frauentreff Bruchköbel ging das schwierige Thema „Solidarität unter Frauen" an. Käthe Klösters von der DKP sprach über „Frauen im Widerstand", eine Sprecherin von „amnesty international" über Frauen, die wegen ihrer politischen Überzeugung inhaftiert sind. Drei Sprecherinnen der Arbeitsgemeinschaft sozialdemokratischer Frauen lasen Texte zum Thema Frieden, die Demokratische Fraueninitiative brachte einen vielbelachten Sketch zum Thema „Sozialabbau im Main-Kinzig-Kreis".

Der Verein „Frauen helfen Frauen" hatte im Foyer eine Ausstellung aufgebaut, die allein anhand von Zeitungsberichten aus zwei Jahren das Ausmaß von Gewalt gegen Frauen im Main-Kinzig-Kreis dokumentierte. Er mußte darüber hinaus auf die drohende Schließung seiner Hanauer Zufluchtsstätte zum 31. August hinweisen, wenn nicht bis dahin die Sicherung der Personalkosten gewährleistet ist.

Türkische Volkstänze, in die schließlich das Publikum einbezogen wurde, und internationale Folklore mit der Tanzpädagogin Magda Block beendeten den festlichen Tag, für den im nächsten Jahr noch größere Räumlichkeiten gesucht werden müssen.

wr.

Frankfurter Rundschau, 14. 10. 1982

Mobilmachung für Erhaltung des Friedens

Diskussionsveranstaltung von Frauen und Jugendlichen in der IG Metall

HANAU. Wolfgang Borcherts „Sag nein . . ." stand als Aufforderung über dem gesamten Themenspektrum, das die Frauen und die Jugendlichen in der IG Metall im DGB-Jugendheim im Zusammenhang mit ihrem Thema „Frauen und Frieden" diskutierten. Frauen in die Bundeswehr, Frauen als direkte oder indirekte Helfer in der Rüstung oder bei der geistigen Mobilmachung – die Anwesenden sagten uneingeschränkt „nein".

Unter der Diskussionsleitung von Eleonore Reifenberger gingen Frauen und Jugendliche auf die über einen Theater-Sketch der IG-Metalljugend vermittelten Zahlen und Fakten ein, die die Zusammenhänge zwischen Wirtschaftskrisen mit hoher Arbeitslosigkeit und Aufrüstung historisch belegten.

Der Anstieg der Verteidigungslasten im Bundeshaushalt von 3,4 Milliarden im Jahre 1956 auf nahezu 50 Milliarden im Jahre 1982 gehe einher mit immer höher werdender Abeitslosigkeit und besonders starkem Betroffensein der Frauen, hieß es. Während für soziale Aufgaben die Gelder immer mehr gekürzt würden, hätten die Verteidigungsausgaben ständig weiter steigende Tendenz. Die Frauen und Jugendlichen setzten dem bekannten Zitat von Alexander Haig „Es gibt wichtigeres als den Frieden" ihren Willen entgegen, die Bevölkerung und alle ihre Kollegen für die Erhaltung des Friedens zu mobilisieren. Der Tatsache, daß die Friedensbewegung in ganz Europa immer stärker werde, stünden auch Erfahrungen gegenüber, daß sich „Kollegen dem Gespräch über das eigene Überleben entziehen wollen".

Ausführlich gingen die jungen Frauen auf den „Testballon des Verteidigungsministeriums" ein, 30 000 Frauen auf freiwilliger Basis in die Bundeswehr aufzunehmen; dies sei nur der erste Schritt dazu, die Wehrpflicht für Frauen einzuführen, sagte eine Diskussionsteilnehmerin, die im übrigen deutlich machte, daß Frauen keineswegs ein Zeichen der Gleichberechtigung darin sehen, „daß Frauen die gleichen Fehler wie Männer machen", indem sie den falschesten Weg, den es gibt, zur Lösung von Konflikten mitgingen.

Im übrigen solle niemand glauben, daß die Männer, die jetzt Frauen in die Bundeswehr holen wollten, an deren Gleichberechtigung dächten. Wie in der Wirtschaft solle auch hier die Frau nur eine Lückenbüßerfunktion übernehmen.

Zur zunehmenden Verdichtung von militärischen Anlagen in der Region zwischen Hanau und Fulda sagten mehrere Diskussionsrednerinnen, „wir müssen die Betroffenheit der Betroffenen herstellen und deutlich machen, was auf uns zukommt, wenn wir uns nicht wehren, wir müssen jetzt etwas machen, solange es noch Zeit ist". wr

Frankfurter Rundschau, 14. 12. 1982

DGB für Erhaltung des Frauenhauses

HANAU. In einem Aufruf an alle Gewerkschafter hat sich der DGB-Kreis Main-Kinzig jetzt erneut für die Erhaltung des Hanauer Frauenhauses als Selbsthilfeeinrichtung des Vereins „Frauen helfen Frauen" eingesetzt. So sollen die Gewerkschafter Mitglied oder Förderer des Trägervereins werden und damit einen Solidaritätsbeitrag zu Erhaltung des Hanauer Frauenhauses leisten. Dem Verein „Frauen helfen Frauen" müsse auf diese Weise geholfen und damit ermöglicht werden, daß das Frauenhaus bestehenbleiben kann und dort weiterhin mißhandelte Frauen und Kinder Schutz erhalten und sich ein selbständiges Leben aufbauen können. Geradezu sozialpolitisch skandalös sei es, daß der Main-Kinzig-Kreis dem Verein immer noch jedwede finanzielle Hilfe versagt. Wenn durch die Eigeninitiative der Frauen der öffentlichen Hand eine soziale Aufgabe abgenommen werde, sollte der Main-Kinzig-Kreis mindestens durch einen angemessenen finanziellen Zuschuß diese Frauenselbsthilfe anerkennen und unterstützen.

Frankfurter Rundschau, 29. 04. 198

DGB verteidigt Indikationen

Appell an Bayha, Veränderung des „218" zu verhindern

HANAU/MAIN-KINZIG-KREIS. Der DGB-Kreisvorsitzende Sepp Sigulla hat an den Bundestagsabgeordneten Richard Bayha (CDU) appelliert, er möge sich in seiner Fraktion in Bonn gegen Absichten wenden, die Reform des § 218 zu unterminieren. Sigulla und die Vorsitzende des DGB-Frauenausschusses, Helga Eisermann, betonten gemeinsam, es müsse verhindert werden, daß über das Argument der knappen Kassen die mühsam erkämpfte Reform wieder zu Fall gebracht werde.

So habe unter anderem die Bundesregierung vorgesehen, durch Gesetzesänderung den Schwangerschaftsabbruch aus nichtmedizinischen Gründen aus dem Leistungskatalog der Krankenkassen zu streichen. Dies bedeute, daß gerade Frauen, die aus einer sozialen Notlage heraus eine Schwangerschaft unterbrechen müssen „wieder in die Hinterhöfe zu Engelmachern getrieben werden", erklärten Sigulla und Eisermann.

Die Folgen der durch Kurpfuscherei entstehenden langjährigen Gesundheitsschäden müßten dann wieder die Krankenkassen zahlen. Diese Tatsache belegt nach Auffassung der Gewerkschaftssprecher eindeutig, daß die Koalition in Bonn versuche, mit dem Argument der Kostendämpfung sozialpolitische Errungenschaften zurückzudrehen.

Eisermann und Sigulla stellten fest, daß durch die bisher praktizierte Kostenübernahme durch die Krankenkassen gewährleistet sei, daß Eingriffe nur nach umfassender Beratung durch qualifizierte Ärzte durchgeführt werden. „Die Verteidigung der Reform geht alle in den Gewerkschaften Organisierte an, Männer und Frauen", erklärten Sigulla und Eisermann. „Es muß verhindert werden, daß dieselben politischen Kräfte, die 1975 die Fristenregelung zu Fall gebracht haben, jetzt auch noch die Indikationslösung aushöhlen. wr.

HANAUER FRAUENFEST zum
JNTERNATIONALEN FRAUENTAG
Von Frauen für Frauen
Wir Frauen warten nicht auf bessere Zeiten, wir schaffen sie uns!
SAMSTAG, 12. MÄRZ 83
ALTE JOHANNISKIRCHE
INNENSTADT HANAU
AM JOHANNISKIRCHPLATZ
Ab 16 Uhr: Frauengruppen stellen durch Textbeiträge und Sketche die aktuelle Situation der Frauen in unserer Gesellschaft dar.
Ab 19 Uhr: Folklore und Frauenrockgruppe Lapislazuli.
DGB-KFA, AsF, Frauen helfen Frauen, IGM-Frauen, Pro Familia, DFI, DKP-Frauen, IÅF,
Frauentreff Bruchköbel, Großauheimer Frauengruppe und viele andere Frauen

Frankfurter Rundschau, 30.04.1983

Gerechtere Verteilung der Arbeit gefordert

Frauenkonferenz der IG Chemie tagte in Freigericht / Wehrdienst für Frauen abgelehnt

HANAU / FREIGERICHT. Zu ihrer 12. Frauenkonferenz trafen sich die Vertreterinnen von 2000 in der IG-Chemie-Papier-Keramik organisierten Frauen aus dem Main-Kinzig-Kreis in Freigericht-Bernbach. In ihrem Jahresbericht stellte die Vorsitzende des IG-Chemie-Frauenausschusses Maria Schilling fest, daß für die Frauen sich im letzten Jahr kaum etwas verändert habe: „Wir leben nach wie vor in einer Männergesellschaft, nach wie vor sind viele Frauen schlecht ausgebildet und müssen deshalb mit weniger qualifizierten Arbeitsplätzen vorlieb nehmen", berichtete Maria Schilling.

„Die negativen Folgen der Wirtschaftskrise zeigen sich besonders deutlich an der hohen Zahl arbeitsloser Frauen", sagte die Vorsitzende und hob hervor, „daß weiterhin die Frauen auf dem Arbeitsmarkt die Reservearmee darstellen und je nach Bedarf der Wirtschaft einen Arbeitsplatz erhalten oder zurück an den Herd verbannt werden."

In diesem Sinne entwickelte auch Charlotte Baake einen Überblick über die Stellung der Frau „im Wandel der Zeit", während die Leiterin der Abteilung Frauen beim Hauptvorstand der IG-Chemie, Mathilde Lang, die Problematik in der Situation der Frauen in der Gesellschaft insgesamt abhandelte. Sehr kritisch setzte sich Mathilde Lang mit den Bestrebungen auseinander, Frauen nunmehr in der Bundeswehr zuzulassen, eine Entwicklung, die von allen Gewerkschafterinnen kategorisch abgelehnt werde.

Die Konferenz billigte einstimmig einen Antrag auf Satzungsänderung für den § 35 des Gewerkschaftsstatuts. Die IG-Chemie-Frauen wollen damit erreichen, daß allen Mitgliedern von gewerkschaftlichen Ausschüssen (Frauen, Jugend, Angestellte) die Möglichkeit erhalten, im gewerkschaftlichen Vertrauensleutekörper des Betriebes mitzuarbeiten. Sie wollen auf diesem Wege gewerkschaftliche Informationen im Betrieb umsetzen und bessere Bindungen zwischen der Gewerkschaft und ihren Mitgliedern herstellen.

Beschlossen wurde ferner einmütig eine Resolution, die sich ausführlich mit der besonderen Rolle von Frauen bei Arbeitslosigkeit befaßt und nachdrücklich das „Recht der Frauen auf Arbeit" hervorhebt. „Frauen wehren sich dagegen, als Arbeitnehmer zweiter Klasse behandelt und auf dem Arbeitsmarkt als Reservearmee und Manövriermasse gehandelt zu werden", heißt es in der Resolution. „Frauen erarbeiten mit ihrem Einkommen die Lebensexistenz für die Familien, sie zahlen Steuern, Kranken- und Rentenversicherungsbeiträge", heben die Chemie-Gewerkschafterinnen hervor und erklären, daß für die Erwerbsfähigkeit eine Möglichkeit zu mehr Gleichberechtigung sei.

Sie fordern ferner eine Verkürzung der Arbeitszeit und eine gerechtere Verteilung der Arbeit auf Frauen und Männer. „Gerechtere Verteilung und Arbeitszeitverkürzung geben Männern und Frauen erst die Möglichkeit, Familienpflichten und Erwerbstätigkeit miteinander in Einklang zu bringen", erklärten die Gewerkschafterinnen.

Die Wahl des neuen Frauenausschusses brachte folgendes Ergebnis: Maria Schilling (Degussa Wolfgang), Erika Herbert, (Firma Gies), Anneliese Vogt (Eika), Linda Klemm (Degussa Hanau), Erika Oschütz (RBU), Eleonore Berkenhoff (Dunlop), Ottilie Friedrich (Dunlop), Herta Schmitt (Dunlop), Rosemarie Barthel (Veritas), Ruth Feliciano (Ullrich), Maria Heimrich (Wolf), Anneliese Kreuzer (Wächtersbacher Keramik), Jutta Jakob (HQS), Marianne Herbert (Breitenbach). wr

Frankfurter Rundschau, 08.07.1983

Gewerkschafterinnen lehnen Wehrdienst für Frauen ab

Mit Postkarten an den Bundeskanzler wollen sie ihre Absicht kundtun / Ausbau von Arbeitsplätzen im Sozialbereich gefordert

HANAU/MAIN-KINZIG-KREIS. Die in den DGB-Gewerkschaften organisierten Frauen im Main-Kinzig-Kreis haben in dieser Woche eine Aktion gegen alle Absichten aus Bonn gestartet, künftig Frauen für die Bundeswehr zu werben. Helga Eisermann, Vorsitzende des DGB-Kreisfrauenausschusses, und der DGB-Kreisvorsitzende Sepp Sigulla erklärten dazu gestern in Hanau, es gehe bei der Aktion der DGB-Frauen vor allem darum, noch rechtzeitig gegen die geplante — zunächst — freiwillige Einbeziehung von Frauen in das Militär mobil zu machen.

Durch die ab sofort bis Ende August laufende Aktion wollen die gewerkschaftlich organisierten Frauen „auch mit dem Ammenmärchen aufräumen, daß durch die Öffnung der Bundeswehr für Frauen ein spürbarer Beitrag zum Abbau der Frauenarbeitslosigkeit und zur Gleichberechtigung geleistet" werde, wie Helga Eisermann erklärte.

Richtig sei vielmehr, daß führende Bonner Politiker ihr Herz für Frauen in der Bundeswehr nur deshalb entdeckt hätten, weil der Bundeswehr ab 1985 eine Personallücke in der Größenordnung von über 104 000 Wehrpflichtigen ins Haus stehe. „Nachdem die Frauen seit Jahren als industrielle Reservearmee mißbraucht worden sind, sollen sie nun noch als militärische Reservearmee herhalten", erklärten die DGB-Frauen. Derzeit sei vorgesehen, 30 000 Frauen in die Bundeswehr aufzunehmen.

Die Frauen im DGB fordern statt derartiger „Zumutungen, die arbeitsmarktpolitisch keinerlei Effekt haben", den Ausbau und die Schaffung von Frauenarbeitsplätzen im privaten und öffentlichen Bereich. Zur Verbesserung der gesellschaftlichen Situation der Frauen seien darüber hinaus sinnvolle und nützliche Strukturveränderungen im privaten wie im öffentlichen Bereich notwendig, zum Beispiel Ganztagsschulen, Kindertagesstätten, familiengerechte Wohnungen. Als besonders wichtigen Punkt nannten Frau Eisermann und Sepp Sigulla in diesem Zusammenhang die eigenständige soziale Sicherung der Frau. „Nur durch handfeste arbeitsmarktpolitische und gesellschaftspolitische Entscheidungen kann die Situation der Frau in Familie und Beruf verbessert werden, nicht aber durch den Dienst an der Waffe", erklärten die Frauen vom DGB-Kreisfrauenausschuß.

Neben weitgestreuter allgemeiner Information zur Sache starten die DGB-Frauen eine Postkartenaktion an Bundeskanzler Helmut Kohl, dem Anfang September in Bonn allein aus Hessen 60 000 Postkarten von einer Abordnung des DGB-Landesfrauenausschusses übergeben werden sollen.

Die Forderungen der Frauen in den Gewerkschaften dazu formulierte Helga Eisermann so: Keine Frauen in die Bundeswehr, weder freiwillig noch dienstverpflichtet. Keine Erhöhung des Rüstungsetats, statt dessen Ausbau der sozialen Infrastruktur, Ganztagsschulen, Kindertagesstätten, familiengerechte Wohnungen, eigenständige soziale Sicherung der Frau. Keine Stationierung neuer Mittelstreckenraketen in Europa, statt dessen konstruktive Beiträge der Bundesregierung bei allen Abrüstungsverhandlungen, Verzicht auf alle neuen Rüstungsprojekte in Ost und West. Schließlich fordern die Frauen in diesem Zusammenhang ein Verbot der Entwicklung, Herstellung und Lagerung atomarer Waffen und anderer Vernichtungssysteme wie Giftgas oder Neutronenbombe. Statt dessen sollten nach ihrer Meinung die Mittel für den Ausbau von Arbeitsplätzen, besonders für Frauen, verwendet werden, damit eine zunehmende Konkurrenz zwischen Frauen, Zivildienstleistenden und Arbeitnehmern verhindert werde. wr.

Hanauer Anzeiger, 14.09.1983

Gewerkschaftsfrauen protestieren gegen Sozialabbau im Familien- und Frauenbereich

Veranstaltung des DGB-Zweigbüros Schlüchtern mit DGB-Landesfrauensekretärin Gisela Schade

Schlüchtern. Gegen die geplanten Kürzungen sowohl beim Mutterschaftsfeld als auch beim Mutterschaftsurlaub hat auf einer Veranstaltung des DGB-Zweigbüros Schlüchtern die hessische DGB-Landesfrauensekretärin Gisela Schade protestiert. Sie wertete die beabsichtigten Streichungen als Indiz für die doppelte Moral einer Bundesregierung, die einerseits davon rede, die Bundesrepublik müsse wieder ein kinderfreundliches Land werden, andererseits aber alles tue, verschlechterte Bedingungen für Familien zu schaffen.

Nach Informationen des hessischen DGB nehmen inzwischen 95 von hundert betroffenen Frauen den 1979 eingeführten Mutterschaftsurlaub in Anspruch. Ein Zurückschrauben dieser Reform müsse als weiterer unsozialer Akt gegenüber den Frauen und ihren Familien angesehen werden, die durch hohe Arbeitslosigkeit, Benachteiligung in der Arbeitswelt und durch erneutes In-Frage-Stellen einer eigenständigen sozialen Sicherung bereits über Gebühr gebeutelt seien. Entschieden wandte sich die Gewerkschafterin auf der Veranstaltung auch gegen die beabsichtigten Verschlechterungen bei den Frauen-Arbeitsschutzvorschriften, gegen die geplante Heraufsetzung der Altersgrenze für Frauen von 60 auf 63 Jahre sowie gegen die politische Absichtserklärung, bei der Hinterbliebenenversorgung keine Teilhaberrente mit Anrechnung von Kindererziehungszeiten einzuführen.

Die Landesfrauensekretärin forderte die Teilnehmer auf, sich an der Protestdemonstration des DGB am 18. September in Bonn zu beteiligen. Unter dem Obertitel „Frauen im DGB gegen sozialen Abbau" werden an diesem Tag über 20000 Frauen und Männer in Bonn erwartet.

Ein weiterer Diskussionspunkt auf der Veranstaltung war die von Politik und Unternehmerseite propagierte und praktizierte Ausweitung der Teilzeitbeschäftigung. Gisela Schade bezeichnete diese Tendenz als ein eindeutiges Unterlaufen der gewerkschaftlichen Forderung nach Arbeitszeitverkürzung bei vollem Lohnausgleich. Anstatt durch eine Ausweitung von Teilzeitarbeit bestehende Vollzeitarbeitsplätze abzubauen oder gar zu vernichten, müsse eine Verkürzung der täglichen Arbeitszeit bei vollem Lohnausgleich für Männer und Frauen angestrebt werden. Darüber hinaus müßten diejenigen Arbeitnehmer, die bereits Teilzeitarbeit ausübten, vor nachteiligen Auswirkungen geschützt werden. So sei die volle Einbeziehung aller Teilzeitbeschäftigten in das Netz der sozialen Sicherung vorzunehmen, ebenso die Aufnahme in die zusätzliche Altersversorgung. Darüber hinaus müsse den Teilzeitbeschäftigten der gleiche Anspruch auf berufliche Fortbildung und Umschulung eingeräumt werden wie den Vollzeitbeschäftigten.

Nach den Worten der Landesfrauensekretärin komme es darauf an, in der öffentlichen Diskussion Teilzeitarbeit nicht als Wundermittel gegen Arbeitslosigkeit zu feiern, sondern die eindeutig vorhandenen Gefahren auf den Tisch zu legen. Ebenfalls müsse mit den Ammenmärchen aufgeräumt werden, Frauen wollten die Teilzeitarbeit. Wichtig sei vielmehr, daß nach wie vor über ⅔ der weiblichen Arbeitslosen einen Vollzeitarbeitsplatz suchen. Die Ausweitung der Teilzeitarbeit als Mittel zum Abbau der hohen Frauenarbeitslosigkeit müsse deshalb entschieden abgelehnt werden.

Einig waren sich die Teilnehmer der Veranstaltung darüber, daß der Ausweg aus dem Dilemma Frauenarbeitslosigkeit nicht heißen kann „zurück an den Herd", „Frauen in die Bundeswehr" oder „Jobsharing". Vielmehr komme es darauf an, auf dem öffentlichen und privaten Sektor verstärkt Arbeits- und Ausbildungsplätze für Mädchen und Frauen zu schaffen, die soziale Infrastruktur durch Ganztagsschulen, kostengünstige Kindertagesstätten und familiengerechte Wohnungen auszubauen und die eigenständige Sicherung der Frau voranzutreiben.

„Die alten Abhängigkeiten werden wieder zementiert“

Berufstätige Frauen sehen sich als Opfer der Wende-Politik / Warnung vor der Umwandlung von Voll- in Teilzeitarbeitsplätze

HANAU. Weil sich auf dem Arbeitsmarkt dramatische Entwicklungen für Frauen anbahnen, die ganz nebenbei auch dazu dienen, die Diskussion um die 35-Stunden-Woche zu unterlaufen, hatten am letzten Wochenende auf Einla g des evangelischen Sozialpfarramts uen aus der SPD und den Gewerkschaften zu einem Wochenendseminar zusammengefunden, um die gegenwärtige Situation zu analysieren und Möglichkeiten zu einer intensiven Zusammenarbeit zu erörtern. Die neue Landesfrauensekretärin des DGB, Gisela Schade, zeigte als Hauptreferentin dieser beiden Arbeitstage einen ganzen Katalog von bedenklichen Entwicklungen auf, die unter dem Stichwort „Sozialabbau für Frauen“ zusammengefaßt werden können.

Nach Gisela Schade müßten berufstätige wie nichtberufstätige Frauen ein besonders großes Interesse an der Realisierung der 35-Stunden-Woche haben, weil die Strategie der Arbeitgeber, ein riesiges Heer von Kurz- und Teilzeitarbeitern zu schaffen, gegen die Interessen der Arbeitnehmer gerichtet sei, auch wenn vordergründig und kurzzeitig für die eine oder andere mit dem wohlklingenden Angebot auf eine „individuelle Arbeitszeitgestaltung“ ein kleiner Vorteil herausschaue.

it dem Rückgang von Leistungen, die e. Berufstätigkeit von Frauen ermöglichen (Kindergärten, Mutterschaftsleistungen etc.), gehe der Abbau von Frauenarbeitsplätzen einher und die Umstellung der Wirtschaft auf eine groß angelegte Strategie von „Kapofax“-Beschäftigten und Heimarbeiterinnen neuen Stils. (Kapofax: Kapazitätsorientierte variable Arbeitszeit — Frauen warten zu Haus auf telefonischen Abruf, wenn ihr Supermarkt, ihr Kaufhaus, oder ihr Arbeitgeber aus dem Gaststätten- oder Reinigungsgewerbe sie zu Stoßzeiten braucht.)

Im Bereich der Gewerkschaft Handel, Banken und Versicherungen seien in den letzten beiden Jahren bereits Tausende von Vollarbeitsplätzen in solche Teilarbeitsplätze umgewandelt werden, die in immer größerem Umfange nur noch eine Beschäftigung bis zu 390-Mark-Grenze bedeuten, berichtete eine Gewerkschafterin aus Hanau. Gisela Schade warnte nachdrücklich vor solchen „Arbeitsplätzen ohne jegliche soziale Absicherung“. Die Vollzeitarbeitsplätze werden zerstört, ältere Frauen unter massiver Nachhilfe in den „Ruhestand“ geschickt und durch in jeder Hinsicht pflegeleichte Mitarbeiter ersetzt, die keinerlei Rechtsansprüche gegen den Betrieb erwerben, keine Verwaltungskosten machen, nicht widersprechen, kein Interesse an Gewerkschaftsmitgliedschaft haben können und außerhalb von allen Tarifverhandlungen stehen. Selbstverständlich hätten diese Frauen auch keinen Anspruch auf Arbeitslosenunterstützung, wenn sie ihre Arbeitsstelle verlieren.

„Unter das Kapitel ‚Sozialabbau‘ fallen auch die seit 1. Januar dieses Jahres wirksam gewordenen Leistungskürzungen auf den verschiedensten Gebieten im Sozial- und Gesundheitswesen, die insgesamt eine Summe von 50 Milliarden Mark ergeben“, erklärte Gisela Schade. Leistungskürzungen, die sich gerade in den Arbeitnehmerfamilien so stark auswirkten, daß viele bereits unter das Sozialhilfeniveau gefallen seien. „Für sie ist der Weg in die Armut bereits vorprogrammiert“, sagte die Gewerkschafterin. Dazu müsse man sehen, wie immer mehr Aufgaben des Staates auf die Frauen verlagert werden sollten, die neuerdings immer deutlicher zu ehrenamtlicher Arbeit von der Kleinkinderbetreuung bis zur Altenhilfe aufgefordert würden.

„Die alten Abhängigkeiten werden wieder zementiert“ stellte Gisela Schade fest. Die 35-Stunden-Woche hingegen sei familienfreundlich und auch im Sinne einer Weiterentwicklung in den familiären Strukturen und der Emanzipation von Mann und Frau. Beide hätten dann mehr Zeit, sich um Hausarbeit und Kindererziehung und gemeinsame familiäre Interessen zu kümmern, im Sinne von Partnerschaft Arbeit und Freizeit zu verteilen. Der gegenwärtig einsetzende massive Sozialabbau hingegen müsse vor dem Hintergrund eines 3,5-Milliarden-Geschenks an die Unternehmer gesehen werden, denen in dieser Größenordnung Steuererleichterungen beschert worden seien. Die gegenwärtigen Tendenzen in den Familien und Sozialpolitik seien im übrigen darauf angelegt, einen Keil zwischen die berufstätigen und die nichtberufstätigen Frauen zu treiben.

Zur Entsolidarisierung unter den Frauen würden im übrigen die noch viel weiter gehenden Absichten führen, wieder ein Heer von Heimarbeiterinnen an Bildschirmen zu schaffen, die untereinander als Konkurrentinnen, nicht als Kolleginnen auftreten. Für die keine Tarif-, sondern nur Einzelverträge angeboten werden, für die keine Arbeitsschutzbestimmungen gelten und bei denen die Unternehmen neben Sozialabgaben auch noch die Kosten für Räume, Strom und Heizung einsparen könnten.

Auch die angebliche „Hilfe für Frauen“ durch den neuen Gesetzentwurf von 52 CDU-Abgeordneten zum Paragraphen 218 und der Gründung eines Hilfsfonds sei voll gegen die Erwerbstätigkeit von Frauen gerichtet und in ihren Begründungen verlogen, sagte die DGB-Landesfrauensekretärin. Schon jetzt machten Frauen 50 Prozent der Arbeitslosen aus, darüber hinaus gebe es eine riesige „stille Reserve“ von nirgendwo registrierten arbeitssuchenden Frauen. Für die kommenden Jahre würden durch neue Technologien und Rationalisierung weitere 2,7 Millionen Arbeitsplätze — überwiegend die von Frauen — wegfallen.

Aus all diesen Gründen müßten gerade die Frauen ein großes Interesse an der Arbeitszeitverkürzung und einer gerechteren Verteilung der Arbeit auf alle unter menschenwürdigen sozialen Bedingungen haben. „Was den Frauen und ihren Familien hilft, ist nur die tägliche Arbeitszeitverkürzung aus sieben Stunden“, sagten denn auch die meisten Diskussionsrednerinnen, die ohne Ausnahme die jüngsten Vorschläge der Arbeitgeberverbände, die auf eine Abschaffung des kollektiven Arbeits- und Tarifrechts hinauslaufen, ablehnten.

Gewerkschaftlich orientierte Frauen und die Frauen in der SPD wollen deshalb auf regionaler, Landes- und Bundesebene in nächster Zeit versuchen, angesichts der dramatischen Wendeanzeichen, „die sich gegen Frauen- und Familieninteressen richten“, so Silvia Drießlein-Bosse von der AsF, die Frauen zu informieren und zu mobilisieren.

Hanauer Anzeiger, 20.01.1984

Frankfurter Rundschau, 10.03.1984

Gegen Kochtopf-Ideologie

Mahnende Worte zur Aufrüstung und zum Sozialabbau

Von unserem Redaktionsmitglied Ilse Werder

HANAU. „Wir kämpfen gemeinsam für eine Welt ohne Arbeitslosigkeit und Krieg." Und: „Nur gemeinsam sind wir stark." Und: „Wir sind nicht eher friedfertig, bis Frieden ist", hieß es auf Plakaten und Transparenten, als am Donnerstagnachmittag zum ersten Mal zirka 200 Frauen und auch einige Männer aus den Gewerkschaften anläßlich des Internationalen Frauentages durch die Hanauer Innenstadt zogen, um damit auf die Konflikte hinzuweisen, die Frauen in einer männlich bestimmten Gesellschaft durch mehrere gleichzeitig propagierte Rollenbilder zugemutet werden.

„Dieser Konflikt prägt den Alltag von Millionen Frauen", sagte die Vorsitzende des DGB-Ortskartells, Monika Dietrich, bei einer Ansprache nach der Demonstration vor dem Gewerkschaftshaus am Freiheitsplatz. Diesen Konflikt zu lösen, seien Frauen allein nicht in der Lage. Männer und Frauen müßten sich zusammentun, um das Konkurrenzverhalten abzubauen.

Monika Dietrich warnte vor jüngsten Entwicklungen in der Gesellschafts-, Familien- und Frauenpolitik, die mit einer konservativen Wende ideologische und politische Positionen gebracht habe, die Frauen wieder in Abhängigkeit und Entmündigung sehen wolle, „zurück an den Kochtopf, ist die Parole", sagte Monika Dietrich. Die CDU/CSU-Politik in Bonn richte sich gegen die Interessen der Frauen, gegen eine Demokratisierung der Gesellschaft.

„All das, wofür seit Jahrzehnten Gewerkschafterinnen, Frauenbewegung und Arbeiterbewegung gekämpft haben und noch kämpfen, soll zerschlagen werden", sagte die Gewerkschafterin. Sie führte dazu eine Reihe von Beispielen aus jüngster Zeit an, die sie als frauen- und familienfeindlich einschätzt. Dem „rigorosen Sozialabbau" stehe eine mit Milliardenaufwand geförderte Aufrüstungspolitik gegenüber, die zudem noch ganze Landschaften zerstöre.

Mahnende Worte richtete die Gewerkschafterin aber auch an ihre Kollegen, die „Unbequemlichkeiten" die mit dem wachsenden Selbstbewußtsein der Frauen mitunter für sie entstehen, in Betrieb und Familie zu verkraften. Anschließend richtete Brigitte Schlich-Heinze von pro familia einen Appell an die versammelten Frauen, um ihr Recht auf Selbstbestimmung und Menschenwürde, für die „Fristenlösung" beim Paragraph 218 gerade in einer Zeit der Verschärfung des sozialen Klimas zu kämpfen.

Mehr Frauen in die Betriebsräte

DGB erinnert an die Bedeutung bevorstehender Wahlen

HANAU. Auf die Bedeutung der in diesen Tagen und Wochen fälligen Betriebsratswahlen hat der DGB-Kreisvorsitzende Sepp Sigulla bei einer Betriebsräte-vollversammlung im Gewerkschaftshaus hingewiesen. Sigulla erinnerte vor den Betriebs- und Personalräten daran, daß auch die jetzt neu zu wählenden Interessenvertreter der Arbeitnehmer ihre verantwortungsvolle Arbeit bei schwierigen Rahmenbedingungen ausüben müßten: Hohe Arbeitslosigkeit, Einschränkungen im System der sozialen Sicherung, Abbau von arbeitsrechtlichen Schutzvorschriften und einschneidende Rationalisierung kennzeichneten die Situation, die mit Arbeitsplatzvernichtung und Leistungsverdichtung verbunden sei.

Der immer stärkere Einsatz moderner Technologien in Betrieben und Verwaltungen sei „eine Herausforderung an die betriebliche Mitbestimmung". Deshalb müsse der DGB die gleichberechtigte Mitbestimmung an allen Fragen der Arbeitsorganisation, der Gestaltung der Arbeitsplätze und des Arbeitsinhaltes fordern. Hier gehe es um eine Mitbestimmung, „die Arbeitsplätze sichert und die den Arbeitsablauf menschengerecht gestaltet."

Gerade anläßlich der Betriebsratswahlen 1984 müsse ein konsequentes Ausschöpfen der Mitbestimmung und ein gemeinschaftliches Handeln der gewerkschaftlichen Vertrauensleute gefordert werden, „wie es nur im DGB mit seinen 17 Einzelgewerkschaften und den in ihnen organisierten acht Millionen Beschäftigten möglich ist". Sigulla erinnert daran, daß auch ausländische Arbeiter als Betriebsräte in der Vergangenheit gute Arbeit gemacht hätten und daß Gewerkschaftsmitglieder ihrer Diskriminierung entschieden entgegentreten müßten.

Sigulla forderte ferner, mehr Frauen in die Betriebsräte zu wählen, die Frauen selbst müßten aufgefordert werden, für den Betriebsrat zu kandidieren. „Es ist zwar gut von Gleichberechtigung zu reden, noch besser ist es, sie zu verwirklichen." Nicht zuletzt müsse sich die Solidarität der Arbeitnehmer auch bei der Überwindung von Gruppenschranken zeigen, zum Beispiel bei der gemeinsamen Wahl von Arbeitern und Angestellten.

Ganz besonders sei es gerade heute notwendig, endlich auch Betriebsräte in solchen Betrieben zu wählen, in denen es bisher keine Betriebsräte gab. Hilfestellung werde hier sowohl von DGB wie seinen Einzelgewerkschaften geleistet. Alle Arbeitnhemer müßten überdies aufgefordert werden, ihre Stimme den Kandidatinnen und Kandidaten der DGB-Gewerkschaften zu geben. wr

Frankfurter Rundschau, 13.03.1984

Frankfurter Rundschau, 09.05.1984

DGB-Frauen fordern „mehr Rechte“

MAIN-KINZIG-KREIS. Blumen wollen die Frauen im Gewerkschaftsbund (DGB) Main-Kinzig nicht, sondern mehr Rechte. In einer Presseerklärung — herausgegeben anläßlich des morgigen Muttertages — üben sie scharfe Kritik an der Frauenpolitik.

So fordern sie die völlige Gleichstellung im Beruf, die Rücknahme des „Beschäftigungsförderungs-Gesetz“ und den Ausbau des Arbeitsschutzes. Außerdem plädieren sie für die 35-Stunden-Woche jetzt und für die 30-Stunden-Woche mittelfristig. Nur so könnten mehr Arbeitsplätze für Frauen geschaffen werden. Weiterhin wehren sie sich gegen die Verschärfung der Zwangsberatung. Außerdem solle der § 218 ersatzlos gestrichen werden.

Schließlich lehnt DGB-Sekretärin Doris [illegible]ege Frauen in der Bundeswehr n[illegible]ücklich ab. Im übrigen treten die DGB-Frauen in ihrer Erklärung für ein atomwaffenfreies Europa und den Ausstieg der Bundesrepublik aus dem SDI-Programm ein. az

Frankfurter Rundschau, März 1985

IG Metall macht sexuelle Belästigungen im Betrieb zum Thema

„Die Verhaltensunsicherheit der Männer kann konstruktiv nur durch Grenzen, die Frauen ihnen setzen, behoben werden“

Von unserem Redaktionsmitglied Wolf Gunter Brügmann

FRANKFURT A. M., 12. März. Neben ihrem schon seit Jahren anhaltenden Bemühen, die Krankheit Alkoholismus im Betrieb zu bekämpfen, nimmt sich die Industriegewerkschaft Metall als erste DGB-Gewerkschaft nun offen eines zweiten Problembereichs an, der nicht nur in Betrieben, sondern ebenso in Gewerkschaften — ähnlich wie Alkoholismus — immer noch als Tabu-Thema gilt: Der sexuellen Belästigung am Arbeitsplatz.

Die Brisanz dieses Themas läßt sich schon an der Einleitung eines Beitrags dazu erkennen, der in den jüngsten „Mitteilungen für Frauen“ erschienen ist, einer Zwei-Monats-Zeitschrift der IG Metall, für das Vorstandsmitglied Gudrun Hamacher verantwortlich zeichnet. Da heißt es: „Obwohl dieses Problem schon immer vorhanden war, hat eine grundsätzliche Diskussion über sexuelle Belästigung am Arbeitsplatz in den deutschen Gewerkschaften nur zögernd begonnen.“ Und: Die Frage, ob dieses Thema überhaupt Gegenstand gewerkschaftlicher Interessenvertretung im Betrieb sein solle, sei „noch nicht eindeutig geklärt“. Es gebe folglich auch noch keine gewerkschaftlichen Beschlüsse dazu.

Die Frauenabteilung der IG Metall vertritt die Auffassung: „Sexuelle Belästigung ist ein Thema, das die Gewerkschaften angeht.“ Beispielsweise bieten sich die Frauenausschüsse der IG Metall als Ansprechpartnerinnen für betroffene Frauen an. Die Gewerkschaft sichert auch Rechtsschutz bei Klagen zu, nicht nur in arbeitsrechtlichen, sondern auch in zivilrechtlichen Verfahren. Angeregt wird auch eine breite Aufklärungskampagne.

Das Thema Sexualität im Betrieb könne nicht als „Nebenkriegsschauplatz“ betrachtet werden, weil es dabei um die Gleichberechtigung der Frau und um das Recht auf Arbeit gehe, schreibt die Frauenabteilung der IG Metall. Unter Berufung auf einen Bericht des britischen Gewerkschaftsbundes TUC und auf eine bundesdeutsche Untersuchung von Sybille Plogstedt und Kathleen Bode wird auf den Zusammenhang von sexueller Belästigung und Verschlechterung der Arbeitsbedingungen hingewiesen. Sie reichten von dauernder psychischer Belastung bis hin zu Entlassung infolge von Widerstand. Es komme deshalb darauf an, so die IG Metall-Frauen, das Problem „aus dem scheinbar privaten zwischenmenschlichen Bereich herauszulösen und die Betroffenen zu ermutigen, gemeinsam ihre Interessen zu vertreten“.

Die IG Metall-Frauen definieren sexuelle Belästigung so: „Wiederholte und unerwünschte verbale oder tätliche sexuelle Annäherungsversuche, eindeutig anzügliche Äußerungen oder sexuell diskriminierende Bemerkungen, durch die der oder die Betroffene sich bedroht, gedemütigt, schikaniert oder belästigt fühlt.“

Die IG Metall-Frauen liefern auch eine Erklärung, warum das Problem sexueller Belästigung am Arbeitsplatz so wichtig geworden ist und lassen dabei durchaus auch ein gewisses Verständnis für Probleme von Männern erkennen. In dem Maße, in dem sexuelle Attraktivität als Grundlage für die Existenzsicherung der Frau — durch Heirat — ausscheide, weil Frauen selbst mit Arbeit ihren Lebensunterhalt verdienen, würden von ihnen früher als aufwertend empfundene Äußerungen zunehmend als sexuell belästigend empfunden, heißt es. Eine Schlußfolgerung lautet so: „Die dadurch entstehende Verhaltensunsicherheit bei den Männern kann konstruktiv nur durch deutliche Verhaltensgrenzen, die Frauen ihnen setzen, behoben werden.“

Übernommen wird auch ein vom britischen Gewerkschaftsbund formulierter Grundsatz, der so lautet: „Je mehr die Frage sexueller Belästigung von Gewerkschaftern — sowohl männlichen wie auch weiblichen — offen diskutiert wird, desto leichter wird es fallen, dieses Problem am Arbeitsplatz auszuschalten.“

Über die sehr unterschiedliche Haltung der DGB-Gewerkschaften zum Thema Sexualität am Arbeitsplatz gibt das von der IG Metall herangezogene Taschenbuch „Übergriffe — Sexuelle Belästigungen in Büros und Betrieben“ Auskunft. Die von den Autorinnen Plogstedt und Bode angeforderten Stellungnahmen der Einzelgewerkschaften reichten, so die „Mitteilungen“ der IG Metall, „von wohlwollender Zurkenntnisnahme, aber gleichzeitiger Ablehnung von gewerkschaftlicher Zuständigkeit, bis hin zur Aufnahme des Problems mit der Absicht, es zum Gegenstand innergewerkschaftlicher Diskussion und Willensbildung zu machen“ — wie es die IG Metall-Frauen tun.

„Druck auf das Personal wird immer stärker“

DGB-Kreisfrauenausschuß befaßte sich mit Reduzierung der Arbeitskräfte im Einzelhandel

HANAU. Trotz Reduzierung der Arbeitsplätze im Einzelhandel (allein um mehrere hundert in den Hanauer Kaufhäusern innerhalb weniger Jahre) sind auch in Zukunft die Arbeitsplätze der Angestellten im Einzelhandel im Main-Kinzigkreis nach Feststellung der Gewerkschaften erheblich gefährdet. Die Situation hat sich in jüngster Zeit so zugespitzt, daß der DGB-Kreisfrauenausschuß zu einer Sondersitzung einlud, sind doch bei den aktuellen wie bei den zu erwartenden Gefährdungen in erster Linie Frauen betroffen.

Besonders die bevorstehende Schließung der Hanauer Karstadt-Filiale und die unsichere Situation im Einzelhandel ganz allgemein waren Gegenstand von Beratungen des DGB-Kreisfrauenausschusses, des DGB Kreisangestelltenausschusses, des Geschäftsführers der Gewerkschaft Handel, Banken und Versicherungen, Peter Lickfett, des Betriebsratsvorsitzenden von Karstadt Hanau, Bernd Hartog, und des Kaufhauses Hertie, Heinz Zieres.

Nachdem die Kaufhäuser durchgesetzt hätten, daß mit wesentlich weniger Personal wesentlich mehr Umsatz gemacht werden könne (man sprach von einer Reduzierung des Personalbestandes allein im Hanauer Kaufhof von 500 auf 250 Mitarbeiter), sei auch diese zusätzliche Belastung für den einzelnen Mitarbeiter offensichtlich noch nicht genug. Weil die Großmärkte auf der grünen Wiese eine immer stärkere Konkurrenz für die Kaufhäuser in den Städten werden und weil diese Märkte mit noch weniger Personal auskommen, werde der Druck immer stärker, sowohl für die Geschäftsleitung wie dann auch für das Personal. Die ständig wechselnden Arbeitszeiten der Mitarbeiter ließen im übrigen wenig Verständigungsmöglichkeiten innerhalb der Mitarbeiter zu, hieß es, und es gebe in Hanau sogar einen Billiganbieter, der seinen Mitarbeitern — grundgesetzwidrig — die Mitgliedschaft in einer Gewerkschaft „nicht erlaubt“. Peter Lickfett von der HBV berichtete, daß es 24 Warnstreiks bedurft hätte, bis bei den jüngst abgeschlossenen Tarifverhandlungen eine 38,5-Stunden-Woche und eine bescheidene Einkommensverbesserung in Höhe der Steigerungsraten für Lebensmittel erreicht werden konnte. Schließlich wurde vereinbart, daß im Einzelhandel Arbeiter und Angestellte künftig gleichgestellt sind. „Leider nutzt das unseren Kolleginnen und Kollegen bei Karstadt überhaupt nichts mehr“, hieß es.

Die Beschäftigten von Hertie und Kaufhof bedauerten, daß ihre Kolleginnen bei Karstadt ihre Arbeitsplätze verlieren, da helfe auch nicht viel ein Sozialplan, der immerhin zwölf Monatsgehälter sichere, „wenn man den Arbeitsplatz verloren hat und dann vielleicht fünf Jahre arbeitslos ist“. Nachdrücklich wiesen allerdings mehrere Diskussionsteilnehmer darauf hin, daß dieser noch „ganz gute“ Sozialplan nur dem Umstand zu verdanken sei, daß bei Karstadt ein hoher gewerkschaftlicher Organisationsgrad bestanden habe.

Derzeit sei die Zahl der offenen Stellen im Einzelhandel so gering, daß Leute, die eine tarifgerechte Bezahlung erwarten, kaum noch Aussichten haben, ja selbst für Jugendliche, die „billiger zu haben“ seien, werde es schwierig.

Die Gesprächsteilnehmer setzten sich auch mit der Begründung der Karstadt-Geschäftsleitung für die Schließung auseinander. „Es heißt, die Miete in Hanau sei zu hoch gewesen, die Filiale nicht mehr rentabel; wir vermuten eher, daß hier ein kartellartiges Verhalten praktiziert wurde nach dem Motto: „Machst Du hier zu, mache ich dort zu.“ Dabei profitiere jeder von den großen Warenhauskonzernen weiter, während die Gewerkschafter sich dann mit den Folgen für die Beschäftigten auseinandersetzen müßten.

Die Vorsitzende des DGB-Kreisfrauenausschusses Helga Eisermann und der Vorsitzende des Angestellten-Ausschusses, Gerhard Prokop sowie der DGB-Kreisvorsitzende Sepp Sigulla sicherten ihren Kollegen vom Einzelhandel abschließend die Solidarität der Einzelgewerkschaften im härter werdenden Kampf um die Arbeitsplätze zu. wr.

Frankfurter Rundschau, 08.07.198

Kürzungen durch ein „einseitiges Diktat"

Warnstreik der ÖTV-Mitglieder in Hanau / Beispiel einer Lernschwester

HANAU. Müllmänner und Kunsthistoiker, Krankenschwestern und Ärzte, Sozialarbeiter, Putzfrauen, Sekretärinnen, Lehrlinge und Inspektoren versammelten sich gestern morgen — flankiert von Großfahrzeugen der Müllabfuhr — zu einem Warnstreik auf dem Hanauer Freiheitsplatz. Sie demonstrierten die Kampfbereitschaft des öffentlichen Dienstes bei den gegenwärtigen Tarifverhandlungen.

Die Kundgebung der Gewerkschaft ÖTV galt der Forderung nach sechs Prozent mehr Lohn und Gehalt und nach einer besonderen Anhebung der unteren Einkommensgruppen. Nachdrücklich wurde gefordert, die geplanten Kürzungen für Lernschwestern und -pfleger rückgängig zu machen.

Eine Lernschwester des Hanauer Stadtkrankenhauses formulierte für die betroffenen Auszubildenden in den Pflegeberufen. Sie sieht die Interessen in einem „exemplarischen Angriff bedroht", weil ihre Ausbildungsvergütung um 37 Prozent gekürzt werden soll. „Durch einseitiges Diktat praktizieren die öffentlichen Arbeitgeber diese unverschämte Kürzung bereits seit dem 1. September 1985", beklagte die Schwester, deren Rede wegen einer plötzlichen Erkrankung von einem Kollegen verlesen wurde. Der Angriff gegen die bisherigen Ausbildungsvergütungen müsse bei den gegenwärtigen Tarifverhandlungen abgewehrt werden, hieß die Forderung. Nach dem Beispiel der Unternehmer greife der Staat kleine Gruppen und natürlich die Schwächsten zuerst heraus, um einen ersten Einbruch in das Einkommensgefüge zu versuchen. Dieser bedrohlichen Entwicklung zu wehren, wandten sich weitere Sprecher der ÖTV an die etwa 1200 versammelten Mitarbeiter des öffentlichen Dienstes, die sich anschließend zum Goldschmiedehaus begaben, um ihre Solidarität mit allen übrigen Gewerkschaften im Kampf gegen die Änderung des § 116 AFG zu bekunden. wr

Frankfurter Rundschau, 05.02.1986

Hanauer Anzeiger, 25.03.1987

DGB fordert Umsetzung von Frauenförderplänen

Appell an die Männer: Erhebliche Bewußtseins- und Verhaltensänderung im Betrieb

MAIN-KINZIG-KREIS. Der DGB fordert betriebliche Frauenförderpläne im Main-Kinzig-Kreis. Die Ansätze für die praktische Umsetzung dieses politischen Ziels nehmen sich bisher allerdings bescheiden aus. Doris Wege, Betriebsratsvorsitzende des DGB Hessen, hat gegenüber der FR bilanziert: In ganz Hessen gibt es noch keinen betrieblichen Frauenförderungsplan. Beim Hessischen Rundfunk und in den Verwaltungen des DGB seien Verhandlungen darüber am weitesten fortgeschritten. Im Main-Kinzig-Kreis ist das Thema Frauenförderungsplan bisher nur bei den ÖTV-Vertreterinnen im Personalrat des Stadtkrankenhauses Diskussionsgegenstand.

Kein Wunder also, daß sich die Betriebs- und Personalräte-Vollversammlung des DGB Main-Kinzig vor einigen Tagen mit diesem Thema beschäftigte. Dabei stellte Doris Wege fest, wirkliche Frauenförderung fordere in weiten Bereichen des Erwerbslebens von den Männern „erhebliche Bewußtseins- und Verhaltensänderungen". Davon sei bisher — auch bei Gewerkschaftern — „leider nicht viel zu merken".

Ein erster Schritt müsse deshalb in einer breiten öffentlichen und betrieblichen Diskussion über Frauenförderpläne bestehen. Die Frauen brauchten mehr als „zahnlose Paragraphen im Bürgerlichen Gesetzbuch". Ein gesetzlich verankertes Diskriminierungsverbot sei unumgänglich. Die Familien- und Sozialpolitik müsse das Ziel verfolgen, Frauen im Beruf ausreichend zu qualifizieren. In den Elternurlaub müßten die Männer mit einbezogen werden.

Da Frauen trotz des aufgeholten Bildungsdefizits nach wie vor in traditionelle Berufsfelder abgedrängt würden, müsse auch eine Quotierung bei der beruflichen Erstausbildung diskutiert werden. Das gelte auch für Fort- und Weiterbildung.

Die Teilnehmer der Betriebs- und Personalräte-Vollversammlung waren sich einig, daß nach den Vorbildern Schwedens, Dänemarks und der USA auch in der Bundesrepublik staatliche Subventionen an die Privatwirtschaft an die Bedingung geknüpft werden müßten, betriebliche Frauenförderung zu praktizieren. Freilich gebe es bisher noch keine Patentrezepte, um solche Pläne zu entwikkeln und umzusetzen. him

Frauen wollen Recht auf Abbruch

Zentraler Punkt einer Gesprächsrunde zwischen DGB-Frauen, Hanauer Frauengruppen und pro familia, waren das geplante „Bundesberatungsgesetz zum § 218" und die Arbeit von pro familia. Empört sind die DGB-Frauen vor allem darüber, so die DGB-Sekretärin Doris Wege, daß nach über zehn Jahren das „sogenannte Indikationsmodell" verschlechtert werden soll. Denn entgegen vorheriger Wahlaussagen und dem Versprechen der Frauenministerin Rita Süssmuth den § 218 unangetastet zu lassen, habe die Koalition eine Verschärfung der ohnehin unzureichenden Handhabung des § 218 in Form des ergänzenden Beratungsgesetzes beschlossen.

Als „frauenfeindlichen Rückschritt ins Mittelalter" werteten die Frauen die Angriffe aus den Reihen der Kirche, die über die gewerkschaftlichen Beschlüsse zum § 218 einen Angriff auf die Einheitsgewerkschaft gestartet hätten. So habe die evangelische Allianz/Aktion „Helfen statt töten" in Mittelhessen Abtreibungsgegner dazu aufgerufen, aus den Gewerkschaften auszutreten. In einer Broschüre, herausgegeben von der katholischen sozialwissenschaftlichen Zentralstelle, würden die vorgenannten Beschlüsse als Überschreitung der Toleranzgrenze innerhalb der Einheitsgewerkschaft bezeichnet, so die Gewerkschaftsfrauen in einer Presseerklärung.

„Gesetzliche Regelungen, die es der Frau ermöglichen, über den Zeitpunkt der Schwangerschaft selbst zu bestimmen, wurden und werden von der Arbeiterbewegung gefordert, weil die Erfüllung dieser Forderung ein wichtiger Schritt im Prozeß der sozialen Befreiung der Frau bedeutet", sagte eine Teilnehmerin des Gesprächs.

Der Frau müsse die Möglichkeit gegeben werden, über die Empfängnisverhütung hinaus dem biologischen Zufall einer Schwangerschaft entgegenzustreben. Immer wieder werfe eine Schwangerschaft außerordentlich komplizierte Probleme bei Frauen, in Ehen — auch in solchen, in denen der Kinderwunsch einen festen Platz gefunden hat — auf. Nicht selten würden erfolgreich begonnene oder kurz vor dem Abschluß stehende berufliche Entwicklungen in Frage gestellt oder gar Ehekrisen ausgelöst. Persönliches Glück der Frau und des Mannes, Harmonie in der Ehe und Familie könnten durch schwere, manchmal für den Einzelnen ausweglose psychische Belastung überschattet und gefährdet werden. Dank Forschung in der Medizin, deren Erfolge sowie der möglichen Leistungen des Gesundheitswesens, stünden genügend Möglichkeiten zur Verfügung, den gesundheitlichen Schaden auf ein Minimum zu reduzieren, statt mit „Horrorgebilden" von der eigentlichen Sache abzulenken, so die Frauengruppen.

Viele kirchlich gebundene Frauen beriefen sich in ihren Vorbehalten gegen diese Reform auf ihre religiös motivierte Moralauffassung. Hier müsse jedoch klar und eindeutig festgestellt werden, so die DGB-Sprecherin weiter, daß das Anliegen darin stehe, der Frau entsprechend der in der Gesellschaft zumindest formal erreichten Gleichberechtigung dieses Recht zu gewähren. Natürlich solle es der Frau überlassen bleiben, von diesem Recht Gebrauch zu machen oder darauf zu verzichten.

Auf die Kritik der Frauen stießen die konservativen Kampagnen gegen pro familia, die sich mit einer möglichen Verschlechterung des Indikationsmodells wieder häuften. Pro familia habe in der Vergangenheit hilfreiche und gute Arbeit geleistet. Der Bestand der Beratungsstellen müsse als Anlaufstelle auch zukünftig gesichert werden. Über die Finanzierung durch Bund und Land, die sich auch nach der Wende in Hessen verschlechtert habe, forderten die DGB-Frauen den Kreis, Städte und Gemeinden im Main-Kinzig-Kreis auf, die Arbeit von pro familia finanziell zu fördern und zu unterstützen.

Sie forderten Landrat Eyerkaufer nachdrücklich dazu auf, einen Schlußstrich unter das Hickhack zwischen Kreis und Stadt wegen der Finanzierung zu ziehen und für eine Unterstützung durch den Kreis einzutreten. Es sei empörend, daß der Kreistag offenen Auges zusehe, wie sich nicht nur die Beratungsmöglichkeiten für Frauen verschlechterten, sondern auch billigend in Kauf genommen würde, daß die Beschäftigten aufgrund dieser Situation eine Verschlechterung ihrer Arbeitsbedingungen hinnehmen müßten, und auch mit Arbeitsplatzverlust zu rechnen sei, meinte die DGB-Sprecherin abschließend.

Bergwinkel-Bote, 14.07.1987

Frankfurter Rundschau, 29. 12. 1987

Postgewerkschaft verkündet einen Förderplan für Frauen

"Weibliche Interessen bisher nicht genügend berücksichtigt"

Von unserem Redaktionsmitglied Michael Meinert

FRANKFURT A. M., 28. Dezember. Auch die Deutsche Postgewerkschaft (DPG) will künftig mit einem Förderplan den Anteil an Frauen in ihren Organen erhöhen. Nachdem der DPG-Kongreß im November 1986 den Hauptvorstand beauftragt hatte, innerhalb eines Jahres einen Frauenförderplan zu erstellen, faßte das höchste Gewerkschaftsgremium kürzlich den entsprechenden Beschluß, wie sie jetzt mitteilte.

Die Postgewerkschaft hat rund 392 000 bei der Post beschäftigte Mitglieder, von denen 31,5 Prozent Frauen sind. Bei den Beamten beträgt ihr Anteil 22,8 Prozent, bei Angestellten 75,8 und bei Arbeitern 40,5 Prozent. In den Gremien sind Frauen weniger vertreten, als es ihrem Anteil an den Mitgliedern entspricht. Obwohl es in letzter Zeit Verbesserungen gegeben habe, sei die Situation für die Gewerkschaft immer noch „unbefriedigend", heißt es in dem Beschluß.

Den ersten gewerkschaftlichen Frauenförderplan hatte die IG Metall im August beschlossen. Weitere Einzelgewerkschaften wie die ÖTV oder die GEW haben solche Pläne anschließend eingeführt.

Die Postgewerkschaft hat sich nun das Ziel gesetzt, daß „Frauen und Männer entsprechend ihrem Anteil an der Mitgliedschaft in den Organen vertreten" sind und daß dem geschäftsführenden Vorstand „mindestens eine Frau" angehört. Im DPG-Hauptvorstand beträgt der Frauenanteil heute 18,4 Prozent, im Kongreß 18,2 und im Gewerkschaftsrat 15,9 Prozent. In den Bezirksvorständen sitzen 55 Frauen (18 Prozent), in den Amtsgruppen- und Ortsverwaltungsvorständen liegt die Quote bei 19,8 Prozent.

Ausschüsse sollen Verwirklichung aktiv unterstützen

Ein wichtiger Aspekt bei der Verwirklichung des Frauenförderplans ist nach DPG-Angaben die gewerkschaftliche Bildungsarbeit. Bisher seien hier die Interessen der Frauen nicht ausreichend berücksichtigt worden. Die Kolleginnen, so die Gewerkschaft, sollen künftig gezielt angesprochen werden, Bildungsangebote wahrzunehmen. Frauenspezifische Themen seien mehr zu berücksichtigen, und auch die Rahmenbedingungen will die Postgewerkschaft — etwa durch Kinderbetreuung — verbessern. Weiterhin sollen Frauen stärker motiviert werden, an Studiengängen der arbeiterbildenden Akademien in Frankfurt und Dortmund teilzunehmen oder ein durch die Hans-Böckler-Stiftung gefördertes Hochschulstudium zu absolvieren.

Bei den hauptamtlich tätigen Funktionären der Postgewerkschaft ist laut Förderplan der Anteil der Frauen zu steigern. Zur Zeit sind Frauen in der Hauptverwaltung nur mit 16,1 Prozent vertreten, in den Bezirksverwaltungen sogar nur mit 5,4 Prozent. Frauen sollen künftig vorrangig berücksichtigt werden, „soweit die Voraussetzungen dazu gegeben sind".

Die Umsetzung der Vorhaben, so die Gewerkschaft, bedarf „der aktiven Unterstützung durch die Frauenausschüsse und die Frauenvertreterinnen selbst". Sie sollen Kolleginnen zur Mitarbeit sowie zur Übernahme von Aufgaben und Mandaten bewegen, Vorschläge zu Veranstaltungen und Bildungsangeboten machen, Kandidatinnen benennen und Schwierigkeiten bei der Umsetzung des Frauenförderplans aufzeigen.

Frauen fordern mehr Lohn und bessere Arbeitsbedingungen

Gewerkschafterinnen gingen in Hanau auf die Straße

Hanau (huk) – Zu einer denkbar schlechten Zeit hatten sich die Gewerkschaftsfrauen der IG Metall vor das Historische Rathaus am Marktplatz postiert, als nämlich die Marktbeschicker mit ihren Lastautos den verbleibenden Raum zum Rangieren ihrer Fahrzeuge verwendeten. Die Schautaufeln, auf denen Beispiele der Frauenarbeit und ihre Belohnung aufgezeigt waren, wurden an die Wand gedrückt, so daß nur wenige Passanten von den Anliegen der Arbeiterinnen Notiz nahmen.

Mehr Lohn und bessere Arbeitsbedingungen hieß die Devise des Frauenausschusses der Industrie Gewerkschaft Metall, Verwaltungsstelle Hanau. Die Information in der Hanauer Innenstadt galt der Benachteiligung von Frauen beim Lohn. Unter anderem wurde darauf hingewiesen, daß seit Beginn der Industrialisierung die Frauen als billige Arbeitskräfte benutzt werden. Zum Beispiel zeigt eine Lohntabelle aus der Zeit des Faschismus, daß Frauen bei gleicher Arbeit nur etwa 70 Prozent des Lohns ihrer männlichen Kollegen bekamen. Auch heute noch würden die Frauen beim Lohn benachteiligt.

Eine Untersuchung des IGM-Frauenausschusses in Hanauer Großbetrieben hat ergeben, daß in den unteren Lohngruppen zwei bis fünf 952 Frauen beschäftigt sind aber nur 402 Männer. In den höheren Lohngruppen, sechs bis neun, sieht den Tabellen zufolge schon anders aus. Nach diesen Lohnsätzen werden lediglich 101 Frauen aber 2749 Männer bezahlt.

Um die Belastungen der Frauen in den Metallbetrieben deutlich zu machen, hatten die IGM-Frauen einen typischen „Frauenarbeitsplatz" vor dem Rathaus aufgebaut. Bei der Bestückung von Leiterplatten und anderen Frauentätigkeiten wird viel verlangt: Verarbeitung feinster Teile, einseitige Körperbelastung, häufige Wiederholung der gleichen Bewegungen, Arbeiten zum Teil mit einer Lupe. Dies alles stellt hohe Anforderungen an die Frauen. Ihre Gesundheit wird dabei sehr belastet. Mehr als die Hälfte der Arbeiterinnen in der Metallindustrie leiden an Schulter- und Rückenschmerzen. Ein großer Teil der Frauen muß sich mit Herz- und Kreislaufkrankheiten, Frauenleiden und Magenerkrankungen herumplagen.

Ganz im Gegensatz dazu steht der Lohn, wie die Gewerkschaftsfrauen herausgefunden haben. Eine Frau in Lohngruppe vier mit zehn Prozent Leistungszulage verdient danach in der Steuerklasse eins nur 1409,54 Mark netto im Monat. Als Alleinstehende kann sie davon kaum existieren. Es reicht gerade für das Allernötigste. Beim Essen, bei der Kleidung muß sie sich einschränken und vom Urlaub kann sie nur träumen.

Die IG-Metallerinnen wollen, daß das anders wird. Sie wollen die Frauen anregen, sich gegen die schlechte Bezahlung zu wehren. Beispiele aus anderen Betrieben zeigen, daß es möglich ist, Erfolge zu erzielen. Auch die Betriebsräte werden von den Metallerinnen aufgefordert, diesem Thema mehr Beachtung zu schenken.

Doris Werder demonstriert den Passanten, wie sich eine Frau an einem typischen Frauen-Arbeitsplatz quälen muß. Die Anforderungen sind hoch, der Lohn minimal. Foto: Hauck

Hanauer Anzeiger, 06. 10. 1988

Hanauer Anzeiger, 12.07.1990

Für gerechte Entlohnung

Frauenausschuß der IG Metall fordert höhere Eingruppierungen

H a n a u . – In seiner ersten Sitzung, unmittelbar nach der IG Metall-Frauenkonferenz, hat sich der neugewählte Frauenausschuß der IG Metall konstituiert. In ihren Ämtern bestätigt und wiedergewählt wurden Kollegin Cornelia Gramm, beschäftigt bei der Firma Vacuumschmelze, als Vorsitzende und Kollegin Siglinde Hofmann (Honeywell) als stellvertretende Vorsitzende. Als Schriftführerin wurde die Kollegin Gudrun Gerhardt gewählt und wird die nächsten drei Jahre dem Gremium diesbezüglich zur Verfügung stehen.

Im Mittelpunkt der Konferenz, die unter dem Motto „Frauen wehrt Euch" stand, war zum einen der Tätigkeitsbericht der Metallerinnen vor Ort und zum anderen eine Berichterstattung über den jahrelangen Kampf der Frauen bei der Firma Cohnen in Dillenburg um eine gerechte Eingruppierung. In ihrem Referat stellte Cornelia Gramm die Schwerpunkte der Arbeit in der Verwaltungsstelle Hanau dar. Eine zentrale Rolle spielte hierbei die Höhergruppierungsaktion. Aufgrund einer 1986 durchgeführten Bestandsaufnahme über die Situation der erwerbstätigen Frauen in den sechs größten Metallbetrieben der Verwaltungsstelle, habe im Frauenausschuß festgestellt werden können, daß bei den Kolleginnen die Lohnfrage (Frauen erhielten im Durchschnitt 30 Prozent weniger als ihre Kollegen) im Mittelpunkt steht.

In mehreren Sitzungen hat der Frauenausschuß ein Konzept für eine Höhergruppierungsaktion entwickelt. Dabei sollten zunächst zwei Betriebe (Vacuumschmelze und W. C. Heraeus) einbezogen werden. Als einen ersten Schritt zu betrieblichen Frauenförderplänen sollte diese Aktion gesehen werden. Mit dem Beschluß der IG Metall Ortsverwaltung im Oktober 1987 sei der Weg frei geworden zur praktischen Umsetzung des im Frauenausschuß erarbeiteten Konzeptes.

Ein weiterer Schwerpunkt der Frauenarbeit war die Diskussion um die Umsetzung der IGM-Richtlinien zur Frauenförderung. Ziel sei es, daß in den betrieblichen Gremien, wie Betriebsrat, Vertrauenskörper und Jugend- und Auszubildendenvertretung, Frauen, entsprechend ihres Beschäftigtenanteils, und in den Gremien der Verwaltungsstelle, entsprechend ihres Mitgliederanteils, vertreten sein sollen. Der Frauenausschuß hat hierzu eine Bestandsaufnahme erstellt.

Schwerpunktmäßig wurde auch der Paragraph 218 thematisiert. Neben diesen Themenschwerpunkten wurden auch andere wichtige gewerkschafts- und gesellschaftspolitische Themen diskutiert und bearbeitet. Ein Antrag zur Frauenkonferenz, mit der Forderung, daß die Produkte aus den Rüstungsbetrieben umgewandelt werden in eine alternative und friedliche Produktion, wurde diskutiert und angenommen.

In einer Resolution wandte sich die Frauenkonferenz gegen die Änderung des Ausländergesetzes, das für die ausländischen Kolleginnen und Kollegen viele Verschlechterungen bringt. Es dürfe nicht zugelassen werden, daß Gruppen der Arbeitnehmer gegeneinander ausgespielt werden. Die ausländischen Kolleginnen und Kollegen dürfen nicht Menschen zweiter Klasse sein.

Der Frauenausschuß der IG Metall-Verwaltungsstelle Hanau setzt sich wie folgt zusammen: Eisermann, Helga (Vacuumschmelze), Gabryel, Stefanie (W. C. Heraeus), George, Ruth (W. C. Heraeus), Gerhardt, Gurdrun (Leybold), Gramm, Cornelia (Vacuumschmelze), Hoffmann, Beate (Vacuumschmelze), Hofmann, Siglinde (Honeywell), Jahnke-Färber, Brunhild (W. C. Heraeus), Kilicarslan, Günsel (Vacuumschmelze), Kress, Inge (W. C. Heraeus), Laska, Brigitte (Roediger), Loos, Regina (Honeywell).

Für ersatzlose Streichung

Gewerkschafterinnen fordern Wegfall des Paragraphen 218

Main-Kinzig-Kreis. – „Frauen finden bei den deutsch-deutschen Verhandlungen – wenn überhaupt – nur am Rande statt." Mit diesen Worten kritisierte DGB-Landesfrauensekretärin Marita Eilrich in einer Sitzung des DGB-Kreisfrauenausschusses das Abschieben der DDR-Frauen und ihrer Probleme durch die Politik. Die Vereinigung beider deutscher Staaten dürfe sich gerade in der Frage des Schwangerschaftsabbruchs nicht gegen die Frauen richten. Die freie Entscheidung der Frau zur Mutterschaft müsse weiterhin gewährleistet sein. Konkret bedeute dies nach der Beschlußlage des DGB, daß an der derzeit geltenden Fristenregelung in der DDR so lange nicht gerüttelt werden dürfe, bis seine Forderung nach ersatzloser Streichung des hier geltenden Paragraphen 218 durchgesetzt sei.

Gleichzeitig müsse aber schon jetzt der Ausbau eines umfassenden Beratungsgesetzes in der DDR in Angriff genommen werden. Betroffenen Frauen, die dies wünschen, müsse Beratung angeboten werden. „Eine Zwangsberatung, die auch von Frau Süßmuth noch immer in verschleierter Form gefordert wird, lehnt der DGB strikt ab", erklärte Marita Eilrich in Hanau. Sie kündigte unter Hinweis auf den jüngsten DGB-Bundeskongreß bundesweite Aktionen gegen die Normenkontrollklage in Sachen 218 durch die Bayerische Landesregierung an. „Fit gemacht" mit Daten und Fakten in der Auseinandersetzung um die Kostenübernahme durch die Krankenkassen bei Schwangerschaftsunterbrechungen sollen auch die Arbeitnehmer-Vertreter in den Selbstverwaltungsorganen der Kassen.

Die steigende Zahl der Abtreibungen in der DDR lasse dagegen bestürzt aufhorchen. Dahinter stecke offenbar eine konkrete Zukunftsangst vor Arbeitsplatzverlust und der Schließung weiterer Kinderbetreuungseinrichtungen, die die Mutter wieder zur privaten Lösung ihrer Probleme zwinge. Um ein „roll-back" und einen Abbau der in der Bundesrepublik mühsam errungenen Rechte der Frauen zu verhindern, müsse auch hier die Diskussion um Frauenförderung, Quotierung, familienfreundliche Arbeitszeiten, ein flächendeckendes Netz an Kinderbetreuungseinrichtungen und eine eigenständige Rente der Frau verstärkt und mit Blick auf die anstehenden Wahlen in Bund und Land den Parteien als Forderungen der Gewerkschaften präsentiert werden.

Wie die stellvertretende Vorsitzende des DGB-Kreisfrauenausschusses Helga Seipel-Schneider mitteilte, werden sich die DGB-Frauen in einer Klausurtagung am 8./9. September in Oberreifenberg mit dem Arbeitsprogramm 1990/91 befassen. Dabei werden Frauenförderpläne und die Gleichstellung der Frauen in Familie, Beruf und Gesellschaft sowie der Schutz vor Risiken der Gentechnik im Mittelpunkt der Diskussion stehen. An dieser Klausurtagung können auch interessierte Gewerkschafterinnen teilnehmen. Anmeldungen und Anfragen sind zu richten an den DGB-Kreis Main-Kinzig, Freiheitsplatz 6, Hanau, Telefon 0 61 81/2 42 16.

Hanauer Anzeiger, 09.08.1990

Polizei: Domäne der Männer

Bezirksfrauenausschuß Darmstadt hatte zur Diskussion geladen

Hanau (oh). – Mit einer ganzen Palette von Fragen zur Gleichstellung von Frauen im Berufsleben befaßten sich in diesen Tagen in Hanau zahlreiche Mitarbeiterinnen der Polizei. Eingeladen zu dieser gutbesuchten Diskussionsveranstaltung im Nachbarschaftshaus Tümpelgarten, an der nur eine Handvoll Männer, darunter die Bezirksvorsitzenden der Polizeigewerkschaft aus Darmstadt und Wiesbaden, Norbert Weinbach und Jörg Stein, sowie Personalratsvorsitzender Otto Moritz von der Polizeidirektion Hanau interessierte Zuhörer waren, hatte der Bezirksfrauenausschuß Darmstadt der Gewerkschaft der Polizei.

Neben Teilnehmerinnen aus Frankfurt, Darmstadt, Wiesbaden und Hanau konnten Vorsitzende Hannelore Samoil und Helga Dietz-Gleich, die Frauenbeauftragte der Polizei beim Regierungspräsidenten in Darmstadt, fünf Gewerkschafterinnen aus dem thüringischen Suhl begrüßen, um so entsprechend dem Motto der Veranstaltung Frauen aus Ost und West zu Wort kommen zu lassen.

Gerade die Diskussionsbeiträge der Mitarbeiterinnen einer Polizeibehörde aus dem Bezirk Suhl machten neben aktuellen Aspekten, die sich weitgehend auf die Sorge der sich drastisch verschlechternden Betreuungssituation der Kinder und die Angst vor dem gerade Frauen besonders treffenden Verlust von Arbeitsplätzen in Thüringen konzentrierten, die Rolle der Frauen im Erwerbsleben deutlich.

Übereinstimmend beklagten die Frauen aus Hessen und Thüringen gleichermaßen den bestehenden beziehungsweise künftigen Mangel an öffentlichen Einrichtungen zur Kinderbetreuung, was keinesfalls nur bei der Polizei, sondern auch in allen Berufszweigen oft zu Teilzeitarbeitsverhältnissen mit all den damit verbundenen Nachteilen führe. Die Zwangsunterbrechung im Berufsleben bei der Geburt der Kinder und die Zuweisung der Rolle als „Nur-Hausfrau“ birge erhebliche Nachteile gegenüber den männlichen Kollegen.

Am Beispiel der eigenen Anstellungsbehörde Polizei, die noch immer eine Domäne der Männer sei, werde deutlich, daß die Gewerkschaft der Polizei sich künftig noch intensiver um die Chancengleichheit der Frauen bemühen müsse. Mit dieser Veranstaltung, die ein überraschend positives Echo bei den Betroffenen hervorgerufen habe, sei ein Anfang gemacht, die Rollenverteilung bei der Verbindung weiblicher Erwerbstätigkeit mit den Pflichten in der Familie neu zu definieren und schließlich – so das Fazit der äußerst engagierten Diskussionsrunde – zu einer echten Gleichstellung der Frauen zu führen. Neben sozialem Ausgleich und finanzieller Sicherung insbesondere bei alleinerziehenden Frauen müsse das Image der Frauen als „Mitverdiener“ neu überdacht werden.

Hanauer Anzeiger, 02. 11. 1990

Hanauer Anzeiger, 06. 12. 1990

Betreuungsangebot verbessern

Gewerkschafterinnen für mehr Kindertagesstätten

H a n a u (pm). – Mit dem öffentlichen Betreuungsangebot für Kinder in Hanau setzten sich die Vertreterinnen der gewerkschaftlich organisierten Frauen im Main-Kinzig-Kreis in ihrer jüngsten Ausschußsitzung kritisch auseinander. Sie begrüßten den vom Jugendamt der Stadt vorgelegten Kindertagesstättenplan, der auch für andere Städte und Gemeinden des Main-Kinzig-Kreises als Planungsgrundlage beispielhaft sei.

Der Kindertagesstättenentwicklungsplan lege den nach wie vor hohen Bedarf sowohl nach Kindergartenplätzen, die auch nach ganztägigen Betreuungsangeboten in allen Altersstufen nicht nur in sozialen Brennpunkten, sondern flächendeckend für die Stadt, offen. Der sich daraus ergebende Handlungsbedarf für die Stadt dürfe nicht mit Hinweis auf die Finanzierungsschwierigkeiten in bloßem Krisenmanagement enden, forderten die DGB-Frauen. Das unzureichende Angebot an Kinderbetreuungseinrichtungen träfe nach wie vor besonders die Frauen, da sie trotz aller Gleichberechtigungsbeteuerungen der Politiker nach wie vor allein verantwortlich für die Kinder sind. Die Chancen der Mütter, erwerbstätig zu sein, hänge mit dem Kinderbetreuungsangebot beständig an einem seidenen Faden.

Die Gewerkschafterinnen forderten aber nicht nur eine Ausweitung des Platzangebotes in den Kindertagesstätten und Horten. Im Interesse der Kinder müsse dem Kindertagesstätten-Entwicklungsplan folgend auch die Personalbemessung mit dem Ziel, zwei Erzieherinnen pro Gruppe, verbessert und die Gruppengröße verringert werden. Der Qualität der Einrichtungen komme besonders durch ihre zunehmende pädagogische Funktion als Ergänzung zum sozialen Erfahrungsfeld aller Kinder immer größere Bedeutung zu. Kinder brauchen Kinder für eine gesunde Entwicklung. Der Trend zur Kleinfamilie und eine immer lebensfeindlichere Umwelt (Straßenverkehr) erschweren aber diese wichtigen sozialen Erfahrungen unter Gleichaltrigen. Die Gesellschaft und mit ihr die Politiker müßten grundsätzlich entscheiden, wieviel ihnen die Zukunft ihrer Kinder wert sei, so die Gewerkschafterinnen.

Mit Blick in die östlichen Teile des Main-Kinzig-Kreises konstatierten die Gewerkschafterinnen eine geradezu katastrophale Lage der Betreuungssituation von Kindern. Dort existieren nicht einmal Kindertagesstätten-Entwicklungspläne, die den tatsächlichen Bedarf ermitteln. „Dort haben die Kommunalpolitiker wohl Angst davor, mit der Notwendigkeit zum Handeln konfrontiert zu werden", vermuteten die Gewerkschaftsfrauen und kündigten weitere Aktionen an, mit denen sie für eine Verbesserung der Situation durch öffentlichen Druck beitragen wollen.

Zu Beginn des nächsten Jahres wollen die DGB-Frauen Solidarität für die Erzieherinnen organisieren, die um die Verbesserung ihrer Gehälter und Arbeitsbedingungen kämpfen. „Die Verantwortung für unsere Kinder muß uns mehr wert sein als ein Hungerlohn", forderten die Frauen für ihre Kolleginnen.

Erzieherinnen demonstrieren

Höherers Gehalt und bessere Aufstiegsmöglichkeiten gefordert

HANAU. Wenig Bewegung in den Tarifverhandlungen für die Beschäftigten im Sozial- und Erziehungsdienst: Als „empörend und provozierend" disqualifiziert die Hanauer Kreisverwaltung der Gewerkschaft Öffentliche Dienste, Transport und Verkehr (ÖTV) das derzeitige Angebot der Verhandlungsgegner. Die von der Vereinigung der kommunalen Arbeitgeberverbände präsentierten „geringfügigen" Verbesserungen seien noch weit von den gewerkschaftlichen Forderungen entfernt, so die ÖTV Hanau. Nachdem die Tarifrunde nun erst einmal bis Ende Januar ausgesetzt ist, soll die Diskussion um höheres Gehalt und bessere Aufstiegsmöglichkeiten aus den Konferenzräumen auf die Straße verlagert werden.

An einer vom 21. bis zum 25. Januar geplanten bundesweiten Aktionswoche werden sich dann auch hiesige Pädagogen und Gewerkschaftsvertreter beteiligen. Denn, so die Hanauer ÖTV-Kreisgeschäftsführerin Ingrid Steinbach, „der Unmut unter den Erzieherinnen ist riesig".

Während die ÖTV eine tarifliche Höhergruppierung für Kinderpflegerinnen und Erzieherinnen, für Sozialpädagogen und -arbeiterinnen fordert, welche Gehaltserhöhungen um mehrere hundert Mark zur Folge hätte, sind die Angebote der Arbeitgeberseite nach Ansicht der Gewerkschaft weder geeignet, den „akuten" Nachwuchsmangel im Sozialbereich zu beheben, noch qualifiziertes Personal in diesen Berufen zu halten. Nach einem von den öffentlichen Arbeitgebern unlängst präsentierten Modell, genannt „Bewährungsaufstieg", sollen etwa Erzieherinnen erst nach acht Jahren „Bewährung" die nächste Vergütungsstufe erklimmen können.

Weitere Forderung der ÖTV: Die tarifliche Eingruppierung muß vereinheitlicht werden; die Größe einer Einrichtung etwa und die Zahl der darin zu betreuenden Kindergruppen dürften künftig für die Höhe der Vergütung einer Erzieherin nicht länger bestimmend sein. Zudem sollte der Gehaltsstreifen nach Ansicht Steinbachs Zusatzqualifikationen, wie etwa eine heilpädagogische Ausbildung, honorieren.

Längst überfällig nach Angabe der ÖTV-Kreisgeschäftsführerin auch eine Vergütung ideeller Natur: Öffentliche Arbeitgeber müßten endlich anerkennen, daß die Arbeit in Kindergärten und Tagesstätten mehr bedeute als Liedersingen und fröhliches Ringelrein. sar

Frankfurter Rundschau, 27. 12. 1990

Bekleidungsfirma streicht ihren kranken Angestellten den Lohn

„Druck und Einschüchterungsversuche" verfehlen nicht die gewünschte Wirkung / Frauen fürchten um ihre Arbeitsstellen

BIEBERGEMÜND. Um das Arbeitsklima in der Herrenkleiderfabrik Englert war es zuletzt nicht zum besten gestellt. Die 35 Beschäftigten im Zweigbetrieb in Bieber, wo die im bayerischen Roßbach beheimatete Firma seit 1971 Herrenanzüge produzieren läßt, haben das Jahr 1991 in schlechter Erinnerung. Das Unternehmen, so Näherinnen und Büglerinnen, habe bei der Produktion „Druck" gemacht, krampfhaft versucht, die Stückzahlen hochzutreiben.

Statt einer kleinen Feier zum 20jährigen Firmenbestehen habe es im Bieberer Betrieb Leistungstabellen gegeben. Doch das war nur ein Vorspiel zu dem, was Günther Brand von der Gewerkschaft Textil-Bekleidung am Freitag „schlichtweg eine Sauerei" nannte und sein DGB-Kollege Ferdinand Hareter als „Vorfall, der seinesgleichen sucht", bezeichnete. Die Firmenleitung akzeptiert von ihren Mitarbeitern in Bieber seit Monaten keine Krankenscheine mehr und stoppt für im Fall einer Krankmeldung die Lohnfortzahlung.

Die Angestellten staunten nicht schlecht, als sie am 29. Oktober in dem kleinen Betrieb in der Bahnhofstraße einen Aushang entdeckten, den Firmenchef Manfred Engert mit „Krankenstand" tituliert hatte. Eine beiliegende Übersichtstabelle informierte die Belegschaft darüber, daß „der Krankenstand gegenüber des Hauptbetriebs in Roßbach mehr als dreimal höher ist", die Lohnkosten in Bieber den Stundenlohn um zusätzlich eine Mark „belasten".

Der Unternehmer, der sich nach Angaben der Betriebsratsvorsitzenden Rita Grob im letzen halben Jahr nur noch einmal in Bieber blicken ließ und auch für die FR gestern nicht erreichbar war, hat keinen Zweifel, warum sich die Krankmeldungen häufen. „Wir sind überzeugt, daß einige Betriebsangehörige ihren Arbeitsplatz lediglich als Nebentätigkeit mit Sozialversorgung, Urlaubsvergütung, Weihnachtsgeld usw. betrachten", läßt er auf dem Zettel wissen. „Dies wird in Zukunft nicht mehr geduldet." Was das im Klartext bedeutet, wird den 33 Näherinnen und Büglerinnen ebenfalls zur Kenntnisnahme gegeben. Beide Betriebsleiter haben die Anweisung, keine Krankmeldungen mehr anzunehmen, Lohnfortzahlung wird nicht mehr gewährt.

Die angedrohte Methode, von Brand als „noch nie dagewesener Fall" bezeichnet, ist in den letzten Wochen eifrig praktiziert worden. Die Betriebsleiter lehnen „auch aus Angst um den eigenen Job", wie es heißt, Arbeitsunfähigkeitsbescheinigungen ab. Die Idee der Gewerkschaft, die Krankmeldungen per Einschreiben an die Firmenleitung in Roßbach zu schicken, endet in der Regel damit, daß sie der Postbote mit dem Stempelaufdruck „Annahme verweigert" zurückbringt. Nur noch in Ausnahmefällen, nach Gutdünken, erhalten Angestellte Lohnfortzahlungen.

Bei der DGB-Rechtsstelle sind laut Hareter mittlerweile acht Klagen anhängig, „die wir mit 100prozentiger Sicherheit gewinnen". Schließlich handele es sich um einen „klaren Verstoß gegen das Lohnfortzahlungsgesetz", das den Arbeitgeber „verpflichtet, die Krankmeldung entgegenzunehmen". Daß der Unternehmer bisher noch nicht in seine Schranken verwiesen sei, liege einzig und allein an der „Überlastung" der Arbeitsgerichte, die laut Hareter erst am 20. Mai in dieser Sache verhandeln.

Laut Brand ist es nicht das erste Mal, daß sich das Arbeitsgericht um die Firma kümmert. Bei den ersten Betriebsratswahlen in Bieber vor sechs Jahren habe Englert der Gewerkschaft Hausverbot erteilt, was schließlich die Richter wieder aufgehoben hätten. Indes haben die, so Brand, „Druck und Einschüchterungsversuche des Unternehmers" trotz „eindeutiger Rechtslage" ihre Wirkung nicht verfehlt. Nach Angaben des Gewerkschaftssekretärs gehören „Unsicherheit und Angst zum Arbeitsalltag", und nicht jeder besitze den „Mut, sich zu wehren". „Die Frauen haben Angst zum Arzt zu gehen und kommen mit einer Erkältung zur Arbeit", weiß Näherin Renate Meinelt. „Im Endeffekt stecken sie dann noch andere an", meint das Betriebsratsmitglied. Ohnehin gebe es, wie auch andere Frauen berichten, etliche krankheitsfördernde Faktoren im Bieberer Zweigbetrieb. Zum Streß kämen zum Teil „katastrophale Arbeitsbedingungen". „Zu den Toiletten muß man über den Hof, der Aufenthaltsraum ist oft nicht geheizt". Die Gewerkschafter wollen Informationen darüber besitzen, daß die Firmenleitung selbst die Ärzte anruft.

Stark verunsichert ist die 35köpfige Belegschaft noch aus einem anderen Grund. Nachdem Firmenchef Englert bereits im Aushang geschrieben hatte, „daß wir uns im Interesse des Fortbestandes des Betriebsteils Bieber zu dieser Maßnahme gezwungen sehen", wird nach Angaben von Helmar Frank „das Wort Betriebsschließung immer öfteren in den Mund genommen". Zuletzt sei sogar bei der Urlaubsplanung davon gesprochen worden, „daß man die vielleicht gar nicht mehr brauche".

Eine Methode, die ihre Wirkung bei einigen Frauen ebenfalls nicht verfehlen dürfte. In der krisengeschüttelten Textilbranche haben in den vergangenen Jahren zahlreiche Betriebe geschlossen. Viele der Arbeiterinnen, die sich derzeit in Bieber um Herrenkonfektion kümmern, haben erst vor drei Jahren eine Firmenpleite in Flörsbachtal miterlebt. So rätseln Gewerkschaft und Betriebsrat, die nach eigenen Angaben in den vergangenen Wochen mehrfach vergeblich Kontaktaufnahme und Schlichtungsversuche mit dem Unternehmer angestrebt haben, was dieser mit seinen Repressalien bezweckt. Während Ferdinand Hareter von einem „kurzfristig kalkulierten Gewinn" spricht, äußert Brand sogar die leise Vermutung, daß hier versucht wird, „vor der Betriebsschließung noch einmal kräftig abzukassieren".

JÖRG ANDERSSON

Frankfurter Rundschau, 18.02.1992

Ein Lichtblick für Frauen am „Lila Montag“

Ihr Anteil in den Kommunalparlamenten des Main-Kinzig-Kreises stieg etwas an

HANAU. Für DGB-Sekretärin Monika Sanner-Jakob steht fest: „Wenn es überhaupt Gewinner gegeben hat, dann sind es die Frauen.“ Auf den ersten Blick sieht das Ergebnis der Kommunalwahl auch gut aus. Im Vergleich zu 1989 stieg die Frauen-Quote in den Parlamenten. Doch noch immer ist die Politik fest in Männerhand. „Was wäre, wenn jeder zweite Stuhl im Parlament von Frauen besetzt wäre?“ So lautete eine Frage, mit der die DGB-Frauen beim „Lila Montag“, ihrer Veranstaltung zum internationalen Frauentag, auf dem Hanauer Marktplatz zum Nachdenken anregten.

Bei strahlendem Sonnenschein nahmen Passantinnen nicht nur rote und pinkfarbene Nelken in Empfang. Sie setzten auch ihre Fußabdrücke in Form von kleinen Selbstklebern auf eine Tafel, um ihre Erwartungen an die Politiker zu formulieren. Die meisten Stapfen zählten die Gewerkschafterinnen auf dem Feld „Schutz vor sexueller Gewalt — Hilfe für die Opfer“. Auch der Wunsch nach bezahlbarem Wohnraum ist stark verbreitet sowie die Forderung nach familienfreundlichen Arbeitszeiten.

Gäbe es mehr Parlamentarierinnen, wäre die Frauenbewegung schon wesentlich weiter, meint Sanner-Jakob. Doch das braucht anscheinend seine Zeit. Dies zeigen die Zahlen über die Frauenquoten in den neuen Parlamenten. Um knapp acht Prozent wuchs der Anteil der weiblichen Abgeordneten im Kreistag auf 25,3 Prozent an. Auch in Hanau drücken zur neuen Legislaturperiode mehr Frauen die Fraktionsbänke. Ihr Anteil stieg auf 25,4 Prozent gegenüber 22 Prozent in den vergangenen vier Jahren. Im Gelnhäuser Stadtparlament stieg die Quote von 10,8 auf 16,2 Prozent. Magere Zuwachsraten verzeichnet dagegen die Stadtverordnetenversammlung in Schlüchtern. Der Frauenanteil stieg um drei Prozent auf 16,5 Prozent.

Aber auch im DGB stellen die Frauen eine Minderheit dar. Nur 8000 der insgesamt 44 000 Mitglieder im Main-Kinzig-Kreis gehören dem weiblichen Geschlecht an. Verantwortlich für diese Zahlen macht DGB-Kreisvorsitzender Sepp Sigulla die Tatsache, daß viele Frauen einer Teilzeitbeschäftigung nachgehen, insbesondere im Einzelhandel. Sigulla sagt am Rande der Veranstaltung im Gespräch mit der FR: „Dann ist die Abhängigkeit groß, so daß der Schritt zu den Gewerkschaften schwer ist.“ jur

Frankfurter Rundschau, 10.03.1993

Protest gegen Abtreibungsurteil

Mit „Entsetzen und Fassungslosigkeit“ haben gestern viele Frauen auf das Urteil des Bundesverfassungsgerichtes reagiert, das die Fristenregelung mit Beratungspflicht in wesentlichen Punkten als verfassungswidrig erklärt hatte. Nach Bekanntwerden des Urteils (wir berichteten bereits gestern) hatte der Frauenbeirat des Main-Kinzig-Kreises zu einer spontanen Protestdemonstration vor das Hanauer Neustädter Rathaus aufgerufen. Hier bezeichnete Brigitte Schlich-Heinze von der Beratungsstelle Pro Familia die vom Bundesverfassungsgericht gefällte Übergangsregelung als „schlichtweg skandalös“. Im Zentrum der Kritik der zirka 30 anwesenden Frauen stand die Entscheidung, der zufolge Abtreibungen in den ersten drei Monaten in der Regel nicht unter Strafe gestellt werden sollen, gleichwohl rechtswidrig seien. Abtreibungen auf Krankenschein sind somit untersagt. Auch die Arbeit der Beratungsstellen wurde neu geregelt. Statt einer bisherigen „offenen Beratung“, soll die Beratung nun das Ziel verfolgen, das Kind auszutragen. Nachdem das Bundesverfassungsgericht den Bundestagsbeschluß vom Sommer vergangenen Jahres zum Paragraphen 218 in entscheidenden Teilen gekippt hat, sieht Brigitte Schlich-Heinze eine neue Runde des Frauenprotestes auf die Bundesrepublik zukommen.

mkl/Foto:Krammig

Hanauer Anzeiger, 29.05.1993

Frauen-Protest-Jahr 1994

Schlüchtern (rs). „Auch nach 40 Jahren Gleichberechtigungs-Artikel im Grundgesetz haben die Frauen in Deutschland längst nicht die gleichen Rechte wie die Männer, und in Krisenzeiten weht gerade ihnen ein schärferer Wind entgegen. Wenn es um Einsparungen geht, die zur Zeit überall vorgenommen werden, setzt so mancher Mann den Rotstift gern in Bereichen an, die Frauen und Kinder zuerst betreffen. So z. B. auch die Erhöhung der Kindergartengebühren, die Diskussion um die Erhöhung der Gruppenstärke in Kindertagesstätten, die Kürzung von Zuschüssen für Fraueneinrichtungen oder von Jugendmitteln.

Die üblicherweise von Frauen stillschweigend erbrachten und von der gesamten Gesellschaft als selbstverständlich hingenommenen Leistungen, von der Versorgung der Familie über die Betreuung der Kinder bis zur Pflege älterer Familienmitglieder, sichtbar zu machen, haben sich die Frauen des DGB-Kreisfrauenausschusses

Main-Kinzig vorgenommen. Doch nicht nur am 8. März, dem Internationalen Frauentag, wo bundesweit ein „Frauen-Protest-Tag" geplant ist, sondern darüber hinaus im ganzen Jahr 1994 wird dies unser Ziel sein", so Petra Platt, zuständige Frauen-Sekretärin beim DGB-Kreis Main-Kinzig.

Die Idee des „Frauen-Protest-Tages" ist entstanden durch ähnliche z. T. spektakuläre Aktionen, die in Island, Holland und der Schweiz bereits erfolgreich durchgeführt wurden. Der landesweite Frauenstreik mehrerer hunderttausend Schweizerinnen am 14. Juni 1991 wurde zur größten Demonstration in der 700jährigen Geschichte des Landes.

Die zwar im Grundgesetz verankerte, aber in der Realität noch längst nicht erreichte Gleichstellung der Frau in Beruf und Gesellschaft veranlaßt die DGB-Frauen, das ganze Jahr 1994 zum Frauenprotestjahr zu erklären, um mit vielfältigen Aktionen und Veranstaltungen auf diesen Mißstand aufmerksam zu machen. Den ersten Schwerpunkt bildet dabei der 8. März 1994, der Internationale Frauentag. An diesem Tag sollen unter anderem Betriebs- und Personalversammlungen durchgeführt werden, die auch den Tagesordnungspunkt „Frauen-Protest-Tag" behandeln. In unterschiedlichsten Formen soll außerdem den Frauen die Gelegenheit gegeben werden, ihre Solidarität auch nach außen sichtbar zu machen.

Vom „Frauen-Sprechtag" beim Betriebsrat bis zum gemeinsam getragenen Button ist alles möglich. Die meisten Aktionen werden eher symbolischen Charakter haben und nur selten unmittelbar verändernd wirken. Wenn z. B. sehr viele berufstätige Mütter an einem Tag ihre Kinder mit zur Arbeit nehmen und erwerbslose Frauen den Vätern die Kinder mit zur Arbeit geben, so bricht dadurch kein Betrieb zusammen. Das zu erwartende Durcheinander wird allerdings klarmachen, was passieren könnte, wenn die Frage der Kinderbetreuung weiterhin nicht geregelt bzw. den Frauen überlassen wird und diese eines Tages die Geduld verlieren.

Man könnte die Protestaktionen also als freundliche Warnung an all jene Vertreter von Wirtschaft, Politik und sonstigen Organisationen verstehen, die sich an der zunehmenden Ausgrenzung von Frauen aus Arbeits- und Lebenschancen beteiligen.

Die DGB-Frauen appellieren daher auch an die Betriebs- und Personalräte im Main-Kinzig-Kreis, am 8. März Betriebs- und Personalversammlungen oder Sprechstunden zu diesem Thema durchzuführen. Außerdem sollten weibliche Interessen in der BR-/PR-Arbeit stärkere Beachtung finden, denn weibliche Sicht schließt das Wohl der Familie mit ein, so daß diese auch den Männern zugute kommt.

Einen weiteren Schwerpunkt im Arbeitsprogramm der DGB-Frauen bilden die Betriebsratswahlen 1994, wo sie die Unterstützung und Förderung der Frauen verstärken wollen, um einen höheren Frauenanteil in den Betriebsräten zu erreichen. Deshalb werden die Frauen auch von ihnen aufgefordert, für dieses Amt zu kandidieren.

Bergwinkel-Bote, 10.02.1994

DGB-Frauen beklagen Mangel an Kindergartenplätzen

MAIN-KINZIG (gt). „Schon jetzt steht fest, daß der vom Gesetzgeber versprochene Anspruch eines jeden Kindes auf einen Kindergartenplatz ab 1. Januar 1996 nicht einzulösen ist", so Margret Reinhold vom DGB-Kreisfrauenausschuß Main-Kinzig. Im Main-Kinzig-Kreis stelle sich die Situation so dar, daß 1994 im Schnitt ein Versorgungsgrad an Kindergartenplätzen von 73,7 Prozent erreicht wurde.

Weiter belegten diese Zahlen, daß es Gemeinden wie Erlensee und Jossgrund gebe, die im Versorgungsgrad in Flörsbachtal mit 128 Prozent überfüllt und in Bad Soden-Salmünster, Freigericht, Hasselroth und Rodenbach mit über 90 Prozent als Vollversorgung zu betrachten.

Der DGB-Kreisfrauenausschuß fordert vor diesem Hintergrund eine Änderung des Kindergartengesetzes. In diesem müßten vor allen Dingen mehr Betriebskostenzuschüsse von seiten des Landes festgeschrieben werden, um die Träger zu entlasten. Nur so könne auf lange Sicht eine Gleichbehandlung der Kinder garantiert werden.

Da es aber immer noch so sei, daß Kinder in dieser Gesellschaft nachrangig behandelt würden, ist es nach Ansicht der DGB-Frauen unbedingt notwendig, jetzt Druck auf die politisch Verantwortlichen zu machen.

Die DGB-Frauen würden die nächsten Monate nutzen und versuchen, gemeinsam mit Eltern und Elternvertretungen sowie den Beschäftigten öffentlichen Druck zu organisieren.

Gelnhäuser Tageblatt, 21.04.1995

Die Hürden der Frauen waren Männern zu hoch

Demonstration zum Internationalen Frauentag in der Hanauer Innenstadt

HANAU. Mit dem diesjährigen DGB-Motto zum Internationalen Frauentag „Teilen Jungs“ mochten sich die Main-Kinzig Gewerkschafterinnen nicht anfreunden. Bei ihrer Aktion in der Hanauer Fußgängerzone nahmen sie den Spruch nicht in den Mund. Das „Zauberwort“ teilen klingt zu sehr danach, daß Arbeitnehmer und Arbeitnehmerinnen die Probleme unter sich lösen sollten. Unternehmer entlasse es aus der Pflicht. Sie seien aber für die Wegrationalisierung von Arbeitsplätzen verantwortlich. „Allein in der Hanauer Metallindustrie sind in den letzten Jahren 10000 Arbeitsplätze vernichtet worden“, sagte Conny Gramm, Frauenausschußvorsitzende der IG-Metall Hanau. Ausbildungsplätze seinen rar. 65 Prozent derjenigen, die vergeblich nach einer Lehrstelle suchen, seien weiblich. „Alleinerziehende und Rentnerinnen sind die größte Gruppe unter den Sozialhilfeempfängerinnen.“ Lautstark marschierten rund 60 Frauenbewegte am späten Nachmittag durch die Innenstadt, darunter auch ein beträchtliches Häufchen Männer. Zuvor hatten die Gewerkschafterinnen am Schwanenbrunnen Hürden aufgestellt, die frau täglich überspringen muß: „Gleicher Lohn für gleiche Arbeit“ lautet ihre Forderung, Spielplätzen für Kinder und die partnerschaftliche Teilung von Aufgaben in den Familien.

Eine Handvoll Männer wagte sogar den Sprung über die Hindernisse. Dabei fielen einige auf die Nase. jur

Frankfurter Rundschau, 10.03.1995

Geringfügig Beschäftigte mit Rechten ausstatten

DGB-Forderungen zum Internationalen Frauentag

Main-Kinzig-Kreis. Frauen wissen meist, was sie sollen: Ausbildung, Arbeit und Einkommen – Partnerschaft, Familie und Kinder. Aber oft können sie ihre Ziele nicht erreichen, weil es an wesentlichen Voraussetzungen dafür fehlt. Sie brauchen ein flächendeckendes Angebot zur Kinderbetreuung, mit dem die ganztägige Betreuung für Kinder jeden Alters möglich ist. Die DGB-Frauen fordern einen Elternurlaub mit Lohnersatzleistungen, der in Form eines Zeitkontos flexibel genutzt werden kann, einen Rechtsanspruch auf sozial abgesicherte Teilzeitarbeit mit dem Recht, auf eine Vollzeitstelle zurückzukehren; Väter, die ihren Teil der unbezahlten Haus- und Familienarbeit übernehmen. »Vor allem aber brauchen wir eine gerechte und solidarische Verteilung von Arbeit und Einkommen und Arbeitsplätze«, erklärte Yvonne Dreiocker, Sprecherin des DGB-Kreisfrauenausschusses Main-Kinzig.

Die DGB-Frauen haben ihre Veranstaltung zum internationalen Frauentag, die im Rahmen der Frauenwoche in Hanau am Dienstag, 5. März, 17 Uhr, im DGB-Jugendheim Hanau, Freiheitsplatz 6, stattfindet, unter das Thema: »590-Mark-Jobs endlich absichern!« gestellt. referieren wird Marianne Weg, vom Hessischen Ministerium für Frauen, Arbeit und Sozialordnung. Der DGB-Kreisfrauenausschuß ruft alle Frauen auf, sich an den Veranstaltungen zum Frauentag zu beteiligen.

Frauen in geringfügigen Beschäftigungsverhältnissen haben keinen Zugang zur Renten-, Arbeitslosen- und zur Krankenversicherung. Es sei denn, sie sind als Ehepartnerin mitversichert. Ein geringfügiges Beschäftigungsverhältnis liegt vor, wenn das Durchschnittseinkommen 590 Mark monatlich nicht übersteigt und pro Woche nicht mehr als 15 Stunden gearbeitet wird.

Im Main-Kinzig-Kreis gibt es nach Schätzungen der DGB-Frauen mindestens 17 000 solcher geringfügigen Beschäftigungserhältnisse. Da in diesen Jobs weder Arbeitgeber noch Arbeitnehmer Beiträge in die Renten-, Kranken- und die Arbeitlsosenversicherung entrichten, gehen dem Staat und den Krankenkassen immense Summen verloren. Geht man davon aus, daß in einem sozialversicherungspflichtigen Beschäftigungsverhältnis pro Beschäftigten und Jahr 1500 Mark an Beitragszahlungen in die genannten Sozialversicherungen gezahlt werden, gehen der Sozialversicherung allein im Main-Kinzig-Kreis 25,5 Millionen jährlich verloren.

Darüber hinaus haben geringfügig Beschäftigte keinen eigenständigen Anspruch auf Krankengeld und Reha-Maßnahmen, auf Arbeitslolsengeld und andere arbeitsmarktpolitischen Leistungen. Sie haben keinen Anspruch auf eine aus ihrer Erwerbstätigkeit abgeleiteten Rente und keine Ansprüche bei Berufs- und Erwerbsunfähigkeit.Mit der Abschaffung der Sozialversicherungsfreiheit entstünden folgende Vorteile für die Betroffenen: Sie würden Ansprüche nach dem Arbeitsförderungsgesetz und Rentenansprüche erwerben und die bisher schon Sozialversicherten würden durch das höhere Beitragsaufkommen entlastet.

Weil in erster Linie Frauen, etwa 70 Prozent, diese Beschäftigungen ausüben, ist es auch unter frauenpolitischen Aspekten notwendig, jede Art von Erwerbstätigkeit auch sozialversicherungspflichtig zu machen. In einigen Branchen sinken die Chancen weiblicher Beschäftigter auf eine Vollzeitstelle oder eien sozialversicherungspflichtige Teilzeitstelle rapide. So werden Frauen, trotz ihrer Erwerbstätigkeit in die finanzielle Abhängigkeit ihres Partners oder des Staates gedrängt.

Der arbeits- und sozialrechtliche Schutz für die Menschen in geringfügigen Beschäftigungsverhältnissen ist gering. Tarifliche Bezahlung wird ihnen häufig nicht gewährt, obwohl Tarifverträge auch für sie gelten. Die Steuer, die an sich der Arbeitgeber zahlen sollte, wird oft auf die Arbeitnehmerinnen und Arbeitnehmer abgewälzt.

Diesen Tendenzen müßten endlich ein Riegel vorgeschoben werden. Deshalb begrüßt der DGB-Kreisfrauenausschuß Main-Kinzig die Bemühungen der Hessischen Arbeitsministerin, Barbara Stolterfoht, sich im Bundesrat für die soziale Absicherung der geringfügigen Beschäftigungsverhältnisse einzusetzen.

Main-Echo, 02.03.1996

Frankfurter Rundschau, 11.03.1996

Ein Rathaus voller tanzender Frauen

Nicht nur begeisterte Gesichter zum Abschluß der Hanauer Frauenwoche

Von Nicole Schmidt

HANAU. „Immer wieder Kalypso-Fieber“: Wann hat es das im nüchternen Foyer des Rathaus-Altbaus schon mal gegeben! Wo sonst vorwiegend gedeckt gekleidete Männer und Frauen eilig durchgehen, um ein oder zwei Stockwerke höher in Büros und Sitzungssälen zu verschwinden, tanzten am Freitag abend Frauen ausgelassen nach karibischen Rhythmen, live gespielt. Sie feierten nach einer Woche Veranstaltungsmarathon ihr krönendes Abschlußfest.

Frauen erobern sich das Rathaus. Das klingt wie ein Slogan aus alten frauenbewegten Tagen. Riesige lila Luftballons und lila Servietten auf den langen Holztischen trotzen dem sterilen Raum denn auch ein bißchen Atmosphäre ab. Lila Latzhosen und selbstgestrickte Pullis fehlen allerdings, die sind einfach megaout. Allenfalls das lila Seidentuch, von der besten Freundin selbstgebatikt, haben manche ums Jacket geschlungen. Ansonsten trägt Frau, überwiegend zwischen 30 und 50, bunt oder schwarz. Die wenigen Männer halten sich dezent im Hintergrund.

Herzliche Umarmungen bei neu hinzugekommenen Frauen. Viele kennen sich. Eine Mittvierzigerin in Lederhose hält Ausschau: „Ich hatte mir erhofft, daß ich mehr alte Mitstreiterinnen von früher treffe“, sagt sie mit Wehmut in der Stimme. Aber dann entdeckt sie doch welche. Austausch von Erinnerungen. Weißt Du noch, damals, in der Walpurgisnacht tanzten wir den Tango mitten auf der Straße im Feierabendverkehr und die Männer flüchten. Oder die Demo in Bonn, wo wir Tampons und hautfarbene Büstenhalter aus der Altkleidersammlung an Verkehrsschilder hängten. Ach, war das despektierlich. Lange her. Wo ist die Power? Ventile werden gesucht im Erzählen von Männerwitzen. Herrlich, darüber lachen zu können. Komm, wir schwofen.

„Ich finde es schon toll, daß eine Woche politischer Veranstaltungen mit einem Fest ausklingt in einem so zentralen öffentlichen männerbestimmten Ort“, sagt die Frau in Lederhose. Wo wohl ihre anderen Freundinnen sind, überlegt sie sich. Einige feiern bestimmt bei den Frauen-Veranstaltungen in Schöneck oder Gelnhausen, weil sie dort sein wollen, wo sie inzwischen leben, nämlich auf dem Land. Oder liegt es doch daran, daß die Frauenbewegegung tot ist? „Das ist Quatsch“, widerspricht die Frauenbeauftragte Imke Meyer mit Überzeugungskraft. Natürlich, sagt sie,ist es nicht mehr so wie früher. Unmöglich auch, an die 70er Jahre anzuknüpfen. „Aber die Bewegung ist noch da. Wir müssen neue Wege finden und haben ja auch schon welche aufgetan“. Ihr nachvollziehbarer Standpunkt: Professioneller sind die Frauen geworden, haben vielerlei Projekte aufgebaut und gelernt, mit den Instrumentarien umzugehen. Der lange Marsch durch die Institutionen? „Nein, die Arbeit mit den Institutionen“, verbessert Imke Meyer.

Erfolgsmeldung am Nebentisch. „Was bin ich früher mit meinen Gedanken, eine Mädchengruppe aufzubauen, auf Granit gestoßen. Das ist doch nun wirklich nicht nötig, du willst Dir den Job nur leichtmachen, hat es von verantwortlicher Stelle geheißen. Aber nach Bohren und Bohren ist die Mädchenarbeit zur festen Einrichtung bei uns im Spielhaus geworden und alle sind zufrieden“, erzählt Heidi Graves der Frau in Leder und die nickt anerkennend, aber trotzdem, früher...

Wo war es früher schon denkbar, daß 27 unterschiedlichste Frauen-Gruppierungen und Organisationen ein solches Programm gemeinsam auf die Beine stellen und beim Infomarkt auf dem Marktplatz einträchtig nebeneinander stehen, fragt Imke Meyer. „Da ist etwas Neues entstanden. Das gibt doch wirklich Mut“.

Etlichen Veranstalterinnen scheint allerdings am Freitag nachmittag nach dieser langen aufwendigen Woche die Puste für den Infomarkt ausgegangen zu sein. Aber immerhin präsentieren sich noch elf Gruppen wegen des starken Windes notgedrungen sehr zurückhaltend vor dem Altbau des Rathauses. Vielleicht wären sie in der Fußgängerzone oder am Markttag mehr aufgefallen. So tröpfelt denn auch das Publikum recht spärlich an den Ständen vorbei. Während sich etwa die AG berufstätiger Frauen in der CDU, der Verein „Frauen helfen Frauen“ und der Sozialdienst katholischer Frauen ganz zufrieden über die Resonanz auf ihre heutige Aktion äußern, gibt es auch ehrlich enttäuschte Gesichter. Ilka Englert vom „e plus-S“-Stand, dem Bundesverband Evangelischer Erzieherinnen und Sozialpädagoginnen ärgert sich darüber, daß so wenig andere Stände vertreten sind und so wenig Leute stehenbleiben. „Die meisten gehen schnellen Schrittes und mit starrem Blick vorbei, um ja nicht angesprochen zu werden“. „Aber diejenigen, die kommen, fragen wenigstens wirklich interessiert“, meint die Vertreterin des Hausfrauenbundes am Stand daneben.

Auch die „Frauen nach Krebs“ und die ÖTV-Frauen hätten sich mehr Resonanz erhofft. Die Gewerkschafterinnen wollten nicht nur informieren, sondern auch in einem Fragebogen wissen, welche Arbeitszeiten die Frauen sich wünschen. Es gab fast keine Reaktionen oder neue Vorschläge, berichten sie. Desinteresse, so ihre Vermutung, aber auch Resignation. „Die meisten denken doch, Hauptsache, ich habe überhaupt einen Job und werde in Ruhe gelasen. Bloß jetzt keine Forderungen stellen, sonst gibt es bloß Schwierigkeiten, sagt ÖTV-Frau Uta Grimm. Und überhaupt, meint sie, „hatte ich nicht das Gefühl, daß die Frauen, die vorbeikamen, gesagt hätten, dies ist unser Tag. Es muß sich schon noch viel ändern, daß wir die Gleichheit auf die Reihe kriegen“.

Ildiko Csoti, eine „ganz normale Frau“, hatte solch ein Gefühl. Sie hat nicht nur an etlichen Veranstaltungen während der Woche teilgenommen, („Ich hab das Programm im Verkehrsamt mitgenommen und genau studiert“), sondern auch den Infomarkt besucht „und ich fand es einfach wichtig und interessant, daß so etwas für Frauen gemacht wurde“.

Zu diesem Ergebnis sind alle Veranstalterinnen gekommen, sagt auch Imke Meyer. „Mich hat diese Woche ermutigt, weiterzumachen. Wir sind ins Gespräch gekommen und wollen den Kontakt weiter ausbauen.Ich hoffe, beim nächsten Mal dreht es sich dann mehr um Inhalte als diese Woche, wo es einfach darum ging, einmal die vielfältigen Aktivitäten aufzuzeigen“.

Frankfurter Rundschau, 17. 10. 1996

90 Prozent folgten dem Streikaufruf

„Real“-Beschäftigte wollen Tarifregelung für neuen Ladenschluß und mehr Geld

Von Katja Schoßer

MAINTAL. „Riesig einkaufen“, wie es die Werbung verspricht, konnten die Kunden der Dörnigheimer Real-Filiale am Freitag durchaus. Allerdings stand ihnen das Personal nicht in gewohntem Umfang zur Verfügung. Gut 90 Prozent der Stammbelegschaft waren am Freitag dem Streikaufruf der Gewerkschaft Handel, Banken und Versicherungen (HBV) gefolgt. Darunter nicht nur Gewerkschafter, wie HBV-Sekretär Bernhard Schiederig und Betriebsratsvorsitzender Klaus Stern unterstrichen: Auch viele nichtorgansisierte Kollegen streikten mit.

Hessenweit legten nach HBV-Angaben mehr als 1000 Einzelhandels-Beschäftigte die Arbeit nieder, um ihrer Forderung nach höherem Einkommen und einer Tarifregelung für die ab 1. November erweiterten Ladenöffnungszeiten nach rheinland-pfälzischem Vorbild mehr Gewicht zu verleihen. Betroffen war vor allem die Metro-Gruppe mit vier Real-SB-Warenhäusern in Eschborn, Rüsselsheim, Lollar, Maintal und zwei Praktiker-Baumärkten in Eschborn und Rüsselsheim, so der Frankfurter HBV-Sprecher Günter Wolters. Blieben die hessischen Arbeitgeber bei ihrer starren Haltung, würden die Streiks nächste Woche ausgeweitet.

Wer sich am Freitag mittag aufs Dörnigheimer Real-Gelände begab, wurde von den Streikenden mit Flüstertüte und Plakaten begrüßt. Während das Gros der insgesamt knapp 230köpfigen Belegschaft, von der derzeit etwa 80 Kollegen pro Tag im Einsatz sind, auf die Straße ging, wurde drinnen mit einer Notbesetzung weitergearbeitet.

So ergab sich an den Kassen und Regalen ein ungewohntes Bild: Abteilungsleiter in Hemd und Krawatte ordneten die Socken am Wühltisch, nur wenige Kassen waren besetzt. Laut Schiederig hielt die Marktleitung, die selbst nicht zu einer Stellungnahme bereit war, mit einer zunächst zwölf- und später 15köpfigen Notbesetzung das Geschäft am Laufen.

Weshalb sie nicht am Streik beteilige, begründete eine Frau damit, daß sie nicht wisse, ob das überhaupt was bringe. Das müsse jeder für sich selbst entscheiden, meinten ihre streikenden Kolleginnen am HBV-Infostand draußen dazu: „Wir streiken für alle mit.“ Mit Repressalien des Arbeitsgebers müsse vor Ort keiner rechnen, auch nicht die unorganisierten Kollegen.

Die hohe Beteiligung am Streik basiere nicht allein auf dem mit 60 Prozent vergleichweise großen Organsisationsgrad, betonte Betriebsratschef Stern. Sogleich fügte ein Nichtgewerkschafter hinzu: „Bei dem, was uns blüht, muß man doch einfach auf die Gass' gehen.“

Solidarität sei das einzige Mittel, um die „besonders dreiste und starre Haltung der hessischen Einzelhändler aufzubrechen“. Die verweigerten eine angemessene Erhöhung der Löhne und Gehälter und wollten Lohnfortzahlung und Kündigungsschutz aufweichen: „Sollen wir wieder ins Mittelalter zurück?“

Am meisten aber fuchst die Beschäftigten, daß sie die längeren Arbeitszeiten „einfach so“ hinnehmen sollen: „Soll wie bereits am langen Donnerstag wieder das Stammpersonal der Dumme sein?“ Vor allem für Alleinerziehende und Mütter kleiner Kinder, aber auch für ehrenamtlich in Vereinen Engagierte sei Arbeiten bis um acht „eine Katastrophe“. Ohnehin hätten viele Frauen kein Auto, kämen angesichts mauer Busverbindungen „dann überhaupt nicht mehr nach Hause“.

Die Kundschaft reagierte unterschiedlich auf den Streik: „Ich versteh' die Leute und außerdem kann ich ja trotzdem einkaufen“, meinte einer, „die solle was schaffe“ ein anderer. Für ihn haben die Streikenden einen guten Rat: „Der soll sich mal von früh bis spät hier reinstellen und obendrein noch freundlich bleiben.“

Will „nicht zurück ins Mittelalter“: die Real-Belegschaft. (Bild: Klaus Behnsen)

Main-Kinzig-Kreis

Frauen diskutieren Sparpaket-Auswirkungen

Die Auswirkungen des Bonner Sparpakets auf die weibliche Bevölkerung stehen im Zentrum eines Informationsabends, zu dem das Kreis-Frauenbüro und die Frauen im Deutschen Gewerkschaftsbund Main-Kinzig/Offenbach für Montag, 27. Januar, 19 Uhr, ins DGB-Jugendheim am Hanauer Freiheitsplatz 6 laden. Es spricht die Frankfurter Sozialwissenschaftlerin Mechthild Veil.

Hintergrund des Abends, so die Veranstalterinnen: Das „Programm für mehr Wachstum und Beschäftigung“ genannte Sparpaket der Bundesregierung, beinhalte vielfältige Änderungen, die auf den ersten Blick geringfügig erschienen und lediglich begrenzte Personengruppen beträfen. Erst in der Zusammenschau werde die Richtung einer neuen sozialpolitischen Weichenstellung deutlich: „Es geht um den Versuch, auf Kosten berufsorientierter Frauen zu sparen und ihnen den Spaß an der Erwerbsarbeit zu nehmen.“

Mit dem Sparpaket und dem damit verbundenen Abbau von Frauenrechten versucht die Bundesregierung nach Meinung von Kreis-Frauenbüro und Gewerkschafterinnen, Risiken zu privatisieren, die bisher vom Sozialstaat abgefedert wurden: „Das regierungsamtliche Interesse liegt darin, den Versicherungsschutz für einen Teil der Arbeitnehmer/innen zu durchlöchern, um private Ressourcen zu mobilisieren.“ Sei es durch ein phasenweises Herausdrängen aus dem sozialen Netz in die Familie, durch die ersatzlose Streichung der Frauenaltersgrenze oder durch das Drängen in die Sozialhilfe. Die wesentlichen Neuregelungen des Sparpakets soll der Informationsabend ebenso beleuchten wie ihre längerfristigen Folgen für die soziale Sicherung von Frauen. tja

Frankfurter Rundschau, 25. 01. 1997

Gelnhäuser Neue Zeitung, 18.02.1997

DGB und Schülervertretung: Sprechblasen auf Politikerköpfe geklebt

Deutliche Forderung: Lehrstellen her

FDP: Absolut einverstanden / CDU: Auf dem Rücken ehrenamtlicher Helfer

Main-Kinzig-Kreis / Hanau (in). Sie gehen davon aus, daß Politiker eh nur Sprechblasen von sich geben und wollen die Blasen wenigstens mit wichtigen Inhalten füllen. „Lehrstellen her" lautet die deutliche Forderung des Aufklebers, der seit einigen Tagen auf zahlreichen Wahlkampfplakaten pappt.

Damit geben die Jugend des Deutschen Gewerkschaftsbundes (DGB), der Kreis- und der Stadtschülerrat einen klaren Hinweis, wo ihrer Meinung nach die Prioritäten gesetzt werden müssen. Daß die Aktion sich nicht mit dem Gesetzbuch in Einklang bringen läßt, nehmen sie dabei in Kauf. Sachbeschädigung nennt sich der Tatbestand übrigens.

Ließen sich bewußt auf frischer Tat ertappen: DGB und Schülervertretung füllen die leeren Sprechblasen der Politiker. *(Foto: Wagner)*

Für Mark Seibert vom Landesschülerrat nur ein weiterer Schritt auf dem Weg, den seine Organisation eingeschlagen hat. „Die Schülervertretung wird sich in ihren Forderungen radikalisieren, wenn sich nichts ändert", sagt der junge Mann, der für die Sache „Grenzgänge" zu wagen bereit ist.

Seibert schilderte die ausweglose Situation vieler junger Leute anschaulich: „Wer vergebens 100 Bewerbungen schreibt, den kann keine Schuld treffen." Dennoch sehen sich die Betroffenen ins schlechte Licht gerückt und in die Ecke der Lustlosen gestellt.

Wo nach Ansicht der DGB die Schuldigen sitzen, sagt DGB-Kreisvorsitzender Ferdinand Hareter: „Wir müssen den Leuten sagen, daß die Betriebe die Verantwortung haben." Hareter nennt Zahlen vom Januar 1997. Danach kämpfen im Main-Kinzig-Kreis 2353 Bewerber um 1382 Lehrstellen. Angesichts dieses Mißverhältnisses kommt Hareter zu dem Schluß: „Das kann doch nicht die Schuld der Jugendlichen sein."

Schon gestern reagierten zwei Parteien via Pressemitteilung auf die „Wahlkampfunterstützung" der jungen Leute. Hanaus Oberbürgermeisterin Margret Härtel zeigt kein Verständnis. Sie bezeichnete die Aktion als „unangemessen" und bedauerte, daß die Lehrstellenmisere auf dem Rücken der ehrenamtlichen Helfer der Parteien ausgetragen werde, weil die nun erneut Plakate kleben müßten. Ganz andere Töne kommen aus dem Lager der Liberalen.

Spitzenkandidat Siegfried Czakay ist mit der Aktion „absolut einverstanden". Die Art und Weise sei zwar „ein wenig ruppig", doch könne er den Frust der jungen Leute gut verstehen. Czakay: „Mit der DGB-Jugend würde ich gerne reden."

LITERATURVERZEICHNIS

BEIER, GERHARD:	Arbeiterbewegung in Hessen. Zur Geschichte der hessischen Arbeiterbewegung durch einhundertfünfzig Jahre (1834 – 1984). Vom Hessischen Landboten und Georg Büchner über den Volksstaat Hessen und Wilhelm Georg August Zinn. Regionale Identität und soziale Bewegung. Insel Verlag, Frankfurt am Main, 1. Auflage 1984
BEIER, GERHARD:	Geschichte und Gewerkschaft. Politisch-historische Beiträge zur Geschichte sozialer Bewegungen. Schriftenreihe der Otto Brenner Stiftung. Bund-Verlag, Köln, 1981
BERGMILLER, IRIS:	Ältere Kolleginnen erzählen. Herausgeber: DGB-Landesbezirk Hessen, Abteilung Frauen. Frankfurt am Main, 1987
CIESLAK, WERNER:	Der Kampf geht weiter. Neuss, 1984
DERICHS-KUNSTMANN, KARIN / KOPEL, MECHTHILD / BACHLER, SIGRID INGEBORG / DEUTSCHER GEWERKSCHAFTSBUND (HRSG.):	Da haben wir uns alle schrecklich geirrt ... – die Geschichte der gewerkschaftlichen Frauenarbeit im Deutschen Gewerkschaftsbund von 1945 bis 1960. Centaurus-Verlagsgesellschaft, Pfaffenweiler, 1993
DGB-BUNDESVORSTAND, ABT. FRAUENPOLITIK:	Info-Brief 2/95
DGB-LANDESBEZIRK HESSEN, ABT. FRAUEN:	Geschäftsberichte. Annelie Tuchscheer: 1974-1976; Marita Eilrich: 1985-1989, 1989-1992, 1993-1996
DGB-LANDESBEZIRK HESSEN, ABT. FRAUEN:	Anträge und Entschließungen zu den Landesfrauenkonferenzen 1974, Kassel (8.), 1977, Darmstadt (9.), 1981, Frankfurt am Main (10.) 1985, Baunatal (11.), 1989, Frankfurt am Main (12.), 1993 (13.)
HANAUER ANZEIGER:	vom 08.08.1960 (Statistik)
KALINIKIDOU, MARIA, IG-METALL, ABT. AUSLÄNDISCHE ARBEITNEHMER:	Die Zukunftschancen der ausländischen Frauen auf dem Arbeitsmarkt. Frankfurt, 1996
KOCH-ARZBERGER, CLAUDIA / HOHMANN, ECKART (HRSG.):	Hessen im Wandel. Daten, Fakten und Analysen zur Entwicklung von Gesellschaft, Staat und Wirtschaft seit 1946. Opladen, 1994
KRAUSE-SCHMITT, URSULA / DREIBUS, WERNER:	Vom aufrechten Gang, von Widerständen und Stolpersteinen. Beiträge zur Gewerkschaftsgeschichte im Main-Kinzig-Kreis. Herausgeber: DGB Kreis Main-Kinzig, Hanau, 1993
KURLBAUM-BEYER, LUCIE:	Erinnerungen aus meinem Leben. Eigenverlag

MAIN-KINZIG-KREIS:	Kreisstatistik, 1997
PETER, ANTONIO / WOLF, WERNER:	Arbeit, Amis, Aufbau – Alltag in Hessen 1949-1955. Sonderausgabe der Hessischen Landeszentrale für Politische Bildung. Frankfurt am Main, 1989/90
PITZSCHKE, ANGELA / SCHÖTTNER, BRIGITTE:	Gewerkschaftliche Frauenarbeit in Kassel 1945 -1970. Kooperationsmaterialien Nr. 15. Herausgeber: DGB-Kooperationsstelle Gewerkschaften/Hochschule Kassel. Kassel, 1987
ROTH, KARIN U. A.:	Träumen verboten – Gewerkschaftliche Frauenpolitik für die 90er Jahre. Hamburg, 1984
RUHL, KLAUS-JÖRG (HRSG.):	Frauen in der Nachkriegszeit 1945 – 1963. Deutscher Taschenbuch Verlag. München, 1988
STATISTISCHES BUNDESAMT:	Datenreport 1994 – Zahlen und Fakten über die Bundesrepublik. Wiesbaden, 1994
UNTER UNS:	Dunlop-Werkszeitschrift, Juni 1948
UNTER UNS:	Dunlop-Werkszeitschrift, Juli 1948
WERDER, ILSE / KREISAUSSCHUSS DES MAIN-KINZIG-KREISES (HRSG.):	100 Jahre Frauenleben rund um das Kinzigtal 1888-1988. Gelnhausen, 1988
WESTPHAL, MANUELA:	Arbeitsmigrantinnen im Spiegel westdeutscher Frauenbilder aus: beiträge zur feministischen theorie und praxis, Nr. 42, 1996, S. 17- 42

FOTONACHWEIS

Archiv Frauenleben im Main-Kinzig-Kreis
Axel Hässler
Bildstelle der Stadt Hanau
DGB-Fotogruppe: Reiner Kunze, Michael Pilz, Manfred Semmler
Privat

PERSONENREGISTER

Adamo, Nora 98
Adenauer, Konrad 38
Altenhövel, Andrea 170, 172
Andes, Jutta 172
Andrews, Mershia 68
Baldus, Marion 172
Bartel, Rosi 81, 196
Becker, Emma 44
Becker, Margarete 34
Behnke, Jürgen 158
Beumers, Helene 120
Beyer, Lucie (s. Kurlbaum-Beyer, Lucie)
Binding, Marita 110, 122
Böckler, Elli 34
Böckler, Hans 37
Bohl, Heike 168
Brandt, Günter 143, 144
Brandt, Willy 121
Bremer, Ingeborg 31
Bretthauer, Klaus 96
Buchhold, Elge 142ff
Busch, Clara 121
Conz, Ella u. Wilhelm 31
Cramer, Astrid 170
Dickel, Sigrid 156
Dietrich, Monika 139f, 157, 158, 159
Döbbelin, Inge 166
Dobislav, Irmgard 67
Dohn, Irene 95f
Dürk, Michael 158
Egold, Anna 29
Ehemann, Annegret 151
Ehemann, Helmut 153
Eilrich, Marita 13, 124f, 128ff, 188f
Eisermann, Helga 165
Eitel, Dieter 110
Enders-Dragässer, Uta 170
Engelen-Kefer, Ursula 167
Eppert, Heidi 71, 150ff
Ernst, Hermann 29
Faber, Helga 122
Focke, Katharina 166
Frank, Herta 32
Fuchs, Antje 65
Fürbeth, Doris 167
Gadhof, Paula 34
Gasche-Klemm, Cornelia 157, 158, 159, 183
Gemmecker, Helga 171
Geschka, Otti 125
Gotthardt, Rainer 158
Gramm, Conny 61, 133f, 162, 173
Gretel, Becker 60
Greune, Susanne 62
Gröning, Katharina 170, 186
Große, Erika 136
Haas, Manfred 96
Hahn, Tilly 69
Haldorn, Minna 37
Hareter, Ferdinand 158, 183
Harmuth, Thea 20
Hauck, Maria 34
Hauck, Marie 34
Hausmann, Hanna 9, 51, 52
Heckert, Christa 122
Hempel, Gertrud 172
Heun, Walter 181
Heuss, Theodor 23
Holler, Ulrike 166
Holzapfel, Hartmut 110
Hölzinger, Anneli 148, 151f, 186
Huber, Berti 168
Kallin, Inge 37
Kasper, Wilhelm 29
Kaufmann, Gerda 12, 42, 57
Kiesewetter, Manfred 160
Kiziltas, Ayhan 146f
Klemm, Lothar 128
Klösters, Käthe 66
Knecht, Rolf 106
Knecht, Sigi 105ff
Kohl, Aenne 34
Kohl, Helmut 123
Kraft, Elfriede 114
Krätschmer, Rainer 143
Kraus-Pötz, Renate 186
Krieg, Rolf 158
Krieger, Ruth 31, 70
Krössin, Jens 183
Krück, Johanna 34, 35, 69
Küppers, Karl 42
Kurlbaum-Beyer, Lucie 12, 24f, 37, 44, 46, 54, 75, 80
Lange, Sybille 192f
Laux, Ernst-Ludwig 127
Leidung, Johanna 34
Leimbach, Willi 47
Leininger, Käthe 23, 28, 185
Leinweber, Birgit 187
Leipold, Herm. 23
Lickfeld, Peter 102
Lier, Beate 168
Lütgert, Gerd 131
Makko, Käthe 59
Marquard, Rosel 12

Martin, Irene 42, 43, 48, 50
Mattes, Hans 62
Mergel, Erich 11
Metzler-Reich, Irene 153
Meyer, Imke 174
Mieth, Else 34, 35
Möller, Elisabeth 184
Mosler, Peter 151
Müller Andreas 158
Müller, Ingeborg 34
Müller, Lilli 41
Nachtweh, Alwin 66
Ostermann, Käthe 77
Pauly, Monika 194f
Petterson, Gisela 13, 93ff, 124, 166, 167
Pfaff, Elisabeth 38, 49, 52
Pfaff, Richard 11
Pfannkuch, Liselotte 44
Phillipi, Adolf 61
Pilz, Michael 11, 95
Piscitello, Franco 86, 161, 162
Piscitello, Tina 84, 85ff, 161, 162
Platt, Petra 191
Proschky, Gertrud 34
Quistorp, Eva 166
Reichard, Dora 101f
Reichert, Isolde 97, 116
Reifenberger, Lore 64
Reinhold, Margret 112, 187
Reitz, Elke 109
Richter, Willy 37, 55
Röhrig, Gabi 157, 158
Roßmann, Anni 9, 135f, 187
Roth, Karin 148, 170
Röthel, Anneliese 34
Rübsam, Hajo 183
Rüdiger, Vera 166, 181
Rumpf, Jacqueline 144f, 187
Runte-Krajnovic, Magdalene 11
Rüschhaupt, Hans 65
Saljo, Käthe 137ff
Sand, George 184
Sanner-Jacob, Monika 107ff
Schade, Gisela (s. Petterson, Gisela)
Schäfer, Frieda 47
Schauer, Birgit 158
Schied, Konrad 95, 163
Schilling, Maria 199
Schmidt, Elfriede 30
Schmidt, Elisabeth 34
Schmidt, Helmut 123
Schmidtbauer, Barbara 166
Schneider, Rudolf 104
Schoßer, Katja 171
Schröter, Susanne 172
Schühle, Änne 71, 110, 151, 152, 153, 181
Schulmerich, Claudia 121
Schumacher, Kurt 62
Schweitzer, Michael 113
See, Hans 151
Seipel-Schneider, Helga 103f, 167
Selbert, Elisabeth 15, 22, 23, 28, 49, 56, 184
Siegei, Marta 38
Sigulla, Sepp 57, 113, 115, 165
Soden, Sybille von 110, 121, 122
Steinhauser, Gertrud 116
Stolberg, Elfriede 18, 37
Strauch, Cornelia 110, 187
Streletz, Heidi 166
Strobel, Käte 55
Süß, Anni 72
Tessmann, Gisela 187
Thiel, Helmut 158
Thiel, Rosi 158
Timm, Helga 78
Trautner, Paul 121
Tuchscheer, Annelie 12, 17, 18, 20, 24, 25, 37, 38, 41, 50, 75, 77, 78, 79ff, 89, 90, 91, 92, 124, 125
Ullmann, Monika 99
Vater, Maria 25, 37
Vollack, Helga 111, 187
Waltemate, Hildegard 151
Walther, Frieda 16, 18, 19
Wandinger, Gretel 81
Wege, Doris 11, 96, 131f, 168
Weiler, Barbara 168
Weizsäcker, Richard von 183
Werder, Doris 182, 183
Werder, Ilse 116, 164, 172, 181
Wichert, Hannelore 156
Wiczorek-Zeul, Heidi 166, 168
Wilkening, Helga 141f
Winkelsträter, Liesel 12, 42, 50
Wittler, Dieter 153
Wolf, Anneliese 47
Wurster, Marianne 187
Zapf, Uta 174
Zilch, Hubert 97
Zilch, Karola 96f
Zumpe, Monika 110